PASSE NA OAB 2ª fase COMPLETAÇO®

MARCELO HUGO DA ROCHA
Coordenação

PRÁTICA
PENAL

**IVAN LUÍS MARQUES
LEONARDO CASTRO
ROGÉRIO GRECO**

PRÁTICA PENAL

9ª edição
2025

- Os autores deste livro e a editora empenharam seus melhores esforços para assegurar que as informações e os procedimentos apresentados no texto estejam em acordo com os padrões aceitos à época da publicação, *e todos os dados foram atualizados pelos autores até a data da entrega dos originais à editora.* Entretanto, tendo em conta a evolução das ciências, as atualizações legislativas, as mudanças regulamentares governamentais e o constante fluxo de novas informações sobre os temas que constam do livro, recomendamos enfaticamente que os leitores consultem sempre outras fontes fidedignas, de modo a se certificarem de que as informações contidas no texto estão corretas e de que não houve alterações nas recomendações ou na legislação regulamentadora.

- Data do fechamento do livro: 27/12/2024

- Os autores e a editora se empenharam para citar adequadamente e dar o devido crédito a todos os detentores de direitos autorais de qualquer material utilizado neste livro, dispondo-se a possíveis acertos posteriores caso, inadvertida e involuntariamente, a identificação de algum deles tenha sido omitida.

- Direitos exclusivos para a língua portuguesa
Copyright ©2025 by
Saraiva Jur, um selo da SRV Editora Ltda.
Uma editora integrante do GEN | Grupo Editorial Nacional
Travessa do Ouvidor, 11
Rio de Janeiro – RJ – 20040-040

- **Atendimento ao cliente: https://www.editoradodireito.com.br/contato**

- Reservados todos os direitos. É proibida a duplicação ou reprodução deste volume, no todo ou em parte, em quaisquer formas ou por quaisquer meios (eletrônico, mecânico, gravação, fotocópia, distribuição pela Internet ou outros), sem permissão, por escrito, da **SRV Editora Ltda.**

- Capa: Tiago Dela Rosa

DADOS INTERNACIONAIS DE CATALOGAÇÃO NA PUBLICAÇÃO (CIP)
ELABORADO POR VAGNER RODOLFO DA SILVA – CRB-8/9410

C355p   Castro, Leonardo
Passe na OAB 2ª fase - completaço® – prática penal / Leonardo Castro, Ivan Luís Marques, Rogério Greco. – 9. ed. – São Paulo : Saraiva Jur, 2025.

328 p. – (Passe na OAB 2ª fase - Completaço®)
ISBN: 978-85-5362-726-4 (Impresso)

1. Direito. 2. Direito Penal. 3. Prática penal. 4. OAB. I. Marques, Ivan Luís. II. Greco, Rogério. III. Título. IV. Série.

                         CDD 345
2024-4378   CDU 343

Índice para catálogo sistemático:
1. Direito Civil   345
2. Direito Civil   343

Sobre os autores

Coordenação
MARCELO HUGO DA ROCHA

Autores
IVAN LUÍS MARQUES
Mestre em Direito Penal pela Faculdade de Direito da Universidade de São Paulo (USP). Professor de Criminologia, Direito Penal, Direito Processual Penal, Legislação Penal Especial e Prática Penal na Faculdade de Direito da Universidade Presbiteriana Mackenzie. Autor de dezenas de livros e artigos jurídicos. Advogado criminalista desde 2001.
Instagram: @prof.ivanmarques
Canal do YouTube: Ivan Luís Marques

LEONARDO CASTRO
Especialista em Direito Penal. Professor de Direito Penal. Autor de mais de uma dezena de livros jurídicos.
YouTube: www.passenaoab.com.br
Instagram: @leocastrodireitopenal
E-mail: contato@leonardocastroprofessor.com

ROGÉRIO GRECO
Secretário de Estado de Justiça e Segurança Pública de Minas Gerais. Pós-doutor pela Università Degli Studi di Messina (Itália). Doutor pela Universidade de Burgos (Espanha). Mestre em Ciências Penais pela Faculdade de Direito da UFMG. Formado pela National Defense University (Estados Unidos). Especialista em Direito Penal (Teoria do Delito) pela Universidade de Salamanca (Espanha). É membro fundador do Instituto de Ciências Penais e da Associação Brasileira dos Professores de Ciências Penais. Foi membro do Ministério Público de Minas Gerais (1989 a 2019). É palestrante em congressos e universidades em todo o país, autor de diversas obras.
Fale direto com o autor pelo *e-mail*: rogerio.greco@terra.com.br
Instagram: @rogerio.greco
Site: www.rogeriogreco.com.br

Nota da coordenação

A coleção **Passe na OAB 2ª Fase** com sete volumes, um para cada disciplina optativa, nasceu na primeira série "**Questões & Peças Comentadas**", lançada em 2011. Nesse período, foi lançada outra série para completar a preparação: "**Teoria & Modelos**". Então, em 2017, lançamos a primeira edição do **Passe na OAB 2ª Fase – Completaço**®, que reunia a experiência de ambas as abordagens das séries anteriores num único livro para cada disciplina.

Com o tempo, reunimos novas ferramentas para seguir pelo caminho mais rápido para aprovação na OAB. Incluímos roteiros passo a passo, súmulas selecionadas, cronograma de estudos, quadro de incidência de peças e vídeos, além de melhorias na apresentação do conteúdo com quadros, esquemas e uma diagramação mais amigável e didática. A experiência dos autores, todos professores reconhecidos, também está presente no livro que você tem em mãos e no conteúdo *online* disponível por meio do acesso ao *QR Code* ao longo da obra. Você encontrará mais questões dissertativas comentadas, peças processuais exemplificadas e vídeo. O cronograma de estudos para 40 dias de preparação e as súmulas selecionadas também estão disponíveis para acessar de forma *online*, incluindo novas atualizações dos autores. É por isso que escolhemos "Completaço" como título para esta coleção: o conteúdo é mais que completo, é Completaço!

Bons estudos e ótima aprovação!

Marcelo Hugo da Rocha
@profmarcelohugo

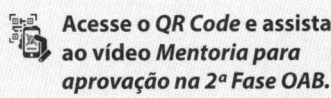

Acesse o *QR Code* e assista ao vídeo *Mentoria para aprovação na 2ª Fase OAB*.
> http://uqr.to/1x8uf

Sumário

Sobre os autores V

Nota da coordenação VII

Introdução XV

Entendendo a prova e o gabarito XVII

Como resolver as questões XIX

Quadro de incidência de peças XXIII

Cronograma de estudos XXIV

1. Como identificar a peça cabível 1
2. Elaborando as peças 13
   - 2.1. Fazendo o esqueleto 13
   - 2.2. A peça ideal 14
   - 2.3. Estrutura das peças 20
     - 2.3.1. Introdução 20
     - 2.3.2. Peças simples e peças compostas 23
     - 2.3.3. Juntada ou interposição? 23
     - 2.3.4. Como contar os prazos 25
     - 2.3.5. Estrutura padrão 38
       - 2.3.5.1. Peça simples 38
       - 2.3.5.2. Peça composta 40
3. Como identificar as teses 43
   - 3.1. Sistema de identificação das teses 53
4. Peças práticas 57
   - 4.1. Relaxamento da prisão em flagrante 57
     - 4.1.1. Como identificar a peça 57
     - 4.1.2. Fundamentação 57
     - 4.1.3. Nomenclaturas 57
     - 4.1.4. Prazo 58

4.1.5.	Teses	58
4.1.6.	Pedidos	59
4.1.7.	Modelo da peça	59
4.2.	Queixa-crime	60
4.2.1.	Como identificar a peça	61
4.2.2.	Fundamentação	61
4.2.3.	Prazos	61
4.2.4.	Teses	61
4.2.5.	Pedidos	62
4.2.6.	Peculiaridades	62
4.2.7.	Modelo da peça	63
4.3.	Resposta à acusação (rito comum)	64
4.3.1.	Como identificar a peça	64
4.3.2.	Nomenclatura	64
4.3.3.	Fundamentação	65
4.3.4.	Prazo	65
4.3.5.	Teses	65
4.3.6.	Pedidos	67
4.3.7.	Quadro de teses e pedidos	67
4.3.8.	Modelo da peça	67
4.4.	Memoriais (rito comum)	69
4.4.1.	Como identificar a peça	69
4.4.2.	Nomenclatura	69
4.4.3.	Fundamentação	70
4.4.4.	Prazo	70
4.4.5.	Teses	70
4.4.5.1.	Teses subsidiárias em memoriais	71
4.4.6.	Pedidos	73
4.4.7.	Quadro de teses e pedidos	74
4.4.8.	Modelo da peça	75
4.5.	Apelação	76
4.5.1.	Como identificar a peça	76
4.5.2.	Fundamentação	76

		4.5.3.	Prazo	77
		4.5.4.	Teses	77
		4.5.5.	Pedidos	78
		4.5.6.	Quadro de teses e pedidos	78
		4.5.7.	Modelo da peça	79
	4.6.	Contrarrazões de apelação		80
		4.6.1.	Como identificar a peça	81
		4.6.2.	Fundamentação	81
		4.6.3.	Nomenclatura	81
		4.6.4.	Prazo	81
		4.6.5.	Teses	81
		4.6.6.	Pedidos	82
		4.6.7.	Modelo da peça	82
	4.7.	Recurso em sentido estrito (rito do júri e demais ritos)		84
		4.7.1.	Como identificar a peça	84
		4.7.2.	Fundamentação	86
		4.7.3.	Prazo	86
		4.7.4.	Teses	86
		4.7.5.	Pedidos	86
		4.7.6.	Quadro das principais teses e pedidos	86
		4.7.7.	Modelo da peça	87
	4.8.	Agravo em execução		88
		4.8.1.	Como identificar a peça	89
		4.8.2.	Fundamentação	89
		4.8.3.	Prazo	89
		4.8.4.	Teses	89
		4.8.5.	Pedidos	89
		4.8.6.	Modelo da peça	90
	4.9.	Revisão criminal		91
		4.9.1.	Como identificar a peça	91
		4.9.2.	Fundamentação	91
		4.9.3.	Prazo	91
		4.9.4.	Teses	92

		4.9.5.	Pedidos	92
		4.9.6.	Quadro de teses e pedidos	92
		4.9.7.	Modelo da peça	93
5.	Peças inéditas			95
	5.1.	Defesa prévia (Lei de Drogas) e defesa preliminar (crimes funcionais)		95
		5.1.1.	Como identificar a peça	95
		5.1.2.	Fundamentação	95
		5.1.3.	Prazo	95
		5.1.4.	Teses	96
		5.1.5.	Pedidos	96
		5.1.6.	Modelo da peça – defesa prévia	96
	5.2.	Contrarrazões de recurso em sentido estrito		99
		5.2.1.	Como identificar a peça	99
		5.2.2.	Fundamentação	99
		5.2.3.	Prazo	99
		5.2.4.	Teses	99
		5.2.5.	Pedidos	99
		5.2.6.	Modelo da peça	99
	5.3.	Recurso ordinário constitucional		101
		5.3.1.	Como identificar a peça	101
		5.3.2.	Fundamentação	101
		5.3.3.	Prazo	102
		5.3.4.	Teses	102
		5.3.5.	Pedidos	102
	5.4.	Contrarrazões de agravo em execução		104
		5.4.1.	Como identificar a peça	104
		5.4.2.	Fundamentação	104
		5.4.3.	Prazo	104
		5.4.4.	Teses	105
		5.4.5.	Pedidos	105
		5.4.6.	Modelo da peça	105
6.	Provas anteriores resolvidas			107
	6.1.	41º Exame de Ordem		107

6.2.	40º Exame de Ordem	110
6.3.	39º Exame de Ordem	114
6.4.	38º Exame de Ordem	118
6.5.	37º Exame de Ordem	122
6.6.	36º Exame de Ordem	126
6.7.	35º Exame de Ordem	131
6.8.	XXXIV Exame de Ordem	136
6.9.	XXXIII Exame de Ordem	141
6.10.	XXXII Exame de Ordem	147
6.11.	XXXI Exame de Ordem	153
6.12.	XXX Exame de Ordem	159
6.13.	XXIX Exame de Ordem	164
6.14.	XXVIII Exame de Ordem	169
6.15.	XXVII Exame de Ordem	173
6.16.	XXVI Exame de Ordem	179
6.17.	XXV Exame de Ordem	185
7.	Questões discursivas das provas anteriores divididas por temas	187
Súmulas selecionadas		301
Referências		303

Introdução

Dizem que em time que está ganhando não se mexe. No entanto, quando as regras do jogo mudam, a máxima perde seu valor. É fato, vivemos uma nova época do Exame de Ordem, com desafios diversos daqueles enfrentados no passado. Por isso, embora esta obra seja um sucesso, com quase 20 mil cópias vendidas e avaliações irretocáveis, tive de submetê-la a um complexo *upgrade*.

Nesta 9ª edição, a mais completa já lançada, você encontrará tudo o que precisa saber sobre o Exame de Ordem. Para elaborá-la, as provas anteriores foram minuciosamente analisadas. Muito mais do que ensinar como fazer uma peça, esta obra traz dados estatísticos, análise de provas reais, gentilmente cedidas por ex-alunos, e muito mais!

O grande diferencial desta edição está no diálogo existente entre o texto que está em suas mãos e o conteúdo *online*. Mais do que um conteúdo complementar, estamos diante do próprio conteúdo do livro em diferentes formatos e plataformas, permitindo que você receba, com uma única aquisição, informações relevantes para a sua aprovação que não caberiam em um formato escrito e estanque.

Estudar para a prova da Ordem exige disciplina e conteúdo. O material está com você. Boa leitura.

Este é o *Manual* definitivo para o seu Exame de Ordem.

Caso tenha alguma dúvida, entre em contato.
Bons estudos!

ivanlmarques@gmail.com
contato@leonardocastroprofessor.com
rogerio.greco@terra.com.br

Acesse o *QR Code* e consulte o material suplementar:
- Como (re)começar a estudar
- O melhor *vade mecum*
- Conhecendo o Exame de Ordem
- Vídeos com dicas de estudo

> http://uqr.to/1x8ug

Entendendo a prova e o gabarito

A partir deste tópico boa parte da sua insegurança com a prova ficará para trás. Conhecendo a forma como a Banca trabalha, muitas das suas dúvidas serão esclarecidas. Antes de qualquer explicação, porém, tenha em mente a chave para tudo: só é atribuída pontuação ao que consta expressamente no gabarito, pois o examinador da banca faz mero exercício de comparação entre a prova do examinando e o gabarito oficial. A seguir, responderemos as dúvidas de muitos alunos:

a) "Devo dizer *doutor* no endereçamento?" Tanto faz. A informação nunca consta no gabarito.
b) "Quantas linhas devo saltar?" Não importa. A banca não pontua.
c) "Faço letra de fôrma ou cursiva?" Irrelevante. O edital não faz qualquer exigência e o gabarito não distingue.

Portanto, preocupe-se com o que realmente é pontuado. E como saber ao que a banca atribui pontos? A melhor forma é a análise dos gabaritos das provas passadas. A seguir, indicamos trechos do gabarito do XXIX Exame de Ordem, para uma melhor compreensão da atribuição de pontos no exame:

ITEM	COMENTÁRIOS
1. Endereçamento: Juízo da Vara de Execução Penal da Comarca de São Paulo/SP (0,10).	A Banca sempre traz a vara e a comarca onde o processo está correndo; por isso, tinha de ser dito *Vara de Execução Penal da Comarca de São Paulo/SP*. Se fosse dito *comarca ...* ou *comarca XXX*, a pontuação não seria atribuída. Quem respondeu o que está no gabarito, pontuou. O uso de *excelência*, *doutor* ou qualquer outra coisa não valia ponto, pois não é exigido no gabarito.
7. A prática de falta grave não gera o reinício da contagem do prazo do livramento condicional (0,50), nos termos da Súmula 441 do STJ (0,10).	Quando sustentada uma tese, deve-se explicá-la de forma detalhada, mas sem perder a objetividade. Veja o quesito n. 7 da prova. De nada adiantaria escrever dois ou três parágrafos sobre execução penal e não mencionar que a prática de falta grave não gera o reinício da contagem do prazo do livramento condicional. Essa é a resposta que será pontuada.

No XXVIII Exame de Ordem, havia os seguintes quesitos no gabarito:

ITEM
5. Requerimento de reconhecimento da prescrição da pretensão punitiva do Estado (0,30), com consequente extinção da punibilidade do agente (0,15), nos termos do art. 107, inciso IV, do CP (0,10).
6. A prescrição ocorreu porque, entre a data do recebimento da denúncia e da pronúncia foi ultrapassado o prazo de 4 anos OU o prazo de 4 anos foi ultrapassado porque o prazo prescricional deveria ser computado pela metade, já que o réu era menor de 21 anos (0,15).

Para obter a pontuação, o examinando tinha de dizer que houve a prescrição, que é uma causa de extinção da punibilidade, prevista no art. 107, IV, do CP, e que o fenômeno ocorreu porque, entre o recebimento da denúncia e a decisão de pronúncia, foi ultrapassado o prazo de quatro anos, e que a prescrição deve ser contada pela metade, porque o réu, na época dos fatos, tinha menos de 21 anos. Para o examinador, essas informações tinham de estar na prova. Se tivesse respondido com outras palavras, a pontuação não seria atribuída. Exemplo:

> Em razão do tempo decorrido desde a época do crime, o Estado já não pode mais punir o réu. Não pode o acusado sustentar o ônus da morosidade estatal para solucionar delitos. As hipóteses de imprescritibilidade estão expressas na Constituição, e não estamos diante de uma delas. Além disso, com base na idade prevista no art. 115 do CP, o prazo prescricional deve ser contado de forma diferenciada.

Perceba que não há dúvida acerca do que foi mencionado. Se fosse uma peça verdadeira, em um caso real, o juiz teria entendido a tese. No entanto, o examinador da Banca trabalha exclusivamente com as informações do gabarito. Com a resposta anterior, teria recebido zero nos quesitos 5 e 6.

Quando estiver elaborando suas respostas, portanto, tente visualizar como elas estarão no gabarito. Faça a leitura dos padrões de resposta das provas anteriores para conseguir antever o que a Banca exigirá como resposta em sua prova. Não adianta escrever muito e não falar o que a banca quer. As respostas não são interpretadas e não existe pontuação pelo esforço do examinando em tentar responder. É tudo ou nada.

Como resolver as questões

Eu sei, você está ansioso para iniciar o estudo das peças. No entanto, esse foco na peça prática tem sido motivo de reprovações em massa nos últimos anos. Aliás, isso mudou a nossa forma de lecionar para a 2.ª fase do Exame de Ordem. Explicamos: até pouco tempo, todo o foco estava voltado à peça, porém, percebeu-se que muitos examinandos gabaritam a peça – ou chegam bem perto –, mas zeram as questões e reprovam.

Mas há uma técnica infalível para responder às questões. A partir do momento em que você aprender o passo a passo a seguir, as questões não serão mais um problema, e todas as suas energias poderão ser direcionadas para a peça. Observe atentamente o que deve ser feito:

1) Cada questão da prova tem duas ou três perguntas ("A", "B", "C"). Comece a leitura pelo que está sendo perguntado, antes mesmo de ler o enunciado. Dessa forma, quando for ler o caso proposto, você saberá o que está procurando.

2) Em seguida, leia, com muita atenção, o problema proposto. Se houver menção a algum dispositivo de lei ou súmula, a sua pesquisa deve começar por ele. Exemplo: se o enunciado mencionar o art. 28 da Lei n. 11.343/2006, faça a leitura completa do dispositivo. É bem provável que uma das respostas esteja lá, no próprio artigo trazido no enunciado, ou em alguma remissão abaixo. Curiosidade: em regra, o dispositivo de lei mencionado no problema responde a letra "B".

3) Para a resposta da outra pergunta (provavelmente, a letra "A"), você terá de identificar a palavra-chave, o termo jurídico a ser buscado no índice alfabético-remissivo. Exemplo: se o enunciado fala em *citação por hora certa*, procure, no índice do CPP, a expressão, para localizar o dispositivo de lei que trata a seu respeito. É a resposta que falta.

Veja como é fácil:

(XXIX Exame de Ordem) No dia 1.º de janeiro de 2008, após ingerir bebida alcoólica, Caio, 50 anos, policial militar reformado, efetuou dois disparos de arma de fogo em direção à parede de sua casa vazia, localizada no interior de grande quintal, com arma de sua propriedade, devidamente registrada e com posse autorizada. Apesar de os tiros terem sido efetuados em direção ao interior do imóvel, vizinhos que passavam pela rua naquele momento, ao ouvirem os disparos, entraram em contato com a Polícia Militar, que compareceu ao local e constatou que as duas munições deflagradas ficaram alojadas na parede do imóvel, sendo a perícia acostada ao procedimento. Caio obteve liberdade provisória e foi denunciado como incurso nas sanções do art. 15 da Lei n. 10.826/2003, não sendo localizado, porém, por ocasião da citação, por ter mudado de endereço, apesar das diversas diligências adotadas pelo juízo. Após não ser localizado, Caio foi corretamente citado por edital e, não comparecendo, nem constituindo advogado, foi aplicado o art. 366 do Código de Processo Penal, suspendendo-se o processo e o curso do prazo prescricional, em 4 de abril de 2008. Em 6 de julho de 2018, o novo juiz titular da vara criminal competente determinou que fossem realizadas novas diligências na tentativa de localizar o denunciado, confirmando que o processo, assim como o curso do prazo prescricional, deveria permanecer suspenso. Com base nas informações narradas, na condição de advogado(a) de Caio, que veio a tomar conhecimento dos fatos em julho de 2018, responda aos questionamentos a seguir.

A) Existe argumento para questionar a decisão do magistrado que, em julho de 2018, determinou que o processo e o curso do prazo prescricional permanecessem suspensos? (Valor: 0,65)
B) Existe argumento de direito material a ser apresentado em busca da absolvição de Caio? (Valor: 0,60)

Obs.: O(a) examinando(a) deve fundamentar suas respostas. A mera citação do dispositivo legal não confere pontuação.

Na letra "A", a pergunta, em resumo, é a seguinte: onde errou o magistrado ao determinar a suspensão da prescrição? Na "B", a banca quer que o examinando descubra como absolver o acusado. Quando a pergunta fala em *direito material* e em *direito processual*, temos uma boa pista de onde encontraremos a resposta. Com base nessa informação, podemos concluir que, a princípio, a resposta da letra "B" não está no CPP.

Devemos começar pelo dispositivo de lei trazido no enunciado – o art. 15 da Lei n. 10.826/2003. Da leitura do artigo, encontramos a resposta para a letra "B":

B) *Sim, existe argumento de direito material a ser apresentado em busca da absolvição de Caio. Segundo o art. 15 da Lei n. 10.826/2003, está configurado o delito de disparo de arma de fogo quando o tiro é efetuado em via pública ou em direção a ela. Não foi o caso de Caio, que efetuou dois disparos de arma de fogo em direção à parede de sua casa vazia.*

Para a resposta da letra "A", o enunciado trouxe mais um dispositivo: o art. 366 do CPP. Da simples leitura do dispositivo, nada se extrai. Todavia, se estiver munido de um bom vade-mécum, logo abaixo do mencionado artigo, deve ter remissão à Súmula 415 do STJ. Caso contrário, com um pouco mais de trabalho, você encontraria a resposta ao pesquisar por prescrição, no índice alfabético-remissivo. A resposta ficou assim:

A) *Sim, existe argumento para questionar a decisão do magistrado. A suspensão da prescrição somente poderia durar o período do prazo prescricional, segundo a pena máxima cominada ao delito, nos termos da Súmula 415 do STJ.*

PRÁTICA PENAL

XXI

O gabarito final:

ITEM

A) Sim, a suspensão da prescrição somente poderia durar o período do prazo prescricional, computado de acordo com o máximo da pena em abstrato prevista, voltando a correr em abril de 2016 (0,55), nos termos da Súmula 415 do STJ (0,10).

B) Sim, a atipicidade da conduta (0,20), tendo em vista que o disparo não foi realizado em via pública nem em direção à via pública OU tendo em vista que o disparo não foi realizado em local habitado (0,40).

Pontos que merecem destaque:

1) Como vimos no tópico sobre o edital, as respostas têm de ser indicadas pelo examinando. Ao responder à letra "A", diga: (A); à "B", (B); e assim em diante. Caso não o faça, a questão será anulada.
2) Note que as perguntas exigem respostas com "Sim" ou "Não". A Banca faz isso com frequência, e sempre exige, no gabarito, a resposta afirmativa ou negativa.
3) A resposta indicada na letra "A" não trouxe a data exigida no gabarito, o que teria causado prejuízo à nota. O erro foi intencional, para que o leitor perceba que, sempre que tiver uma informação relevante, ela deve ser mencionada. "Até pensei na data, mas imaginei que não estaria no gabarito. O *"achismo"* talvez pode custar toda a letra "A". Fica a dica: na dúvida, sustente a tese. É melhor falar a mais do que não falar.

Em algumas questões, você terá um pouco mais de dificuldade, pois a banca não traz um único artigo de lei como norte para a pesquisa. Quando isso acontecer, pegue as palavras-chave do enunciado e as procure no índice alfabético-remissivo do seu vade-mécum. Resolva as questões das provas passadas para desenvolver suas habilidades de pesquisa no vade-mécum.

Quadro de incidência de peças

PEÇAS	EXAMES											
Apelação	IV	V	VII	XII	XIII	XVIII	XXII	XXX	XXXIII	35º	39º	40º	41º
Memoriais	IX	XIV	XVII	XX	XXIII	XXVI	XXXII	37º				
RESE	2010.3	XI	XXVIII	XXXI	XXXIV							
Resposta à Acusação	2010.2	VIII	XXI	XXV	36º							
Agravo em Execução	XVI	XXIV	XXIX	38º								
Contrarrazões de Apelação	XIX	XXVII										
Revisão Criminal	X											
Queixa-Crime	XV											
Relaxamento da Prisão em Flagrante	VI											

Cronograma de estudos

Acesse o *QR Code* e veja o cronograma de estudos de 40 dias elaborado pelos autores com sugestão do que você pode estudar em cada um dos dias antes da prova.

> *http://uqr.to/1xqqs*

1. COMO IDENTIFICAR A PEÇA CABÍVEL

Na esperança de que você, amigo leitor, fez a leitura de tudo o que foi dito nas páginas anteriores, começaremos o estudo das peças práticas. Como o seu maior receio é errar a peça cabível, neste primeiro momento, tentaremos fazer sua insegurança passar. Não há motivo para se preocupar. Errar a peça em prática penal é quase impossível. Veja o exemplo a seguir:

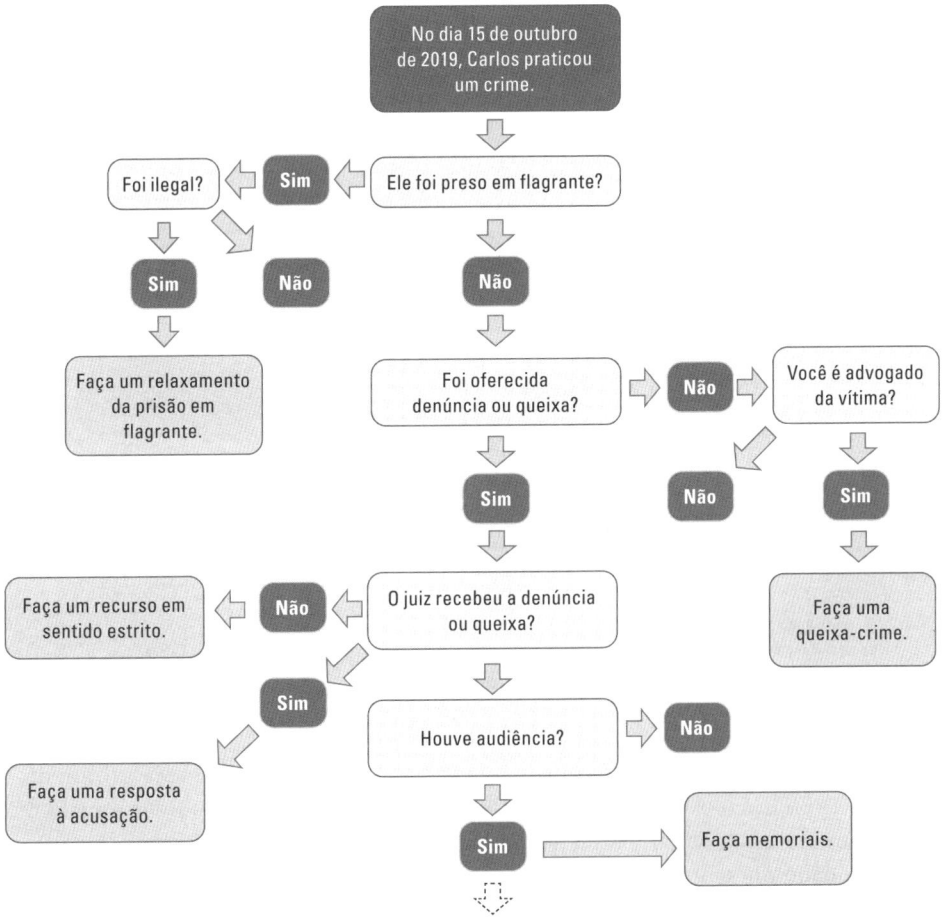

No fluxograma anterior, é possível visualizar todas as peças que já caíram na 2ª fase da OAB/FGV (o RESE não foi em hipótese de rejeição da inicial). Veja que o momento de cabimento de cada uma delas é muito bem definido. Se tiver havido o trânsito em julgado da sentença condenatória, você não oferecerá resposta à acusação ou memoriais. Se não tiver sido recebida a denúncia, não será o caso de interposição de agravo em execução. Portanto, não tem como fazer confusão.

"Professor, mas teve uma prova em que muita gente errou a peça..."

Desde a prova 2010.2, tivemos algumas situações pontuais de erro de peça. A seguir vamos esclarecer tais situações:

- **Exame de Ordem 2010.2:** caiu uma resposta à acusação. Contudo, a Banca trouxe uma tese de incompetência do juízo, que tinha de ser arguida em exceção de incompetência, conforme art. 396-A, § 1º, do CPP. Por essa razão, acabou sendo aceita a peça intitulada *exceção de incompetência*.
- **V Exame de Ordem:** a peça principal foi uma apelação. No entanto, o problema também ensejava a oposição de embargos de declaração. A banca não teve opção e aceitou as duas.
- **VI Exame de Ordem:** não havia dúvida do cabimento do relaxamento da prisão em flagrante, pois a prisão foi ilegal. Todavia, os pressupostos para a decretação da prisão preventiva não estavam presentes, logo, cabia liberdade provisória. Em um primeiro momento, a Banca reprovou quem fez a peça liberdade provisória. Para quem recorreu, a banca voltou atrás e corrigiu, mas o gabarito foi mantido apenas com o relaxamento.
- **VII Exame de Ordem:** durante a preparação, estamos acostumados a fazer recurso em sentido estrito contra a decisão de pronúncia, pois sempre somos os advogados do acusado. No VII Exame de Ordem, a Banca trouxe uma situação nova, que nunca mais se repetiu: a atuação se deu na condição de assistente de acusação, ou seja, estávamos ao lado do MP. Como houve a impronúncia da acusada, tinha de ser oferecida apelação (CPP, art. 416). Isso deu um nó na cabeça de muita gente, que acabou oferecendo RESE por não saber o que fazer.
- **X Exame de Ordem:** tinha de ser ajuizada uma revisão criminal. O problema é que tinha uma testemunha a ser ouvida e, no procedimento da revisão, não teria como fazer isso. Seria necessário propor, antes da revisão, uma peça prevista no antigo CPC, a justificação, para que fosse ouvida essa pessoa. A Banca não teve escolha e aceitou as duas.
- **XIX Exame de Ordem:** foi a primeira vez em que a banca trouxe as contrarrazões de apelação. Como era uma peça inédita, muitos não souberam o que fazer e ofereceram apelação.
- **XXIX Exame de Ordem:** caiu um agravo em execução. No entanto, em um trecho do enunciado, foi dito que o MP havia feito um requerimento ao juiz. Muitos acharam que o *Parquet* havia interposto agravo e, por isso, fizeram contrarrazões de agravo em execução.

Nas situações do Exame de Ordem 2010.2 e das edições V, VI e X, a Banca errou e corrigiu o equívoco. No VII Exame, a Banca foi exigente e o aluno tinha de estar preparado para a situação. É a mesma situação do XIX Exame. Já no XXIX Exame de Ordem, quem fez contrarrazões não prestou atenção ao que dizia o enunciado. Foi dito que o MP ofereceu um pedido e que o juiz o deferiu. Logo, nosso cliente foi o prejudicado, cabendo ao advogado interpor o agravo.

Como dito anteriormente, em prática penal, dificilmente erra-se a peça cabível. Nas edições em que houve confusão, a culpa foi da banca, com enunciado que dava margem a mais de uma interpretação, ou do examinando, que não havia se preparado de forma adequada. Em nenhum caso existiu dúvida de qual seria a peça adequada.

Para não errar a peça cabível, o leitor deve conhecer os ritos processuais existentes. Em regra, a Banca traz o rito comum. Dos procedimentos especiais, já foram cobrados o do júri e o da Lei de Drogas. Em provas futuras, dificilmente algum outro será exigido.

A seguir, um resumo de cada um deles, com as principais peças em destaque.

Rito comum

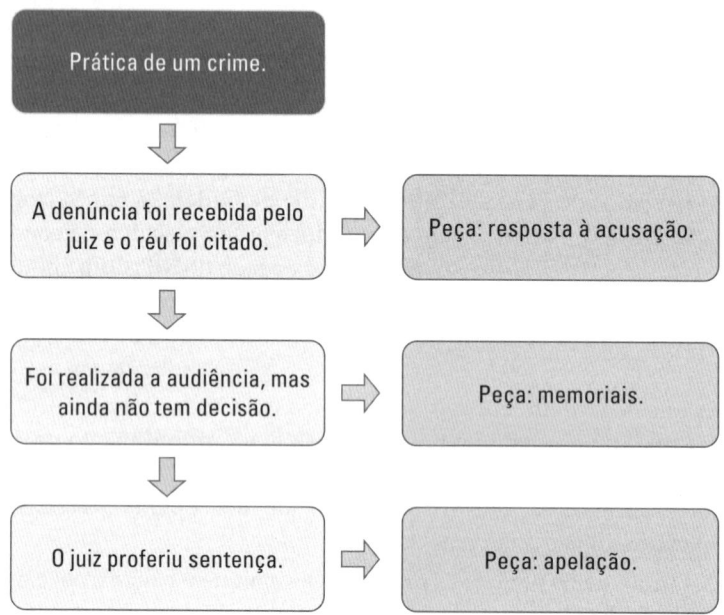

Rito do júri

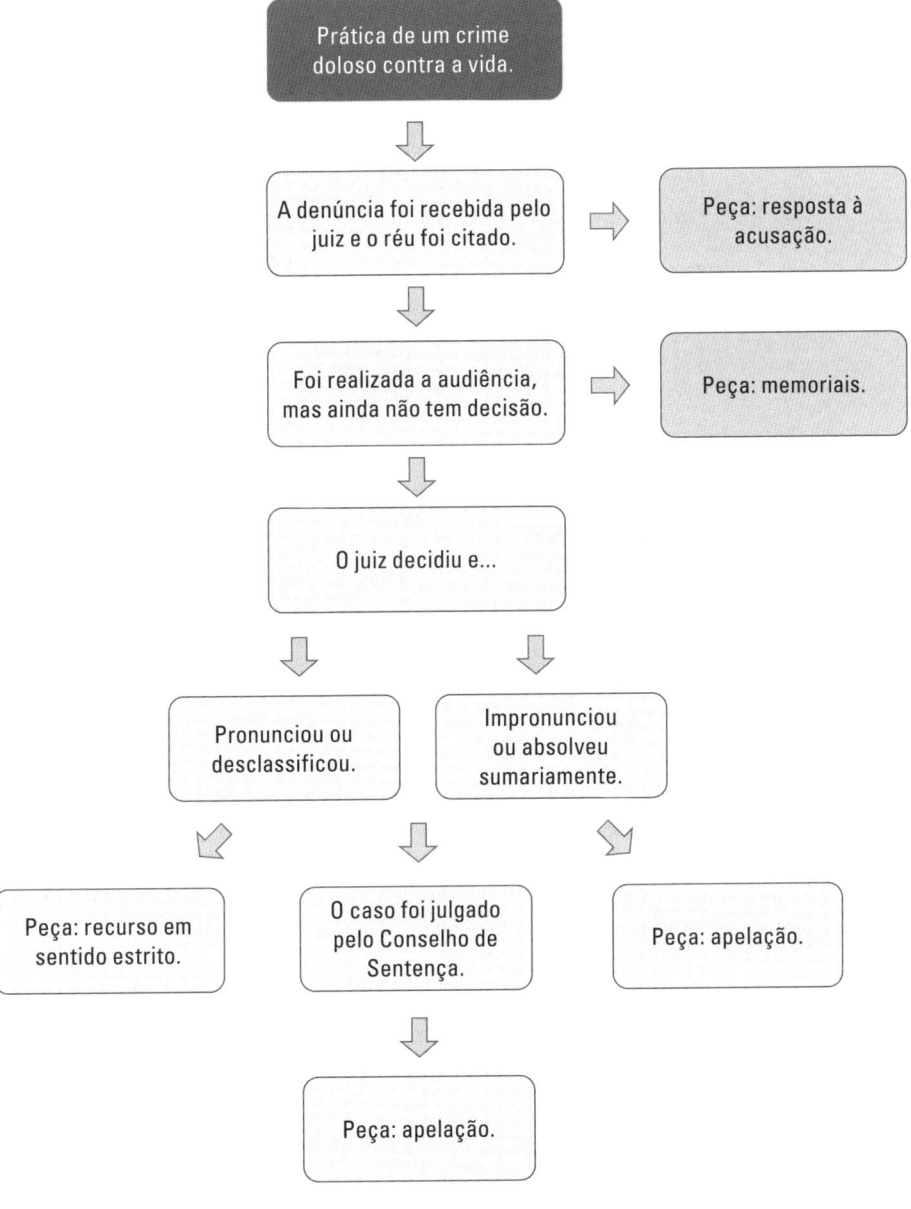

Rito da Lei de Drogas

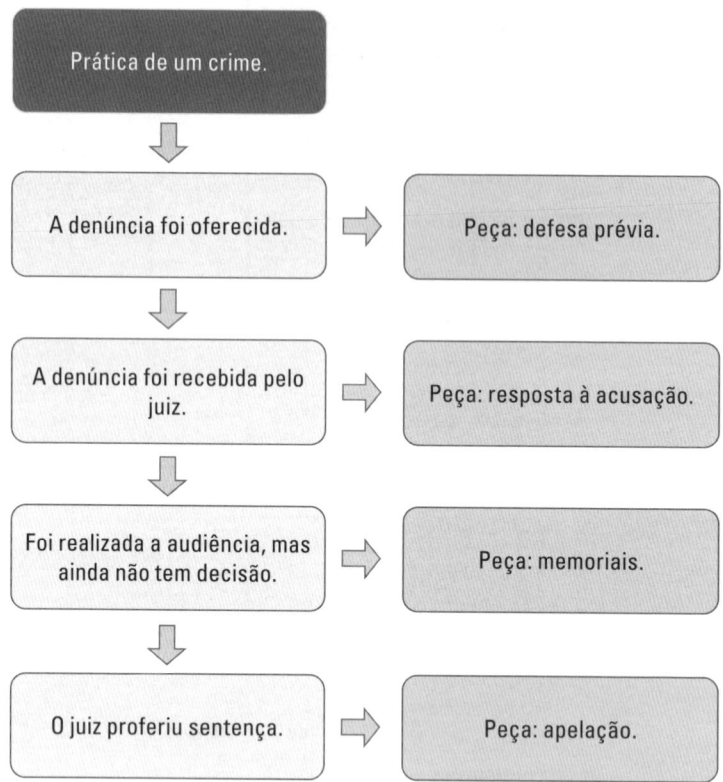

É claro, tem mais peças. Os fluxogramas anteriores servem apenas para dar uma ideia geral, pois considero que você, amigo leitor, está estudando o livro na ordem sugerida – e, portanto, está no começo da preparação para a 2ª fase do Exame de Ordem. Ao longo do manual, os ritos são vistos de forma mais aprofundada.

- Como estamos no começo da preparação, você deve estar muito apreensivo com a escolha da peça cabível. Para tanto, vamos analisar os casos a seguir, já cobrados nos exames anteriores:

    a) No dia 16 de julho de 2019, João foi preso em flagrante pela prática do crime de roubo. A prisão não foi comunicada ao juiz competente e, por isso, tornou-se ilegal, devendo ser relaxada. Cabível, portanto, o *relaxamento da prisão em flagrante* (VI Exame de Ordem).
    b) Por se tratar de ação penal pública, a ação penal não deve ser iniciada por *queixa-crime* (XV Exame de Ordem), mas por denúncia, a ser oferecida pelo MP.

c) O MP denunciou João no dia 30 de julho de 2019.
d) O juiz da 1ª Vara Criminal da comarca de Belo Horizonte recebeu a denúncia do MP e mandou citar João, para que oferecesse a sua primeira defesa do processo, a *resposta à acusação* (Exames de Ordem 2010.2, VIII, XXI e XXV).
e) Por não ter absolvido sumariamente João, o juiz designou data para a audiência de instrução e julgamento.
f) Encerrada a audiência, as partes deveriam oferecer suas alegações oralmente. No entanto, em virtude da complexidade do caso, o juiz abriu prazo para o oferecimento das alegações finais por escrito, por *memoriais* (Exames de Ordem IX, XIV, XVII, XX, XXIII e XXVI).
g) Oferecidos, pelas partes, os memoriais, o juiz decidiu pela condenação de João. O réu não concordou com a sentença e quis recorrer. Se a sentença condenatória estivesse no art. 581 do CPP, caberia *recurso em sentido estrito* (Exames de Ordem 2010.3, XI e XXVIII), mas não está. Quando isso acontece, usamos um recurso residual: a *apelação* (Exames de Ordem IV, V, VII, XII, XIII, XVIII e XXII).
h) Como João apelou, o MP teve de se manifestar, para *rebater* o que foi dito pelo réu em seu recurso. Essa resposta ao recurso da outra parte é chamada de *contrarrazões* – no exemplo, de apelação (Exames de Ordem XIX e XXVII). Se o MP tivesse recorrido, João teria de oferecer as *contrarrazões*.
i) O TJ negou provimento ao recurso de João e ocorreu o trânsito em julgado. Passado um tempo, condenado, ele pediu ao juiz da execução penal a progressão de regime, pois já havia cumprido o tempo necessário para a obtenção do benefício, mas o magistrado indeferiu o pedido. A decisão podia ser combatida com o único recurso cabível em fase de execução: o *agravo em execução* (Exames de Ordem XVI, XXIV e XXIX).
j) No futuro, João poderá voltar a discutir sua inocência, por meio de *revisão criminal* (X Exame de Ordem), a única forma de retornar ao debate do mérito da causa após o trânsito em julgado da sentença condenatória.

IDENTIFICANDO AS PEÇAS
XXXV EXAME DE ORDEM

Após apresentação da manifestação cabível pelas partes, o juiz proferiu sentença condenando o réu nos termos da denúncia.

No problema proposto, o último evento do processo foi a sentença condenatória. Por isso, três peças seriam, a princípio, cabíveis: (a) recurso em sentido estrito; (b) embargos de declaração; e (c) apelação. Em relação à primeira possibilidade, o recurso em sentido estrito, não existe previsão legal no art. 581 do CPP que a ampare. Quanto aos embargos, nada indica que havia na sentença ambiguidade, obscuridade, contradição ou omissão (CPP, art. 619). Por exclusão, resta uma única peça: a apelação, nos termos do art. 593, I, do CPP.

XXXIV EXAME DE ORDEM

> *Considerando que foi constatado o desferimento do soco e do empurrão por parte de Rodrigo em João, após manifestação das partes, o juiz pronunciou o acusado nos termos da denúncia.*

Proferida decisão pelo juiz de primeira instância, surgem três possíveis recursos: (a) o recurso em sentido estrito; (b) os embargos de declaração; e (c) a apelação. Basta a leitura do art. 581, IV, do CPP para verificar que tinha de ser interposto recurso em sentido estrito.

XXXII EXAME DE ORDEM

> *Após citação e apresentação de resposta à acusação, na qual Luiz demonstrou interesse na aplicação do art. 89 da Lei n. 9.099/95, os fatos foram integralmente*

confirmados durante a instrução probatória. Igor confirmou a agressão, a ajuda posterior do irmão e o desinteresse em responsabilizá-lo. O réu permaneceu em silêncio durante seu interrogatório. (...) O Ministério Público apresentou a manifestação cabível requerendo a condenação do réu nos termos da denúncia, destacando, ainda, a incidência do art. 61, inciso I, do CP. Em seguida, a defesa técnica de Luiz foi intimada, em 19 de janeiro de 2021, terça-feira, para apresentação da medida cabível.

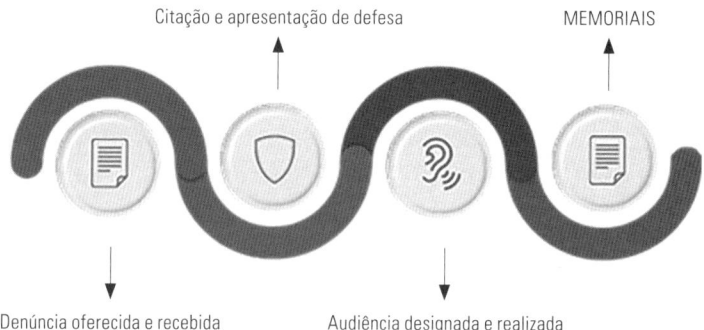

No XXXII Exame de Ordem, alguns examinandos fizeram contrarrazões de apelação. O equívoco se deu em razão do seguinte trecho: "o Ministério Público apresentou a manifestação cabível". Entretanto, a manifestação do MP não foi a interposição de apelação, pois ainda não havia sentença. Como já tinha sido realizada audiência, não havia outra peça, senão memoriais.

> **OBSERVAÇÃO!** Embora pareça uma injusta *pegadinha*, o erro poderia ter sido evitado pelos examinandos que confundiram a peça. Reflita: ao elaborar apelação, devem ser combatidos os trechos da sentença desfavoráveis ao apelante. No enunciado, não havia nem sequer o que sustentar como tese de defesa, afinal, ainda não existia sentença.

XXIX EXAME DE ORDEM

O reconhecimento da falta pelo diretor foi comunicado ao Ministério Público, que apresentou promoção ao juízo da Vara de Execuções Penais de São Paulo, juízo este competente, requerendo a perda de benefícios da execução por parte do apenado. O juiz competente, analisando o requerimento do Ministério Público, decidiu que (...).

Contra as decisões do juízo da execução penal, um único recurso é cabível: o agravo em execução, com fundamento no art. 197 da LEP. Não existe mais nenhum outro.

XXVII EXAME DE ORDEM

> O magistrado, então, recebeu o recurso do Ministério Público e intimou, no dia 05 de novembro de 2018 (segunda-feira), sendo terça-feira dia útil em todo o país, você, advogado(a) de João, a apresentar a medida cabível.

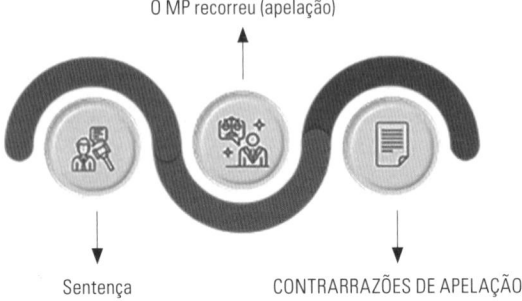

O juiz de primeira instância proferiu sentença condenatória. Como não era o caso de recurso em sentido estrito ou embargos de declaração, o Ministério Público interpôs apelação, com fundamento no art. 593, I, do CPP. Na condição de recorrido, o examinando tinha de apresentar contrarrazões de apelação.

XXV EXAME DE ORDEM

> Em busca do cumprimento do mandado de citação, o oficial de justiça comparece à residência de Patrick e verifica que o imóvel se encontrava trancado. Apenas em razão desse único comparecimento no dia 26/02/2018, certifica que o réu estava se ocultando para não ser citado e realiza, no dia seguinte, citação por hora certa, juntando o resultado do mandado de citação e intimação para defesa aos autos no mesmo dia.

De acordo com o enunciado, o réu foi citado e intimado para o oferecimento de defesa. Não ocorreu a audiência e não houve sentença. Logo, não há outra peça além da resposta à acusação, com fundamento nos arts. 396 e 396-A do CPP.

XV EXAME DE ORDEM

> No dia seguinte, Enrico procurou a Delegacia de Polícia Especializada em Repressão aos Crimes de Informática e narrou os fatos à autoridade policial, entregando o conteúdo impresso da mensagem ofensiva e a página da rede social na Internet onde ela poderia ser visualizada. Passados cinco meses da data dos fatos, Enrico procurou seu escritório de advocacia e narrou os fatos acima. Você, na qualidade de advogado de Enrico, deve assisti-lo.

Na única edição em que a Banca FGV cobrou queixa-crime, não foi difícil a identificação da peça adequada. Vejamos: Enrico, o cliente, foi vítima de crimes de ação penal privada (difamação e injúria). Não existia, até então, ação penal em andamento, ou seja, cabia ao examinando, advogado da vítima, o oferecimento de queixa-crime.

X EXAME DE ORDEM

> A condenação transitou definitivamente em julgado, e a ré iniciou o cumprimento da pena em 10 de novembro de 2012. No dia 5 de março de 2013, você, já na condição de advogado(a) de Jane, recebe em seu escritório a mãe de Jane, acompanhada de Gabriel, único parente vivo da vítima, que se identificou como sendo filho desta. Ele informou que, no dia 27 de outubro de 2010, Jane, acolhendo os conselhos maternos, lhe telefonou, indicando o local onde o veículo estava escondido. O filho da vítima, nunca mencionado no processo, informou que, no mesmo dia do telefonema, foi ao local e pegou o veículo de volta, sem nenhum embaraço, bem como que tal veículo estava em seu poder desde então.

No X Exame de Ordem, única edição em que a banca cobrou revisão criminal, surgiu prova nova que inocentava a cliente, mas já existia sentença condenatória transitada em julgado. Nesse caso, não há mais espaço para a discussão do mérito, exceto pela via da revisão criminal, com fundamento no art. 621, III, do CPP.

VI EXAME DE ORDEM

> *Dois dias após a lavratura do Auto de Prisão em Flagrante, em razão de José Alves ter permanecido encarcerado na Delegacia de Polícia, você é procurado pela família do preso, sob protestos de que não conseguiam vê-lo e de que o delegado não comunicara o fato ao juízo competente, tampouco à Defensoria Pública.*

No VI Exame de Ordem, a Banca FGV cobrou a peça intitulada *relaxamento da prisão em flagrante*. A peça tinha de ser endereçada ao juízo de primeira instância, quando verificada ilegalidade na prisão em flagrante. Ocorre que, atualmente, com a previsão expressa de realização de audiência de custódia (CPP, art. 310), o *relaxamento da prisão em flagrante* não encontra mais espaço para existir. Em hipótese excepcionalíssima, poderia imaginar situação em que o delegado de polícia, passados vários dias da prisão em flagrante, não a comunicou ao juízo competente, em violação ao art. 306 do CPP. Seja como for, a peça foge do padrão atual de prova da FGV e, por isso, é quase inexistente a chance de que volte a cair.

2. ELABORANDO AS PEÇAS

O primeiro passo para fazer as peças é a impressão das folhas pautadas da Banca, iguais às utilizadas na 2ª fase. Elas estão disponíveis no *site* da Banca, nos cadernos de prova. Na internet, vários *sites* disponibilizam essas folhas também. Se não for possível, use folha de caderno mesmo, mas numere as linhas e faça margens, para se acostumar com a folha do caderno de prova da 2ª fase. Em hipótese alguma, faça as peças no computador.

2.1. Fazendo o esqueleto

Não há tempo para fazer rascunho. É sério, não tente, ou reprovará! Em vez disso, é importante a elaboração de um *esqueleto*, de uma estrutura básica do que deverá estar em sua peça. Para que você compreenda a importância de seguir esta recomendação, veja o seguinte exemplo:

> *No dia 20 de janeiro de 2019, Carlos Alberto foi preso em flagrante pela prática do crime de furto, pois subtraiu 1 quilo de arroz e um frango assado. Ouvido pela autoridade policial, ele admitiu a conduta, mas disse que assim agiu porque seu filho, Luciano, de 3 anos, não comia fazia alguns dias, e não tinha dinheiro para a compra de alimentos. Disse, ainda, que sua vizinha, Carolina, poderia confirmar a situação de penúria em que se encontrava à época. Na audiência de custódia, foi concedida a liberdade provisória. O Ministério Público ofereceu denúncia pela prática do delito do art. 155, caput, do CP, e o Juiz de Direito da 1ª Vara Criminal da Comarca de Laguna, Santa Catarina, a recebeu, oportunidade em que determinou a citação do denunciado. Carlos Alberto foi citado no dia 4 de fevereiro de 2019, segunda feira, e o dia seguinte foi útil em todo o Brasil. A medida cabível deve ser oferecida no último dia de prazo.*

Considerando o que a Banca costuma pedir no Exame de Ordem, podemos supor que o gabarito da prova ficaria assim:

ITEM
1) Endereçamento: 1ª Vara Criminal da Comarca de Laguna/SC.
2) Fundamento legal: **art. 396 ou art. 396-A do Código de Processo Penal.**
3) Carlos Alberto deve ser absolvido sumariamente.

3.1) O denunciado agiu em estado de necessidade, para salvar de perigo atual, que não provocou por sua vontade, direito de terceiro, nos termos do art. 24 do CP.

3.2) A conduta do acusado é atípica em razão do princípio da **insignificância**.

Pedidos

4) Absolvição sumária, com fundamento no **art. 397, I e III, do CPP**.

5) Intimação da testemunha.

6) Prazo: 14.2.2019.

Perceba que o gabarito sempre traz, como no exemplo, apenas as informações essenciais. O restante não é pontuado. Por essa razão, em seu esqueleto, procure fazer o levantamento de tudo o que deve ser dito em sua peça – o que será, de fato, pontuado –, a fim de que nada seja esquecido. Exemplo de esqueleto:

(a) Réu: Carlos Alberto.
(b) Peça: RA.
(c) Fundamentação: art. 396-A do CPP.
(d) Teses: estado de necessidade (CP, art. 24) e atipicidade material pela insignificância.
(e) Pedidos: absolvição sumária (CPP, art. 397, I e III) e a intimação da testemunha.
(f) Prazo: 14 de fevereiro de 2019.

Ao fazer a leitura do enunciado, com esse exemplo de esqueleto, a elaboração da peça fica muito fácil. Basta fazer a estrutura padrão – no caso, de uma RA. A estrutura do esqueleto fica a seu critério. Se achar melhor, pode fazer mais detalhado (ex.: tese n. 1, tese n. 2). Só não faça rascunho.

2.2. A peça ideal

Não sei de onde vem esse vício, mas nós, do Direito, somos obcecados por modelos. Da elaboração de recurso até uma carta de amor, temos o hábito de buscar um modelo pronto para tudo. Conhecendo nossos alunos e leitores, começaremos a parte prática do manual com o modelo da *peça perfeita*. Em verdade, é a peça de uma ex-aluna que fechou a prova. Foi feita a completa transcrição, sem modificações.

Excelentíssimo Senhor Juiz de Direito da ... Vara Criminal da Comarca de Araruama/Rio de Janeiro

(2 linhas)

Comentários: segundo o enunciado, a denúncia havia sido recebida na comarca de Araruama, Rio de Janeiro; por isso, tinha de ser mencionada, expressamente. A examinanda optou por pular apenas duas linhas entre o endereçamento e a qualificação.

ITEM	PONTUAÇÃO
1) Endereçamento: **Vara Criminal da Comarca de Araruama/RJ (0,10)**.	0,10

Patrick, já qualificado nos autos, vem, por seu advogado, oferecer RESPOSTA À ACUSAÇÃO, com fundamento nos arts. 396 e 396-A, do Código de Processo Penal, pelas razões a seguir expostas:

Comentários: o gabarito exigiu o art. 396-A do CPP. No entanto, veja que não há prejuízo à nota a menção aos dois dispositivos, 396 e 396-A. Perguntei à examinanda o porquê de ter escrito CPP por extenso. A resposta: "*Não quis correr riscos*". Fez bem! Soube de casos de examinandos que confundiram *CPP* com *CP* no momento de fundamentar a peça. Todavia, não há problema em usar a forma abreviada. Apenas tome cuidado!

ITEM	PONTUAÇÃO
2) Fundamento legal: **art. 396-A do Código de Processo Penal (0,10)**.	0,10

(2 linhas)

I – DOS FATOS

O acusado, no dia 5 de março de 2017, ao ver sua sobrinha sendo agredida pelo namorado, e não possuindo outra forma de intervir, porque estava com uma perna enfaixada devido a um acidente de trânsito, em posse de uma arma de fogo de uso permitido, apertou o gatilho para efetuar disparo na direção da perna de Lauro, namorado de sua sobrinha, porém a arma não funcionou.

O Ministério Público denunciou o acusado como incurso no art. 129, § 1º, inciso III, c/c art. 14, inciso II, ambos do Código Penal.

O oficial de justiça, ao cumprir o mandado de citação, verificou que o imóvel do acusado se encontrava fechado, e apenas em razão desse único comparecimento, no dia 26 de fevereiro de 2018, certificou que o acusado estava se ocultando e realizou no dia seguinte a citação por hora certa.

Comentários: no tópico *dos fatos*, foi feito um resumo do enunciado. Como não vale pontuação, é importante não perder muito tempo em sua elaboração. Um detalhe que chamou minha atenção foi o fato de a examinanda não pular linhas entre os parágrafos. O salto de linhas é irrelevante para a nota, mas deixa a peça mais bem organizada. No caso da examinanda, como a sua letra é muito bonita, a peça ficou agradável aos olhos, mesmo sem os saltos. De qualquer forma, friso: a estética não vale pontos.

(1 linha)

II – PRELIMINAR DE NULIDADE DA CITAÇÃO

Preliminarmente, Excelência, deve ser declarada a nulidade da citação, pois fora realizada em desacordo com as formalidades legais, uma vez que, na primeira tentativa de citação, o oficial de justiça certificou que o acusado estava se ocultando, realizando a citação por hora certa no dia seguinte.

O art. 362 do Código de Processo Penal prevê a citação por hora certa, que deverá ser realizada na forma da lei processual civil. Assim, o art. 252 do Código de Processo Civil estabelece que o oficial de justiça deve realizar duas tentativas de citação antes de realizar a citação por hora certa.

Desse modo, por não terem sido realizadas as duas tentativas de citação, conforme estabelece o art. 252 do Código de Processo Civil, deve ser declarada a nulidade da citação, nos termos do art. 564, III, "e", do Código de Processo Penal.

Comentários: a Banca costuma falhar na correção das provas da segunda fase do Exame de Ordem, por isso é importante a divisão das teses em tópicos, para facilitar a visualização do examinador ao corrigir a sua peça. Faça um tópico para cada uma das teses. Sobre a tese de nulidade sustentada, observe o seguinte:

a) foram descritos os fatos que provocaram a nulidade, com base no dispositivo violado – o art. 252 do CPC;
b) foi mencionado o art. 564 do CPP, quase sempre cobrado quando a tese é de nulidade do processo;
c) foi apontada a consequência da tese: a nulidade da citação.

É interessante ter atenção a esses três pontos quando se sustenta uma nulidade, pois a Banca sempre pontua as teses desta maneira: (a) a descrição, com argumentos fáticos, do que causou a violação à lei ou súmula; (b) a descrição, com argumentos jurídicos, da violação à lei ou súmula; (c) a consequência da violação. Para obter a pontuação total da tese, faça assim:

a) Na descrição fática, utilize as informações do texto do problema proposto. O enunciado do XXV Exame de Ordem trouxe a informação de que o réu não estava se ocultando e que o oficial de justiça esteve em seu endereço uma única vez. Era a argumentação fática da tese, pontuada no quesito n. 3 do gabarito.
b) Na descrição jurídica, utilize as palavras da lei ou súmula como se fossem suas.
c) Diga a consequência do que está sendo sustentado (declaração de nulidade, absolvição etc.). Esta é uma das melhores formas de se obter pontos a mais na prova, pois a Banca traz dois quesitos para a consequência: no *do direito* e no *do pedido*.

ITEM	PONTUAÇÃO
3) Preliminarmente, deve ser requerido o reconhecimento da **nulidade do ato de citação (0,40), nos termos do art. 564, inciso III, *e*, do CPP (0,10)**.	0,50
4) Patrick não estava se ocultando para ser citado e o oficial de justiça somente compareceu em uma oportunidade **(0,15)**, não preenchendo os requisitos do **art. 362 do CPP (0,10)**.	0,25

(1 linha)

PRÁTICA PENAL

III – DO DIREITO

a) DA LEGÍTIMA DEFESA

No mérito, Excelência, deve o acusado ser absolvido sumariamente, pois agiu em legítima, constituindo causa excludente da ilicitude, prevista no art. 25 do Código Penal.

O acusado, ao ver sua sobrinha sendo violentamente agredida pelo namorado e não possuindo outros meios para intervir, apertou o gatilho para efetuar o disparo na direção da perna do agressor.

Assim, o acusado usou moderadamente dos meios necessários (a arma de fogo era seu único meio de defesa, já que estava com a perna enfaixada devido a um acidente de trânsito, para repelir uma agressão injusta e atual, praticada contra pessoa de sua família).

Desse modo, deve o acusado ser absolvido sumariamente por agir em legítima defesa, prevista no art. 25 do Código Penal.

Comentários: como vimos anteriormente, a tese deve ser sustentada em três pontos:

a) Descrição fática. A examinanda fez isso no segundo parágrafo (*o acusado...*);
b) Descrição jurídica. No terceiro parágrafo, foi feita a transcrição do que diz o art. 25 do CP, que fundamenta a legítima defesa (*assim...*). Veja como a examinanda usou as palavras do art. 25 como se fossem suas;
c) A consequência da tese. No primeiro e no quarto parágrafos (*no mérito...*), é pedida, expressamente, a absolvição sumária.

ITEM	PONTUAÇÃO
8) Absolvição sumária, tendo em vista que há manifesta causa excludente da ilicitude **(0,40)**.	0,40
9) Patrick agiu amparado pela legítima defesa **(0,70)**, prevista no **art. 25 do CP OU no art. 23, II, do CP (0,10)**.	0,80
10) Patrick utilizou dos meios necessários **(0,10)** para repelir injusta agressão atual **(0,15)**.	0,25
11) A conduta de Patrick visava resguardar direito de terceiro/sua sobrinha **(0,10)**.	0,10

(1 linha)

b) DO CRIME IMPOSSÍVEL

Ademais, deve o acusado ser absolvido sumariamente em razão da atipicidade de sua conduta, pois trata-se de hipótese de crime impossível por ineficácia absoluta do meio, conforme estabelece o art. 17 do Código Penal.

O laudo pericial da arma de fogo apreendida concluiu pela total incapacidade de efetuar disparos, desse modo, o crime do art. 129, § 1º, inciso III, jamais se consumaria, não se punindo a tentativa, já que nenhum disparo poderia ser realizado.

Assim, a absolvição sumária é medida que se impõe.

Comentários: mais uma vez, a examinanda soube sustentar a tese. Embora a descrição fática, jurídica e a consequência estejam misturadas, a banca não deve ter tido dificuldade para corrigir esse trecho da peça. Apenas um alerta: para a sorte dela, o art. 129 do CP não foi pontuado no gabarito. Por ter esquecido de ter dito *Código Penal*, poderia ter perdido integralmente o quesito.

ITEM	PONTUAÇÃO
5) Absolvição sumária, tendo em vista que a conduta narrada evidentemente não constitui crime **(0,40)**.	0,40
6) Não há que se falar em punição da tentativa, tendo em vista que houve crime impossível **(0,70)**, previsto no **art. 17 do CP (0,10)**.	0,80
7) A arma de fogo utilizada não era apta a efetuar disparos **(0,30)**; logo, houve absoluta ineficácia do meio **utilizado (0,20)**.	0,50

(1 linha)

c) DA DESCLASSIFICAÇÃO

Subsidiariamente, caso Vossa Excelência não entenda pela absolvição sumária, requer a desclassificação para o crime de ameaça, previsto no art. 147 do Código Penal, haja vista que a vítima não sofreu qualquer lesão, tendo em vista a ineficácia da arma de fogo, que foi capaz apenas de causar temor à vítima.

Em consequência da desclassificação, requer seja declarada a decadência do direito de queixa, pois o crime do art. 147 é persequível por ação penal privada, restando, portanto, ultrapassado o prazo decadencial de seis meses para o oferecimento da queixa, conforme estabelece o art. 38 do Código de Processo Penal, transcorrido da data do conhecimento da autoria até a presente data mais de seis meses, constituindo a decadência causa de extinção da punibilidade prevista no art. 107, IV, do Código Penal.

d) DA SUSPENSÃO CONDICIONAL DO PROCESSO

Por fim, caso Vossa Excelência não entenda pela absolvição, requer a remessa dos autos ao Ministério Público para que seja proposta a suspensão condicional do processo, prevista no art. 89 da Lei n. 9.099/95.

O crime do art. 129, § 1º, inciso III, do Código Penal, possui pena mínima de 1 (um) ano, bem como não ser o acusado reincidente.

Comentários: a tese de desclassificação não estava no gabarito, por isso, não houve atribuição de pontos. De qualquer forma, agiu bem a examinanda. Entenda: muitas vezes, alunos me procuram após a prova e dizem não ter sustentado uma tese por receio de que não estaria no gabarito. Entretanto, o que é dito a mais não causa prejuízo. O problema é deixar de dizer algo que está no gabarito. Na dúvida, portanto, sustente a tese. Na pior das hipóteses, perderá tempo com algo desnecessário, como aconteceu com a peça que estamos analisando.

(1 linha)

IV – DO PEDIDO

Diante do exposto, requer:
a) preliminarmente, a nulidade da citação, com fundamento no art. 564, III, "e", do Código de Processo Penal;
b) a absolvição sumária do acusado, pois agiu em legítima defesa, causa excludente da ilicitude prevista no art. 25 do Código Penal, com fundamento no art. 397, I, do Código de Processo Penal;
c) a absolvição sumária em razão da atipicidade de sua conduta, por se tratar de crime impossível, previsto no art. 17 do Código Penal, com fundamento no art. 397, III, do Código de Processo Penal;
d) a desclassificação para o crime de ameaça, previsto no art. 147 do Código Penal, e a consequente absolvição sumária em razão da decadência do direito de queixa, com fundamento no art. 397, IV, do Código de Processo Penal;
e) a remessa dos autos ao Ministério Público para que seja proposta a suspensão condicional do processo;
f) caso assim não entenda Vossa Excelência, requer a intimação das testemunhas abaixo arroladas, para serem ouvidas durante a instrução processual.

Comentários: em algumas peças – e a RA é uma delas –, a Banca pontua duas vezes os pedidos: uma, quando sustentada a tese, como consequência do seu reconhecimento, e outra ao final, no *do pedido*. A examinanda poderia ter dito: *art. 397, I e III, do CPP*. No entanto, preferiu sustentar cada inciso individualmente. Fez bem. Reflita comigo: se tivesse pedido os três incisos em conjunto, caso um não constasse no gabarito, toda a fundamentação teria sido perdida. Ao pedir cada um separadamente, as respostas foram *isoladas*, e uma não prejudicaria a outra.

ITEM	PONTUAÇÃO
12) Absolvição sumária **(0,30)**, com fundamento no **art. 397, inciso I, do CPP (0,10)** e no **art. 397, inciso III, do CPP (0,10)**.	0,50

(1 linha)

Pede deferimento.

(1 linha)

Araruama/Rio de Janeiro, 09 de março de 2018.
Advogado, OAB

Comentários: a examinanda fechou a peça com o nome da comarca. Não deveria haver problema, afinal, a cidade de Araruama foi mencionada no enunciado. Contudo, soube de pessoas que reprovaram por esse motivo em provas recentes. Por essa razão, diga apenas *comarca ...* ou *comarca XXX*.

ITEM	PONTUAÇÃO
14) Prazo: 09 de março de 2018 **(0,10)**.	0,10

(1 linha)

Rol de testemunhas:
1. Natália, endereço;
2. Maria, endereço;
3. José, endereço.

Comentários: o rol de testemunhas sempre é pontuado em resposta à acusação. Veja que não é necessário dizer muita coisa. Basta listar os nomes delas.

ITEM	PONTUAÇÃO
13) Rol de testemunhas (Maria, José e Natália) **(0,10)**.	0,10

2.3. Estrutura das peças

2.3.1. Introdução

Após a prova da 2ª fase, sempre recebemos mensagens de examinandos com dúvidas a respeito do que pode ou não fazer na estrutura da peça – curiosamente, deixam as dúvidas para depois da prova, quando já não há mais o que ser feito. Para que você, leitor, não passe pelos mesmos problemas, fizemos uma seleção das dúvidas mais comuns:

1ª) Salto de linhas entre o endereçamento e a qualificação

Tem professor que fala em cinco linhas. Em alguns manuais há sugestão de sete linhas. Afinal, quantas linhas devo saltar? Nenhuma! Você leu certo: nenhuma. O edital não faz qualquer exigência. A lei, muito menos. Caso não salte linha, não haverá prejuízo à nota. Não existe um quesito no gabarito para o salto. Entretanto, por questões estéticas, achamos interessante pular algumas. A peça fica mais *bonita*, agradável aos olhos – todavia, é mero capricho, sem valor.

A quantidade fica por sua conta, mas não exagere. Se saltar, por exemplo, dez linhas, talvez falte espaço para a elaboração da peça. Faça o teste: imprima o caderno de folhas pautadas do Exame de Ordem (tem no *site* da Banca) e veja como fica melhor, de acordo com a sua caligrafia. De qualquer forma, friso: não vale nada. É só para deixar a peça com uma melhor aparência.

2ª) Excelência, Doutor, Senhor

No endereçamento, a Banca pontua apenas a menção à *vara* e à *comarca*. Se o enunciado disser que a ação penal está correndo na *1ª Vara Criminal da Comarca de Xique-Xique*, a sua peça deverá estar endereçada exatamente dessa forma. O uso de expressões de tratamento como *senhor* ou *doutor* são irrelevantes para a nota. Assim como o salto de linhas, cabe ao examinando decidir a estética-padrão de suas peças. De qualquer forma, não vale ponto algum. Se quiser seguir um padrão comum entre os aprovados, opte por "Excelentíssimo Senhor Doutor".

3ª) Qualificação

De todos os Exames de Ordem, a qualificação da parte foi pontuada apenas no XV Exame, quando caiu uma queixa-crime. Portanto, não é algo que merece a sua preocupação. Se o seu problema é memorizar quando a parte deve ou não ser qualificada, uma sugestão: qualifique sempre. Se, em resposta à acusação ou memoriais, o réu for qualificado – o que é desnecessário, afinal ele já foi qualificado na denúncia –, você não perderá pontos por causa disso. Não existe um quesito que desconte pontos do que é dito além do necessário.

4ª) Nome da peça em letra maiúscula

Também é irrelevante. Não existe essa exigência no edital. Pouco importa se, em sua peça, o nome dela está em letra maiúscula ou minúscula. No entanto, sugerimos que a coloque em destaque, separada do restante do texto, para facilitar a correção do examinador.

5ª) Procuração do advogado

A menção à procuração foi pontuada uma única vez, no XV Exame de Ordem, quando caiu uma queixa-crime. Em regra, não vale pontuação. Se cair queixa-crime ou revisão criminal, escreva (procuração com poderes especiais – Doc. 1).

6ª) Fundamentação por extenso

Código de Processo Penal ou CPP? Tanto faz! A Banca aceita as duas formas. No entanto, na fundamentação da peça, prefira escrever por extenso, para evitar erros. Pode acontecer que, por nervosismo, distração ou qualquer outro motivo, seja trocado *CPP* por *CP*, ou, pior, *CPC*. Considerando que o erro de fundamentação é motivo para *zerar* a peça, então é melhor não arriscar.

7ª) Muito respeitosamente...

Os cumprimentos ao magistrado, na qualificação, não são pontuados. Em regra, apenas duas coisas são avaliadas na qualificação: o nome e a fundamentação da peça. Na queixa-crime, a qualificação das partes e a procuração com poderes especiais também são pontuadas.

8ª) Salto de página na interposição

Em recursos, nos quais temos de fazer duas peças (interposição e razões ou juntada e razões), alguns examinandos optam por iniciar as razões na segunda página do caderno de respostas. Não é errado, mas é um risco desnecessário. Explicamos: tanto a interposição quanto a juntada são elaboradas em, mais ou menos, quinze linhas. São trinta linhas por página. Ao saltar para a página número dois, você desperdiçará quinze linhas de resposta. Se for uma peça muito extensa, pode faltar linhas para fazer a sua peça. Sugestão: quando concluir a interposição ou a juntada, logo após *Advogado*, pule duas ou três linhas, apenas para delimitar bem onde começam as razões. Cuidado: não faça um traço.

9ª) Dos fatos, do direito e do pedido

O edital não exige a divisão da peça em *dos fatos, do direito* e *do pedido*. Caso queira fazer tudo misturado, a sua peça será corrigida. Contudo, reflita: o examinador da Banca corrigirá diversas peças, todas bem estruturadas com a clássica divisão. Aí, na sua, não se sabe o que é descrição de fato, o que é pedido, o que é fundamentação de tese... enfim, uma bagunça! Considerando que a banca é conhecida por cometer erros na hora de corrigir, é recomendável que a sua peça esteja bem-organizada. Inclusive, recomendamos a divisão do *do direito* em subtópicos – um para cada tese a ser sustentada.

10ª) Preliminarmente, no mérito e subsidiariamente

É inegável o esforço da Banca para reduzir os seus erros de correção. Prova disso é a previsão em edital de que, ao responder às questões, o examinando tem de indicar o que está sendo respondido (*A, B, C* etc.), sob pena de receber zero. Além disso, em todas as últimas provas, o gabarito tem trazido as expressões *preliminarmente, no mérito* e *subsidiariamente*, para forçar o examinando a melhor estruturar sua peça. Todas essas regras têm por objetivo facilitar a vida de quem corrigirá a sua prova. Ao sustentar teses de nulidade e de extinção da punibilidade, portanto, comece dizendo: *preliminarmente*. Ao tratar das teses de (falta de) justa causa, diga: *no mérito*. Por fim, em relação às teses de dosimetria de pena, comece falando em *subsidiariamente*.

Obs.: não se esquecer de que apenas na resposta à acusação a extinção da punibilidade é causa de absolvição sumária. Nas demais, é tese preliminar.

11ª) Pedidos

Nos recursos, a Banca tem pontuado simplesmente os pedidos de *conhecimento e provimento*, nas contrarrazões, o *não conhecimento e o não provimento* do recurso da outra parte e nas demais peças, a especificação do que se pretende (*absolvição, pena-base no mínimo legal* etc.). Em verdade, se tiver tempo, ao fazer seu recurso, além do *conhecimento e provimento*, especifique os pedidos, pois já houve edição da prova em que a Banca pontuou. Se a pormenorização não estiver no gabarito, nenhum ponto será perdido – o que é dito a mais não causa prejuízo. Por fim, jamais esqueça: se o cliente estiver preso, peça a expedição de alvará de soltura.

12ª) Comarca no fechamento

No endereçamento, você tem de mencionar o nome da comarca trazido no enunciado (São Paulo, Porto Alegre, Goiânia etc.). No fechamento, a Banca não pontua, portanto, diga apenas *Comarca ...* ou *Comarca XXX*. Seja *ambicioso* ao elaborar sua peça. Só se preocupe com aquilo que vale alguma pontuação.

2.3.2. Peças simples e peças compostas

A estrutura das peças é como uma fôrma. Devemos utilizar sempre as mesmas estruturas em todas as peças existentes, seja qual for a fase processual. Há duas espécies: as peças simples, sem juntada ou interposição, e as compostas, com juntada e interposição. Das peças de direito penal, temos a seguinte divisão:

Peças simples	Peças compostas
Pedidos à autoridade policial.	Todas as contrarrazões.
Queixa-crime.	Todos os recursos.
Defesa preliminar (crimes funcionais).	–
Defesa prévia (Lei de Drogas).	–
Exceções.	–
Resposta à acusação.	–
Memoriais.	–
Revisão criminal.	–
Habeas corpus.	–
Requerimentos ao juiz das varas criminais (pedido de revogação da preventiva, por exemplo).	–
Requerimentos ao juiz da execução penal (progressão, livramento condicional etc.).	–

As peças compostas são aquelas em que nós queremos que nossos argumentos sejam analisados por uma outra pessoa, diversa daquela com quem estamos tratando diretamente. É o que ocorre com um recurso, em que estamos falando com a instância superior (TJ, por exemplo), mas a nossa linha de comunicação se dá por intermédio do magistrado que proferiu a decisão recorrida. Das peças compostas, muitos examinandos confundem interposição com juntada, assunto que será tratado no item a seguir.

2.3.3. Juntada ou interposição?

Há quem fique na dúvida de quando fazer interposição ou juntada. No XIX Exame de Ordem, quando a banca cobrou, pela primeira vez, contrarrazões de apelação, muitos examinandos reprovaram por causa da elaboração da peça de interposição. Todavia, não existe motivo para preocupação. Entenda:

a) Para anexar qualquer coisa aos autos, deve ser feita a petição de juntada. Exemplo: com a *vermelhinha* na mão, você está atuando na ação penal 1234567-89.2020.0004321. Certo dia, seu cliente aparece com um documento importantíssimo à defesa. Para juntá-lo aos autos, você terá de fazer uma petição de juntada, para que o documento seja anexado ao processo. Sabe aquele ícone no formato de um clipe de papel em seu *e-mail*, que você utiliza para anexar arquivos? Se quiser, a partir de hoje, diga que aquele é o botão de juntada. É a mesma coisa.

b) A interposição é a manifestação do desejo de recorrer. No exemplo anterior, não faria o menor sentido fazer uma interposição para a juntada do documento trazido pelo cliente. Já pensou? "Juiz, estou trazendo um documento... e quero recorrer!" Recorrer do quê, amigo, se não existe uma decisão? É por isso que, quando oferecemos contrarrazões a um recurso, não devemos fazer interposição, afinal não estamos recorrendo.

Portanto, não tem como fazer confusão. Há uma decisão desfavorável e você quer recorrer? Interposição. Quer simplesmente juntar um documento aos autos? Juntada. Não tem segredo. Não tem de decorar nada. É só entender a lógica de cada uma dessas peças.

Todavia, nessa confusão entre juntada e interposição, há uma situação que muito me preocupa. Nunca aconteceu, mas, quando (e se) a Banca decidir fazer, causará problemas a muitos examinandos. Explico com dois exemplos:

1º exemplo – No dia 2 de março, você foi intimado de uma sentença condenatória contra seu cliente. Como advogado, deve elaborar a peça cabível: uma apelação. Como ainda não houve a manifestação da vontade de recorrer, deve ser feita a interposição.

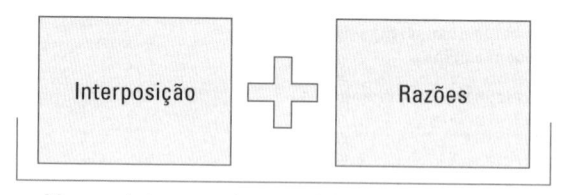

| Interposição | + | Razões |

Mesma data para a interposição e para as razões.

2º exemplo – No processo penal, é possível a interposição em um momento e, posteriormente, em outra data, o oferecimento das razões. No dia 2 de março, após já ter feito a interposição do recurso de apelação, você é intimado para oferecer a medida cabível – ou seja, oferecer as razões da apelação. Não há motivo para fazer uma nova interposição, afinal ela já foi feita anteriormente. Como já houve a interposição, o que você quer é, apenas, a juntada das razões, que deve ser feita, claro, por petição de juntada.

| Interposição | | Juntada | + | Razões |

Em uma data anterior, foi feita a interposição.   Mesma data para a juntada e para as razões.

O segundo exemplo nunca aconteceu no Exame de Ordem. Em todas as edições em que a banca trouxe um recurso, a parte ainda não havia feito interposição (interposição + razões). Talvez, a banca jamais faça essa *pegadinha*. Se fizer, no entanto, além de fazer juntada (e não interposição), fique atento ao prazo, que é diferente. Entenda:

1) Se faço interposição e razões, ao mesmo tempo, o prazo das duas peças é o da interposição – em uma apelação, 5 dias.
2) Se faço juntada e razões, ao mesmo tempo, o prazo das duas peças é o das razões, na apelação, 8 dias.

Achou confuso? No próximo tópico, vamos falar da contagem de prazos no processo penal, com a análise de todas as possibilidades.

2.3.4. Como contar os prazos

A contagem do prazo é tarefa das mais simples. Veja a resolução de prazos das provas passadas:

38º Exame de Ordem
Peça: Agravo em execução.
Prazo: 5 dias (usamos o prazo da interposição para as razões também pois foram interposta em conjunto).
Dados fornecidos no enunciado: A intimação da decisão ocorreu no dia 25/08/2023, sexta-feira.

DOMINGO	SEGUNDA	TERÇA	QUARTA	QUINTA	SEXTA	SÁBADO
20	21	22	23	24	25 Dia da intimação	26
27	28	29	30	31	1º Último dia do prazo	02

37º Exame de Ordem
Peça: Memoriais.
Prazo: 5 dias.
Dados fornecidos no enunciado: O(A) advogado(a) constituído(a) foi intimado(a) no dia 11/04/2023 (terça-feira).

DOMINGO	SEGUNDA	TERÇA	QUARTA	QUINTA	SEXTA	SÁBADO
09	10	11 Dia da intimação	12	13	14	15
16 Último dia, mas é domingo	17 Último dia do prazo	18	19	20	21 Último dia do prazo	22

36º Exame de Ordem
Peça: Resposta à acusação.
Prazo: 10 dias.
Dados fornecidos no enunciado: "Matheus foi pessoalmente citado e intimado para adoção das medidas cabíveis, em 16 de novembro de 2022, quarta-feira".

QUARTA	QUINTA	SEXTA	SÁBADO	DOMINGO	SEGUNDA	TERÇA
16 Dia da intimação	**17**	18	19	20	21	**22**
23	**24**	25	26 Último dia, mas é sábado	27	**28** Último dia do prazo	29

35º Exame de Ordem
Peça: apelação.
Prazo: 5 dias para interposição e 8 dias para as razões.
Dados fornecidos no enunciado: intimado da sentença condenatória, o Ministério Público se manteve inerte, sendo a defesa técnica de Júlio intimada em 11 de julho de 2022, segunda-feira.

DOMINGO	SEGUNDA	TERÇA	QUARTA	QUINTA	SEXTA	SÁBADO
10	**11** Dia da intimação.	12	13	14	15	**16** Último dia, mas é sábado.
17	**18** Último dia do prazo.	19	20	21	22	23

XXXIV Exame de Ordem
Peça: recurso em sentido estrito.
Prazo: 5 dias para interposição e 2 dias para as razões.
Dados fornecidos no enunciado: Rodrigo foi intimado da pronúncia no dia 5 de abril de 2021, segunda-feira.

DOMINGO	SEGUNDA	TERÇA	QUARTA	QUINTA	SEXTA	SÁBADO
1º	**5** Dia da intimação.	6	7	8	9	**10** Último dia, mas é sábado.
11	**12** Último dia do prazo.	13	14	15	16	17

XXXIII Exame de Ordem

Peça: apelação.

Prazo: 5 dias para interposição e 8 dias para o oferecimento das razões.

Dados fornecidos no enunciado: Breno foi intimado no dia 03 de dezembro de 2019, terça-feira, sendo o dia seguinte útil em todo o país, bem como todos os dias da semana seguinte, exceto sábado e domingo.

DOMINGO	SEGUNDA	TERÇA	QUARTA	QUINTA	SEXTA	SÁBADO
1º	2	3 Dia da intimação.	4	5	6	7
8 Quinto dia, mas é domingo.	9 Último dia do prazo.	10	11	12	13	14

XXXII Exame de Ordem

Peça: memoriais.

Prazo: 5 dias.

Dados fornecidos no enunciado: a defesa técnica de Luiz foi intimada, em 19 de janeiro de 2021, terça-feira, para apresentação da medida cabível.

DOMINGO	SEGUNDA	TERÇA	QUARTA	QUINTA	SEXTA	SÁBADO
17	18	19 Dia da intimação.	20	21	22	23
24 Quinto dia, mas é domingo.	25 Último dia do prazo.	26	27	28	29	30

XXXI Exame de Ordem

Peça: recurso em sentido estrito.

Prazo: 5 dias para interposição e 2 dias para o oferecimento das razões.

Dados fornecidos no enunciado: a defesa técnica e Rômulo foram intimados em 10 de março de 2020, uma terça-feira.

DOMINGO	SEGUNDA	TERÇA	QUARTA	QUINTA	SEXTA	SÁBADO
08	09	10 Dia da intimação.	11	12	13	14
15 Quinto dia, mas é domingo.	16 Último dia do prazo.	17	18	19	20	21

XXX Exame de Ordem
Peça: apelação.
Prazo: 5 dias para a interposição e 8 dias para o oferecimento das razões.
Dados fornecidos no enunciado: A defesa técnica de Carlos foi intimada em 18 de setembro de 2019, quarta-feira, para adoção das medidas cabíveis.

DOMINGO	SEGUNDA	TERÇA	QUARTA	QUINTA	SEXTA	SÁBADO
15	16	17	**18** Dia da intimação.	19	20	21
22	**23** Último dia de prazo.	24	25	26	27	28

XXIX Exame de Ordem
Peça: agravo em execução.
Prazo: 5 dias para a interposição e 2 dias para o oferecimento das razões.
Dados fornecidos no enunciado: a intimação ocorreu no dia 9 de julho de 2019, uma terça-feira, e quarta foi dia útil em todo o Brasil.

DOMINGO	SEGUNDA	TERÇA	QUARTA	QUINTA	SEXTA	SÁBADO
07	08	**09** Dia da intimação.	10	11	12	13
14 Deveria ser o último dia, mas foi um domingo.	**15** Último dia de prazo.	16	17	18	19	20

XXVIII Exame de Ordem
Peça: apelação.
Prazo: 5 dias para a interposição e 8 dias para o oferecimento das razões.
Dados fornecidos no enunciado: a intimação ocorreu no dia 18 de junho de 2018, segunda-feira, e terça-feira foi útil em todo o Brasil.

DOMINGO	SEGUNDA	TERÇA	QUARTA	QUINTA	SEXTA	SÁBADO
17	**18** Dia da intimação.	19	20	21	22	**23** Deveria ser o último dia, mas foi um sábado.
24	**25** Último dia de prazo.	26	27	28	29	30

XXVII Exame de Ordem

Peça: contrarrazões de apelação.

Prazo: 8 dias para o oferecimento das razões. Não tem interposição.

Dados fornecidos no enunciado: a intimação ocorreu no dia 5 de novembro de 2018, segunda-feira, e terça-feira foi dia útil em todo o Brasil.

DOMINGO	SEGUNDA	TERÇA	QUARTA	QUINTA	SEXTA	SÁBADO
04	05 Dia da intimação.	06	07	08	09	10
11	12	13 Último dia de prazo.	14	15	16	17

XXVI Exame de Ordem

Peça: memoriais.

Prazo: 5 dias.

Dados fornecidos no enunciado: a intimação ocorreu no dia 4 de setembro de 2018, terça-feira, e quarta-feira foi dia útil em todo o Brasil.

DOMINGO	SEGUNDA	TERÇA	QUARTA	QUINTA	SEXTA	SÁBADO
02	03	04 Dia da intimação.	05	06	07	08
09 Deveria ser o último dia, mas foi um domingo.	10 Último dia de prazo.	11	12	13	14	15

XXV Exame de Ordem

Peça: resposta à acusação.

Prazo: 10 dias.

Dados fornecidos no enunciado: a citação ocorreu no dia 27 de fevereiro de 2018.

- Ano bissexto: a Banca tem de trazer todas essas informações no enunciado: se é ou não ano bissexto, se o dia seguinte é útil etc. Veja o exemplo do XXV Exame de Ordem, em que não foi dito que o ano foi bissexto. Logo, não foi! Ademais, a banca não disse se o dia seguinte à citação era útil. Também não foi informado o dia da semana. Portanto, nenhuma dessas informações deveria ser levada em consideração. Sobre o ano bissexto, se isso ainda é um problema, é simples: as peças são sempre datadas no ano da prova. O ano de 2020 é bissexto. Ponto final.

27 **Dia da citação.**	28 O dia seguinte foi útil? Não sei. A Banca não falou. Logo, não importa.	1º	02	03	04	05
06	07	08	**09** Último dia do prazo.	10	11	12

XXIV Exame de Ordem

Peça: agravo em execução.

Prazo: 5 dias para a interposição e 2 dias para as razões.

Dados fornecidos no enunciado: a citação ocorreu no dia 24 de novembro de 2017, sexta-feira.

- **Trinta ou trinta e um:** no XXIV Exame de Ordem, tivemos uma situação curiosa. Para contar o prazo, o examinando tinha de saber se novembro tem 30 ou 31 dias. A informação não foi trazida no enunciado, por isso entendemos que a Banca tinha de aceitar as duas possibilidades, mas não foi assim. Portanto, pesquise na internet a contagem dos meses nos dedos das mãos, essa dica ajudará no futuro, se voltar a ocorrer essa situação.

DOMINGO	SEGUNDA	TERÇA	QUARTA	QUINTA	SEXTA	SÁBADO
19	20	21	22	23	**24** Dia da intimação.	**25** Deveria ser o primeiro dia da contagem, mas caiu em um sábado.
26	27	28	29	30	1º	02

XXIII Exame de Ordem

Peça: memoriais.

Prazo: 5 dias.

Dados fornecidos no enunciado: a intimação ocorreu no dia 24 de agosto de 2016, quarta-feira, e quinta-feira foi dia útil em todo o Brasil.

PRÁTICA PENAL

DOMINGO	SEGUNDA	TERÇA	QUARTA	QUINTA	SEXTA	SÁBADO
21	22	23	**24** Dia da intimação.	25	26	27
28	**29** Último dia do prazo.	30	31	1º	02	03

XXII Exame de Ordem

Peça: apelação.

Prazo: 5 dias para a interposição e 8 dias para as razões.

Dados fornecidos no enunciado: a intimação ocorreu no 08 de maio de 2017, segunda-feira, e terça-feira foi dia útil em todo o Brasil.

DOMINGO	SEGUNDA	TERÇA	QUARTA	QUINTA	SEXTA	SÁBADO
07	**08** Dia da intimação.	09	10	11	12	**13** Deveria ser o último dia, mas foi sábado.
14	**15** Último dia do prazo.	16	17	18	19	20

XXI Exame de Ordem

Peça: resposta à acusação.

Prazo: 10 dias.

Dados fornecidos no enunciado: a citação ocorreu no dia 16 de março de 2015, segunda-feira, e terça-feira foi útil em todo o Brasil.

DOMINGO	SEGUNDA	TERÇA	QUARTA	QUINTA	SEXTA	SÁBADO
15	**16** Dia da citação.	17	18	19	20	21
22	23	24	25	**26** Último dia do prazo.	27	28

XX Exame de Ordem

Peça: memoriais.

Prazo: 5 dias.

Dados fornecidos no enunciado: a intimação ocorreu no dia 6 de março de 2015, sexta-feira.

DOMINGO	SEGUNDA	TERÇA	QUARTA	QUINTA	SEXTA	SÁBADO
1º	02	03	04	05	06 Dia da intimação.	07 Deveria ser o primeiro dia da contagem, mas foi sábado.
08	09	10	11	12	13 Último dia do prazo.	14

XIX Exame de Ordem

Peça: contrarrazões de apelação.
Prazo: 8 dias. Não tem interposição.
Dados fornecidos no enunciado: a intimação ocorreu no dia 19 de outubro de 2015, segunda-feira, e terça-feira foi útil em todo o Brasil.

DOMINGO	SEGUNDA	TERÇA	QUARTA	QUINTA	SEXTA	SÁBADO
18	19 Dia da intimação.	20	21	22	23	24
25	26	27 Último dia do prazo.	28	29	30	31

XVIII Exame de Ordem

Peça: apelação.
Prazo: 5 dias para a interposição e 8 dias para as razões.
Dados fornecidos no enunciado: a intimação ocorreu no dia 07 de julho de 2015, terça-feira, e quarta-feira foi dia útil em todo o Brasil.

DOMINGO	SEGUNDA	TERÇA	QUARTA	QUINTA	SEXTA	SÁBADO
05	06	07 Dia da intimação.	08	09	10	11
12 Deveria ser o último dia, mas caiu em um domingo.	13 Último dia de prazo.	14	15	16	17	18

PRÁTICA PENAL

XVII Exame de Ordem
Peça: memoriais.
Prazo: 5 dias.
Dados fornecidos no enunciado: a intimação ocorreu no dia 17 de julho de 2015, sexta-feira.

DOMINGO	SEGUNDA	TERÇA	QUARTA	QUINTA	SEXTA	SÁBADO
12	13	14	15	16	17 Dia da intimação.	18 Deveria ter sido o início da contagem, mas foi sábado.
19	20	21	22	23	24 O último dia de prazo.	25

XVI Exame de Ordem
Peça: agravo em execução.
Prazo: 5 dias para a interposição e 2 dias para as razões.
Dados fornecidos no enunciado: a intimação ocorreu no dia 23 de março de 2015, uma segunda-feira. A banca não disse nada a respeito de o dia 24 ser útil. No silêncio, consideramos que sim.

DOMINGO	SEGUNDA	TERÇA	QUARTA	QUINTA	SEXTA	SÁBADO
22	23 Dia da intimação.	24	25	26	27	28 Deveria ser o último dia, mas foi sábado.
29	30 Último dia de prazo.	31	1º	02	03	04

XV Exame de Ordem
Peça: queixa-crime.
Prazo: em regra, 6 meses, contados do dia em que a vítima conhece a autoria da infração penal.
Dados fornecidos no enunciado: a banca não pediu a peça no último dia de prazo. No entanto, havia a data em que a vítima conheceu a autoria: o dia 19 de abril de 2014, um sábado.

- Os prazos materiais têm algumas peculiaridades em relação aos prazos processuais. A primeira é o fato de que não existe a figura do dia "zero". No caso do XV

Exame de Ordem, a descoberta da autoria aconteceu no dia 19 de abril. O prazo começou ali, e não no dia 20, devendo ser excluído o último dia da contagem. Além disso, pouco importa se o dia é útil ou não.

ABRIL	MAIO	JUNHO	JULHO	AGOSTO	SETEMBRO	OUTUBRO
14 Dia em que a vítima descobriu a autoria do crime. É irrelevante o fato de ser um sábado.	1º mês	2º mês	3º mês	4º mês	5º mês	13 Último dia do prazo. Pouco importa se foi ou não útil.

XIV Exame de Ordem

Peça: memoriais.

Prazo: 5 dias.

Dados fornecidos no enunciado: a intimação ocorreu no dia 10 de abril de 2014, quinta-feira, e não foi dito se terça-feira foi útil. Não havendo menção, considere que foi.

DOMINGO	SEGUNDA	TERÇA	QUARTA	QUINTA	SEXTA	SÁBADO
06	07	08	09	10 Dia da intimação.	11	12
13	14	15 Último dia do prazo.	16	17	18	19

XIII Exame de Ordem

Peça: apelação.

Prazo: 5 dias para interposição e 8 dias para as razões.

Dados fornecidos no enunciado: o enunciado disse que a audiência ocorreu no dia 29 de agosto de 2013, uma quinta-feira, e no mesmo dia foi proferida sentença.

DOMINGO	SEGUNDA	TERÇA	QUARTA	QUINTA	SEXTA	SÁBADO
25	26	27	28	29 Dia da audiência, quando as partes foram intimadas.	30	31
1º	02	03 Último dia de prazo.	04	05	06	07

XII Exame de Ordem

Peça: apelação.

Prazo: 5 dias para interposição e 8 dias para as razões.

Dados fornecidos no enunciado: a Banca não pediu a peça no último dia de prazo. De qualquer forma, era possível calcular. Foi informado que a sentença foi proferida no mesmo dia da audiência, 18 de outubro de 2012, uma quinta-feira.

DOMINGO	SEGUNDA	TERÇA	QUARTA	QUINTA	SEXTA	SÁBADO
14	15	16	17	**18** Dia da intimação.	19	20
21	22	**23** Último dia do prazo.	24	25	26	27

XI Exame de Ordem

Peça: recurso em sentido estrito.

Prazo: 5 dias para interposição e 2 dias para as razões.

Dados fornecidos no enunciado: a intimação aconteceu no dia 02 de agosto de 2013, sexta-feira.

DOMINGO	SEGUNDA	TERÇA	QUARTA	QUINTA	SEXTA	SÁBADO
28	29	30	31	1º	**02** Dia da intimação.	**03** Deveria ser o primeiro dia da contagem, mas caiu em um sábado.
04	05	06	07	08	**09** Último dia do prazo.	10

X Exame de Ordem

Peça: revisão criminal.

Prazo: não tem prazo.

IX Exame de Ordem

Peça: memoriais.

Prazo: 5 dias.

Dados fornecidos no enunciado: não havia dados suficientes. A banca não apontou.

VIII Exame de Ordem
Peça: resposta à acusação.
Prazo: 10 dias.
Dados fornecidos no enunciado: a citação ocorreu no dia 18 de janeiro de 2011. Não havia informação sobre o dia da semana.

–	–	–	–	–	–	–
18 Dia da citação.	19	20	21	22	23	24
25	26	27	28 Último dia do prazo.	29	30	31

VII Exame de Ordem
Peça: apelação, na condição de assistente de acusação.
Prazo: 15 dias, pois ainda não estava habilitado.
Dados fornecidos no enunciado: o prazo recursal do MP acabou no dia 11 de janeiro de 2011, mas o examinando estava na posição de assistente de acusação. Não havia informação sobre o dia da semana.

- O VII Exame de Ordem foi o mais confuso de todos em relação ao prazo. Inicialmente, a banca aceitou cinco datas diferentes, mas foi sensata e não trouxe a informação no gabarito. Entenda um dos possíveis cálculos:

–	–	–	–	–	–	–
11 Dia de intimação do MP.	12	13	14	15	16 Último dia do prazo do recurso do MP.	17
18 Início do prazo do assistente de acusação não habilitado.	19	20	21	22	22	23
24	25	26	27	28	29	30
31	1º Último dia do prazo do assistente de acusação.	02	03	04	05	06

VI Exame de Ordem
Peça: relaxamento da prisão em flagrante.
Prazo: não tem prazo.

V Exame de Ordem
Peça: apelação.
Prazo: 5 dias para a interposição e 8 dias para as razões.

Dados fornecidos no enunciado: a intimação em Diário da Justiça eletrônico ocorreu no dia 16 de fevereiro de 2011. Não foi informado o dia da semana. A Banca exigiu o último dia da semana no enunciado, mas não trouxe nada no gabarito.

–	–	–	–	–	–	–
11 Dia em que a decisão saiu no DJ.	**12** Dia em que consideramos intimada a parte.	13	14	15	16	**17** Último dia do prazo.

IV Exame de Ordem
Peça: apelação.
Prazo: 5 dias para a interposição e 8 dias para as razões.
Dados fornecidos no enunciado: não havia data da intimação.

Exame de Ordem 2010.3
Peça: recurso em sentido estrito.
Prazo: 5 dias para a interposição e 2 dias para as razões.
Dados fornecidos no enunciado: a banca não exigiu, mas havia como calcular, pois tinha a data da intimação: 12 de agosto de 2010.

–	–	–	–	–	–	–
12 Dia da intimação em audiência.	13	14	15	16	**17** Último dia do prazo.	18

Exame de Ordem 2010.2
Peça: resposta à acusação.
Prazo: 10 dias.
Dados fornecidos no enunciado: a citação ocorreu no dia 27 de outubro de 2010, quarta-feira. Não foi dito se quinta-feira foi dia útil.

DOMINGO	SEGUNDA	TERÇA	QUARTA	QUINTA	SEXTA	SÁBADO
24	25	26	**27** Dia da citação.	28	29	30
31	**1º** Dia da juntada do mandado aos autos, irrelevante à contagem.	02	03	04	05	**06** Seria o último dia, caso não caísse no sábado.
07	**08** Último dia do prazo.	09	10	11	12	13

2.3.5. Estrutura padrão

2.3.5.1. Peça simples

Excelentíssimo Senhor Juiz de Direito da 1ª Vara Criminal da Comarca de Boa Vista, Roraima.

Comentários: nas últimas provas, a Banca trouxe a vara e a comarca onde o processo está correndo, por exemplo, *1ª Vara Criminal da Comarca de Boa Vista, Roraima*. Se houver essa informação no enunciado, você tem de mencioná-la, pois o gabarito assim exige. Só use as formas genéricas *XXX* ou reticências caso não constem tais informações no enunciado da questão, o que é pouco provável, afinal, a Banca sempre traz esses dados. A forma como nos referimos ao juiz é irrelevante (com senhor, sem doutor, com excelência...), pois a Banca não costuma pontuar esses termos, como pode ser visto nos gabaritos das provas anteriores. A Banca exige a indicação correta de vara e comarca.

(Salto de linhas)

Comentários: o edital não exige espaçamento de linhas, portanto, a escolha é sua para saltar linhas ou não. Esteticamente, sua peça ficará visivelmente melhor com o espaçamento entre linhas, mas isso não influenciará em sua nota. Fique atento para não exagerar nos saltos de linhas e, no final, faltar espaço para finalizar a peça.

Teresa, já qualificada nos autos, vem, por seu advogado (procuração anexada), oferecer Resposta à Acusação, com fundamento nos arts. 396 e 396-A do Código de Processo Penal, pelas razões a seguir expostas:

Comentários: de tudo o que foi dito na qualificação, a banca só pontuará o nome e a fundamentação da peça. O restante, em regra, não pontua. Exceção: em queixa-crime, o gabarito do XV Exame de Ordem pontuou a menção à procuração com poderes especiais e à qualificação do querelante e da querelada. Quanto ao verbo (*ajuizar, oferecer, apresentar* etc.), preocupe-se apenas com o uso da *interposição* quando oferecer um recurso. Para as demais peças, não há problema com o verbo utilizado.

I – DOS FATOS

No dia 15 de março de 2019, a denunciada teria praticado o crime de furto simples, do art. 155 do CP, pois teria subtraído dois quilos de arroz do supermercado "Tá Barato", na cidade de Boa Vista, Roraima.

Ao ser ouvida pelo delegado de polícia que lavrou o auto de prisão em flagrante, a acusada confessou a conduta, mas disse que assim agiu por estar com dificuldades financeiras, não tendo outro meio para garantir o seu sustento.

Comentários: o edital e a lei não exigem a divisão da peça em *dos fatos, do direito* e *do pedido*. Se quiser fazer tudo misturado, a prova será corrigida normalmente. No entanto, sugerimos que divida todas as suas peças em tópicos. Isso porque uma peça organizada reduzirá a possibilidade de erros de correção.

II – DO DIREITO

a) DO ESTADO DE NECESSIDADE

Como se vê, Excelência, a ré deve ser absolvida sumariamente em razão do estado de necessidade, causa de exclusão da ilicitude, conforme art. 24 do CP, pois praticou a conduta para salvar de perigo atual, que não provocou por sua vontade, nem podia de outro modo evitar, direito próprio, cujo sacrifício, nas circunstâncias, não era razoável exigir-se.

b) DA INSIGNIFICÂNCIA

Ademais, deve a ré ser absolvida sumariamente por causa do princípio da insignificância, hipótese de atipicidade material, em virtude do valor ínfimo da coisa subtraída.

Comentários: é interessante dividir o tópico *do direito* em subtópicos. Reflita: o examinador está com o gabarito e tem de localizar as expressões *estado de necessidade* e *princípio da insignificância* em sua prova. Quando trazemos essas informações de forma destacada, mostramos ao examinador, de imediato, que a resposta está na prova. Ele não tem de se esforçar para localizar as respostas. Isso reduz muito a chance de erro de correção.

III – DO PEDIDO

Diante do exposto, requer:

a) a absolvição sumária da ré, nos termos do art. 397, I, do CPP, em razão do estado de necessidade;
b) a absolvição sumária por causa da atipicidade da conduta, com fundamento no art. 397, III, do CPP.

Comentários: o pedido é a consequência lógica do que foi sustentado no *do direito*.

Comarca ..., 10 de abril de 2019.
Advogado, OAB

Comentários: a Banca sempre atribui pontos à data no último dia do prazo.

2.3.5.2. Peça composta

Excelentíssimo Senhor Juiz de Direito da 1.ª Vara Criminal da Comarca de Boa Vista, Roraima.

Comentários: nas últimas provas, a Banca trouxe a vara e a comarca onde o processo está correndo, por exemplo, *1ª Vara Criminal da Comarca de Boa Vista, Roraima*. Se houver essa informação no enunciado, você tem de mencioná-la, pois o gabarito assim exige. Só use as formas genéricas *XXX* ou reticências caso não constem tais informações no enunciado da questão, o que é pouco provável, afinal, como já dissemos, a Banca sempre traz esses dados. A forma como nos referimos ao juiz é irrelevante.

(Salto de linhas)

Comentários: o edital não exige espaçamento de linhas, portanto, a escolha é sua para saltar linhas ou não. Esteticamente, sua peça ficará visivelmente melhor com o espaçamento entre linhas, mas isso não influenciará em sua nota.

Teresa, já qualificada nos autos, vem, por seu advogado (procuração anexada), interpor Recurso de Apelação, com fundamento no art. 593, I, do Código de Processo Penal.

Comentários: de tudo o que foi dito na qualificação, a Banca só pontuará o nome e a fundamentação da peça. O restante, em regra, não vale pontos. Em relação à dúvida entre a juntada e a interposição, consultar o item *Juntada ou Interposição?*.

Requer seja recebido e processado o recurso, com as razões anexadas, e encaminhado ao Tribunal de Justiça do Estado de Roraima.

Comentários: em alguns recursos, têm de ser pedido o juízo de retratação.

Comarca ..., 10 de abril de 2019.
Advogado, OAB

Comentários: nos recursos, muitos fazem confusão na hora de contar o prazo. Isso porque, em processo penal, algumas peças podem ter a interposição e as razões oferecidas em momentos diversos, como é o caso da apelação. É possível a interposição em uma data e, em momento posterior, o oferecimento das razões, por isso temos dois prazos: para a interposição, 5 dias, e para as razões, 8 dias. Todavia, nada impede que a interposição e as razões sejam oferecidas conjuntamente. É o que acontece no Exame de Ordem, a data da interposição (ou da juntada) e das razões, portanto, é a mesma.

(Salto de linhas)
Para iniciar a peça Razões

Comentários: alguns examinandos saltam para a segunda página do caderno de resposta após a interposição ou juntada. Quando se salta para a página seguinte, há perda de aproximadamente quinze linhas, e cada página possui trinta linhas. Esse desperdício pode fazer com que você acabe sem espaço suficiente para a sua peça. Em vez disso, a fim de que sua peça fique organizada, pule algumas linhas (uma, duas, três...) entre a interposição e as razões.

Razões de Apelação
Apelante: Teresa.
Apelado: Ministério Público.

Egrégio Tribunal de Justiça do Estado de Roraima,
Colenda Câmara,
Douto Procurador de Justiça,

A sentença condenatória proferida pelo Juiz de Direito da 1ª Vara Criminal da Comarca de Boa Vista, Roraima, deve ser reformada pelas razões a seguir expostas.

Comentários: sempre inicie o recurso com *razões do recurso* ou *razões do recurso (nome do recurso)*. Se estiver na posição de recorrido, *contrarrazões do recurso (nome do recurso)*. Além disso, tem de dizer o estado do tribunal a quem a peça é endereçada – e a Banca sempre traz essa informação. O restante é estrutura padrão, não pontuada.

I – DOS FATOS

No dia 15 de março de 2019, a denunciada teria praticado o crime de furto simples, do art. 155 do CP, pois teria subtraído dois quilos de arroz do supermercado "Tá Barato", na cidade de Boa Vista, Roraima.

Ao ser ouvida pelo delegado de polícia que lavrou o auto de prisão em flagrante, a acusada confessou a conduta, mas disse que assim agiu por estar com dificuldades financeiras, não tendo outro meio para garantir o seu sustento.

O Juiz de Direito a condenou pelo crime de furto. Não foi reconhecida nenhuma atenuante ou causa de diminuição de pena.

Comentários: o edital e a lei não exigem a divisão da peça em *dos fatos*, *do direito* e *do pedido*. Se quiser fazer tudo misturado, a prova será corrigida normalmente. No entanto, sugerimos que divida todas as suas peças em tópicos. Isso porque uma peça organizada reduzirá a possibilidade de erros de correção.

II – DO DIREITO

a) DO ESTADO DE NECESSIDADE

No mérito, a ré deve ser absolvida em razão do estado de necessidade, causa de exclusão da ilicitude, conforme art. 24 do CP, pois praticou a conduta para salvar de perigo atual, que não provocou por sua vontade, nem podia de outro modo evitar, direito próprio, cujo sacrifício, nas circunstâncias, não era razoável exigir-se.

b) DA INSIGNIFICÂNCIA

Ademais, deve a ré ser absolvida por causa do princípio da insignificância, hipótese de atipicidade material, em virtude do valor ínfimo da coisa subtraída.

c) ATENUANTE DA CONFISSÃO

Subsidiariamente, se mantida a condenação, deve ser reconhecida a atenuante da confissão espontânea, nos termos do art. 65, I, "d", do CP.

Comentários: é interessante dividir o tópico *do direito* em subtópicos. Reflita: o examinador está com o gabarito e tem de localizar as expressões *estado de necessidade* e *princípio da insignificância* em sua prova. Quando trazemos essas informações de forma destacada, mostramos ao examinador, de imediato, que a resposta está na prova. Ele não tem de se esforçar para localizar as respostas. Isso reduz muito a chance de erro de correção.

III – DO PEDIDO

Diante do exposto, requer seja conhecido e provido.

Comentários: em recursos, tanto em razões quanto em contrarrazões, a Banca tem exigido apenas que seja requerido o *conhecimento e o provimento*, no caso de recurso oferecido, ou o *não conhecimento e não provimento*, nas contrarrazões. Se quiser individualizar os pedidos – requerer a absolvição, atenuantes etc. –, não tem problema. Em verdade, no passado, a Banca até pontuava.

Comarca ..., 10 de abril de 2019.
Advogado, OAB

Comentários: a banca sempre atribui pontos à data no último dia do prazo.

3. COMO IDENTIFICAR AS TESES

Para a 2ª fase, o grande desafio é aprender a identificar as teses de defesa ou de acusação. No entanto, é possível facilitar essa tarefa com a análise das teses cobradas nas provas passadas, pois a Banca é muito repetitiva no que pede, conforme levantamento a seguir. Fizemos o estudo do último Exame de Ordem para o primeiro. Isso porque, nas primeiras provas, percebe-se uma prova semelhante ao Exame de Ordem elaborado pela Cespe (Cebraspe), a Banca que anteriormente aplicava a prova. Provavelmente, nas primeiras provas, a Banca FGV quis manter o padrão da Banca anterior. No entanto, com o tempo, ela criou um perfil próprio de prova.

38º Exame de Ordem
Peça: Agravo em execução

Continuidade delitiva: aplicação da continuidade delitiva entre todos os delitos que lhe foram imputados. Pelas circunstâncias de tempo, lugar e maneira de execução, vê-se que todas as condutas subsequentes devem ser reputadas continuação das anteriores. Portanto, a unificação de penas deve ser realizada na forma do art. 111, da LEP e do art. 71, *caput*, do CP (continuidade delitiva), com a aplicação da fração de aumento entre 1/6 a 2/3, de forma proporcional ao fato de haver 3 infrações idênticas, tendo em vista que a vítima é a mesma em todos os delitos (o INSS).

Regime prisional aberto: regime prisional deve ser o aberto, na forma do art. 33, § 2º, *c*, do CP.

Inadmissibilidade da reconversão da pena: inadmissível a reconversão das penas restritivas de direito em privativa de liberdade.

Ausência de reincidência: pois, para a configuração da reincidência, é necessário que o trânsito em julgado da condenação ocorra antes da prática do novo crime, na forma do art. 63, do CP, o que não ocorreu no caso narrado.

Exasperação da pena de multa: afastando o art. 72 do CP.

Expedição de contramandado de prisão.

37º Exame de Ordem
Peça: Memoriais

Atipicidade da conduta: pelo crime impossível, nos termos do art. 17 do CP ou pela desistência voluntária do art. 15 do CP, dando causa a absolvição, com base no art. 386, III, do CPP.

Afastamento da qualificadora por falta de perícia: nos termos do art. 158 do CPP.

Reconhecimento da atenuante da confissão: art. 65, III, *d*, do CP.

36º Exame de Ordem

Peça: Resposta à acusação

Nulidade do recebimento da denúncia: por falta do exame de corpo de delito (art. 158 do CPP), nos termos do art. 564, III, *b*, do CPP.

Nulidade do processo por falta de apresentação de proposta de *sursis* processual: nos termos do art. 89 da Lei 9.099/95.

Absolvição sumária: embriaguez acidental completa, nos termos do art. 28, § 1º, do CP, combinado com o art. 397, II, do CPP.

35º Exame de Ordem

Peça: apelação.

Nulidade: houve nulidade na oitiva das vítimas, tendo em vista que o mero decurso de tempo não é fundamento idôneo para produção antecipada de provas.

Falta de justa causa: excludente da culpabilidade em razão de embriaguez completa e proveniente de caso fortuito ou força maior, nos termos do art. 28, § 1º, do CP.

Excesso na punição: (a) pena-base no mínimo legal; (b) afastamento da agravante do art. 61, II, *b* ou *d*, do CP; (c) reconhecimento da atenuante do art. 65, III, *d*, do CP; (d) regime inicial aberto, na forma do art. 33, § 2º, *c*, do CP; (e) substituição da pena privativa de liberdade por restritiva de direitos, nos termos do art. 44 do CP.

XXXIV Exame de Ordem

Peça: recurso em sentido estrito.

Nulidade: houve a inversão da ordem de oitiva das testemunhas, em violação ao art. 411 do CPP.

Falta de justa causa: excludente da culpabilidade em razão de embriaguez completa e proveniente de caso fortuito ou força maior, nos termos do art. 28, § 1º, do CP.

Excesso na punição: (a) desclassificação para crime não doloso contra a vida; (b) afastamento da causa de aumento de pena imputada na denúncia.

XXXIII Exame de Ordem

Peça: apelação.

Nulidade: houve a inversão na ordem da realização das perguntas para as testemunhas.

Falta de justa causa: erro de tipo, nos termos do art. 20, *caput*, do CP.

Excesso na punição: (a) pena-base no mínimo legal, com fundamento na Súmula 440 do STJ; (b) reconhecimento da atenuante da menoridade relativa; (c) redução do *quantum* de aumento de pena na terceira fase da dosimetria; (d) reconhecimento da tentativa; (e) aplicação de regime inicial mais benéfico.

XXXII Exame de Ordem
Peça: memoriais.
Nulidade: o réu não foi intimado para comparecer em juízo.
Extinção da punibilidade: prescrição.
Falta de justa causa: desistência voluntária (CP, art. 15) e consequente desclassificação (CPP, art. 419), de homicídio para lesão corporal.
Excesso na punição: afastamento da qualificadora prevista no art. 121, § 2º, VI, do CP.

XXXI Exame de Ordem
Peça: RESE.
Extinção da punibilidade: prescrição.
Nulidade: ausência de intimação do réu para comparecer na audiência, dando causa ao cerceamento de defesa, nos termos do art. 5º, LV, da CRFB.
Desistência voluntária: ao desistir de dar continuidade à execução, passa a ser cabível a tese de desclassificação, nos termos do art. 419 do CPP.
Afastamento da qualificadora: (a lei penal não pode retroagir para prejudicar o réu, nos termos do art. 5º, XL, da CF.

XXX Exame de Ordem
Peça: apelação.
Nulidade: (a) ausência de representação; (b) violação ao princípio da correlação.
Extinção da punibilidade: decadência.
Falta de justa causa: ausência de imperícia (o crime do problema era culposo).
Excesso na punição: (a) afastamento da agravante em razão da idade da vítima; (b) afastamento do concurso material de crime; (c) afastamento do regime inicial fechado; (d) substituição da pena privativa de liberdade por restritivas de direitos.

XXIX Exame de Ordem
Peça: agravo em execução.
Nulidade: invalidade no procedimento para a apuração de falta grave.
Excesso na punição: direito à progressão de regime e ao livramento condicional. Foram exigidas as Súmulas 441 e 535 do STJ.

XXVIII Exame de Ordem
Peça: recurso em sentido estrito.
Nulidade: (a) cerceamento de defesa porque as partes não foram ouvidas após juntada de um documento; (b) nulidade por ausência de oferecimento de proposta de suspensão condicional do processo, do art. 89 da Lei n. 9.099/95.
Extinção da punibilidade: prescrição.
Falta de justa causa: crime impossível.

XXVII Exame de Ordem

Peça: contrarrazões de apelação.

Nulidade: interrogatório como último ato da audiência, mesmo no rito da Lei de Drogas.

Falta de justa causa: inexistência de associação criminosa (Lei n. 11.343/2006, art. 35) por falta de permanência e/ou estabilidade entre os envolvidos.

Excesso na punição: (a) pena-base no mínimo legal por não ser a gravidade em abstrato motivação idônea para a exasperação; (b) atenuante da confissão espontânea (Súmula 545 do STJ); (c) reconhecimento do tráfico privilegiado (Lei n. 11.343/2006, art. 33, § 4º, Súmula 444 do STJ e art. 5º, LVII, da CF); (d) inconstitucionalidade do art. 2º, § 1º, da Lei n. 8.072/90; (e) substituição da pena privativa de liberdade por restritivas de direitos e inconstitucionalidade de parte do art. 33, § 4º, da Lei n. 11.343/2006 (Res. n. 5 do Senado).

XXVI Exame de Ordem

Peça: memoriais.

Nulidade: ausência de intimação do réu. O seu advogado renunciou ao mandato e o juiz nomeou a Defensoria Pública, sem que o réu fosse ouvido. A banca exigiu menção à violação do princípio da ampla defesa, com fundamento no art. 5º, LV, da CF ou no art. 564, IV, do CPP.

Falta de justa causa: atipicidade em razão de o acusado não ter iniciado os atos executórios do delito de estupro. A sua conduta foi até a preparação. A tese exigia do examinando o conhecimento do *iter criminis*.

Excesso na punição: (a) afastamento da qualificadora do art. 213, § 1º, do CP; (b) pena-base no mínimo legal, com fundamento no art. 59 do CP; (c) afastamento da agravante do art. 61, II, *f*, do CP; (d) reconhecimento da atenuante da confissão espontânea, do art. 65, III, *d*, do CP; (e) redução da diminuição de pena da tentativa ao máximo (CP, art. 14, parágrafo único), em razão de o réu ter ficado distante da consumação; (f) fixação de regime semiaberto ou aberto, com fundamento no art. 33, § 2º, do CP; (g) aplicação da suspensão condicional da pena, do art. 77 do CP.

XXV Exame de Ordem (reaplicação em Porto Alegre/RS)

Peça: apelação.

Nulidade: o réu não foi interrogado e não participou da produção de provas, em violação ao princípio da ampla defesa, nos termos do art. 5º, LV, da CF.

Falta de justa causa: absolvição pelo crime de falsificação de documento por ser absorvido pelo delito de estelionato, conforme Súmula 17 do STJ. A banca exigiu a menção expressa ao princípio da consunção.

Excesso na punição: (a) redução da pena-base ao mínimo legal, por ser o dolo inerente ao tipo penal; (b) reconhecimento da atenuante do art. 65, I, do CP, em razão da idade avançada do réu; (c) reconhecimento da tentativa, por ser o estelionato crime material, e não foi obtida a vantagem ilícita; (d) substituição da pena privativa de liberdade por restritiva de direitos, com fundamento no art. 44, II, do CP; (e) suspensão condicional da pena, com fulcro no art. 77, § 2º, do CP.

XXV Exame de Ordem (nacional)
Peça: resposta à acusação.

Nulidade: a citação por hora certa foi feita de forma errada pelo oficial de justiça, com fundamento nos arts. 362 e 564, III, *e*, do CPP.

Falta de justa causa: (a) crime impossível, com fundamento no art. 17 do CP; (b) legítima defesa de terceiro, dos arts. 23, II, e 25 do CP.

XXIV Exame de Ordem
Peça: agravo em execução.

Excesso na punição: (a) o delito de associação para o tráfico não é hediondo ou equiparado, conforme a Lei n. 8.072/90; (b) afastamento da reincidência, com fundamento no art. 63 do CP; (c) o requisito objetivo para a progressão de regime é o cumprimento de um sexto da pena; (d) o exame criminológico não é obrigatório, com fundamento na Súmula 439 do STJ e na Súmula Vinculante 26.

XXIII Exame de Ordem
Peça: memoriais.

Nulidade: não foi oferecida a suspensão condicional do processo, do art. 89 da Lei n. 9.099/95. O gabarito exigiu a menção ao art. 28 do CPP.

Falta de justa causa: erro de tipo, com fundamento no art. 20 do CP.

Excesso na punição: (a) pena-base no mínimo legal (CP, art. 59); (b) reconhecimento da atenuante da menoridade relativa, do art. 65, I, do CP; (c) reconhecimento da atenuante da confissão espontânea, do art. 65, III, *d*, do CP; (d) reconhecimento da causa de diminuição do arrependimento posterior, do art. 16 do CP; (e) aplicação do regime inicial aberto, conforme art. 33, § 2º, *c*, do CP; (f) substituição da pena privativa de liberdade por restritiva de direitos (CP, art. 44).

XXII Exame de Ordem
Peça: apelação.

Nulidade: o juiz nomeou a Defensoria Pública para a defesa do réu, mas não o intimou previamente para ter a oportunidade de nomear um advogado de sua confiança.

Falta de justa causa: absolvição do crime apontado na denúncia em razão da desistência voluntária, do art. 15 do CP.

Extinção da punibilidade: por existir tese de desclassificação, ocorreu a decadência em relação ao delito menos gravoso, por isso sempre que for feita a desclassificação de um crime para outro, é importante fazer a análise das teses em relação ao novo delito encontrado.

Excesso na punição: (a) desclassificação; (b) pena-base no mínimo legal, pois atos infracionais praticados na adolescência (e as medidas socioeducativas) do réu não podem ser utilizados como maus antecedentes; (c) reconhecimento da atenuante da menoridade relativa (CP, art. 65, I); (d) reconhecimento da atenuante da confissão espontânea (CP, art. 65, III, d); (e) afastamento da majorante do art. 157, § 2º-A, I, do CP, pois o simulacro não justifica o aumento de pena pelo emprego de arma de fogo; (f) redução da diminuição de pena da tentativa ao máximo; (g) a suspensão condicional da pena, do art. 77 do CP; (h) aplicação do regime inicial semiaberto ou aberto, com fundamento na Súmula 718 do STF, na Súmula 719 do STF ou na Súmula 440 do STJ.

XXI Exame de Ordem
Peça: resposta à acusação.

Extinção da punibilidade: prescrição, com fundamento nos arts. 107, IV, 109, IV e 115, todos do CP.

Falta de justa causa: (a) atipicidade material em razão do princípio da insignificância; (b) estado de necessidade, conforme art. 24 do CP.

XX Exame de Ordem (reaplicação em Porto Velho/RO)
Peça: memoriais.

Falta de justa causa: (a) a coisa perdida não pode ser objeto material do delito de furto; (b) não é possível a desclassificação do delito de furto para o de apropriação de coisa achada em razão da elementar (15 dias) exigida para a prática deste delito; (c) atipicidade material e razão do princípio da insignificância.

Excesso na punição: (a) pena-base no mínimo legal, pois medidas socioeducativas por atos infracionais não podem ser consideradas como maus antecedentes; (b) reconhecimento da atenuante da menoridade relativa (CP, art. 65, I); (c) reconhecimento da atenuante da confissão espontânea (CP, art. 65, III, *d*); (d) reconhecimento da causa de diminuição intitulada furto privilegiado, do art. 155, § 2º, do CP; (e) substituição da pena privativa de liberdade por restritiva de direitos (CP, art. 44); (f) fixação do regime aberto, com fundamento no art. 33, § 2º, *c*, do CP; (g) suspensão condicional da pena (CP, art. 77).

XX Exame de Ordem (nacional)
Peça: memoriais.

Falta de justa causa: a coação moral irresistível, com fundamento no art. 22 do CP. O enunciado exigiu do examinando a explicação de que se trata de hipótese de inexigibilidade de conduta diversa, excludente da culpabilidade, fundamentação doutrinária da tese, por isso é importante que o examinando conheça a estrutura do crime, conforme a teoria tripartida.

Excesso na punição: (a) pena-base no mínimo legal, pois inquérito policial não pode configurar circunstância judicial desfavorável, em razão do princípio da presunção de inocência; (b) reconhecimento da atenuante da idade avançada, conforme art. 65, I, do CP; (c) reconhecimento da atenuante da confissão espontânea (CP, art. 65, III, *d*);

(d) reconhecimento da atenuante da coação irresistível (CP, art. 65, III, *c*); (e) aplicação da causa de diminuição de pena do art. 33, § 4º, da Lei n. 11.343/2006; (f) aplicação do regime inicial aberto, com fundamento na inconstitucionalidade do art. 2º, § 1º, da Lei n. 8.072/90; (g) substituição da pena privativa de liberdade por restritiva de direitos.

XIX Exame de Ordem

Peça: contrarrazões de apelação.

Nulidade: a apelação do MP é intempestiva, com fundamento no art. 593 do CPP.

Excesso na punição: (a) pena-base no mínimo legal, pois inquéritos e ações penais em trâmite não justificam o reconhecimento de circunstâncias judiciais desfavoráveis, sob pena de violação do princípio da presunção de inocência, com fundamento no art. 5º, LVII, da CF ou na Súmula 444 do STJ; (b) afastamento da agravante da gravidez da vítima em razão de o recorrido não saber dessa condição no momento da prática do delito; (c) afastamento da agravante da embriaguez preordenada, pois a bebida não teria sido ingerida com o objetivo de cometer crime; (d) a fração de aumento da majorante do roubo não pode ser aumentada com base, exclusivamente, no número de causas de aumento, com fundamento na Súmula 443 do STJ; (e) manutenção do regime semiaberto, pois a gravidade em abstrato do delito não justifica o regime mais severo, com fundamento na Súmula 718 do STF, na Súmula 719 do STF e na Súmula 440 do STJ.

XVIII Exame de Ordem

Peça: apelação.

Excesso na punição: (a) reconhecimento do crime único em substituição ao concurso de crimes, visto que o crime do art. 213 do CP é um tipo penal misto alternativo; (b) aplicação da pena-base no mínimo legal, pois o juiz utilizou a violação da liberdade sexual, que é inerente ao tipo penal de estupro, para exasperar a pena acima do mínimo; (c) aplicação da pena-base no mínimo legal, já que ações penais em trâmite não configuram circunstância judicial negativa, com fundamento na Súmula 444-STJ ou no princípio da presunção de inocência; (d) reconhecimento da atenuante da menoridade relativa (CP, art. 65, I); (e) reconhecimento da atenuante da confissão espontânea (CP, art. 65, III, *d*).

XVII Exame de Ordem

Peça: memoriais.

Extinção da punibilidade: prescrição, com fundamento nos arts. 107, IV, 109, IV, e 115, todos do CP.

Falta de justa causa: atipicidade do furto de uso.

Excesso na punição: (a) pena-base no mínimo legal, pois ações penais em trâmite não justificam o reconhecimento de maus antecedentes, sob pena de violação do princípio da presunção de inocência; (b) reconhecimento da atenuante da menoridade relativa ou a atenuante da confissão espontânea, do art. 65, I e III, *d*, do CP, alternativamente; (c) regime inicial aberto (CP, art. 33, § 2º, *c*); (d) substituição da pena privativa de liberdade por restritiva de direitos (CP, art. 44).

XVI Exame de Ordem

Peça: agravo em execução.

Excesso na punição: (a) afastamento da hediondez do delito; (b) concessão do livramento condicional, pois presentes os requisitos legais, conforme art. 83, I, do CP; (c) não obrigatoriedade do exame criminológico, conforme Súmula 439 do STJ.

XV Exame de Ordem

Peça: queixa-crime.

Justa causa: a prática dos delitos de difamação (CP, art. 139) e de injúria (CP, art. 140).

Punição adequada: (a) incidência da majorante do art. 141, III, do CP, por ter sido o delito praticado por meio que facilite a divulgação da ofensa; (b) incidência do concurso formal de delitos (CP, art. 70). Cuidado: atualmente, o crime contra a honra praticado em rede social é tratado em dispositivo próprio (CP, art. 141, § 2º).

XIV Exame de Ordem

Peça: memoriais.

Falta de justa causa: atipicidade da conduta por erro de tipo (CP, art. 20, *caput*).

Excesso na punição: (a) pena-base no mínimo legal; (b) reconhecimento do crime único em substituição ao concurso de delitos, por ser o estupro um tipo penal misto alternativo; (c) afastamento da agravante da embriaguez preordenada; (d) reconhecimento da atenuante da menoridade relativa; (e) regime inicial aberto, pois a imposição de regime inicial obrigatoriamente fechado aos delitos hediondos é inconstitucional.

XIII Exame de Ordem

Peça: apelação.

Falta de justa causa: absolvição do delito de violação de domicílio por ser absorvido (princípio da consunção) pelo furto qualificado.

Excesso na punição: (a) afastamento da agravante da reincidência, conforme art. 63 do CP; (b) redução da pena pela aplicação do princípio da consunção; (c) fixação de regime inicial aberto (CP, art. 33, § 2º, *c*); (d) substituição da pena privativa de liberdade por restritiva de direitos (CP, art. 44).

XII Exame de Ordem

Peça: apelação.

Falta de justa causa: atipicidade material em razão do princípio da insignificância.

Excesso na punição: (a) reconhecimento da causa de diminuição do art. 155, § 2º, do CP, intitulada furto privilegiado; (b) pena-base no mínimo legal, por ter o juiz considerado a reincidência para elevá-la e também como circunstância agravante, em hipótese de *bis in idem*; (c) afastamento da agravante da reincidência, com fundamento no art. 63 do CP; (d) fixação de regime inicial aberto, com fulcro no art. 33, § 2º, *c*, do CP ou na Súmula 269-STJ; (e) substituição da pena privativa de liberdade por restritiva de direitos (CP, art. 44); (f) desenvolvimento a respeito da aplicação apenas da pena de multa, conforme art. 155, § 2º, do CP.

XI Exame de Ordem
Peça: recurso em sentido estrito.
Excesso na punição: desclassificação do delito de homicídio doloso (CP, art. 121) para o de homicídio culposo em delitos de trânsito (CTB, art. 302). O padrão de resposta exigiu a explicação entre as modalidades de dolo e de culpa, com fundamento no art. 18 do CP.

X Exame de Ordem
Peça: revisão criminal. No entanto, por um equívoco do enunciado, a banca teve de aceitar a peça de justificação, procedimento do antigo CPC.
Excesso na punição: (a) desclassificação do delito de furto qualificado para o de furto simples; (b) reconhecimento da causa de diminuição do arrependimento posterior (CP, art. 16); (c) fixação de regime inicial semiaberto, com fundamento na Súmula 269-STJ.

IX Exame de Ordem
Peça: memoriais.
Nulidade: inobservância do rito da Lei n. 9.099/95, com a anulação do processo desde o recebimento da denúncia.
Extinção da punibilidade: o reconhecimento da tese de nulidade, em razão do tempo decorrido, dá causa à prescrição.
Falta de justa causa: falta de prova suficiente para a condenação.
Excesso na punição: (a) afastamento da agravante da gravidez por se tratar de hipótese de erro sobre a pessoa (CP, art. 20, § 3º); (b) afastamento da agravante da reincidência.

VIII Exame de Ordem
Peça: resposta à acusação.
Falta de justa causa: atipicidade da extorsão por ausência da elementar vantagem indevida.
Extinção da punibilidade: em razão da tese de desclassificação de extorsão para o exercício arbitrário das próprias razões, de ação penal privada, ocorreu a decadência. Por esse motivo, é sempre importante, quando houver tese de desclassificação, a análise das teses em relação do novo delito encontrado.
Excesso na punição: desclassificação do crime de extorsão para o delito de exercício arbitrário das próprias razões (CP, art. 345).

VII Exame de Ordem

Peça: apelação (na condição de assistente de acusação).

Justa causa: a ré não poderia ter sido sumariamente absolvida por inimputabilidade, pois não era a única tese de defesa, conforme o art. 415, parágrafo único, do CPP. Por ter sido a inimputabilidade declarada em razão do estado puerperal, o gabarito exigiu que o examinando explicasse que essa condição é elementar do delito de infanticídio, do art. 123 do CP.

VI Exame de Ordem

Peça: relaxamento da prisão em flagrante.

Nulidades: (a) violação do direito de comunicação entre o preso e o advogado e a família, com fundamento no art. 5º, LXIII, da CF e art. 7º, III, do Estatuto da OAB; (b) não encaminhamento do auto de prisão em flagrante ao juiz competente e à Defensoria Pública, no prazo de vinte e quatro horas, como determina o art. 306, § 1º, do CPP (a banca também aceitou o art. 5º, LXII, da CF).

Falta de justa causa: a única prova contra o preso em flagrante foi obtida em violação ao direito de não produzir prova contra si, conforme art. 5º, LXIII, da CF e art. 8º, 2, *d*, do Decreto n. 678/92 (Pacto de San José da Costa Rica).

V Exame de Ordem

Peça: apelação. Em virtude da redação confusa do enunciado, a banca também aceitou quem fez embargos de declaração.

Nulidade: vedação à *reformatio in pejus*, com fundamento no art. 617 do CPP.

Extinção da punibilidade: prescrição.

Falta de justa causa: atipicidade material em razão do princípio da insignificância.

Excesso na punição: (a) afastamento da qualificadora do abuso de confiança ou a desclassificação para o furto simples; (b) aplicação da causa de diminuição denominada furto privilegiado, do art. 155, § 2º, do CP; (c) substituição da pena privativa de liberdade em restritiva de direitos ou a suspensão condicional da pena ou a diminuição da pena por *bis in idem* (a banca trouxe as teses em um mesmo quesito, alternativamente).

Obs.: para quem fez embargos de declaração, as teses eram a obscuridade e a contradição da sentença recorrida.

IV Exame de Ordem

Peça: apelação.

Nulidade: (a) inobservância do art. 226, II, do CPP; (b) ausência de apreensão da arma para a realização da perícia, conforme art. 158 do CPP.

Falta de justa causa: prova insuficiente (CPP, art. 386, V ou VII).

Excesso na punição: (a) fixação da pena-base no mínimo legal (CP, art. 59); (b) afastamento da majorante do emprego de arma de fogo (CP, art. 157, § 2º-A, I); (c) fixação de regime mais benéfico (CP, art. 33, § 2º);

Exame de Ordem 2010.3

Peça: recurso em sentido estrito.

Nulidade: (a) ilegalidade na decretação da interceptação telefônica, com fundamento no art. 2º da Lei n. 9.296/96; (b) ilicitude por derivação da prova testemunhal (CPP, art. 157, § 1º); (c) vício na *mutatio libelli* por violação aos arts. 384 e 411, § 3º, do CPP.

Falta de justa causa: insuficiência de prova por ausência de prova pericial.

Exame de Ordem 2010.2

Peça: resposta à acusação.

Nulidade: (a) incompetência da Justiça Estadual (CF, art. 109, V); (b) nulidade da decretação da interceptação telefônica, com fundamento nos arts. 2º e 5º da Lei n. 9.296/96 (a banca também exigiu o art. 93, IX, da CF); (c) ilegalidade da busca e apreensão por constar no mandado informações genéricas; (d) inépcia da denúncia, em violação aos arts. 8º, 2, *b*, do Decreto n. 678/92, 5º, LV, da CF e 41 do CPP.

Falta de justa causa: (a) não houve a prática do delito do art. 239, parágrafo único, da Lei n. 8.069/90 em virtude da ausência de dolo. Portanto, conduta atípica; (b) não ficou configurada a justa causa para persecução penal pela prática do delito do art. 317, § 1º, do CP.

3.1. Sistema de identificação das teses

Além de conhecer as teses já cobradas, é importante que o examinando adote um sistema para a identificação das teses. Não há uma fórmula ideal. Cada profissional tem o seu próprio método para localizar as teses de defesa ou de acusação. Caso o leitor ainda não tenha um sistema próprio, mostraremos um exemplo que funciona muito bem.

Divida as teses em quatro grupos:

1) **Falta de justa causa** – Na fase processual, enseja a absolvição do acusado. Na pré-processual, impede o recebimento da petição inicial (CPP, art. 395, III). O primeiro passo é a análise do delito sob a ótica da teoria tripartida, que considera o crime composto por tipicidade, ilicitude e culpabilidade. Em tipicidade, podemos buscar a ausência de conduta (ex.: erro de tipo essencial, do art. 20, *caput*, do CP), de nexo causal (ex.: art. 13, § 1º, do CP) e a atipicidade material (ex.: princípio da insignificância), entre outras teses. Em ilicitude, buscamos as excludentes (as genéricas, do art. 23 do CP, e as especiais, a exemplo do art. 128 do CP). Por fim, em culpabilidade, podemos sustentar a inimputabilidade (ex.: art. 28, § 1º, do CP), a ausência de potencial consciência da ilicitude (ex.: por erro de proibição inevitável, do art. 21 do CP) e a inexigibilidade de conduta diversa (ex.: coação moral irresistível, do art. 22 do CP). Também como falta de justa causa, podemos sustentar a falta de provas suficientes em desfavor do acusado.

2) **Extinção da punibilidade** – As gerais estão previstas no art. 107 do CP, mas há outras especiais, a exemplo do art. 312, § 3º, do CP.

3) **Nulidades** – Identificado o procedimento descrito no enunciado (prisão em flagrante, ação em trâmite no rito do júri etc.), fazemos a leitura, no CPP (ou em lei especial, se for o caso), de como a legislação determina a sua realização.
4) **Excesso na punição** – Fazemos o passo a passo da aplicação da pena. Primeiro, o afastamento de qualificadoras e o reconhecimento de privilégios (os verdadeiros, como o previsto no art. 317, § 2º, do CP). Em seguida, a análise da pena-base, para que seja fixada no mínimo legal (CP, art. 59). O próximo passo é a análise de agravantes (para afastamento) e de atenuantes (para reconhecimento), com fundamento, em regra, nos arts. 61, 62, 65 e 66 do CP. Na terceira fase, a análise das causas de aumento (para afastamento) e de diminuição (para reconhecimento), a exemplo da tentativa (CP, art. 14, parágrafo único) ou do intitulado furto privilegiado (que, em verdade, é causa de diminuição de pena, do art. 155, § 2º, do CP). Também deve ser avaliado o regime inicial de cumprimento de pena, com fundamento no art. 33, § 2º, do CP. Na sequência, é feita a análise da substituição da pena privativa de liberdade por restritiva de direitos (CP, art. 44). Por fim, o estudo do *sursis*, do art. 77 do CP.

Com esse passo a passo, a pesquisa é feita de forma sistematizada, sem que nada seja esquecido.

Para o estudo da justa causa, além do estudo das provas passadas, é importante que o examinando estude teoria do crime. É possível encontrar o assunto em qualquer livro de Direito Penal – mesmo em sinopses para concursos. Como não é um tema novo, é possível encontrá-lo em livros mais antigos, não sendo necessária a aquisição de obras recém-publicadas.

Além disso, é importante que o examinando leia o que diz o dispositivo legal. No furto, por exemplo, a conduta consiste em subtrair. Se o problema disser que o agente se apropriou, a tese de defesa será a atipicidade do furto por não ter havido a subtração. Em regra, é possível elaborar as teses apenas com o que diz o vade-mécum.

Para a nulidade, é importante a leitura das provas passadas, mas não há motivo para um estudo exaustivo dos procedimentos do CPP e da legislação especial. Isso porque, no dia, você terá o vade-mécum. Se o enunciado falar, por exemplo, em realização de acareação, basta confrontar os arts. 229 e 230 do CPP com o enunciado para identificar a nulidade.

Em extinção da punibilidade, as causas gerais são aquelas do art. 107 do CP. Geralmente, a banca cobra a prescrição e a decadência (CP, art. 107, IV), mas pode ser tese alguma outra, a exemplo da retroatividade da lei que deixa de considerar o fato criminoso (*abolitio criminis*, do art. 107, III, do CP) ou de causas especiais da extinção da punibilidade, como ocorre no art. 312, § 3º, do CP.

Por fim, em excesso na punição, deve ser buscado tudo o que for favorável ao acusado em caso de condenação. Algumas atenuantes, como a menoridade relativa e a confissão espontânea, foram cobradas muitas vezes em provas passadas. Para assimilar todos os pedidos referentes à pena – em memoriais, são muitos –, a melhor forma é a prática. Depois de resolver umas cinco ou seis peças, os artigos referentes à pena não sairão mais de sua cabeça.

Caso esteja na condição de acusador (ex.: queixa-crime), a ideia é a mesma, mas na via inversa:

a) evite/rejeite nulidades;
b) aponte não ter havido a extinção da punibilidade;
c) demonstre a justa causa;
d) sustente a adequada punição ao criminoso (pena-base acima do mínimo, agravantes, regime mais gravoso etc.).

Para a correta identificação das teses, é imprescindível a identificação das palavras-chave no enunciado. Se o problema fala em citação, é bem provável que tenha havido alguma nulidade no procedimento. Para confirmar, basta ir ao índice alfabético-remissivo do CPP e descobrir onde a citação é tratada no CPP. Sempre leia as remissões abaixo dos dispositivos localizados, pois a resposta pode estar em outro artigo, lei ou em Súmulas do STF ou do STJ.

Para saber onde iniciar a busca, veja se o enunciado menciona algum artigo. Se sim, comece por ele (ou por eles). Caso contrário, separe as palavras-chave do enunciado e as procure no índice alfabético-remissivo do CP ou do CPP – se a tese disser respeito ao crime ou à aplicação da pena (tese de direito material), inicie pelo CP; caso trate de vícios no procedimento (tese de direito processual), comece pelo CPP.

4. PEÇAS PRÁTICAS

Como já falado em outros momentos, a banca é bastante repetitiva no que pede na 2ª fase do Exame de Ordem. Por esse motivo, não trataremos as peças que já caíram e as inéditas da mesma forma. É possível um mandado de segurança? Sim, mas a chance é muito pequena. Por outro lado, a apelação, por exemplo, tem altíssima probabilidade de ser exigida novamente. Pensando nisso, as peças inéditas serão tratadas após as que já foram cobradas.

4.1. Relaxamento da prisão em flagrante

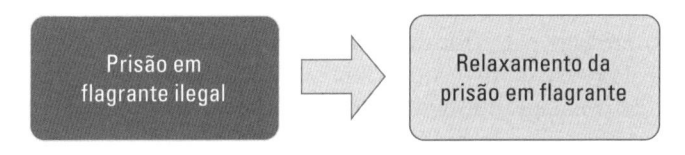

Prisão em flagrante ilegal ⟹ Relaxamento da prisão em flagrante

4.1.1. Como identificar a peça

O problema descreverá situação em que o indivíduo foi preso em flagrante pela prática de uma infração penal, mas deixará claro que a prisão se deu de forma ilegal.

4.1.2. Fundamentação

Art. 5º, LXV, da CF ou art. 310, I, do CPP.

4.1.3. Nomenclaturas

Não confunda o *relaxamento da prisão*, garantia constitucional, com o *relaxamento da prisão*, peça da prática penal. Entenda: sempre que uma prisão for ilegal, deverá ocorrer o seu relaxamento (CF, art. 5º, LXV). Portanto, *relaxar uma prisão* significa cassá-la em razão de alguma ilegalidade. Isso pode ocorrer em qualquer momento processual e em todas as peças. Em um *habeas corpus*, por exemplo, por excesso de tempo na prisão, busca-se o relaxamento da prisão. Ocorre que, na prática penal, criou-se uma peça de mesma nomenclatura: o relaxamento da prisão em flagrante, cabível, como o próprio nome já diz, contra a prisão em flagrante, e tem como objetivo o relaxamento de uma prisão ilegal. A mesma situação ocorre com a liberdade provisória. Dizemos em liberdade provisória a pessoa que aguarda, em liberdade, o julgamento do seu processo. É possível requerê-la em qualquer momento processual, em várias peças, desde que ausentes os requisitos da prisão preventiva (CPP, art. 312). Na prática penal, há uma peça intitulada liberdade provisória, cabível contra a prisão em flagrante, em que o que se busca é a concessão da liberdade provisória. Em resumo:

- Relaxar a prisão significa cassá-la em razão de alguma ilegalidade. Ao impetrar um *habeas corpus* para pedir a soltura de alguém, você está pedindo o relaxamento.
- No entanto, contra a prisão em flagrante ilegal, foi criada a peça intitulada *relaxamento da prisão em flagrante*, em que, é lógico, deve ser pedido o relaxamento da prisão.

4.1.4. Prazo

Não há prazo.

4.1.5. Teses

Em relaxamento da prisão em flagrante, não é o momento para sustentar a absolvição. Isso é assunto para peças futuras. Por enquanto, tudo o que queremos é a soltura do nosso cliente. Por esse motivo, toda a sua energia deve ser direcionada à busca por alguma ilegalidade no flagrante, que pode ser formal ou material.

- **Ilegalidade formal:** muitos imaginam que a prisão em flagrante se resume à *voz de prisão*, aquele momento em que alguém é imobilizado pela prática de uma infração penal. No entanto, a prisão em flagrante é mais do que isso. O CPP a regula como um procedimento, com um passo a passo a ser seguido, a partir do art. 301. Por essa razão, ao se fazer um relaxamento da prisão em flagrante na 2ª fase do Exame de Ordem, o primeiro passo é a identificação de violação ao que prevê o CPP. Alguns exemplos:

    a) falta de comunicação imediata da prisão à autoridade judiciária ou ao MP;
    b) não encaminhamento do auto de prisão em flagrante à Defensoria Pública, quando o autuado não estiver acompanhado por advogado;
    c) falta de entrega da nota de culpa ao preso;
    d) incomunicabilidade do preso ou falta de comunicação da prisão à família do preso ou pessoa por ele indicada;
    e) falta de representação na hipótese de ação penal pública condicionada;
    f) falta de requerimento da vítima, em caso de crime de ação penal privada;
    g) ausência de laudo de constatação da natureza da droga (Lei n. 11.343/2006, art. 50, § 1º).

- **Ilegalidade material:** além das formalidades legais e constitucionais para a lavratura do auto de prisão em flagrante, devem estar presentes situações autorizadoras da prisão em flagrante. Nesse sentido, se a prisão realizada não se enquadra em nenhuma das hipóteses do art. 302 do CPP, a prisão será materialmente ilegal. Em outras palavras, se não estiver configurada nenhuma das hipóteses de flagrância, a prisão é ilegal. Assim, em tese, a ilegalidade da prisão em flagrante, na forma material, ocorre invariavelmente antes do início da lavratura do auto de prisão em flagrante. Alguns exemplos:

a) inexistência de flagrante (CPP, art. 302);
b) flagrante provocado (Súmula 145 do STF);
c) flagrante forjado;
d) atipicidade da conduta.

- **Como não confundir com a liberdade provisória:** o relaxamento da prisão em flagrante é a peça cabível contra a prisão em flagrante ilegal. E como chegar a tal conclusão? A prisão em flagrante é disciplinada nos arts. 301 a 310 do CPP. Se o enunciado contrariar algum dos dispositivos mencionados, não haverá dúvida de que a prisão em flagrante é ilegal. Também pode ser indicada a ilegalidade em razão de falta de justa causa (ex.: prisão por fato atípico). Por outro lado, se o enunciado não mencionar qualquer ilegalidade, mas descrever que o preso tem residência fixa, trabalha, é primário – enfim, não oferece qualquer risco ao que se tutela no art. 312 do CPP –, a peça será a liberdade provisória.

4.1.6. Pedidos

Além do pedido de relaxamento da prisão em flagrante, de forma justificada (ex.: atipicidade), não se esqueça de requerer a expedição de alvará de soltura.

4.1.7. Modelo da peça

Excelentíssimo Senhor Doutor Juiz de Direito da ... Vara Criminal da Comarca ...

José Alves, nacionalidade ..., estado civil ..., profissão ..., residente no endereço ..., vem, tempestivamente por seu advogado, requerer o RELAXAMENTO DA PRISÃO EM FLAGRANTE, com fundamento nos arts. 5º, LXV, da Constituição da República Federativa do Brasil e 310, I, do Código de Processo Penal, pelas razões a seguir expostas.

I – DOS FATOS

No dia 10 de março de 2024...

II – DO DIREITO

a) DA ILICITUDE DA PROVA

Como exposto acima, a prisão em flagrante de José Alves foi, inegavelmente, ilegal. O primeiro motivo disso se dá em razão da forma como foi realizado o teste de alcoolemia. Os policiais militares o obrigaram à realização do teste, em violação ao art. 8º, 2, "g", do Decreto n. 678/92, que assegura ao preso o direito de não depor contra si mesmo, e ao art. 5º, LXIII, da Constituição Federal, que garante o direito ao silêncio. Por ter sido a prova obtida em violação à lei, deve ser reconhecida a sua ilicitude, com fulcro no art. 157 do Código de Processo Penal e, em consequência disso, a ilegalidade da prisão em flagrante, que deve ser relaxada.

b) DA ILEGALIDADE DA INCOMUNICABILIDADE DO PRESO
O Sr. José Alves está em situação de incomunicabilidade, sem contato com o seu advogado ou família, em discordância do que prevê o art. 5º LXIII, da Constituição Federal.
Aliás, não houve nem mesmo a comunicação de sua prisão ao juiz competente e à família ou à pessoa por ele indicada, como impõe o art. 5º LXII, da Constituição Federal.

c) DA ILEGALIDADE DO EXCESSO DE PRAZO E DA AUSÊNCIA DE COMUNICAÇÃO À DEFENSORIA PÚBLICA E AO JUIZ COMPETENTE
Ademais, ele está há dois dias preso, sem que o auto de prisão em flagrante tenha sido encaminhado à Defensoria Pública, visto que não foi assistido por advogado, ou ao juiz competente, no prazo de vinte e quatro horas, como determina o art. 306, § 1º, do Código de Processo Penal. Em razão do relato acima, a prisão em flagrante é ilegal, devendo ser relaxada.

III – DO PEDIDO

Com base no que foi dito, requer o relaxamento da prisão em flagrante e a expedição de alvará de soltura.

Termos em que,
Pede deferimento.

Local, data.
Advogado, OAB

4.2. Queixa-crime

Situação n. 1:

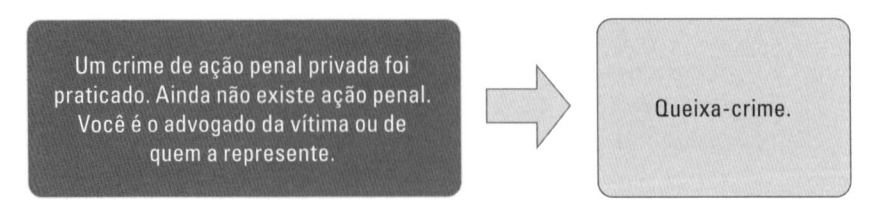

Um crime de ação penal privada foi praticado. Ainda não existe ação penal. Você é o advogado da vítima ou de quem a represente. ➡ Queixa-crime.

Situação n. 2

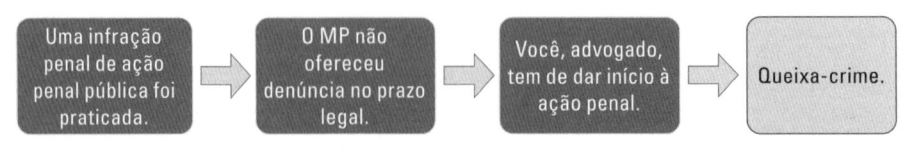

Uma infração penal de ação penal pública foi praticada. ➡ O MP não ofereceu denúncia no prazo legal. ➡ Você, advogado, tem de dar início à ação penal. ➡ Queixa-crime.

4.2.1. Como identificar a peça

O cabimento pode ser identificado em duas situações. A primeira, que já caiu, quando aconteceu um crime de ação penal privada e ainda não foi oferecida petição inicial, e você é advogado da vítima. A outra hipótese é a do crime de ação pública, quando o MP se manteve inerte e não ofereceu denúncia no prazo legal, podendo a vítima dar início à ação penal privada subsidiária da pública, a partir do oferecimento de uma queixa-crime, oferecida por você, advogado dela.

- Quando um crime é de ação penal privada, a lei diz, expressamente, que se trata de delito que *somente se procede mediante queixa* (ex.: art. 167 do CP).

4.2.2. Fundamentação

No XV Exame de Ordem, a Banca aceitou os seguintes artigos: arts. 100, § 2º, do CP, e 30 e 41 do CPP.

- Se for hipótese de ação privada subsidiária da pública, o fundamento é o art. 100, § 3º, do CP e o art. 29 do CPP.

4.2.3. Prazos

Em regra, seis meses, contados do dia em que a vítima descobre o autor da infração – que pode ou não coincidir com a data da conduta (CP, art. 103, e CPP, art. 38). Por ser um prazo decadencial, conforme o art. 10 do CP, computando-se o dia do começo e excluindo-se o dia final. Do mesmo modo, não se prorroga em razão de domingo, feriado e férias. Assim, se o termo final do prazo cair em sábado, domingo ou feriado, o ofendido ou seu representante não poderá aguardar o primeiro dia útil para propor a ação penal, devendo fazê-lo no último dia útil antes do fim do prazo.

No caso de morte ou ausência do ofendido, o prazo decadencial de seis meses começará a correr a partir da data em que qualquer dos sucessores elencados no art. 31 tomar conhecimento da autoria (CPP, art. 38), exceto se, quando a vítima morreu, já tinha ocorrido a decadência. Tratando-se de ação penal privada subsidiária da pública, o prazo será de seis meses, a partir do dia seguinte ao último dia de prazo do MP para o oferecimento da denúncia (CPP, art. 29, e CP, art. 100, § 3º).

- Dentre as exceções de contagem do prazo de seis meses a partir da descoberta da autoria, uma que merece ser lembrada é a do crime do art. 236 do CP, que tem início de contagem com o trânsito em julgado da sentença que anulou o casamento na esfera civil.

4.2.4. Teses

A maior dificuldade da queixa-crime é o fato de nos colocar na condição de acusador. Por mais que o leitor tenha "sangue de Promotor de Justiça correndo em suas veias", ao longo da preparação, são semanas e semanas aprendendo, principalmente, como defender o autor do crime. Aí, na queixa, temos de acusar – e isso dá um nó na cabeça.

O primeiro passo é estabelecer qual foi o crime praticado pelo querelado. Não existem muitos crimes de ação penal privada, o que facilita, bastante, a descoberta da adequada tipificação da conduta. No XV Exame de Ordem, a Banca trouxe um caso de crime contra a honra. Se a peça voltar a cair, não ficarei surpreso com um novo caso de calúnia, difamação ou injúria.

Se não cair um crime contra a honra, não tem problema. Observe que o CP é dividido em títulos, e cada um corresponde a um bem jurídico tutelado. Se o problema proposto disser que o criminoso destruiu patrimônio do nosso cliente, é evidente que a tipificação não estará, por exemplo, nos crimes contra a fé pública.

A situação mais complicada que consigo imaginar é a de ação penal privada subsidiária da pública, pois abriria o leque de possíveis crimes para todos os delitos de ação penal pública – e quase todos o são. Se isso acontecer, faça a análise do bem jurídico ofendido, como comentei anteriormente.

Definido o crime (ou os crimes) praticado pelo querelado, o próximo passo é A busca pela adequada punição. Veja se há agravantes ou causas de aumento de pena que têm de ser pedidas. Se tiver sido praticado mais de um crime, você terá de fazer a análise do concurso de crimes, nos arts. 69, 70 e 71 do CP.

4.2.5. Pedidos

De todas as peças da prática penal, a queixa-crime é a que tem mais pedidos que devem ser feitos. Por ter sido oferecida uma petição inicial, temos de pedir ao juiz que a receba, nos termos do art. 395 do CPP. Em seguida, tem de ser requerida a citação da outra parte, para que tome conhecimento da ação contra ela.

Além disso, não se pode esquecer o objetivo principal da peça: a condenação da outra parte, que tem de ser pedida com todos os detalhes. Devem ser especificados os crimes praticados, com a devida fundamentação, e a imposição de todos os malefícios possíveis, como agravantes e causas de aumento de pena.

Por fim, em queixa-crime, tem de arrolar eventuais testemunhas – é certo que a banca mencionará os nomes delas no enunciado – e pedir a fixação de valor mínimo de indenização, nos termos do art. 387, IV, do CPP.

4.2.6. Peculiaridades

O gabarito do XV Exame de Ordem trouxe alguns quesitos que fazem da queixa-crime uma peça diferente de todas as outras. Para que você não passe por dificuldades em sua prova, veja quais são eles:

1) Cabe a você indicar o juízo competente no endereçamento, pois a informação não estará no enunciado. Tenha cuidado com a competência do Juizado Especial Criminal (Lei n. 9.099/95, art. 61).
2) Não basta qualificar o querelante, seu cliente. Tem de qualificar também o querelado, contra quem está sendo oferecida a queixa-crime.

PRÁTICA PENAL

3) Por exigência do art. 44 do CPP, tem de ser feita expressa menção à procuração com poderes especiais, ao qualificar o querelante.
4) Os diversos pedidos, já mencionados.

4.2.7. Modelo da peça

Excelentíssimo Senhor Doutor Juiz de Direito do Juizado Especial Criminal de Niterói

Enrico, engenheiro, nacionalidade ..., estado civil ..., residente no endereço..., vem, tempestivamente por seu advogado (procuração com poderes especiais anexada, nos termos do art. 44 do CPP), oferecer QUEIXA-CRIME, com fundamento nos arts. 30, 41 e 44 do Código de Processo Penal, contra Helena, nacionalidade ..., estado civil ..., profissão ..., residente no endereço ..., pelas razões de fato e de direito a seguir expostas:

I – DOS FATOS

No dia 19 de abril de 2014, a querelada publicou, em uma rede social, que o querelante é "bêbado, irresponsável e sem-vergonha". Ademais, disse ainda que, "No dia 10 do mês passado, ele cambaleava bêbado pelas ruas do Rio, inclusive, estava tão bêbado no horário do expediente que a empresa em que trabalha teve que chamar uma ambulância para socorrê-lo". Os amigos do querelante, Carlos, Miguel e Ramirez, estavam presentes no momento do ocorrido.

II – DO DIREITO

TEMPESTIVIDADE
Criar um tópico para a tempestividade da peça, pois a OAB está pontuando esse tópico. Incluir nesse item o prazo legal para falar que está peticionando dentro do prazo.

a) DA DIFAMAÇÃO E DA INJÚRIA
Portanto, está evidente a prática dos crimes de difamação, do art. 139 do CP, e de injúria, do art. 140 do CP.
A querelada difamou (CP, art. 139) o querelante, imputando fato ofensivo à sua reputação, ao dizer em uma rede social: "ele trabalha todo dia embriagado! No dia 10 do mês passado, ele cambaleava bêbado pelas ruas do Rio, inclusive, estava tão bêbado no horário do expediente que a empresa em que trabalha teve que chamar uma ambulância para socorrê-lo!"
Ademais, injuriou (CP, art. 140) o querelante, ofendendo a dignidade ou o decoro, ao ter dito que ele é "idiota, bêbado, irresponsável e sem-vergonha".

b) DA CAUSA DE AUMENTO DE PENA
Além da condenação pelos crimes de difamação e de injúria, deve incidir a causa de aumento do art. 141, III, do CP, pois as condutas ocorreram na presença de várias pessoas ou por meio que facilite a divulgação da calúnia, da difamação ou da injúria.

c) DO CONCURSO DE CRIMES

A querelada, em uma única conduta, praticou dois crimes, devendo incidir o art. 70 do CP, que estabelece o concurso formal.

III – DO PEDIDO

Diante do exposto, requer:
(a) a designação de audiência preliminar ou de conciliação;
(b) a citação da querelada;
(c) o recebimento da queixa;
(d) a oitiva das testemunhas abaixo arroladas;
(e) a condenação da querelada pelo crime de injúria (art. 140 do CP) e pelo crime de difamação (art. 139 do CP) com a causa de aumento de pena (art. 141, III, do CP) em concurso formal de delitos (art. 70 do CP);
(f) a fixação de valor mínimo de indenização, nos termos do art. 387, IV, do CPP.

Termos em que,
Pede deferimento.

Local, data.
Advogado, OAB

Rol de testemunhas:
(a) Carlos, endereço;
(b) Miguel, endereço;
(c) Ramirez, endereço.

4.3. Resposta à acusação (rito comum)

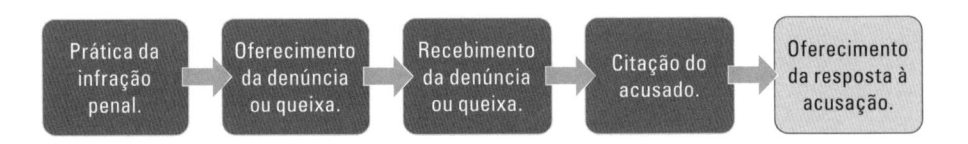

Prática da infração penal. → Oferecimento da denúncia ou queixa. → Recebimento da denúncia ou queixa. → Citação do acusado. → Oferecimento da resposta à acusação.

4.3.1. Como identificar a peça

A RA é a primeira defesa do réu na ação penal. O problema descreverá situação em que a outra parte – geralmente, o MP – ofereceu denúncia e o juiz a recebeu. Também será dito que o seu cliente foi citado, devendo oferecer a medida cabível. Se tiver ocorrido audiência ou se houver sentença, desconsidere a peça.

4.3.2. Nomenclatura

Quando estiver atuando em casos reais, chame a RA do que quiser. Defesa prévia, resposta preliminar, defesa preliminar etc. No Exame de Ordem, no entanto, diga *resposta à acusação*, sob pena de ver sua prova anulada.

4.3.3. Fundamentação

A Banca sempre aceita o art. 396-A do CPP. Se quiser fazer algo mais completo, diga *arts. 396 e 396-A do CPP*.

4.3.4. Prazo

O prazo é de 10 dias, contados da citação.

- **Cuidado:** o prazo é contado da citação. Pouco importa o dia em que o mandado de citação foi juntado aos autos. Em uma das primeiras provas, a banca fez essa *pegadinha*.
- **Citação por edital:** se tiver ocorrido a citação por edital, o prazo começa a correr do dia em que o acusado, pessoalmente, se apresenta, ou de quando ele se faz apresentar por advogado por ele constituído. A apresentação de defensor público que não teve contato algum com o réu não faz o prazo correr.

4.3.5. Teses

Em RA, você tem como principal objetivo a absolvição sumária do acusado, nos termos do art. 397 do CPP. Sem dúvida, se for a peça da sua prova, fique atento, pois haverá mais de um motivo para pedir a absolvição sumária. São quatro hipóteses:

(a) **Exclusão da ilicitude:** há outras, mas as duas principais causas são o estado de necessidade e a legítima defesa (CP, arts. 24 e 25).

(b) **Exclusão da culpabilidade:** é o que ocorre com a coação moral irresistível (CP, art. 22), com a embriaguez (CP, art. 28, § 1º) e com o erro de proibição inevitável (CP, art. 21).

(c) **Atipicidade da conduta:** o crime impossível (CP, art. 17), a ausência de dolo e culpa, a inexistência de nexo causal entre a conduta e o resultado e a insignificância são bons exemplos.

(d) **Extinção da punibilidade:** as causas gerais estão no art. 107 do CP, mas a prescrição e a decadência são as duas mais prováveis para uma RA de segunda fase do Exame de Ordem.

- No art. 397, II, do CPP, há uma ressalva que exige atenção. O dispositivo diz que o réu será absolvido sumariamente se presente causa excludente da culpabilidade, salvo a inimputabilidade. Para compreender o artigo, temos de avaliar as seguintes situações:

    (1) Se alguém pratica uma conduta típica, mas não tem ideia do que está fazendo em razão de doença psiquiátrica (ex.: esquizofrenia paranoide), o juiz deve absolver essa pessoa, afinal, o seu lugar não é na prisão, mas em tratamento. Por conta dessa necessidade de cuidados médicos, o magistrado absolve o acusado, mas impõe medida de segurança – por exemplo,

internação em unidade hospitalar. Por ser uma absolvição que gera restrição ao direito de ir e vir, dizemos que se trata de uma *absolvição imprópria*.

(2) Agora, o *pulo do gato*: imagine que essa pessoa que sofre de esquizofrenia paranoide pratica uma conduta típica não por causa do seu problema psiquiátrico, mas por alguma excludente – por exemplo, o estado de necessidade. Seria justo, nesse caso, internar o indivíduo em um *manicômio*? Não, afinal, de certa forma, ele estaria sendo punido, ainda que indiretamente, por algo pelo qual qualquer outra pessoa seria absolvida sem qualquer ônus. Em resumo, quem sofre de algum problema mental jamais poderia se defender de alguma acusação, pois o juiz sempre o absolveria (absolvição imprópria) e aplicaria medida de segurança. Não existiria absolvição própria para quem sofre desses transtornos psiquiátricos.

Além da absolvição sumária, com base em entendimentos do STJ, é possível sustentar a desclassificação para outro delito menos gravoso que o da denúncia (*emendatio libelli*, do art. 383 do CPP) e a rejeição da inicial, nos termos do art. 395 do CPP. Esta última tese é confusa, afinal como pedir a rejeição da inicial se ela já foi recebida? Para o STJ, após a reforma do CPP, em 2008, passamos a ter dois momentos de recebimento: logo após o oferecimento da petição inicial e em resposta à acusação.

Por estar no começo de tudo, não tem muito o que falar em nulidade processual ainda. Uma boa tese é algum vício na citação do réu – por exemplo, citação por hora certa realizada em violação ao que dispõe a lei. Também podem ser sustentados vícios no recebimento da denúncia ou queixa, como já mencionei em parágrafos anteriores.

Sobre as teses de dosimetria de pena, não é o momento para serem sustentadas. Não é a hora para discutir a pena-base no mínimo legal ou para sustentar alguma atenuante. Isso porque, logo após a RA, o juiz não condenará o réu. Na pior das hipóteses, não absolverá sumariamente e designará audiência para ouvir todo mundo, oportunidade em que o acusado poderá sustentar suas teses para o caso de condenação.

- Há uma situação curiosa que merece sua atenção. Segundo o art. 396-A, § 1º, do CPP, *a exceção será processada em apartado*. Ou seja, se houver tese presente no art. 95 do CPP, ela deverá ser sustentada em peça própria, paralela à RA, intitulada exceção. Um bom exemplo é a incompetência, que tem de ser sustentada em *exceção de incompetência*, e não no corpo da RA. No Exame de Ordem 2010.2, quem elaborou a prova não sabia disso, e trouxe tese de incompetência para ser sustentada na própria resposta à acusação. No final das contas, a Banca se viu obrigada a aceitar as duas peças, tanto a RA quanto a exceção. De qualquer forma, se, em sua prova, o réu tiver sido citado e houver tese de incompetência (ou outra do art. 95 do CPP), faça a seguinte análise:

    a) A chance de cair exceção é muito pequena. Se houver teses de absolvição sumária (que têm de ser sustentadas em RA) e alguma de exceção, faça a resposta e, em seu corpo, sustente a tese. É errado? Sim. Mas é melhor garantir a pontuação, ainda que com base em um gabarito errado. Quem for prejudicado poderá recorrer.

PRÁTICA PENAL

b) Se não houver uma única tese de absolvição sumária ou testemunha a arrolar, mas apenas a tese com base no art. 95 do CPP, faça a exceção. No entanto, destacamos: só faça a exceção se não existir nenhuma tese de RA no enunciado. Todo o problema deverá girar em torno de uma daquelas situações do art. 95 do CPP. Achamos improvável (quase impossível) que isso aconteça. Se o cliente tiver acabado de ser citado, é quase zero a chance de não ser uma RA.

4.3.6. Pedidos

Além do reconhecimento de alguma nulidade ou de motivo para a rejeição da petição inicial, sempre teremos, em RA, pedidos de absolvição sumária, nos termos do art. 397 do CPP. Tenha cuidado, pois se esquecer de dizer *sumária* pode custar o quesito. Ademais, nunca, em hipótese alguma, fundamente a absolvição sumária, em resposta à acusação, nos arts. 386 e 415 do CPP. Use sempre o art. 397 do CPP. Outro pedido certo em RA é a oitiva das testemunhas, mas não se esqueça de trazer o rol ao final da peça.

4.3.7. Quadro de teses e pedidos

TESES	PEDIDOS
Todas as teses.	Rejeição da inicial. Todas as teses de absolvição sumária também são teses de rejeição da inicial. A legítima defesa, por exemplo, que enseja a absolvição sumária (CPP, art. 397, I), também motiva a rejeição da inicial por falta de justa causa (CPP, art. 395, III). Nas provas passadas, a Banca não exigiu o pedido de rejeição da inicial por algum motivo que motivasse a absolvição sumária.
Nulidade.	A anulação do processo desde o ato viciado – que acaba sendo a do processo todo, pois estamos no começo de tudo. A fundamentação é o art. 564 do CPP.
Extinção da punibilidade.	Absolvição sumária (CPP, art. 397, IV).
Exclusão da ilicitude.	Absolvição sumária (CPP, art. 397, I).
Exclusão da culpabilidade.	Absolvição sumária (CPP, art. 397, II).
Atipicidade – teses que atinjam a conduta, o resultado, no nexo causal e a tipicidade.	Absolvição sumária (CPP, art. 397, III).
Desclassificação.	Desclassificação.

4.3.8. Modelo da peça

Excelentíssimo Senhor Doutor Juiz de Direito da 15ª Vara Criminal da Comarca de Porto Alegre, Rio Grande do Sul,

Processo n.

Antônio Lopes, já qualificado nos autos, vem, tempestivamente por seu advogado, oferecer Resposta à Acusação, com fundamento nos arts. 396 e 396-A do Código de Processo Penal, pelas razões a seguir expostas.

I – DOS FATOS

No dia...

II – DO DIREITO

TEMPESTIVIDADE
Criar um tópico para a tempestividade da peça, pois a OAB está pontuando esse tópico. Incluir nesse item o prazo legal para falar que está peticionando dentro do prazo.

a) INCOMPETÊNCIA DA JUSTIÇA ESTADUAL
Deve ser reconhecida a incompetência da Justiça Estadual para o julgamento do caso, pois se trata de crime de competência da Justiça Federal, com fundamento no art. 109, V, da Constituição Federal.

b) NULIDADE DA INTERCEPTAÇÃO TELEFÔNICA
Conforme exposto, deve ser declarada a nulidade da decisão que decretou a interceptação telefônica. A medida não poderia ser decretada como primeira medida investigatória, como foi feito, em violação ao art. 2º, II, da Lei n. 9.296/96.
Ademais, deve ser reconhecida a nulidade da decisão em razão de ausência de fundamentação adequada, conforme art. 5º da Lei n. 9.296/96 e art. 93, IX da Constituição Federal.

c) NULIDADE DA APREENSÃO
Também deve ser reconhecida a nulidade da apreensão do dinheiro – ao todo, cinquenta mil dólares –, visto que não havia autorização judicial para a realização do procedimento no endereço onde ocorreu.

d) INÉPCIA DA DENÚNCIA
A denúncia deve ser rejeitada, nos termos do art. 395, I, do CPP, em razão de sua inépcia, em violação ao art. 41 do CPP, ao art. 8º, 2, "b", do Decreto n. 678/92 e o art. 5º, LV, da CF.

e) ATIPICIDADE DA CONDUTA
No mérito, deve ser reconhecida a atipicidade da conduta, com a consequente absolvição sumária, pois ausente o dolo, não estando configurado o delito do art. 239, parágrafo único, da Lei n. 8.069/90, o Estatuto da Criança e do Adolescente.
Também deve o denunciado ser absolvido sumariamente por falta de justa causa para a condenação pelo crime do art. 317, § 1º, do CP.

III – DO PEDIDO

Diante do exposto, requer:
(a) o reconhecimento da nulidade;
(b) a rejeição da denúncia;
(c) a absolvição sumária, com fulcro no art. 397, III, do CPP;
(d) a produção as provas admitidas;
(e) a intimação e oitiva das testemunhas ao final arroladas.

Termos em que,
Pede deferimento.

Local, data.
Advogado, OAB

Rol de testemunhas:
(1) Nome, endereço;
(2) Nome, endereço;
(3) Nome, endereço.

4.4. Memoriais (rito comum)

Situação n. 1 (CPP, art. 403, § 3º)

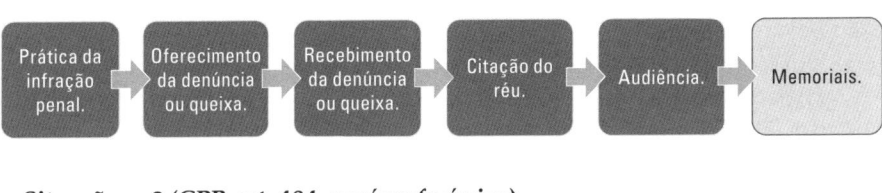

Prática da infração penal. → Oferecimento da denúncia ou queixa. → Recebimento da denúncia ou queixa. → Citação do réu. → Audiência. → Memoriais.

Situação n. 2 (CPP, art. 404, parágrafo único)

Recebimento da denúncia ou queixa. → Citação do réu. → Audiência. → Diligência imprescindível. → Memoriais.

4.4.1. Como identificar a peça

Até a entrada em vigor da Lei n. 11.719/2008, ao final da audiência, as partes tinham 3 dias de prazo para o oferecimento das alegações finais – a regra estava no art. 500 do CPP. Ou seja, as alegações sempre tinham de ser oferecidas por escrito. No entanto, é uma regra que não faz sentido. No dia a dia da prática criminal, quase todos os casos são muito simples – o *fulano* que furtou um veículo e confessou a prática do delito ou dois bêbados que se estapearam após uma *cachaçada*. São situações em que o juiz tem até um modelo pronto de sentença. A defesa e a acusação (em regra, MP) não têm muito o que falar em suas últimas alegações. Por esse motivo, o legislador alterou o CPP para impor, como regra, as alegações finais orais, feitas na audiência. É a atual regra. Todavia, há situações excepcionais em que os casos são complexos ou que há muitos réus, inviabilizando as alegações orais. Para essas hipóteses, as alegações finais podem ser oferecidas por escrito... ou, melhor dizendo, por memoriais.

4.4.2. Nomenclatura

Em boa parte dos manuais, você encontrará apenas a expressão *memoriais*. Não há problema algum em chamar a peça apenas de memoriais. Entretanto, no padrão de resposta, a Banca sempre fala em *alegações finais por memoriais*. De qualquer forma, fica a seu critério: *memoriais* ou *alegações finais por memoriais*.

4.4.3. Fundamentação

Concluída a audiência, se houver muitos réus ou se o caso for complexo, as alegações finais são oferecidas por memoriais, como previsto no art. 403, § 3º, do CPP. No entanto, há uma outra situação que exige fundamentação diversa. Entenda: concluída a audiência, descobre-se que alguma diligência tem de ser realizada. Ex.: uma certidão expedida por algum órgão, cujo teor pode influenciar diretamente na decisão do juiz. Não seria justo as partes oferecerem suas alegações finais oralmente e, depois, mas antes de proferida a sentença, ser juntado aos autos algum documento que as partes não puderam se manifestar a respeito. O ideal é que a audiência seja concluída, a diligência seja realizada e, em seguida, as partes se manifestem, por memoriais, para o juiz, então, proferir sentença. É para isso que existe o art. 404, parágrafo único, do CPP.

- Cuidado: nos ritos especiais, não há previsão de memoriais (o rito da Lei de Drogas), mas isso não significa que a peça não possa ser oferecida. Segundo o art. 394, § 5º, do CPP, *aplicam-se subsidiariamente aos procedimentos especial, sumário e sumaríssimo as disposições do procedimento ordinário*. Para esses casos, fundamente a sua peça no art. 403, § 3º, ou no art. 404, parágrafo único, c/c o art. 394, § 5º, do CPP.

4.4.4. Prazo

São 5 dias de prazo, contados da intimação.

4.4.5. Teses

Em memoriais, você tem a última chance de convencer o juiz a aceitar suas teses. Depois disso, vem a sentença e, no máximo, poderá recorrer daquilo que for desfavorável. Portanto, é o momento de colocar todas as cartas na mesa e sustentar nulidades, causas de extinção da punibilidade, teses de mérito e teses subsidiárias, se o réu for condenado.

a) **Nulidades:** veja se o enunciado dá a entender que algum procedimento não foi observado. Geralmente, a Banca não é muito sutil. Teve uma prova em que foi dito que o advogado do réu renunciou aos poderes e o juiz, em vez de intimá-lo para constituir um novo advogado, simplesmente nomeou defensor público. Em outra, foi realizada a audiência sem o réu, que não foi intimado para o ato. Por essa razão, quando fizer a leitura do enunciado, olhos atentos a esses *ganchos*.

b) **Extinção da punibilidade:** as principais causas são aquelas do art. 107 do CP. A Banca não é de inovar. A prescrição é sempre campeã quando a tese é de extinção da punibilidade. Cuidado com algumas hipóteses especiais. Por exemplo, o art. 312, § 3º, do CP.

c) **Falta de justa causa:** em vez de passar as próximas páginas falando em teoria do crime, assunto tratado em obras próprias, resumo os pedidos de mérito a um único artigo do CPP: o 386. Em memoriais, as teses de mérito terão, por consequência, a absolvição, e todas as hipóteses estão no art. 386 do CPP. Vasculhe o enunciado da peça em busca de uma daquelas situações.

d) **Teses subsidiárias:** são as teses que devem ser sustentadas para o caso de o réu ser condenado. O mais difícil é memorizá-las. Contudo, quando elas estiverem em sua cabeça, se caíram memoriais em sua prova, conte com, pelo menos, dois pontos garantidos em sua peça. O assunto é tão importante que será tratado em tópico próprio, a seguir.

4.4.5.1. Teses subsidiárias em memoriais

Como dito anteriormente, em memoriais, temos de esgotar nossas teses. Pode parecer contraditório sustentar a inocência e, em seguida, pedir benefícios em caso de condenação. Em um caso real, nem haveria motivo para sustentar a pena-base no mínimo legal, por exemplo, pois o juiz faz, de ofício, a análise do caso em confronto com o art. 59 do CP – e, se a pena for injusta, é só apelar. No entanto, lembre-se: no Exame de Ordem, o seu conhecimento está sendo testado. A OAB quer saber se você está apto a advogar. Por essa razão, é exigida do examinando a demonstração de amplo conhecimento das possíveis teses de defesa.

Em memoriais, o passo a passo será sempre o seguinte, quando sustentadas as teses subsidiárias:

1º) Qualificadoras e privilégios: qualificadora é a forma mais gravosa de prática de um delito, com a imposição de penas próprias. Ex.: no homicídio simples, a pena é de 6 a 20 anos; no qualificado, de 12 a 30 anos. O privilégio é o oposto: uma figura menos gravosa, também com penas próprias. Ex.: na corrupção passiva, a pena é de 2 a 12 anos; na corrupção privilegiada, de 3 meses a 1 ano.

- **A importância desse primeiro passo:** a pena-base parte da pena mínima; por isso, é interessante para a defesa que seja afastada a forma qualificada ou reconhecida a forma privilegiada. No exemplo da corrupção, é muito melhor que o cálculo inicie em 3 meses em vez de 2 anos.

2º) Pena-base: a banca sempre exige a demonstração de que o réu faz jus à pena-base no mínimo legal. O principal artigo para sustentar a tese é o 59 do CP. Ademais, o gabarito pode trazer a Súmula 444 do STJ. Se for um crime da Lei de Drogas, atenção ao art. 42 da Lei n. 11.343/2006.

- Em todas as edições em que a Banca trouxe memoriais do rito comum, os examinandos tiveram de sustentar a pena-base no mínimo legal.

3º) Agravantes e atenuantes: agravantes são as situações em que o agente deve ser punido com mais rigor por causa da reprovabilidade da conduta; com as atenuantes, o oposto, e a condenação é mais branda em razão da menor reprovabilidade da conduta.

As hipóteses genéricas estão nos arts. 61, 62, 65 e 66 do CP. Portanto, é interessante pedir o afastamento de agravantes e o reconhecimento de atenuantes.

- O que difere uma agravante ou atenuante de uma causa de aumento ou de diminuição? Nas agravantes e atenuantes, a lei diz que a pena tem de ser aumentada ou diminuída, mas não diz em qual fração. Cabe ao juiz decidir. Até existem alguns parâmetros na jurisprudência, mas a lei nada diz. As atenuantes da menoridade relativa e da confissão espontânea são quase certas em memoriais.

4º) Causas de aumento e causas de diminuição: funcionam como as agravantes e atenuantes, mas com a diferença de que a lei diz em quanto a pena deve ser aumentada ou diminuída – na tentativa, causa de diminuição de pena (CP, art. 14, parágrafo único), a pena deve ser diminuída de um a dois terços. Se a lei não trouxesse essa fração, seria uma atenuante. Por outro lado, se dissesse que, na tentativa, a pena seria de X a Y anos, teríamos um privilégio.

- Tem algumas situações em que temos causas de diminuição de pena, mas que nos acostumamos a chamar de forma privilegiada. Três exemplos: o homicídio privilegiado (CP, art. 121, § 1º), o furto privilegiado (CP, art. 155, § 2º) e o tráfico privilegiado (Lei n. 11.343/2006, art. 33, § 4º). Curiosamente, a lei fala, expressamente, em *causa de diminuição de pena* – em seu vade-mécum, veja o que está escrito acima do art. 121, § 1º. Embora a expressão esteja aplicada de forma equivocada nos exemplos dados, você deve utilizá-las no Exame de Ordem.

5º) Substituição da pena: encerrado o cálculo da pena, veja se o réu tem direito à substituição da pena privativa de liberdade por restritivas de direitos, do art. 44 do CP.

6º) *Sursis*: em seguida, não sendo o caso de substituição, busque a suspensão condicional da pena, do art. 77 do CP.

- Cuidado: não confunda a suspensão condicional da pena (CP, art. 77) com a suspensão condicional do processo (Lei n. 9.099/95, art. 89). Na suspensão da pena, o réu foi condenado, mas a execução da pena é suspensa. Na suspensão do processo, a denúncia acabou de ser oferecida. Não existe sentença condenatória. O objetivo é evitar o início de uma ação penal.

7º) Regime: por fim, se nada der certo, peça ao juiz um regime mais brando de cumprimento da pena. Considerando a pena que você entende justa, veja qual regime deve ser imposto ao réu, nos termos do art. 33, § 2º, do CP.

- A Banca não é de inovar quando traz as teses de fixação de regime. Se o crime do réu é hediondo ou equiparado, diga que o art. 2º, § 1º, da Lei n. 8.072/90 é inconstitucional. A Súmula 440 do STJ e as Súmulas 718 e 719 do STF também são muito cobradas, mas mais em apelação.

PRÁTICA PENAL

4.4.6. Pedidos

Em memoriais, temos pontuação duplicada para tudo. Sustentou a pena-base no mínimo legal? Repita no *do pedido*. Pediu a absolvição? Repita no *do pedido*, e tudo será pontuado em dobro. Para melhor entender o que quero dizer, veja o gabarito do XXVI Exame de Ordem:

ITEM	PONTUAÇÃO	ITEM	PONTUAÇÃO
3) Preliminarmente, reconhecimento da nulidade dos atos da instrução.	0,20	13) Nulidade dos atos da instrução (0,05).	0,05
5) No mérito, absolvição de Lauro.	0,30	14) Absolvição de Lauro, nos termos do art. 386, inciso III, do CPP.	0,30
7) Subsidiariamente, afastar a qualificadora, pois não há prova nos autos da idade da vítima, nos termos do art. 213, § 1º, do CP.	0,60	14.1) Afastamento da qualificadora do art. 213, § 1º, do CP.	0,05
8) Aplicação da pena-base no mínimo legal, já que as circunstâncias do art. 59 do CP são favoráveis.	0,20	14.2) Aplicação da pena-base no mínimo legal ou reconhecimento da atenuante da confissão.	0,05
9) Afastamento da agravante do art. 61, inciso II, *f*, do CP, pois o crime não foi praticado em situação de violência doméstica, familiar ou de coabitação contra mulher.	0,30	14.3) Afastamento da agravante do art. 61, II, *f*, do CP.	0,05
10) Reconhecimento da atenuante da confissão espontânea, nos termos do art. 65, III, *d*, CP.	0,40	*Vide* item 14.2.	
11) Aplicação do *quantum* máximo de redução de pena em razão da tentativa, tendo em vista que o crime ficou longe da consumação OU tendo em vista que o critério a ser observado é do *iter criminis* percorrido.	0,25	14.4) Redução do máximo em razão da tentativa.	0,05
12) Aplicação do regime aberto ou semiaberto, considerando a pena mínima a ser aplicada, nos termos do art. 33, § 2º, *b* ou *c*, do CP OU aplicação da suspensão condicional da pena, nos termos do art. 77 do CP.	0,30	14.5) Aplicação de regime inicial aberto ou semiaberto.	0,05
Total (*do direito*): 2,55.		Total (*do pedido*): 0,60.	

Total (*do direito* e *do pedido*): 3,15.

Conclusões:
(a) As teses subsidiárias totalizavam, sozinhas, 2,35 pontos. Ou seja, 47% da nota da peça foi atribuída a pedidos referentes à imposição de pena. Não houve nenhuma tese subsidiária inédita. Todas já tinham caído em provas anteriores.
(b) Somados os 2,35 pontos com outros quesitos de praxe (endereçamento, data no último dia etc.), teríamos 2,75 pontos (55% da nota da peça). Portanto, sem fazer uma única pesquisa no vade-mécum, apenas repetindo as teses que caíram em provas passadas, o examinando alcançaria mais da metade da nota, mesmo sem pedir as teses principais, de absolvição e de nulidade.
(c) Em memoriais, conhecendo a estrutura da peça e as teses subsidiárias, e pedindo tudo em duplicidade, você garante 2,75 pontos. Bastaria um desempenho mediano nas questões para alcançar a aprovação.

- **Absolvições:** em memoriais, a banca exigirá, pelo menos, uma tese absolutória. No rito comum, peça a absolvição com fundamento no art. 386 do CPP. No rito do júri, peça a absolvição sumária do art. 415 do CPP. E a do art. 397 do CPP? Nunca, jamais, utilize o art. 397 em memoriais.
- **Sumária:** alguns examinandos se empolgam e pedem a *absolvição sumária* com fundamento no art. 386 do CPP. Não seja louco! A absolvição sumária é aquela dos arts. 397 e 415 do CPP. Se a absolvição é a do art. 386, diga apenas *absolvição*.

4.4.7. Quadro de teses e pedidos

Rito comum

TESE	
Nulidade processual.	A anulação do processo, desde o ato viciado.
Extinção da punibilidade.	A declaração da extinção da punibilidade.
Falta de justa causa.	A absolvição, nos termos do art. 386 do CPP.
Teses subsidiárias.	Além da desclassificação para crime menos grave, afastamento de qualificadora e reconhecimento de privilégio, pena-base no mínimo legal, afastamento de agravante e reconhecimento de atenuante, afastamento de causa de aumento de pena e reconhecimento de causa de diminuição, substituição da pena (CP, art. 44), *sursis* (CP, art. 77) e regime inicial mais benéfico.

- Cuidado: se estiver na posição de acusador, as teses são as mesmas, mas em via inversa. Ou seja, em vez de absolver, peça para condenar. No lugar do pedido de afastamento de agravante, o seu reconhecimento. Enfim, tudo igual, mas do *outro lado*.

Rito do júri

TESE	PEDIDO
Nulidade processual.	A anulação do processo, desde o ato viciado.
Extinção da punibilidade.	O reconhecimento da extinção da punibilidade.
(1) provada a inexistência do fato; (2) provado não ser ele autor ou partícipe do fato; (3) o fato não constituir infração penal; (4) demonstrada causa de isenção de pena ou de exclusão do crime.	Absolvição sumária (CPP, art. 415).
Falta de prova.	Impronúncia (CPP, art. 414).
Teses subsidiárias.	Desclassificação (CPP, art. 419).

4.4.8. Modelo da peça

Excelentíssimo Senhor Doutor Juiz de Direito da 1ª Vara Criminal da Comarca de Florianópolis

Processo n.

Daniel, já qualificado nos autos, vem, tempestivamente por seu advogado, apresentar Memoriais, com fundamento no art. 403, § 3º, do Código de Processo Penal, pelas razões a seguir expostas.

I – DOS FATOS

No dia 2 de janeiro de 2010, com o objetivo de fazer um passeio, o réu subtraiu um veículo de propriedade da sua mãe. Desde o início, contudo, pretende apenas utilizar o carro para fazer um passeio pelo quarteirão e, depois, após encher o tanque de gasolina novamente, devolvê-lo no mesmo local de onde o subtraiu, evitando ser descoberto pelos proprietários.

Em razão disso, foi denunciado pela prática do crime de furto simples. Em audiência, foram ouvidos os policiais militares como testemunhas de acusação, e o acusado foi interrogado, confessando que, de fato, utilizou o veículo sem autorização, mas que sua intenção era devolvê-lo.

II – DO DIREITO

TEMPESTIVIDADE
Criar um tópico para a tempestividade da peça, pois a OAB está pontuando esse tópico. Incluir nesse item o prazo legal para falar que está peticionando dentro do prazo.

a) PRESCRIÇÃO
Preliminarmente, deve ser reconhecida a extinção da punibilidade em razão da prescrição da pretensão punitiva pela pena em abstrato, pois ultrapassados 4 anos desde o recebimento da denúncia, considerando a redução do prazo pela menoridade relativa, com fundamento no art. 115 do CP, bem como no art. 109, IV, do CP.

b) ATIPICIDADE DA CONDUTA
No mérito, o réu deve ser absolvido em razão da atipicidade da conduta, pois não houve, em momento algum, o dolo de ter a coisa para si, definitivamente.

c) PENA-BASE
Subsidiariamente, em caso de condenação, deve a pena-base ser fixada no mínimo legal, pois a existência de ações penais em curso não justifica o reconhecimento dos maus antecedentes, em obediência ao princípio da presunção de inocência.

d) ATENUANTES
O réu faz jus às atenuantes da menoridade relativa, pois tinha menos de 21 anos na época da conduta, com base no art. 65, I, do CP, e da confissão espontânea, com fundamento no art. 65, III, "d", do CP.

e) REGIME INICIAL DE CUMPRIMENTO DA PENA

Em razão da pena a ser fixada, o réu deve iniciar o cumprimento da pena em regime aberto, com base no art. 33, § 2º, "c", do CP.

f) SUBSTITUIÇÃO DA PENA

Por fim, o acusado tem direito, em caso de condenação, à substituição da pena privativa de liberdade por restritiva de direitos, na forma do art. 44 do CP.

III – DO PEDIDO

Diante do exposto, requer:
(a) preliminarmente, a extinção da punibilidade;
(b) no mérito, a absolvição, na forma do art. 386, III, do CPP;
(c) subsidiariamente, no caso de condenação, a fixação da pena-base no mínimo legal;
(d) o reconhecimento da atenuante da menoridade relativa e da confissão espontânea;
(e) a fixação de regime inicial aberto;
(f) a substituição da pena privativa de liberdade por restritiva de direitos.

Termos em que,
Pede deferimento.

Local, data.
Advogado, OAB

4.5. Apelação

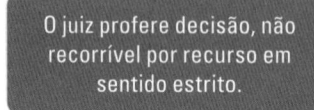

| O juiz profere decisão, não recorrível por recurso em sentido estrito. | ⇒ | Apelação. |

4.5.1. Como identificar a peça

O enunciado descreverá uma sentença contrária aos interesses da pessoa para quem você está advogando.

- Não tem como confundir o cabimento da apelação e o do recurso em sentido estrito. A regra é simples: se o problema disser que existe uma decisão do juiz, veja se a situação está descrita no art. 581 do CPP. Se não estiver, faça apelação, que é uma peça residual – resíduo, resto de outros recursos.

4.5.2. Fundamentação

Art. 593 do CPP. Na primeira fase do rito do júri, a base legal está no art. 416 do CPP.

4.5.3. Prazo

Em regra, 5 dias para a interposição e 8 dias para as razões.

- Já havia falado sobre os dois prazos em tópico próprio, mas não custa repetir. Em algumas peças, é possível o oferecimento das razões diretamente ao tribunal, em momento posterior ao da interposição. Portanto, temos as seguintes situações:

    a) Intimada da sentença, a parte interpõe a apelação e oferece as razões, tudo de uma só vez, ao mesmo tempo. Nesse caso, é lógico, a interposição e as razões têm a mesma data, afinal você ofereceu as duas ao mesmo tempo, no mesmo dia. Deve ser contado o prazo de 5 dias. Foi assim que sempre caiu no Exame de Ordem. O examinando tinha de fazer uma peça de interposição e outra de razões.
    b) Intimada da sentença, a parte interessada interpõe a apelação, no prazo de 5 dias, mas deixa para oferecer as razões diretamente ao tribunal. Posteriormente, as razões deverão ser oferecidas no prazo de 8 dias. O prazo de 5 dias, da interposição, não deve ser mais utilizado. O examinando terá de fazer uma petição de juntada e as razões, ambas datadas no mesmo dia, pois foram oferecidas juntas.

4.5.4. Teses

Como em qualquer outro recurso, em apelação, a sua missão é dizer que o juiz errou, por isso considero a apelação mais fácil do que os memoriais. Nas alegações finais, estamos meio sem rumo. Exceto pelas teses subsidiárias, de dosimetria de pena, que são sempre iguais, não temos como saber, de certeza, quantas teses de nulidade, de extinção da punibilidade e de mérito têm de ser alegadas. Na apelação, por outro lado, o limite está na sentença. As teses são aquelas que o juiz negou na sentença.

a) **Nulidades:** o enunciado aponta, sem muito segredo, algum vício no trâmite do processo. A Banca costuma trazer nulidades ocorridas na audiência, por exemplo, realização de audiência sem que o réu tenha sido intimado para tomar ciência.
b) **Extinção da punibilidade:** as causas gerais são aquelas do art. 107 do CP. As mais comuns no Exame de Ordem são a prescrição e a decadência.
c) **Falta de justa causa:** o juiz não quis absolver o apelante, nos termos do art. 386 do CPP. Você tem de demonstrar ao tribunal que o argumento utilizado pelo juiz para condenar está errado.
d) **Teses subsidiárias:** no Exame de Ordem, são as que vêm em maior fartura. Algumas que podem cair em sua prova:
   1) O juiz fixou a pena-base acima do mínimo legal em razão da gravidade em abstrato do crime ou por reconhecer maus antecedentes por causa de inquéritos ou ações penais em trâmite – veja a Súmula 444 do STJ.

2) Ele negou alguma atenuante ou aplicou agravante que não deveria, ou afastou causa de diminuição ou reconheceu causa de aumento de pena em violação ao que dispõe a lei.
3) Ele negou a substituição da pena privativa de liberdade ou a suspensão condicional da pena por motivo que viole o que está na lei. Exemplo: negou a substituição com base no art. 33, § 4º, da Lei n. 11.343/2006, que teve parte do seu conteúdo declarada inconstitucional.
4) Ele fixou regime inicial mais gravoso por alguma previsão inconstitucional, como a do art. 2º, § 1º, da Lei n. 8.072/90, ou com base na gravidade em abstrato do delito – veja as Súmulas 440 do STJ, 718 e 719 do STF.

4.5.5. Pedidos

Nas últimas provas, a Banca exigiu apenas o *conhecimento* e o *provimento* da apelação. No entanto, em provas mais antigas, ela pediu, também, a individualização dos pedidos. Na dúvida, faça o pedido completo – *requer seja conhecido e provido o recurso para que o réu seja absolvido* (...).

4.5.6. Quadro de teses e pedidos

HIPÓTESE	SITUAÇÃO	PEDIDOS
Art. 593, I	O réu foi absolvido, com fundamento no art. 386 do CPP e você é advogado do autor da ação penal ou assistente de acusação.	Conhecimento e provimento do recurso, para que seja condenado o réu.
Art. 593, I	O réu foi condenado e você atua em sua defesa.	Conhecimento e provimento do recurso, para o reconhecimento de nulidade, reconhecimento de extinção da punibilidade, absolvição e teses subsidiárias – desclassificação do delito ou melhora na pena imposta.
Art. 593, II	Há uma decisão definitiva, diversa da absolutória ou condenatória, e você é advogado da defesa ou da acusação.	Conhecimento e provimento do recurso, para a reforma da sentença e a concessão do que é de interesse da parte que está apelando.
Art. 593, III, *a*	Ocorreu uma nulidade posterior à pronúncia.	Conhecimento e provimento do recurso, para a anulação do processo, desde o ato viciado.
Art. 593, III, *b*	O magistrado errou em sua sentença, em violação à lei expressa ou à decisão dos jurados.	Conhecimento e provimento do recurso, para a correção do erro na sentença.
Art. 593, III, *c*	O magistrado errou em sua sentença em relação à aplicação da pena.	Conhecimento e provimento do recurso, para a correção do erro na sentença.
Art. 593, III, *d*	Os jurados erraram em seu julgamento.	Conhecimento e provimento do recurso, para que seja realizado um novo júri.
Art. 416 do CPP	Na primeira fase do rito do júri, o acusado foi impronunciado ou absolvido sumariamente.	Conhecimento e provimento do recurso, para que o acusado seja pronunciado.

4.5.7. Modelo da peça

Excelentíssimo Senhor Doutor Juiz de Direito da 1ª Vara Criminal da Comarca de Natal/RN,

Caio, já qualificado nos autos, vem, tempestivamente por seu advogado, interpor Apelação, com fundamento no art. 593, I, do Código de Processo Penal.

Requer seja recebido e processado o recurso, com as razões anexadas, e encaminhado ao Tribunal de Justiça do Estado do Rio Grande do Norte.

Termos em que,
Pede deferimento.

Local, data.
Advogado, OAB

Razões de Apelação
Apelante: Caio.
Apelada: Justiça Pública.

Egrégio Tribunal de Justiça do Estado do Rio Grande do Norte,
Colenda Câmara,
Douto Procurador de Justiça,

A sentença condenatória proferida pelo Juiz de Direito da 1ª Vara Criminal da Comarca de Natal deve ser reformada pelas razões a seguir expostas.

I – DOS FATOS

Durante o carnaval de 2015, o apelante teria obrigado a vítima, Joana, à conjunção carnal e a ato libidinoso diverso. Por esse motivo, o Ministério Público o denunciou pela prática do crime de estupro, do art. 213 do CP, por duas vezes, na forma do art. 71 do CP. Encerrada a instrução, o Juiz de Direito da 1ª Vara Criminal da Comarca de Natal o condenou nos termos da denúncia.

II – DO DIREITO

TEMPESTIVIDADE
Criar um tópico para a tempestividade da peça, pois a OAB está pontuando esse tópico. Incluir nesse item o prazo legal para falar que está peticionando dentro do prazo.

a) CRIME ÚNICO
É imperiosa a necessidade de reforma da sentença condenatória proferida pelo Juiz de Direito da 1ª Vara Criminal da Comarca de Natal. Isso porque as condutas descritas na denúncia foram praticadas contra uma mesma vítima, em um mesmo contexto fático. Destarte, o acusado não poderia ter

sido condenado por dois crimes de estupro, em continuidade delitiva, mas por apenas um, pois a conduta configurou crime único, devendo ser afastado o concurso de crimes.

b) PENA-BASE

Ademais, a pena-base não poderia ter sido aumentada com base em maus antecedentes do apelante, pois ações penais em curso não funcionam como circunstância judicial desfavorável, conforme Súmula 444 do STJ.

A pena-base também não poderia ser aumentada pela violação da liberdade sexual da vítima, visto que é algo inerente ao tipo.

c) ATENUANTES

Devem ser reconhecidas as atenuantes da menoridade relativa, do art. 65, I, do CP, pois o apelante tinha menos de 21 anos na época da conduta, e da confissão espontânea, na forma do art. 65, III, "d", do CP.

d) AUMENTO DE PENA PELA CONTINUIDADE DELITIVA

Subsidiariamente, mantido o concurso de crimes, deve ser reduzido o "quantum" de aumento pela continuidade delitiva, pois o critério a ser adotado é o número de delitos, e não a gravidade em abstrato do crime.

e) REGIME INICIAL DE CUMPRIMENTO DA PENA

O regime inicial de cumprimento de pena deve ser o semiaberto. A imposição de regime inicial obrigatoriamente fechado, do art. 2º, § 1º, da Lei n. 8.072/90 é inconstitucional.

III – DO PEDIDO

Diante do exposto, requer seja conhecido e provido o recurso para:
(a) o reconhecimento de crime único de estupro;
(b) a aplicação da pena-base no mínimo legal;
(c) o reconhecimento da atenuante da confissão espontânea;
(d) o reconhecimento da atenuante da menoridade relativa;
(e) subsidiariamente, a redução do "quantum" de aumento de pena pelo concurso de crimes;
(f) a fixação de regime inicial semiaberto.

Termos em que,
Pede deferimento.

Local, data.
Advogado, OAB

4.6. Contrarrazões de apelação

Proferida decisão pelo juiz, desfavorável à outra parte, não recorrível por recurso em sentido estrito. ⇒ A outra parte interpõe apelação. ⇒ Contrarrazões de apelação.

4.6.1. Como identificar a peça

O problema vai dizer que a outra parte recorreu contra a sentença. Não será dito qual recurso foi oferecido. Cabe a você descobrir qual foi. Considerando que o único recurso que pode ser confundido com a apelação é o RESE, não tem muita dificuldade.

4.6.2. Fundamentação

Art. 600 do CPP.

- Não é correto fundamentar as contrarrazões de apelação no art. 593 do CPP, que deve ser utilizado apenas quando estiver sendo feita a interposição do recurso. A Banca não aceita fundamentação diversa do art. 600 do CPP.
- Obs.: você pode ter ouvido a história de um amigo (ou do amigo de um amigo) que fundamentou no art. 593 do CPP e passou. É verdade! Alguns poucos sortudos tiveram suas provas corrigidas por alguém com coração de ouro, que fez vista grossa e aceitou a peça. No entanto, não foi a posição oficial da banca. Em regra, quem fundamentou no art. 593 reprovou.

4.6.3. Nomenclatura

No XIX Exame de Ordem, quando a peça foi cobrada pela primeira vez, o gabarito preliminar saiu apenas com a expressão *contrarrazões de apelação*. Entretanto, durante a fase recursal, a Banca deve ter percebido que, em momento algum, o CPP fala em *contrarrazões* – é sério, não existe, pode procurar. O código fala em *razões do apelado*. No final das contas, foram aceitas as duas. Quem fez apelação ou recurso de apelação reprovou.

- O que falei a respeito do art. 593 vale para a nomenclatura. Alguns sortudos tiveram a prova corrigida, mas não foi a posição da Banca.

4.6.4. Prazo

Como são apenas razões, 8 dias. Não existe o prazo de 5 dias, afinal não houve a interposição de apelação.

4.6.5. Teses

Você precisa fazer duas coisas em suas contrarrazões:

1ª) Veja se o recurso da outra parte preenche os requisitos da lei – por exemplo, se foi tempestivo.

2ª) Contradiga tudo o que o recorrente disse. Se ele disser que o réu é reincidente, diga que não. Se alegar que houve nulidade, diga o oposto. Para conferir como é simples, veja o gabarito do XXVII Exame de Ordem:

OS PEDIDOS DO MP	O QUE TINHA DE SER DITO NAS CONTRARRAZÕES
a) Nulidade da instrução, porque o interrogatório não foi o primeiro ato, como prevê a Lei n. 11.343/2006. b) Condenação do réu pelo crime de associação para o tráfico, já que ele estaria agindo em comunhão de ações e desígnios com o adolescente no momento da prisão, e o art. 35 da Lei n. 11.343/2006 fala em "reiteradamente ou não". c) Aumento da pena-base em relação ao crime de tráfico diante das consequências graves que vem causando para a saúde pública e a sociedade brasileira. d) Afastamento da atenuante da confissão, já que ela teria sido parcial. e) Afastamento da causa de diminuição do art. 33, § 4º, da Lei n. 11.343/2006, independentemente da condenação pelo crime do art. 35 da Lei n. 11.343/2006, considerando que o réu seria portador de maus antecedentes, já que responde a ação penal em que se imputa a prática do crime de furto. f) Aplicação do regime inicial fechado, diante da natureza hedionda do delito de tráfico. g) Afastamento da substituição da pena privativa de liberdade por restritiva de direitos, diante da vedação legal do art. 33, § 4º, da Lei n. 11.343/2006.	1) Afastamento da nulidade requerida, considerando que não foi arguida em momento adequado. 2) O interrogatório, como instrumento de defesa, poderá ser realizado como último ato da instrução **OU** o procedimento da Lei n. 11.343/2006 deve se adequar àquele previsto no CPP. 3) Manutenção da absolvição em relação a crime de associação para o tráfico, tendo em vista que não restou provada situação de permanência/estabilidade entre o adolescente e o acusado. 4) Manutenção da pena-base no mínimo legal, uma vez que o argumento utilizado pelo Ministério Público considera a gravidade em abstrato do delito **OU** tendo em vista que haveria *bis in idem* no aumento da pena em razão de violação ao bem jurídico protegido pela norma. 5) Manutenção do reconhecimento da atenuante da confissão espontânea, considerando que foi a confissão utilizada como argumento/para formação da convicção do juiz, nos termos da Súmula 545 do STJ. 6) Manutenção do reconhecimento da causa de diminuição do art. 33, § 4º, da Lei n. 11.343, eis que o fato de o réu responder à ação penal por crime de furto não justifica o reconhecimento de maus antecedentes, nos termos da Súmula 444 do STJ, por analogia **OU** conforme o art. 5º, LVII, da CRFB/88 (princípio da não culpabilidade ou da presunção de inocência). 7) Afastamento do pedido de aplicação do regime inicial fechado, pois o crime de tráfico privilegiado não é considerando hediondo pelo STF **OU** porque é inconstitucional a previsão do art. 2º, § 1º, da Lei n. 8.072/90 de aplicação obrigatória do regime inicial fechado aos crimes hediondos. 8) Manutenção da substituição da pena privativa de liberdade por restritiva de direitos, já que a vedação em abstrato viola o princípio da individualização da pena **OU** porque o STF declarou a inconstitucionalidade da vedação trazida pelo art. 33, § 4º, da Lei n. 11.343/2006 **OU** porque a Resolução n. 05 do Senado suspendeu a eficácia da expressão que vedava a substituição.

4.6.6. Pedidos

A Banca exige apenas o não conhecimento e o não provimento do recurso da outra parte. Cuidado com a força do hábito! Não peça conhecimento e provimento. Para deixar o fechamento mais completo, diga: *para que seja mantida a sentença recorrida.*

4.6.7. Modelo da peça

Excelentíssimo Senhor Doutor Juiz de Direito da Vara Criminal da Comarca do Rio de Janeiro,

Rodrigo, já qualificado nos autos, vem, tempestivamente por seu advogado, requerer a juntada de Contrarrazões de Apelação, com fundamento no art. 600 do Código de Processo Penal.

Requer sejam recebidas e processadas e encaminhadas ao Tribunal de Justiça do Estado do Rio de Janeiro.

Termos em que,
Pede deferimento.

Local, data.
Advogado, OAB.

Contrarrazões de Apelação

Apelante: Justiça Pública.
Apelado: Rodrigo.

Egrégio Tribunal de Justiça do Estado do Rio de Janeiro,
Colenda Câmara,
Douto Procurador de Justiça,

A sentença proferida pelo Juiz de Direito da Vara Criminal da Comarca do Rio de Janeiro deve ser mantida em sua integralidade pelas razões a seguir expostas.

I – DOS FATOS

No dia 24 de dezembro de 2014, o apelado teria praticado o crime de roubo, em concurso de pessoas, contra a vítima Maria. Em razão disso, o Ministério Público o denunciou com fundamento no art. 157, § 2º, I e II, do Código Penal. O Juiz de Direito da Vara Criminal da Comarca do Rio de Janeiro o condenou nos termos da petição inicial à pena de 5 anos e 4 meses de reclusão, a ser cumprida em regime inicial semiaberto. O Ministério Público recorreu da decisão.

II – DO DIREITO

TEMPESTIVIDADE

Criar um tópico para a tempestividade da peça, pois a OAB está pontuando esse tópico. Incluir nesse item o prazo legal para falar que está peticionando dentro do prazo.

a) INTEMPESTIVIDADE

Preliminarmente, não deve ser conhecido o recurso de apelação interposto pelo Ministério Público por ser intempestivo, nos termos do art. 593 do CPP, que prevê o prazo de 5 dias.

b) PENA-BASE

A pena-base imposta na sentença, no mínimo legal, deve ser mantida, pois a existência de ações penais em curso, sem trânsito em julgado, ou inquéritos policiais não justificam o reconhecimento de circunstâncias judiciais prejudiciais, conforme Súmula 444 do STJ.

c) AGRAVANTE DA GRAVIDEZ

O apelante sustenta a incidência da agravante da gravidez da vítima. Contudo, o pedido não pode prosperar. O apelado não tinha conhecimento de tal circunstância.

d) AGRAVANTE DA EMBRIAGUEZ PREORDENADA

Também não pode ser aceito o pedido de incidência da agravante da embriaguez preordenada. Isso porque não existe prova de que o apelado ingeriu bebida alcoólica com o objetivo de cometer o crime.

e) CAUSA DE AUMENTO DO CRIME DE ROUBO

O apelante sustenta o aumento da pena em razão do roubo circunstanciado em com base no número de majorantes. Entretanto, a reflexão não está correta. Segundo a Súmula 443 do STJ, o aumento na terceira fase de aplicação da pena no crime de roubo circunstanciado exige fundamentação concreta, não sendo suficiente para a sua exasperação a mera indicação do número de majorantes.

f) REGIME INICIAL DE CUMPRIMENTO DE PENA

Deve ser mantido o regime inicial semiaberto, fixado na sentença, e não o fechado, como sustentado pelo apelante. A gravidade em abstrato do crime não é motivação idônea para a aplicação de regime mais severo do que o compatível com a pena aplicada, nos termos da Súmula 440 do STJ.

III – DO PEDIDO

Diante do exposto, requer o não conhecimento do recurso e, subsidiariamente, o não provimento.

Termos em que,
Pede deferimento.

Local, data.
Advogado, OAB.

4.7. Recurso em sentido estrito (rito do júri e demais ritos)

O juiz proferiu alguma das decisões do art. 581 do CPP. ⇒ Recurso em sentido estrito.

4.7.1. Como identificar a peça

O problema descreverá uma decisão do juiz que corresponde a uma das hipóteses do art. 581 do CPP. Há uma boa chance de que caia, novamente, um RESE com fundamento no art. 581, IV, do CPP (rito do júri). Para identificar, é simples: o enunciado será a respeito da prática de um crime doloso contra a vida e haverá uma *sentença* de pronúncia.

- **Entendendo o procedimento da pronúncia:** na primeira fase do rito do júri, o magistrado não pode condenar o acusado, afinal não é dele a competência para julgar o mérito. Cabe ao Conselho de Sentença, do Tribunal do Júri, na segunda fase, o julgamento. Os jurados são os juízes competentes. Nessa primeira fase, o juiz pode tomar quatro decisões distintas:
    a) **Pronunciar:** o juiz está convencido da materialidade e da autoria e *joga a bola* para o Conselho de Sentença, a fim de que diga se o denunciado deve ou não ser condenado. Cabe recurso em sentido estrito, do art. 581, IV, do CPP.
    b) **Impronunciar:** o juiz não se convenceu, mas também não tem certeza suficiente para absolver sumariamente. Ele determina a extinção do processo e, no futuro, se surgir prova nova, nada impede (exceto a prescrição) que o MP ofereça nova denúncia. Cabe apelação, do art. 416 do CPP.
    c) **Absolver sumariamente:** o juiz se convenceu de uma das hipóteses do art. 415 do CPP e decidiu absolver, de forma sumária, o acusado. É a melhor decisão possível para o denunciado, pois dá fim ao processo e faz coisa julgada material. Cabe apelação, do art. 416 do CPP.
    d) **Desclassificação:** o juiz entende que o denunciado praticou outro delito, diverso daquele da denúncia. De uma forma ou de outra, caberá recurso em sentido estrito. No entanto, observe: se houver a desclassificação para um crime não doloso contra a vida (ex.: de homicídio doloso para homicídio culposo), o RESE será o do art. 581, II, do CPP, por ser incompetente o juiz. No entanto, se a desclassificação for para outro crime doloso contra a vida (ex.: de homicídio doloso para infanticídio), também caberá RESE, do art. 581, IV, do CPP, porque houve a impronúncia ou absolvição pelo homicídio doloso e a pronúncia pelo infanticídio, no exemplo dado.

- **Relaxamento, liberdade provisória, *habeas corpus*, recurso em sentido estrito e recurso ordinário constitucional:** uma situação que nos preocupa é a confusão em relação a estas peças. Isso porque, no art. 581, X, do CPP, está previsto que cabe recurso em sentido estrito da decisão denegatória de *habeas corpus*. Acontece que, para que seja cabível o RESE, a decisão em *habeas corpus* tem de ter sido proferida, necessariamente, por juiz de primeiro grau. Se quem decidiu o HC foi o TJ ou o TRF, não caberá RESE ao STJ (o RESE só é julgado por TJ ou TRF). Portanto, se tiver havido prisão em flagrante ilegal ou ausentes os requisitos da preventiva, se existir decisão do juiz de primeiro grau denegando o HC, deve ser interposto recurso em sentido estrito. Caso esse mesmo juiz tenha denegado o HC e, em decisão ao julgar o recurso em sentido estrito, o TJ ou o TRF tenha negado provimento ao RESE, a peça cabível será o recurso ordinário constitucional, ao STJ (CF, art. 105, II, *a*). Por fim, se tiver sido impetrado HC ao TJ ou ao TRF ou, até mesmo, ao STJ, existindo decisão denegatória, o recurso será o recurso ordinário constitucional, com razões endereçadas à instância superior. A tese, no entanto, sempre será a mesma: a ilegalidade da prisão ou a ausência de requisitos da preventiva, como seria em um relaxamento da prisão em flagrante ou em uma liberdade provisória.

4.7.2. Fundamentação

As hipóteses estão no art. 581 do CPP. Não se esqueça de mencionar o inciso adequado à situação.

- Cuidado: se a decisão for do juiz da execução penal, faça agravo em execução, do art. 197 da Lei n. 7.210/84, a LEP, ainda que a hipótese esteja no rol de situações do art. 581 do CPP.
- Veja o art. 294, parágrafo único, do CTB.

4.7.3. Prazo

Em regra, 5 dias para a interposição e 2 para as razões.

4.7.4. Teses

O recurso em sentido estrito é uma das peças mais fáceis da prática penal. Não tem como errar a tese, afinal a tese é a própria motivação para a interposição do recurso. Se o réu foi pronunciado porque o juiz entendeu que ele praticou o crime de aborto, a tese é a demonstração de que ele não praticou. Se o RESE foi interposto em razão de o juiz não ter recebido a petição inicial, demonstre ao tribunal que ele errou e a inicial deve ser recebida. Enfim, o objetivo é desconstituir o que entendeu o juiz.

4.7.5. Pedidos

De uns tempos para cá, a Banca tem pedido, em recursos, apenas o conhecimento e o provimento. Contudo, não custa nada especificar o que está sendo pedido. Exemplo: *requer seja conhecido e provido o recurso, para que o recorrente seja impronunciado*.

- Não se esqueça do pedido de retratação.

4.7.6. Quadro das principais teses e pedidos

HIPÓTESE	TESE	PEDIDO
Art. 581, I	Presentes os requisitos para o recebimento da denúncia ou queixa.	O recebimento da denúncia ou queixa.
Art. 581, II	A competência do juízo.	O reconhecimento da competência do juízo.
Art. 581, III	A improcedência da exceção.	A improcedência da exceção.
Art. 581, IV	Não possibilidade da pronúncia.	Nulidade, extinção da punibilidade, impronúncia, absolvição sumária ou desclassificação e exclusão de algo que torne a pena mais grave, como qualificadoras.
Art. 581, X	Existência de violência ou coação à liberdade de locomoção por ilegalidade ou abuso de poder.	A concessão da ordem de *habeas corpus*.

- Obs.: há outras hipóteses no art. 581 do CPP que devem ser estudadas, mas as do quadro são as mais prováveis para uma 2ª fase do Exame de Ordem.

PRÁTICA PENAL

- Cuidado: contra a absolvição sumária com fundamento no art. 397, IV, do CPP, cabe recurso em sentido estrito, com fundamento no art. 581, VIII, do CPP.

4.7.7. Modelo da peça

Excelentíssimo Senhor Doutor Juiz de Direito da Vara do Tribunal do Júri da Comarca de Maricá/RJ

Rômulo, já qualificado nos autos, vem, tempestivamente por seu advogado (procuração anexada), interpor Recurso em Sentido Estrito, com fundamento no art. 581, IV, do Código de Processo Penal.

Requer, previamente, a retratação de Vossa Excelência, nos termos do art. 589 do CPP. Caso Vossa Excelência, no entanto, mantenha a decisão de pronúncia, requer o encaminhamento dos autos ao Tribunal de Justiça do Estado do Rio de Janeiro, com as respectivas razões recursais.

Termos em que,
Pede deferimento.

Local, data.
Advogado, OAB

Razões de recurso em sentido estrito

Recorrente: Rômulo.
Recorrida: Justiça Pública.

Egrégio Tribunal de Justiça do Estado do Rio de Janeiro,
Colenda Câmara,
Douto Procurador de Justiça,

I. DOS FATOS

De acordo com a denúncia, o recorrente agindo, inicialmente, com vontade de matar, desferiu golpes de faca nas mãos da vítima. No entanto, ficou sensível ao sofrimento da ofendida após as facadas na mão, decidindo deixar o local dos fatos para se acalmar, apesar de ter consciência de que os atos praticados seriam insuficientes para causar a inicialmente pretendida morte.

Designada audiência de instrução, o recorrente não compareceu porque não foi intimado, mas seu advogado estava presente e consignou inconformismo com a realização do ato sem a presença do réu. O magistrado, contudo, destacou que designaria nova data para interrogatório e que a defesa técnica estaria presente, não havendo, então, prejuízo. Os autos foram para conclusão, e foi proferida decisão pronunciando o réu nos termos da denúncia.

II. DO DIREITO

TEMPESTIVIDADE
Criar um tópico para a tempestividade da peça, pois a OAB está pontuando esse tópico. Incluir nesse item o prazo legal para falar que está peticionando dentro do prazo.

(a) Da extinção da punibilidade
Preliminarmente, deve ser reconhecida a extinção da punibilidade do agente em relação ao delito imputado na denúncia, em razão da prescrição da pretensão punitiva estatal pela pena em abstrato do crime de homicídio, nos termos do art. 107, inciso IV, do CP.
Isso porque, entre a data do fato e do recebimento da denúncia foi ultrapassado o prazo prescricional do crime de homicídio, que deverá ser computado pela metade considerando a idade do réu na data do fato, nos termos do art. 115 do CP.

(b) Da nulidade da instrução
Também preliminarmente, deve ser reconhecida a nulidade da instrução, tendo em vista que o réu não foi intimado para audiência em que foram ouvidas as testemunhas. O não comparecimento do réu configura violação ao princípio da ampla defesa, nos termos do art. 5º, inciso LV, da Constituição.

(c) Da desistência voluntária
Caso Vossas Excelências não entendam pelo provimento do recurso em relação às preliminares anteriormente sustentadas, requer a desclassificação para afastar o reconhecimento de crime doloso contra a vida, nos termos do art. 419 do CPP.
Isso porque houve desistência voluntária, já que Rômulo optou por não prosseguir na empreitada criminosa, nos termos do art. 15 do CP. Portanto, ele deverá responder apenas pelos atos já praticados, qual seja de lesão corporal grave.

(d) Do feminicídio
Subsidiariamente, mantida a decisão de pronúncia, deve ser afastada a qualificadora do feminicídio, prevista no art. 121, § 2º, VI, do CP, pois se trata de lei penal posterior mais gravosa, não podendo retroagir para alcançar fatos pretéritos, nos termos do art. 5º, XL, da Constituição Federal, que fundamenta o princípio da irretroatividade da lei penal desfavorável.

III. DO PEDIDO

Diante do exposto, requer seja conhecido e provido o presente recurso para:
a) ser reconhecida a prescrição da pretensão punitiva;
b) anulação da decisão de pronúncia;
c) desclassificação, nos termos do art. 419 do CPP;
d) afastamento da qualificadora do art. 121, § 2º, VI, do CP.

Termos em que,
Pede deferimento.

Local, data.
Advogado, OAB

4.8. Agravo em execução

O juiz da execução penal profere decisão contrária aos interesses do condenado. ⇒ Agravo em execução.

4.8.1. Como identificar a peça

É muito fácil de identificar o cabimento do agravo em execução: é o único recurso cabível contra decisões do juízo da execução penal.

- **Atenção:** se a decisão foi do juízo da execução penal, faça agravo em execução, ainda que esteja em execução provisória, sem sentença transitada em julgado. Ex.: é negado um pedido em execução penal e o enunciado diz que ainda não houve o trânsito em julgado da sentença condenatória. Na confusão, o examinando faz uma apelação ou qualquer outra peça.

4.8.2. Fundamentação

Art. 197 da Lei n. 7.210/84.

- Antigamente, a Banca aceitava apenas a fundamentação com base na Lei n. 7.210/84, sem qualquer menção à denominação adotada para a lei: Lei de Execução Penal. No XXIX Exame de Ordem, a banca foi flexível e falou em *LEP*. Na dúvida, é melhor dizer: *Lei n. 7.210/84, a LEP*.

4.8.3. Prazo

É o mesmo do recurso em sentido estrito: 5 dias para a interposição e 2 dias para as razões. O prazo não está na lei, mas na Súmula 700 do STF.

4.8.4. Teses

Como em qualquer recurso, o objetivo é dizer que o juiz está errado. Basta rebater, ponto a ponto, a decisão judicial. O juiz disse que não tem direito à progressão? Diga que ele errou. Não tem direito ao livramento condicional? Fale, novamente, que ele errou. É claro, fundamentando o que é dito. O enunciado entrega as *teses* de graça. Você só precisa encontrar, no vade-mécum, a fundamentação para apontar os equívocos do magistrado.

4.8.5. Pedidos

Peça para que seja conhecido e provido o recurso. Para ficar mais completo, peça a consequência: *requer seja conhecido e provido, para que seja concedida a progressão de regime*. No XXIX Exame de Ordem, bastou dizer *conhecido e provido*, mas não custa se precaver, não é mesmo?

- Cuidado com a Súmula 611 do STF.
- Não se esqueça do pedido de retratação.

4.8.6. Modelo da peça

Excelentíssimo Senhor Doutor Juiz de Direito da Vara de Execuções Penais do Rio de Janeiro/RJ

Processo n.

Gilberto, já qualificado nos autos, vem, tempestivamente por seu advogado, interpor Agravo em Execução, com fundamento no art. 197 da Lei n. 7.210/84.

Requer que, ao receber o recurso, Vossa Excelência realize o juízo de retratação, nos termos do art. 589 do CPP por analogia, para que a decisão recorrida seja reformada. Caso contrário, o encaminhamento do recurso, com as inclusas razões, ao Tribunal de Justiça do Estado do Rio de Janeiro.

Termos em que,
Pede deferimento.

Local, data.
Advogado, OAB

Razões de Agravo em Execução

Agravante: Gilberto.
Agravada: Justiça Pública.

Egrégio Tribunal de Justiça do Estado do Rio de Janeiro,
Colenda Câmara,
Douto Procurador de Justiça,

A decisão proferida pelo Juiz de Direito da Vara de Execuções Penais da Comarca do Rio de Janeiro tem de ser reformada pelas razões de fato e de direito a seguir expostas.

I – DOS FATOS

O recorrente requereu a obtenção do livramento condicional, mas o pedido foi negado pelo Juiz de Direito da Vara de Execuções Penais. Condenado pelo crime de roubo, alcançou os requisitos objetivos e subjetivos para a concessão do benefício, mas não teve êxito em seu requerimento pelo fato de que o magistrado entende que o delito é hediondo. Ademais, impôs como condição obrigatória a realização de exame criminológico.

II – DO DIREITO

TEMPESTIVIDADE
Criar um tópico para a tempestividade da peça, pois a OAB está pontuando esse tópico. Incluir nesse item o prazo legal para falar que está peticionando dentro do prazo.

a) A NÃO HEDIONDEZ DO CRIME DE ROUBO
O magistrado indeferiu o livramento condicional por ser o roubo um crime hediondo. Todavia, a reflexão é equivocada, visto que o roubo simples, do art. 157, "caput", do CP, não está no rol do art. 1º da Lei n. 8.072/90.

PRÁTICA PENAL

b) REQUISITOS DO LIVRAMENTO CONDICIONAL

Por ser um crime comum, para a concessão do livramento condicional, o requisito objetivo é o cumprimento de 1/3 da pena, e não metade, afinal, o recorrente não é reincidente e não possui maus antecedentes, nos termos do art. 83, I, do CP.

c) EXAME CRIMINOLÓGICO

Errou o magistrado ao considerar que a realização de exame criminológico é indispensável. Segundo a Súmula 439 do STJ, admite-se o exame criminológico pelas peculiaridades do caso, desde que em decisão motivada. A gravidade em abstrato do delito não é suficiente para a exigência do exame criminológico.

III – DO PEDIDO

Diante do exposto, requer seja conhecido e provido o recurso, com a consequente expedição de alvará de soltura.

Termos em que,
Pede deferimento.

Local, data.

4.9. Revisão criminal

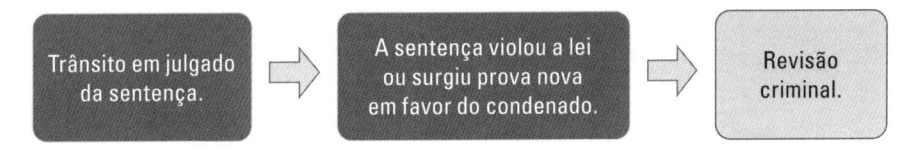

Trânsito em julgado da sentença. ⇒ A sentença violou a lei ou surgiu prova nova em favor do condenado. ⇒ Revisão criminal.

4.9.1. Como identificar a peça

O problema contará que existe uma sentença condenatória (ou de absolvição imprópria) transitada em julgado e que existe motivo para a revisão do mérito da sentença. Por exemplo, surgiu uma testemunha capaz de provar que o condenado é inocente.

- Cuidado: a revisão não é um recurso, mas uma espécie de ação penal rescisória.
- É possível a revisão criminal contra absolvição imprópria.

4.9.2. Fundamentação

Art. 621 do CPP.

4.9.3. Prazo

Não tem.

- É possível o ajuizamento de revisão mesmo após a morte do condenado.

4.9.4. Teses

A revisão criminal tem como norte o art. 621 do CPP. É possível a revisão nas seguintes hipóteses:

1) quando a sentença condenatória for contrária ao texto expresso da lei penal ou à evidência dos autos;
2) quando a sentença condenatória se fundar em depoimentos, exames ou documentos comprovadamente falsos;
3) quando, após a sentença, se descobrirem novas provas de inocência do condenado ou de circunstância que determine ou autorize diminuição especial da pena.

Com base na redação do art. 621 do CPP, é possível ajuizar revisão para sustentar nulidades, causas de extinção da punibilidade, teses de mérito e, até mesmo, teses subsidiárias, de imposição de pena. Ou seja, em nada difere do que pode ser sustentado, por exemplo, em memoriais.

- A lei posterior mais benéfica não é motivo para revisão criminal. Se a pena não estiver extinta, basta fazer requerimento ao juízo da execução penal, nos termos da Súmula 611 do STF. Por outro lado, se extinta, não cabe revisão. Entenda: se, em 2030, transportar maconha deixar de ser crime, não poderá ser ajuizada revisão criminal para extinguir penas extintas nos anos 1990, afinal, na época, a conduta era típica.

4.9.5. Pedidos

Os pedidos da revisão criminal têm de ser a consequência da motivação de ajuizamento da peça. No X Exame de Ordem, única vez em que caiu a revisão, a banca exigiu a desclassificação, a diminuição da pena e a fixação de regime prisional mais benéfico. Poderia, muito bem, ter trazido uma tese absolutória.

- Veja o art. 630 do CPP, que trata do direito à indenização.

4.9.6. Quadro de teses e pedidos

TESES	PEDIDOS
Nulidade processual.	Anulação do processo.
Extinção da punibilidade.	Extinção da punibilidade.
Falta de justa causa.	Absolvição.
Teses subsidiárias.	Desclassificação ou melhora na condenação.

4.9.7. Modelo da peça

Excelentíssimo Senhor Doutor Desembargador Presidente do Tribunal de Justiça do Estado de Mato Grosso,

Jane, nacionalidade ..., estado civil ..., profissão ..., vem, tempestivamente por seu advogado, ajuizar Revisão Criminal, com fundamento no art. 621, I, do CPP, pelas razões a seguir expostas.

I – DOS FATOS

No dia 18 de outubro de 2010, na cidade de Cuiabá, Mato Grosso, subtraiu veículo automotor de propriedade de Gabriela...

II – DO DIREITO

CABIMENTO DA REVISÃO CRIMINAL
Explicar a hipótese do art. 621 do CPP.

TEMPESTIVIDADE
Criar um tópico para a tempestividade da peça, pois a OAB está pontuando esse tópico. Incluir nesse item o prazo legal para falar que está peticionando dentro do prazo.

a) ARREPENDIMENTO POSTERIOR
Conforme exposto, a revisionanda restituiu integralmente o bem subtraído antes do recebimento da denúncia, razão pela qual faz jus à causa de diminuição do arrependimento posterior, nos termos do art. 16 do CP.

b) DESCLASSIFICAÇÃO
Deveria, ademais, ter havido a desclassificação do furto qualificado para o furto simples, do art. 155, "caput", do CP, pois não houve o efetivo deslocamento do bem ao exterior.

c) REGIME DE CUMPRIMENTO DE PENA
Em consequência dos pedidos anteriores, deve ser imposto o regime inicial semiaberto, nos termos do art. 33, § 2º, do CP e Súmula 269 do STJ.

III – DOS PEDIDOS

Diante do exposto, com fundamento no art. 626 do CPP, requer:
a) a desclassificação para o delito de furto simples;
b) a diminuição da pena;
c) a fixação para regime semiaberto.

Termos em que,
Pede deferimento.

Local, data.
Advogado, OAB

5. PEÇAS INÉDITAS

A partir de agora, veremos algumas peças inéditas, mas com reais chances para a segunda fase do Exame de Ordem. Há algumas que, sinceramente, não sabemos como ainda não foram cobradas, a exemplo da defesa prévia de Lei de Drogas. Apesar de ser muito maior a probabilidade de cair uma daquelas peças do capítulo anterior, não menospreze nenhuma das que foram trazidas neste capítulo.

5.1. Defesa prévia (Lei de Drogas) e defesa preliminar (crimes funcionais)

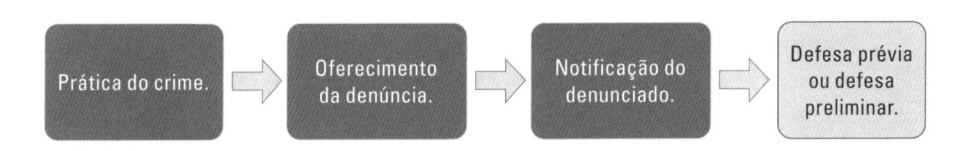

Prática do crime. ⇒ Oferecimento da denúncia. ⇒ Notificação do denunciado. ⇒ Defesa prévia ou defesa preliminar.

5.1.1. Como identificar a peça

Como as duas peças são da fase pré-processual, quando ainda não houve o recebimento da inicial, o problema dirá que o denunciado foi notificado, e não citado, da denúncia ou queixa. Na defesa prévia da Lei de Drogas, o cliente terá sido denunciado por crime previsto na Lei n. 11.343/2006 (ex.: tráfico de drogas) e ainda não houve o recebimento da denúncia, mas apenas a notificação do denunciado sofre o oferecimento da petição inicial. Na defesa preliminar dos crimes funcionais, o problema descreverá uma denúncia por um dos delitos previstos nos arts. 312 a 326 do CP. Além disso, esclarecerá que o denunciado foi notificado, mas que não houve o recebimento da denúncia até o momento (ou, simplesmente, dirá que a denúncia foi oferecida, sem qualquer menção ao recebimento).

5.1.2. Fundamentação

Da defesa prévia, o art. 55 da Lei n. 11.343/2006; da defesa preliminar, o art. 514 do CPP.

5.1.3. Prazo

São 10 dias para a defesa prévia da Lei de Drogas e 15 dias para a defesa preliminar dos crimes funcionais.

5.1.4. Teses

Em falta de justa causa, quando o objetivo é desconstituir o delito, atenção às exigências da Lei de Drogas, que trata, por exemplo, da perícia a ser feita na droga para demonstrar a materialidade do delito. Ademais, as teses mais comuns podem estar presentes: o erro de tipo (CP, art. 20, *caput*), o erro de proibição (CP, art. 21), a coação moral irresistível (CP, art. 22) etc. Em suma, procure demonstrar ao juiz que falta justa causa para o exercício da ação penal (CPP, art. 395, III).

Em inépcia (CPP, art. 395, I), veja se o enunciado fala em denúncia genérica ou em denúncia sem a descrição dos fatos ou com redação contraditória. Caso a inépcia da inicial seja uma das teses, o enunciado descreverá claramente o vício a ser apontado em sua defesa.

Quanto à falta de pressuposto ou condição para o exercício da ação penal (CPP, art. 395, II), analise se quem ofereceu a denúncia é a pessoa que detém legitimidade – por exemplo, promotor de justiça oferecendo denúncia por crime que deveria ter sido denunciado pelo MPF, ou o Ministério Público oferecendo denúncia sem que a vítima tenha representado, em crime de ação penal pública condicionada. Pesquise também se a denúncia ou queixa foi oferecida ao juiz competente.

Por fim, faça uma cuidadosa análise das causas de extinção da punibilidade (prescrição, decadência etc.), pois é grande a chance de a banca exigir alguma delas se vier a cobrar defesa prévia ou defesa preliminar.

5.1.5. Pedidos

Tenha como foco central a rejeição da inicial. É o seu principal objetivo. Há divergência sobre a possibilidade de absolvição sumária, nos termos do art. 397 do CPP, nessas duas peças. Na dúvida, se *sentir* que a banca quer que seja sustentada a absolvição sumária, não deixe de sustentá-la. É melhor dizer a mais e não ganhar nada (e não perder) do que perder por estarem a tese e o pedido no gabarito e você não os sustentar.

- Cuidado: é certo que o gabarito pontuará a menção às testemunhas.
- O art. 55, § 2º, da Lei n. 11.343/2006 tem previsão igual à constante do art. 396-A, § 2º, do CPP a respeito das exceções. Como já falei do assunto, peço ao leitor para que faça a leitura do que foi dito a respeito do tema no tópico da resposta à acusação.

5.1.6. Modelo da peça – defesa prévia

Excelentíssimo Senhor Juiz de Direito da XXX Vara Criminal da Comarca XXX,

Comentários: o endereçamento desta peça é algo preocupante. Em algumas comarcas do Brasil, há varas especiais criadas para o julgamento de crimes da Lei de Drogas. Em Fortaleza, existe a *Vara de Delitos de Tráfico de Drogas*. Em Goiânia, várias *Varas dos Crimes Punidos com Reclusão*. Essas nomenclaturas das varas são diferentes

PRÁTICA PENAL

entre os tribunais. Entenda: no enunciado de uma defesa prévia, consta a informação de que a denúncia foi oferecida ao *Juiz de Direito da Vara Única da Comarca de Caxambu*. Portanto, a defesa prévia tem de ser oferecida ao juízo de Caxambu. Contudo, o examinando, por morar em uma comarca onde existe uma vara especial para o julgamento dos crimes da Lei de Drogas, e sem saber que isso muda de um lugar para outro, faz alguma das seguintes situações:

a) Endereça a defesa prévia ao juízo da *Vara de Drogas* e perde o quesito do endereçamento. Prejuízo: 0,10;
b) Por acreditar que existe tese de incompetência, a sustenta em sua defesa prévia. Prejuízo: nenhum. O que é dito a mais não gera perdas. Contudo, investirá tempo em uma tese que não será pontuada;
c) Pensando que a tese principal é de incompetência, faz uma exceção, nos termos do art. 55, § 2º, da Lei n. 11.343/2006. Prejuízo: reprovação.

> Nome ..., já qualificado na denúncia, vem, por seu advogado, oferecer Defesa Prévia, com fundamento no art. 55 da Lei n. 11.343/2006, pelas razões a seguir expostas:

Comentários: por ter sido o agente qualificado na denúncia, não há motivo para uma nova qualificação. Contudo, se quiser fazer, não tem problema. Porém, saiba que somente duas informações importam: o nome e a fundamentação da peça. O resto é *moldura*.

I – DOS FATOS

> No dia 13 de fevereiro de 2019, o denunciado foi preso em flagrante...

Comentários: no tópico *dos fatos*, não é o momento para sustentar suas teses. Faça um resumo do enunciado. Não desperdice seu tempo com algo que não vale pontuação.

II – DO DIREITO

> a) FALTA DE JUSTA CAUSA
> Conforme exposto, a denúncia deve ser rejeitada, nos termos do art. 395, III, do CPP, pois o denunciado agiu em erro sobre elemento constitutivo do tipo, como prevê o art. 20, "caput", do CP.
> O erro sobre elemento constitutivo do tipo legal de crime exclui o dolo, mas permite a punição por crime culposo, se previsto em lei. Todavia, não existe a modalidade culposa do crime de tráfico de drogas, do art. 33 da Lei n. 11.343/2006.
>
> b) INÉPCIA DA DENÚNCIA
> Ademais, deve ser rejeitada a denúncia, com fundamento no art. 395, I, do CPP, em razão de ser manifestamente inepta. O membro do Ministério Público não especificou a conduta praticada pelo denunciado. O que se vê na inicial é a descrição genérica dos fatos, sem que seja apontada a conduta do acusado.

Comentários: no tópico *do direito*, faça a divisão em *subtópicos*. Dessa forma, você facilitará a visualização de quem corrigirá a sua prova e reduz o risco de erros de correção. Sobre a forma como as teses devem ser sustentadas, peço para que leia, com atenção, o subtópico "A". Inicialmente, veja que trouxe a consequência da tese, a rejeição da denúncia. Há um motivo: exceto em recursos, a Banca sempre pontua tudo em duplicidade. Há um quesito para a defesa da tese (alegada no *do direito*) e outro para o pedido referente a ela (no *do pedido*). Além disso, veja que sustentamos a tese de erro de tipo usando, como se fossem nossas, as palavras do art. 20 do CP. O motivo: às vezes, a banca pontua as exatas palavras do artigo que fundamenta a tese. Por fim, tivemos de dizer que o crime de tráfico de drogas não admite a forma culposa. Em um caso real, isso jamais teria de ser dito. No Exame de Ordem, no entanto, a Banca quer que seja demonstrado conhecimento. Sempre explique bem as teses, com todos os detalhes.

III – DO PEDIDO

Diante do exposto, requer:
(a) a rejeição da denúncia, com fundamento no art. 395, III, do CPP, em razão da falta de justa causa; ou
(b) a rejeição da denúncia, nos termos do art. 395, I do CPP, por ser manifestamente inepta;
(c) subsidiariamente, em caso de recebimento, requer a intimação das testemunhas ao final arroladas.

Comentários: não seria mais fácil dizer *art. 395, I e III, do CPP*? Sem dúvida, mas sugerimos fazer separado para não *amarrar* um pedido ao outro. Se, por exemplo, o inciso I não estiver no gabarito, ao sustentar tudo junto, corre-se o risco de o examinador não considerar válida a resposta. Por outro lado, quando se isola as respostas, esse risco desaparece.

Comarca ..., 14 de março de 2019.

Advogado, OAB

Rol de testemunhas:
(a) Nome ..., endereço.
(b) Nome ..., endereço.

Comentários: no caso de defesa prévia, haverá um rol no gabarito para quem arrolar as testemunhas.

- Não há motivo para a elaboração de um modelo para a defesa preliminar ou resposta preliminar do rito dos crimes funcionais. A peça é idêntica à defesa prévia da Lei de Drogas. Só muda a fundamentação, é claro – art. 514 do CPP.

5.2. **Contrarrazões de recurso em sentido estrito**

5.2.1. Como identificar a peça

O enunciado descreverá situação em que houve uma decisão de um juiz, contrária aos interesses da outra parte, e ela terá oferecido a *medida cabível*. O problema não vai dizer o nome da peça, mas será simples de identificar: veja se a decisão é uma das situações do art. 581 do CPP. Se sim, será um RESE.

5.2.2. Fundamentação

Art. 588 do CPP.

5.2.3. Prazo

O prazo das razões, de 2 dias. Não é contado o prazo de 5 dias de interposição, afinal você não está recorrendo.

5.2.4. Teses

Da mesma forma como ocorre com as contrarrazões de apelação, basta *rebater* o que disse a outra parte. Analise, também, se o recurso oferecido pela outra parte atende ao que manda a lei – por exemplo, se foi interposto tempestivamente.

5.2.5. Pedidos

É bem provável que, no dia em que essa peça for exigida, o gabarito mencione apenas o *não conhecimento* e o *não provimento*. Talvez, também seja pontuado o pedido de *manutenção da decisão recorrida*.

5.2.6. Modelo da peça

Excelentíssimo Senhor Juiz de Direito da XXX Vara Criminal da Comarca XXX,

Comentários: só utilize as formas genéricas *XXX* ou reticências se o enunciado não disser o nome da vara e/ou da comarca.

Nome, já qualificado nos autos, vem, por seu advogado, requerer a juntada de Contrarrazões de Recurso em Sentido Estrito, com fundamento no art. 588 do Código de Processo Penal.

Comentários: em item próprio foi comentado a respeito da *juntada* e da *interposição*. Apenas para relembrar: não estamos recorrendo; logo, não tinha de fazer interposição. Sobre a nomenclatura da peça, a Banca vai ter de aceitar quem disser *razões de recurso em sentido estrito*. No art. 588, não existe a palavra *contrarrazões*. No final das contas, as duas serão aceitas. É certa a reprovação de quem fizer *recurso em sentido estrito*, com fundamento no art. 581 do CPP.

Requer que Vossa Excelência mantenha sua decisão, não se retratando, nos termos do art. 589 do CPP, e pede o processamento e o encaminhamento das contrarrazões anexadas ao Tribunal de Justiça XXX.

Comentários: no dia em que a Banca trouxer contrarrazões de recurso em sentido estrito, o gabarito pode exigir o pedido para que o juiz não se retrate. Pela redação do art. 589 do CPP, está bem claro que o juízo de retratação será exercido somente após o prazo das contrarrazões. Em nossa opinião, a petição de juntada não é o lugar ideal para o pedido de não retratação. Entretanto, é melhor se resguardar e pedir.

Comarca ..., 24 de setembro de 2019.
Advogado, OAB

Comentários: cuidado com a data, pois são apenas 2 dias de prazo.

Contrarrazões de Recurso em Sentido Estrito
Recorrente: Ministério Público.
Recorrido: Nome.

Egrégio Tribunal de Justiça do Estado ...,
Colenda Câmara,
Douto Procurador,

A decisão recorrida deve ser mantida em sua integralidade, pelas razões de fato e de direito a seguir expostas.

Comentários: inicie informando o nome da peça, *contrarrazões de recurso em sentido estrito*. É uma exigência do gabarito. Ademais, endereçe ao tribunal do estado ou região (se TRF) do enunciado. A Banca sempre diz em qual vara e comarca o processo está correndo.

I – DOS FATOS

No dia 10 de maio de 2019, o recorrido...

Comentários: no tópico *dos fatos*, apenas resuma o enunciado.

II – DO DIREITO

a) INTEMPESTIVIDADE
Preliminarmente, não pode ser conhecido o recurso em sentido estrito oferecido pela outra parte em razão da intempestividade. Isso porque, apesar de ter sido intimado no dia 20 de setembro de 2019, o recorrente interpôs seu recurso no dia 10 de agosto de 2019.
Como se sabe, o prazo para a interposição do recurso em sentido estrito é de cinco dias, conforme art. 586 do CPP.

PRÁTICA PENAL

b) FALTA DE JUSTA CAUSA

O recorrente sustenta que o recorrido tinha de ser pronunciado pela prática do delito homicídio doloso. Ocorre que, como ficou provado, não foi o recorrido o autor do crime e, por isso, foi absolvido sumariamente, com fundamento no art. 415, II, do CPP. Por isso, não deve ser provido o recurso interposto.

Comentários: sempre divida o tópico *do direito* em subtópicos, para facilitar a correção da peça e evitar erros de correção.

III – DO PEDIDO

Diante do exposto, não deve ser conhecido e nem provido o recurso interposto, para que se mantenha, em sua integralidade, a sentença de absolvição sumária.

Comentários: tendo por base as contrarrazões de apelação, em contrarrazões de RESE, o gabarito deverá exigir, apenas, o não conhecimento e o não provimento do recurso. Se quiser deixar bem completo, peça a manutenção da decisão recorrida.

Comarca ..., 24 de setembro de 2019.
Advogado, OAB

5.3. **Recurso ordinário constitucional**

Decisão de tribunal que denega HC OU MS. ⇒ Recurso ordinário constitucional.

5.3.1. Como identificar a peça

Tem de existir uma decisão denegatória em *habeas corpus*, *habeas data*, mandado de segurança ou mandado de injunção, e o problema deve esclarecer que o recurso deve ser interposto contra essa decisão, especificamente. Atenção à hipótese do art. 102, II, *b*, da Constituição, que prevê o ROC em crime político (veja a Lei n. 7.170/83).

- **ROC em RESE em HC:** pode ter ocorrido de o *habeas corpus* ter sido denegado pelo juiz de primeiro grau e, dessa decisão, foi interposto recurso em sentido estrito. Da decisão do tribunal, que nega provimento ao recurso em sentido estrito, é possível recorrer por recurso ordinário constitucional.

5.3.2. Fundamentação

(A) Recurso ordinário constitucional ao STJ: art. 105, II, *a*, *b* e *c*, da CF
(B) Recurso ordinário constitucional ao STF: art. 102, II, *a* e *b*, da CF.

- E recurso ordinário constitucional ao TJ ou ao TRF? Não tem. Se um juiz de primeira instância denega HC, impetre recurso em sentido estrito (CPP, art. 581, X); se denega MS, apelação.

5.3.3. Prazo

Para o ROC em *habeas corpus*, o prazo permanece de 5 dias (Lei n. 8.038/90, art. 30). Nos demais casos, devem ser observadas as disposições dos arts. 1.027 e 1.028 do CPC.

5.3.4. Teses

A tese a ser sustentada é o próprio motivo de interposição do recurso. Se foi impetrado um *habeas corpus* para que fosse reconhecida a ilegalidade da prisão em flagrante, a tese é esta, a ilegalidade do flagrante, que pode ser de natureza material (ex.: crime impossível, do art. 17 do CP) ou de natureza processual (ex.: inobservância do art. 306, § 1º, do CPP). Por outro lado, se impetrado *habeas corpus* contra o recebimento da denúncia, quando se tratar de crime já prescrito, a tese será o reconhecimento da prescrição e a rejeição da inicial. Um outro exemplo: se foi impetrado um mandado de segurança para a restituição de coisa apreendida, mas o *writ* foi denegado, deve ser interposto ROC para que a coisa seja restituída. Portanto, em ROC, a tese a ser sustentada estará expressa no enunciado do problema, mas como fundamento para a decisão do juiz que proferiu decisão contrária aos interesses do cliente. Sobre o *habeas corpus*, veja o art. 648 do CPP.

5.3.5. Pedidos

A Banca tem pedido, em recursos, apenas o *conhecimento* e o *provimento*, mas, por precaução, sugerimos complementar: (...) *para que seja concedida ordem de habeas corpus*. Não se esqueça de pedir o alvará de soltura, se o interessado estiver preso, ou o contramandado de prisão, se houver mandado de prisão ainda não cumprido. Há, ainda, a possibilidade de um *salvo-conduto*, para assegurar ao paciente o direito de fazer algo sem que seja preso por isso.

Excelentíssimo Senhor Desembargador Presidente do Tribunal de Justiça do Estado ...,

Comentários: a interposição é feita ao presidente do TJ ou TRF onde foi denegado o HC ou MS. Se a decisão partiu de tribunal superior, enderece ao presidente deste tribunal, com razões ao STF.

Nome ..., já qualificado nos autos, vem, por seu advogado, interpor Recurso Ordinário Constitucional, com fundamento no art. 105, II, a, da Constituição Federal c/c o art. 30 da Lei n. 8.038/90.

Requer seja processado o recurso, com as razões anexadas, e encaminhado ao Superior Tribunal de Justiça.

Comentários: é preciso ter cuidado com a fundamentação, pois é diversa para cada uma das hipóteses – até mesmo em caso de decisão denegatória de *habeas corpus*, em que os dispositivos constitucionais não são os mesmos se o ROC é interposto ao STF ou ao STJ.

Comarca ..., data 24 de setembro de 2019.
Advogado ..., OAB ....

Comentários: ao datar a peça no último dia de prazo, tenha cuidado com os diferentes prazos do ROC.

Razões de Recurso Ordinário Constitucional

Colendo Superior Tribunal de Justiça,
Colenda Turma,
Douto Procurador da República,

A decisão denegatória proferida pela Câmara Criminal do Tribunal de Justiça do Estado ..., objeto deste recurso, merece ser reformada pelas razões a seguir expostas:

Como fazemos em qualquer outro recurso, é preciso ter cuidado com o endereçamento ao tribunal competente. Além disso, é sempre bom frisar o desejo de reforma da decisão recorrida. Não se esqueça de começar a peça dizendo: *razões de recurso ordinário constitucional*.

I – DOS FATOS

No dia 18 de julho de 2019...

Comentários: no tópico *dos fatos*, apenas resuma o enunciado da peça.

II – DO DIREITO

a) GRAVIDADE EM ABSTRATO
O Tribunal de Justiça não poderia ter decretado a prisão preventiva do recorrente com base na gravidade em abstrato do delito, pois não é motivação idônea para tal fim, conforme art. 312 do CPP, devendo ser relaxada a prisão.

b) REQUISITOS DA PREVENTIVA
Além disso, a prisão preventiva deve ser relaxada por não estarem presentes as hipóteses para a sua decretação. Segundo o art. 313, I, do CPP, a prisão preventiva será admitida nos crimes dolosos punidos com pena privativa de liberdade máxima superior a 4 (quatro) anos. No caso em discussão, o recorrente é acusado da prática de homicídio culposo, do art. 121, § 3º, do CP.

Comentários: divida o tópico *do direito* em subtópicos, para melhor visualização de quem corrigirá a sua prova.

III – DO PEDIDO

> Diante do exposto, requer seja conhecido e provido o recurso, bem como seja expedido alvará de soltura.

Comentários: a Banca tem pedido em gabaritos de recursos apenas o conhecimento e o provimento do recurso. De qualquer forma, é melhor especificar os pedidos (o trancamento da ação penal; o relaxamento da prisão em flagrante etc.). Ademais, se o cliente estiver preso – e o recurso foi interposto para conseguir a sua liberdade –, peça expressamente a expedição de alvará de soltura.

> Comarca ..., 24 de setembro de 2019.
> Advogado ..., OAB)

Comentários: sempre tenha cuidado com a data, visto que a banca costuma pedir o oferecimento da peça no último dia de prazo.

5.4. Contrarrazões de agravo em execução

[Decisão do juiz da execução penal favorável ao condenado.] ➡ [O MP recorre.] ➡ [Agravo em execução.]

5.4.1. Como identificar a peça

O enunciado descreverá situação em que houve uma decisão de um juiz da execução penal, favorável ao condenado, e o MP recorreu.

5.4.2. Fundamentação

Admito, neste ponto, escrevo com certa insegurança, por não saber ao certo como a Banca exigiria no gabarito. No art. 197 da LEP, que fundamenta o agravo em execução, não é falado em contrarrazões ao recurso. Contudo, considerando que é dominante o entendimento de que o agravo segue o procedimento do recurso em sentido estrito, a fundamentação mais adequada parece ser a seguinte: art. 588 do CPP c/c a *Súmula 700 do STF*. Não existe outro jeito de fundamentar a peça.

5.4.3. Prazo

É o mesmo prazo das razões do RESE: 2 dias.

5.4.4. Teses

Em contrarrazões, o objetivo é sempre igual: *derrubar* o recurso da outra parte. O MP pediu para que não seja concedida a progressão? Diga que ele está errado. Além disso, veja se o recurso da outra parte atende aos requisitos legais. Pode ter sido intempestivo, hipótese em que deve ser sustentado o não conhecimento do recurso. Ademais, em execução penal, não é possível o assistente de acusação. Seria uma boa tese para contrarrazões em agravo: dizer que a vítima não pode interpor agravo em execução por não ter legitimidade.

5.4.5. Pedidos

É bem provável que, no dia em que essa peça for exigida, a Banca mencione apenas o não conhecimento e o não provimento do recurso da outra parte. Contudo, sugerimos que especifique seus pedidos.

5.4.6. Modelo da peça

Veja o modelo de *Contrarrazões de recurso em sentido estrito*, pois é o mesmo modelo de peça.

6. PROVAS ANTERIORES RESOLVIDAS

6.1. 41º Exame de Ordem

O Ministério Público denunciou Abelardo, Lineu e Mendonça, afirmando que Abelardo, empresário, teria oferecido vantagem indevida a fim de obstar os atos de ofício de Lineu, subordinado a Mendonça, ambos servidores públicos municipais da administração direta. Foi imputada ao acusado Abelardo a conduta tipificada no art. 333, parágrafo único, do CP; a Lineu, a prática das condutas descritas no art. 317, § 1º, do CP; e a Mendonça, a conduta descrita no art. 317, § 1º, c/c o art. 327, § 2º, ambos do CP, pois provas documentais corroboraram que Lineu deixou de praticar os atos de ofício que lhe competiam, e que Mendonça ocupava a função de direção do órgão público. A denúncia foi distribuída à Vara Criminal da Comarca de Flores, Estado de Campo Belo (CB), local dos fatos.

Lineu celebrou acordo de colaboração premiada com o Ministério Público, nos termos da Lei n. 12.850/2013, devidamente homologado pelo Juízo competente, fornecendo provas de que Abelardo lhe fez pagamentos no valor total de R$ 500.000,00 (quinhentos mil reais), a fim de não realizar esses atos de ofício no interesse de terceiro. Asseverou que dividiu essa vantagem patrimonial indevida em igualdade de condições com Mendonça, seu superior hierárquico e comandante, mas, quanto a este, apresentou provas documentais. A instrução processual ocorreu sem intercorrências, sendo que Mendonça se aposentou no curso do processo. Lineu reafirmou os termos de sua colaboração, Abelardo, por sua vez, fez uso de seu direito ao silêncio, enquanto Mendonça negou os fatos e afirmou que o imóvel onde residia é herança de sua mãe, exibindo os documentos públicos que comprovam a regular transmissão *causa mortis*.

O Juízo convolou os debates orais em memoriais e concedeu prazo para o Ministério Público e, em seguida, prazo comum às defesas dos três acusados, o que motivou os protestos da defesa de Mendonça.

O Juiz titular, que presidiu a instrução, afastou-se por dois dias para participar de um curso oficial, razão pela qual a sentença foi prolatada pelo Juiz substituto, designado para atuar apenas em causas urgentes, ainda que nenhuma urgência houvesse neste processo. Assim, Mendonça foi condenado como incurso nas penas dos arts. 317, § 1º, c/c art. 327, § 2º, ambos do CP, considerando prova a corrupção passiva por meio do interrogatório de Lineu, colaborador, o qual foi reputado suficiente para provar materialidade e autoria delitivas. Aplicou a pena-base no mínimo legal de dois anos, majorada em um terço por duas vezes consecutivas, justificada exclusivamente pela existência de duas causas de aumento previstas na parte especial do Código Penal, alcançando a pena de 8 (oito) anos, 6 (seis) meses e 20 (vinte) dias de reclusão, em regime fechado, e substituiu a pena privativa de liberdade por duas restritivas de direitos. Determinou a cassação da aposentadoria, na forma do art. 92, inciso I, alínea *a*, do CP, aplicada por analogia, bem como o perdimento do imóvel, uma vez que de valor incompatível com seus proventos, fato suficiente para a valoração pelo Juízo. O Ministério Público foi intimado da sentença em 6 de setembro de 2024, enquanto a defesa de Mendonça foi intimada na sexta-feira, sendo o dia seguinte e os dois dias da semana seguintes feriados em todo o país.

Considerando apenas as informações narradas, na qualidade de advogado(a) de Mendonça, redija a peça jurídica cabível, defendendo o *habeas corpus*, e considerando a hipótese de vício de contradição, erro de obscuridade, ambiguidade ou omissão na sentença, e outras questões processuais mencionadas no último dia do prazo para interposição. (Valor: 5,00).

Obs.: A peça deve englobar todos os fundamentos de Direito que possam ser utilizados para respaldo à pretensão. A simples menção ou transcrição do dispositivo legal não confere pontuação.

Ao Juízo da Vara Criminal da Comarca de Flores – Campo Belo,

Mendonça, já qualificado nos autos, por meio de seu advogado infra-assinado (procuração anexa), vem, respeitosamente, à presença de Vossa Excelência, interpor RECURSO DE APELAÇÃO, com fulcro no art. 593, I, do Código de Processo Penal, contra a sentença condenatória proferida nos autos, requerendo que o recurso seja recebido, intimada a parte contrária para apresentação das contrarrazões e, após, remetidos os autos ao Egrégio Tribunal de Justiça do Estado de Campo Belo.

O recurso é tempestivo, conforme o prazo de cinco dias estabelecido no art. 593, "caput", do CPP.

Flores – Campo Belo, 13 de setembro de 2024.

Advogado "...", OAB "..."

RAZÕES DE APELAÇÃO

Apelante: Mendonça.

Apelado: Ministério Público.

Autos do Processo n. ...

Egrégio Tribunal de Justiça do Estado de Campo Belo

I. DOS FATOS

Mendonça foi condenado por corrupção passiva qualificada, nos termos dos arts. 317, § 1º, c/c art. 327, § 2º, ambos do Código Penal. A condenação se baseou, principalmente, no depoimento do colaborador premiado Lineu, e a pena foi estabelecida em 8 anos, 6 meses e 20 dias de reclusão, além da substituição por duas penas restritivas de direitos, a cassação de aposentadoria e o perdimento de imóvel.

II. PRELIMINAR DE NULIDADE POR CERCEAMENTO DE DEFESA

A defesa de Mendonça foi prejudicada pela concessão de prazo comum para apresentação de memoriais às defesas de Mendonça e de Lineu, colaborador premiado. Tal procedimento viola o contraditório e a ampla defesa, em desacordo com o art. 4º, § 10-A, da Lei n. 12.850/2013, bem como os princípios constitucionais do devido processo legal (art. 5º, LIV e LV, da CRFB/88). Requer-se, portanto, a nulidade de todos os atos decisórios, conforme o art. 564, IV, do CPP.

III. PRELIMINAR DE NULIDADE DA SENTENÇA POR VIOLAÇÃO AO PRINCÍPIO DA IDENTIDADE FÍSICA DO JUIZ

A sentença foi proferida por juiz substituto, designado apenas para causas urgentes, sem que houvesse justificativa de urgência no caso concreto. Isso viola o princípio da identidade física do juiz, estabelecido no art. 399, § 2º, do CPP, e o princípio do juiz natural (art. 5º, LIII, da CRFB/88), o que gera nulidade da sentença.

IV. NO MÉRITO

(A) AUSÊNCIA DE CORROBORAÇÃO DAS PROVAS

A condenação de Mendonça foi fundamentada exclusivamente no depoimento do colaborador premiado, o que é vedado pelo art. 4º, § 16, da Lei n. 12.850/2013. O dispositivo exige prova independente de corroboração para sustentar condenação. A falta de outras provas que confirmem a narrativa do colaborador impõe a absolvição de Mendonça, nos termos do art. 386, II e VII, do CPP.

(B) DUPLICIDADE DE CAUSAS DE AUMENTO

Caso mantida a condenação, requer-se o afastamento de uma das causas de aumento aplicadas, nos termos do art. 68, parágrafo único, do CP. A duplicidade de aumentos, ambos relacionados ao mesmo fato de direção e chefia, configura "bis in idem", devendo ser afastada uma das majorantes.

(C) INVIABILIDADE DA CASSAÇÃO DA APOSENTADORIA

A cassação da aposentadoria de Mendonça não tem previsão legal, já que o art. 92, I, "a", do CP não prevê esse efeito em crimes praticados sem abuso de poder ou violação de dever funcional. Ademais, não houve pena privativa de liberdade superior a quatro anos, requisito necessário para a perda do cargo público, conforme o art. 92, I, "b", do CP. Requer-se, assim, o afastamento da sanção de cassação da aposentadoria.

(D) INCORREÇÃO DO PERDIMENTO DO IMÓVEL

O imóvel de Mendonça foi adquirido como herança, meio lícito de aquisição patrimonial. O art. 91-A, § 2º, do CP assegura que bens adquiridos licitamente não podem ser perdidos como efeito de condenação. Logo, é incabível o perdimento do imóvel, e essa sanção deve ser afastada.

V. DOS PEDIDOS

Diante do exposto, requer-se o conhecimento e o provimento do presente recurso.

Flores – Campo Belo, 13 de setembro de 2024.
Advogado ..., OAB ...

ITEM	PONTUAÇÃO
Interposição	
1. Endereçamento: Vara Criminal da Comarca de Flores/CB (0,10).	0,00/0,10
2. Fundamento legal: art. 593, I, do CPP (0,10).	0,00/0,10
3. Tempestividade: prazo de cinco dias (0,10), na forma do art. 593, *caput*, do CPP (0,10).	0,00/0,10/0,20
Razões de apelação	
4. Endereçamento: Tribunal de Justiça de Campo Belo (0,10).	0,00/0,10
5. Preliminar: cerceamento de defesa (ou violação ao contraditório ou ampla defesa, ou ao devido processo legal ou nulidade por omissão de formalidade essencial) (0,30), porque não poderia ter sido concedido prazo comum ao colaborador e ao corréu delatado (0,15), em violação ao art. 4º, § 10-A, da Lei n. 12.850/2013, ao art. 59, LIV ou LV, da CRFB/88, ou ao art. 564, IV, do CPP (0,10).	0,00/0,15/0,25/0,30/ 0,40/0,45/0,55
6. Nulidade da sentença (0,40), ante a violação ao princípio da identidade física do juiz ou do juiz natural (0,25), nos termos do art. 399, § 2º, do CPP ou art. 59, LIII, da CRFB (0,10).	0,00/0,25/0,35/0,40/ 0,50/0,65/0,75
7. No mérito, deve ser defendida a absolvição de Mendonça (0,40), diante da ausência de provas suficientes para a condenação (0,25), na forma do art. 386, IV, V ou VII, do CPP (0,10).	0,00/0,25/0,35/0,40/ 0,50/0,60/0,70
8. Tendo em vista que a palavra do colaborador, sem provas de corroboração, não pode ser suficiente para a condenação do corréu delatado (0,35), na forma do art. 49, § 16, III, da Lei n. 12.850/2013 (0,10).	0,00/0,35/0,45
9. Subsidiariamente, deve ser requerido o afastamento da duplicidade de causas de aumento previstas na parte especial (0,30), com aplicação do art. 68, parágrafo único, do CP (0,10).	0,00/0,30/0,40
10. Inadmissão da cassação da aposentadoria (0,30), sendo inadmissível a analogia prejudicial ao réu ou por ausência de previsão legal (0,25).	0,00/0,30/0,40
11. Afastamento do perdimento do imóvel (0,25), pois a reincidência agrava como ilícito de aquisição de propriedade ou porque não constituiu proveito ou produto de crime (0,20), na forma do art. 91, II, *b*, ou 91-A, § 2º, do CP (0,10).	0,00/0,25/0,35
Pedidos	
12. Conhecimento (0,10) e provimento do recurso (0,20).	0,00/0,10/0,20/0,30
Prazo e fechamento	
13. Prazo: 11 ou 13 de setembro de 2024 (0,10).	0,00/0,10
14. Local, data, advogado e OAB (0,10).	0,00/0,10

6.2. 40º Exame de Ordem

Gustavo trabalha como entregador por aplicativo e aluga bicicletas para desempenhar sua função. Certo dia, descobriu que, próximo à sua residência, havia um depósito de bicicletas seminovas para revenda. Gustavo, então, para ter economia na locação diária de bicicleta, valeu-se de adentrar o depósito e retirar uma bicicleta, devolvendo-a intacta e sem danos ao final do dia. Gustavo pôs-se a adotar o mesmo procedimento nos dias subsequentes, sempre com intenção de uso e restituição. No oitavo dia, Gustavo chegou ao depósito e percebeu que a porta estava aberta. Assim, conseguiu entrar e sair com uma bicicleta pela porta da frente. Porém, neste dia 30 de outubro de 2023, Gustavo sofreu uma queda, destruindo por completo a bicicleta. Ao perceberem a falta e a avaria da bicicleta, os administradores do depósito consultaram as câmeras de vigilância e constataram toda a atividade de Gustavo ao longo dos oito dias anteriores, comprovando a escalada por sete vezes (com subtração e restituição de sete bicicletas) e a entrada pela porta principal no oitavo dia.

Levado o fato às autoridades, a Polícia Civil descobriu a autoria e, em sede policial, Gustavo voluntariamente efetuou o pagamento do valor de R$ 1.500,00 (mil e quinhentos reais) ao depósito, valor apontado pela própria vítima como montante integral do prejuízo, correspondente à oitava bicicleta subtraída, no dia 10 de dezembro de 2023.

Assim, o Ministério Público do Estado de Campo Belo denunciou Gustavo como incurso nas penas do art. 155, § 4º, II, terceira figura, do Código Penal, por oito vezes, em concurso material (art. 69 do CP). A denúncia foi recebida pelo Juízo da Vara Criminal da Comarca de Flores, local dos fatos, no dia 19 de dezembro de 2023. A folha de antecedentes criminais apontou que Gustavo já havia celebrado uma suspensão condicional do processo em 2022.

A instrução probatória confirmou a íntegra dos fatos relatados, tendo transcorrido sem intercorrências. O representante legal da vítima reiterou ter recebido a totalidade do valor do prejuízo sofrido. As partes se manifestaram regularmente em alegações finais.

A sentença condenou Gustavo como incurso nas penas do art. 155, § 4º, II, terceira figura, por oito vezes, na forma do art. 69, ambos do Código Penal. Fixou pena-base no mínimo legal de 2 (dois) anos de reclusão para cada delito de furto qualificado, e, diante da incidência da Súmula 231 do Superior Tribunal de Justiça (que impede a atenuação da pena pela confissão abaixo do mínimo legal), tornou a pena de 2 (dois) anos de reclusão definitiva para cada crime, totalizando a condenação em 16 (dezesseis) anos de reclusão, em regime inicial fechado, diante do concurso material.

O Ministério Público manifestou imediata concordância com a sentença.

Você, como advogado(a) de Gustavo, é intimado(a) no dia 10 de maio de 2024, sexta-feira, sendo que os dias de segunda a sexta-feira são úteis em todo o país.

Considerando apenas as informações narradas, redija a peça jurídica cabível, diferente de *habeas corpus* e considerando que a decisão não padece de vício de contradição, obscuridade, ambiguidade ou omissão, apresentando todas as teses jurídicas pertinentes. A peça deverá ser datada no último dia do prazo para interposição. (Valor: 5,00)

Obs.: A peça deve abranger todos os fundamentos de Direito que possam ser utilizados para respaldo à pretensão. A simples menção ou transcrição do dispositivo legal não confere pontuação.

Ao Juízo da Vara Criminal da Comarca de Flores – Estado de Campo Belo,

Gustavo, já qualificado nos autos, por intermédio de seu advogado infra-assinado (procuração anexa), vem, respeitosamente, à presença de Vossa Excelência interpor RECURSO DE APELAÇÃO, com fulcro no art. 593, I, do Código de Processo Penal, contra a sentença condenatória proferida nestes autos, requerendo que seja recebido o presente recurso, intimada a parte contrária para contrarrazões e, em seguida, remetidos os autos ao Egrégio Tribunal de Justiça do Estado de Campo Belo.

O recurso é tempestivo, respeitando o prazo legal de cinco dias, conforme o art. 593, "caput", do CPP.

Flores – Campo Belo, 17 de maio de 2024.
Advogado "...", OAB "...".

RAZÕES DE APELAÇÃO
Apelante: Gustavo.
Apelado: Ministério Público.

Autos do Processo n. ...

EGRÉGIO TRIBUNAL DE JUSTIÇA DO ESTADO DE CAMPO BELO

I. DOS FATOS

O apelante foi condenado por oito crimes de furto qualificado (art. 155, § 4º, II, do CP), em concurso material, com pena total de 16 anos de reclusão, em regime fechado, apesar de ter confessado espontaneamente a prática dos fatos e ressarcido integralmente o prejuízo da vítima antes do recebimento da denúncia.

II. NO MÉRITO

(A) ATIPICIDADE DOS SETE PRIMEIROS FATOS – FURTO DE USO
Em relação aos sete primeiros fatos, pleiteia-se a absolvição de Gustavo, na forma do art. 386, III, do CPP, por se tratar de "furto de uso", visto que não houve ânimo de assenhoreamento definitivo, e os bens foram restituídos intactos ao final de cada dia, sem prejuízo ao proprietário. Trata-se de conduta atípica, amplamente reconhecida pela jurisprudência quando a coisa é utilizada temporariamente e devolvida integralmente.

(B) DESCLASSIFICAÇÃO DO OITAVO FATO – FURTO SIMPLES
Quanto ao oitavo fato, requer-se a desclassificação da conduta de furto qualificado para furto simples (art. 155, "caput", do CP), pois Gustavo adentrou o depósito pela porta da frente, não havendo escalada ou qualquer outro meio que justifique a qualificadora. A ausência de qualificadora impõe a readequação da tipificação.

(C) APLICAÇÃO DA CAUSA DE DIMINUIÇÃO – ARREPENDIMENTO POSTERIOR
Requer-se, ainda, a aplicação da causa de diminuição de pena do art. 16 do CP, em razão do arrependimento posterior. Gustavo, antes do recebimento da denúncia, indenizou integralmente o prejuízo, demonstrando seu intento de reparar o dano, conduta que atende aos requisitos legais, visto que o crime foi praticado sem violência ou grave ameaça.

(D) CONTINUIDADE DELITIVA
Subsidiariamente, requer-se a aplicação da regra da continuidade delitiva (art. 71 do CP), considerando que os oito furtos ocorreram nas mesmas condições de tempo, lugar e maneira de execução, o que exige a unificação das penas em vez da aplicação do concurso material.

(E) FIXAÇÃO DO REGIME INICIAL E SUBSTITUIÇÃO DA PENA

Pleiteia-se, ainda, a fixação do regime inicial aberto ou semiaberto, nos termos do art. 33, § 2º, "b" ou "c", do CP, já que a pena, após o reconhecimento do furto simples e a aplicação do arrependimento posterior, será inferior a quatro anos. Igualmente, é cabível a substituição da pena privativa de liberdade por restritiva de direitos (art. 44 do CP), pois a conduta foi praticada sem violência ou grave ameaça e as circunstâncias judiciais são inteiramente favoráveis.

III. DOS PEDIDOS

Diante do exposto, requer-se o conhecimento e o provimento do presente recurso.

Flores – Campo Belo, 17 de maio de 2024.
Advogado ..., OAB ...

ITEM	PONTUAÇÃO
Endereçamento	
1. Interposição: Vara Criminal da Comarca de Flores/CB (0,10).	0,00/0,10
2. Fundamento legal: art. 593, I, do CPP (0,10).	0,00/0,10
3. Tempestividade: 5 dias (0,10), na forma do art. 593, *caput*, do CPP (0,10).	0,00/0,10/0,20
Razões	
4. Endereçamento: Tribunal de Justiça do Campo Belo (0,10).	0,00/0,10
Mérito	
5.1. Atipicidade das condutas de "furto de uso" (0,30), pois não houve ânimo de assenhoreamento definitivo da *res furtiva* ou porque foram os bens restituídos sem desgaste ou dano (0,20), devendo se constatar que o fato não é crime (0,15).	0,00/0,15/0,20/0,30/ 0,35/0,45/0,50/0,65
5.2. Deve ser requerida a absolvição de Gustavo (0,30) em relação aos sete primeiros furtos na forma do art. 386, III, do CPP (0,10).	0,00/0,15/0,25/0,30/ 0,40/0,45/0,55
6. Pedido de desclassificação da conduta de furto qualificado para furto simples (0,40), pois, neste dia, Gustavo adentrou o depósito pela porta da frente, não se valendo de escalada ou qualquer outra qualificadora (0,20), na forma do art. 155, *caput*, do CP (0,10).	0,00/0,20/0,30/0,40/ 0,50/0,60/0,70
7. Em acréscimo, deve ser postulada a aplicação da causa de diminuição de pena do arrependimento posterior (0,40), pois o acusado restituiu integralmente o valor ou bens antes do recebimento da denúncia, presentes os demais requisitos (crime praticado sem violência ou grave ameaça) (0,20), na forma do art. 16 do CP (0,10).	0,00/0,20/0,30/0,40/ 0,50/0,60/0,70
8. Subsidiariamente, a aplicação da continuidade delitiva (0,30), pois os fatos ocorreram nas mesmas condições de tempo, lugar e maneira de execução (0,25), na forma do art. 71, *caput*, do CP (0,10).	0,00/0,25/0,30/0,35/ 0,40/0,55/0,65
9. Pedido de fixação de regime inicial aberto ou semiaberto (0,20), na forma do art. 33, § 2º, *b* ou *c*, do CP (0,10).	0,00/0,20/0,30
10. Substituição da pena privativa de liberdade por restritiva de direitos (0,20), pois a pena ficará abaixo de quatro anos e o crime foi praticado sem violência ou grave ameaça, sendo as circunstâncias judiciais inteiramente positivas (0,15), na forma do art. 44 do CP (0,10).	0,00/0,15/0,20/0,25/ 0,35/0,45

Pedidos	
11. Conhecimento (0,10) e provimento do recurso (0,20).	0,00/0,10/0,20/0,30
Prazo e fechamento	
12. Prazo: 17 de maio de 2024 (0,10).	0,00/0,10
13. Local, data, advogado e OAB (0,10).	0,00/0,10

6.3. 39º Exame de Ordem

Luíza e Alfredo, servidores públicos, casados, ambos com vinte anos de idade, decidiram fazer um cruzeiro pela costa brasileira em um novo navio transatlântico, apto a navegar por águas internacionais, tendo embarcado no Porto de Santos-SP no dia 10/12/2020, com destino a Salvador, BA. Durante o curso da viagem, a bordo do navio e em alto-mar, no dia 11/12/2020, Alfredo desferiu um golpe no rosto de Luíza, que veio a sofrer fratura dos ossos da face.

O acusado foi contido pela tripulação e, ao aportar no Porto de Flores, estado de Campo Belo (CB), a vítima foi encaminhada para atendimento hospitalar.

O pedido de prisão preventiva formulado pelo Ministério Público do estado de Campo Belo em detrimento de Alfredo foi negado, por Alfredo ser réu primário e sem antecedentes.

Laudo pericial juntado aos autos constatou que Luíza sofreu lesões corporais que a impossibilitaram de exercer suas atividades por prazo superior a 30 dias, mas também que houve completo restabelecimento após este prazo. Dessa forma, o Ministério Público ofereceu denúncia perante o Primeiro Juizado de Violência Doméstica e Familiar contra Mulher de Flores, capital do estado de Campo Belo, imputando a Alfredo a conduta tipificada no art. 129, § 1º, com a causa de aumento dos §§ 9º e 10, todos do Código Penal.

A denúncia foi recebida, o acusado foi citado e apresentou resposta à acusação, arguindo preliminares. Na fase do art. 397 do CPP, foi confirmado o recebimento da denúncia. Realizada a instrução, ouvidas Luíza e as testemunhas, todos confirmaram os fatos. Interrogado, Alfredo confessou os fatos.

A sentença rejeitou a preliminar de incompetência e condenou Alfredo nos termos da denúncia. A pena-base foi fixada em dois anos e meio de reclusão, ante a média entre a mínima e a máxima, e foi agravada a pena em seis meses, nos termos do art. 61, II, "f", do CP, tendo em vista a situação de violência doméstica. Assim, foi fixada a pena intermediária em três anos de reclusão, e a pena final, com a aplicação da causa de aumento prevista no art. 129, § 10, do CP, foi fixada em quatro anos de reclusão, sendo estabelecido o regime semiaberto, diante da opinião do julgador sobre a gravidade do crime de violência doméstica. O Juízo determinou, ainda, na forma do art. 92, I, "a", do Código Penal, a perda do cargo público ocupado por Alfredo.

O Ministério Público foi intimado da sentença no dia 6 de dezembro de 2023, uma quarta-feira, e manifestou ausência de interesse em recorrer. A defesa foi intimada no dia 7 de dezembro de 2023, quinta-feira.

PRÁTICA PENAL

Todas as cidades mencionadas possuem Juizado Especial de Violência Doméstica, Vara Federal Criminal, Vara privativa do Júri, Juizado Especial Criminal e Vara Criminal instalada.

Considerando apenas as informações narradas, na condição de advogado(a) de Alfredo, redija a peça jurídica cabível, diferente de *habeas corpus*, considerando que a sentença não padece de obscuridade, contradição, omissão e ambiguidade, e apresentando todas as teses jurídicas pertinentes. A peça deverá ser datada no último dia do prazo para interposição, considerando-se que todos os dias da semana de segunda a sexta-feira são úteis em todo o país, exceto o dia 8 de dezembro, feriado forense. (Valor: 5,00)

Obs.: O examinando deve abordar todos os fundamentos de Direito que possam ser utilizados para dar respaldo à pretensão. A mera citação do dispositivo legal não confere pontuação.

> As alterações promovidas pela Lei n. 14.994/2024 afetam diretamente o caso de Alfredo, pois aumentam as penas e consequências legais para crimes de violência doméstica contra a mulher; especificamente, o novo § 13 do art. 129 do Código Penal estabelece pena de 2 a 5 anos de reclusão para lesão corporal praticada contra a mulher por razões da condição do sexo feminino, aumentando a penalidade aplicada a Alfredo. Além disso, a lei torna automáticos os efeitos da condenação previstos no art. 92, como a perda do cargo público.

Ao Juízo do 1º Juizado de Violência Doméstica e Familiar contra a Mulher da Comarca de Flores – Campo Belo

Alfredo, já qualificado nos autos, por seu advogado infra-assinado (procuração anexa), vem, respeitosamente, à presença de Vossa Excelência interpor RECURSO DE APELAÇÃO, com fundamento no art. 593, I, do Código de Processo Penal, contra a sentença condenatória proferida nos autos, requerendo que, após o recebimento do recurso, sejam intimadas as partes contrárias para apresentarem contrarrazões e, em seguida, os autos sejam remetidos ao Egrégio Tribunal de Justiça do Estado de Campo Belo.

O recurso é tempestivo, respeitando o prazo de cinco dias, conforme o art. 593, "caput", do CPP.

Flores, 15 de dezembro de 2023.
Advogado "...", OAB "..."

RAZÕES DE APELAÇÃO
Apelante: Alfredo.
Apelado: Ministério Público.

Autos do Processo n. ...

EGRÉGIO TRIBUNAL DE JUSTIÇA DO ESTADO DE CAMPO BELO

I. DOS FATOS

O apelante foi condenado por lesão corporal grave com incidência das causas de aumento de pena previstas nos §§ 9º e 10 do art. 129 do Código Penal, a uma pena de quatro anos de reclusão, em regime semiaberto, e à perda do cargo público. Alfredo foi condenado por desferir um golpe em sua esposa, Luíza, durante um cruzeiro em alto-mar, no interior de um navio transatlântico.

II. PRELIMINAR DE INCOMPETÊNCIA ABSOLUTA DA JUSTIÇA ESTADUAL

Inicialmente, é necessário arguir a incompetência absoluta da Justiça Estadual para processar e julgar o feito. O delito foi praticado a bordo de um navio em alto-mar, atraindo, portanto, a competência da Justiça Federal, nos termos do art. 109, IX, da Constituição da República. A competência absoluta deve ser reconhecida de ofício e resulta na nulidade de todos os atos decisórios praticados desde o recebimento da denúncia, conforme o art. 564, I, c/c o art. 567, ambos do CPP.

III. NO MÉRITO (SUBSIDIARIAMENTE)

Caso a preliminar de incompetência não seja acolhida, no mérito, devem ser observados os seguintes pontos:

(A) DA FIXAÇÃO DA PENA-BASE NO MÍNIMO LEGAL

A fixação da pena-base em dois anos e meio, correspondente à média entre a mínima e a máxima, é inadequada. A pena-base deve ser fixada no mínimo legal de dois anos, considerando que as circunstâncias judiciais não apresentam elementos desfavoráveis ao réu. Trata-se de entendimento pacificado pela doutrina e jurisprudência.

(B) DO "BIS IN IDEM" ENTRE AGRAVANTE E CAUSA DE AUMENTO

A pena foi agravada em razão da violência doméstica, prevista no art. 61, II, "f", do CP, e também sofreu causa de aumento pelo § 10 do art. 129 do CP, configurando "bis in idem". Requer-se o afastamento de uma das duas circunstâncias, pois não se pode agravar a pena e, ao mesmo tempo, aumentar a pena pela mesma razão.

(C) DAS ATENUANTES

Menoridade relativa: Alfredo tinha menos de 21 anos na data dos fatos, o que configura a atenuante prevista no art. 65, I, do CP.

Confissão espontânea: Alfredo confessou espontaneamente o crime durante o interrogatório, devendo ser reconhecida a atenuante prevista no art. 65, III, "d", do CP.

(D) DA FIXAÇÃO DO REGIME INICIAL

Pleiteia-se a fixação do regime inicial aberto, nos termos do art. 33, § 2º, "c", do CP. A gravidade abstrata do delito não pode ser utilizada para justificar a imposição de regime mais gravoso, conforme as Súmulas 718 e 719 do STF e a Súmula 440 do STJ.

(E) DA PERDA DO CARGO PÚBLICO

A perda do cargo público não pode ser aplicada, pois não houve abuso de poder ou violação de dever funcional, requisitos previstos no art. 92, I, "a", do CP. Além disso, a pena privativa de liberdade imposta foi inferior a quatro anos, o que impede a aplicação do efeito da condenação previsto no art. 92, I, "b", do CP. Requer-se, portanto, o afastamento dessa sanção acessória.

IV. DOS PEDIDOS

Diante do exposto, requer-se o conhecimento e o provimento do presente recurso.

Flores, 15 de dezembro de 2023.
Advogado ..., OAB ...

ITEM	PONTUAÇÃO
Petição de interposição	
1. Endereçamento: 1º Juizado de Violência Doméstica e Familiar contra a Mulher de Flores (0,10).	0,00/0,10
2. Fundamento legal: art. 593, I, do CPP (0,10).	0,00/0,10
3. Tempestividade: 5 dias (0,10), na forma do art. 593, *caput*, do CPP (0,10).	0,00/0,10/0,20
Razões recursais	
4. Endereçamento: Tribunal de Justiça do Estado de Campo Belo (0,10).	0,00/0,10
5.1. Preliminar: incompetência absoluta da Justiça Estadual (0,35) tendo em vista a ocorrência do delito a bordo de navio (0,30), na forma do art. 109, IX, da CRFB/88 (0,10).	0,00/0,30/0,35/0,40/ 0,45/0,65/0,75
5.2. Em consequência da incompetência absoluta, a nulidade do processo ou de todos os atos decisórios (0,30), na forma do art. 564, I, ou 567 do CPP (0,10).	0,00/0,30/0,40
6. Subsidiariamente, aplicação da pena-base no mínimo legal (0,30), ante a inadmissibilidade de pena-base no termo médio (0,20).	0,00/0,20/0,30/0,50
7. Afastamento da agravante da violência doméstica (0,15), ante a ocorrência de *bis in idem* (0,20) ou compensação com a atenuante (0,35).	0,00/0,15/0,20/0,35
8. Reconhecimento da atenuante da menoridade relativa (0,35), prevista no art. 65, I, do CP (0,10).	0,00/0,35/0,45
9. Reconhecimento da atenuante da confissão espontânea (0,35), prevista no art. 65, III, *d*, do CP (0,10).	0,00/0,35/0,45
10. A fixação do regime inicial aberto (0,30), pois a opinião do julgador sobre a gravidade abstrata do delito não autoriza a fixação de regime inicial mais gravoso que o permitido pela pena aplicada (0,25), na forma do art. 33, § 2º, *c*, do CP ou das Súmulas 718 e 719 do STF e 440 do STJ (0,10).	0,00/0,25/0,30/0,35/ 0,40/0,55/0,65
11. Afastamento da pena acessória de perda do cargo público (0,20), ante a ausência de pressupostos legais (violação de dever ou pena superior a quatro anos) (0,15), nos termos do art. 92, I, *a* e *b*, do CP (0,10).	0,00/0,15/0,20/0,25/ 0,30/0,35/0,45
Pedido	
12. Conhecimento (0,10) e provimento do recurso (0,20).	0,00/0,10/0,20/0,30
Prazo e fechamento	
13. Data: 15 de dezembro de 2023 (0,10).	0,00/0,10
14. Local, data, advogado e OAB (0,10).	0,00/0,10

6.4. 38º Exame de Ordem

Marieta, funcionária pública do Instituto Nacional do Seguro Social (INSS), foi condenada por infração ao art. 313-A do Código Penal, a uma pena de dois anos de reclusão e 10 dias-multa, em regime aberto e substituída por duas penas restritivas de direitos, porque, em 10/10/2017, inseriu nos sistemas informatizados do INSS informações fraudulentas, consistentes em vínculos empregatícios falsos, o que ensejou a concessão de benefício previdenciário indevido em favor de Joana, com prejuízo ao erário no valor de R$ 75.000,00 (setenta e cinco mil reais).

Marieta também foi condenada em idêntica pena, em outro processo, por infração ao art. 313-A do Código Penal, porque em 15/09/2017, valendo-se do mesmo *modus operandi*, concedeu benefício previdenciário indevido em favor de Luíza, gerando prejuízo ao erário no montante de R$ 81.000,00 (oitenta e um mil reais). Ainda, Marieta foi condenada em um terceiro processo, por infração ao art. 313-A do Código Penal, consoante mesmo modus operandi e com aplicação da mesma pena de dois anos de reclusão e 10 dias-multa, por inserir dados falsos no sistema informatizado e assim conceder benefício previdenciário fraudulento em favor de Anastácia, com prejuízo ao erário de R$ 120.000,00 (cento e vinte mil reais), fato ocorrido em 03/11/2017.

As referidas condenações transitaram em julgado nos dias 10/11/2022, 21/11/2022 e 02/12/2022, respectivamente, e todas elas substituíram as penas privativas de liberdade por duas restritivas de direitos. Marieta não possui outros processos em sua folha de antecedentes criminais.

As cartas de execução de sentença foram tombadas ao Juízo de execução penal da Vara Federal Criminal de Alfa (vinculada ao Tribunal Regional Federal da 10ª Região) em datas próximas. O Juízo, à luz das três cartas de execução definitivas, proferiu decisão somando as penas, na forma do art. 69, do Código Penal, fixando a pena total de 6 (seis) anos de reclusão, em regime fechado, considerando que houve reincidência de Marieta quando da realização do segundo e terceiro fato, após já ter realizado o primeiro ato delituoso. Quanto à pena de multa, promoveu a readequação, consoante proporcionalidade à nova pena privativa de liberdade fixada, estabelecendo-a em 90 dias-multa. Determinou a conversão das penas restritivas de direito em privativas de liberdade e a expedição de mandado de prisão para o início de cumprimento das penas.

A intimação da decisão ocorreu no dia 25/08/2023, sexta-feira. O mandado de prisão foi expedido na mesma data, pendente de cumprimento.

Na qualidade de advogado de Marieta já constituído nos autos, redija a peça processual cabível, diferente de embargos de declaração e habeas corpus, para garantir os direitos de sua assistida, devendo ser deduzida toda a matéria de direito processual e material cabível. A peça deverá ser datada do último dia do prazo, levando-se em conta que segunda a sexta-feira são dias úteis em todo o país. (Valor: 5,00).

Obs.: o examinando deve abordar todas os fundamentos de Direito que possam ser utilizados para dar respaldo à pretensão. A mera citação do dispositivo legal não confere pontuação.

Ao Juízo Federal da Vara Federal Criminal de Alfa,

Comentário: embora após a introdução do novo CPC muitos argumentem que seria tecnicamente mais correto endereçar a peça diretamente ao "Juízo a que é dirigida" em vez de ao "Juiz de Direito", para fins do Exame de Ordem, tanto faz desde que a vara e a comarca sejam corretamente mencionadas.

Marieta, já qualificada nos autos, vem, por intermédio de seu advogado, interpor Agravo em Execução, com fundamento no art. 197 da Lei n. 7.210/84, a Lei de Execução Penal (LEP), pelos motivos expostos nas razões anexas.

Comentário: no 38º Exame de Ordem, a banca aceitou apenas a menção à "LEP". De qualquer forma, por precaução, em sua prova, cite tanto o número da lei quanto a nomenclatura por todos adotada. Em verdade, ninguém teria a prova zerada em razão disso. Em todo caso, não custa se precaver.

O recurso é tempestivo, pois foi interposto no prazo legal de 5 dias, como determina a Súmula 700 do STF, bem como o art. 586 do CPP.

Comentário: a FGV aceita tanto a Súmula 700 do STF quanto o art. 586 do CPP quando sustentada a tempestividade do agravo.

Requer-se que Vossa Excelência, ao receber este recurso, realize o juízo de retratação, nos termos do art. 589 do CPP, por analogia, para reformar a decisão recorrida. Caso contrário, solicita-se o encaminhamento deste recurso, com as razões inclusas, ao Tribunal Regional Federal da 10ª Região.

Comentário: o juízo de retratação sempre é pontuado em agravo em execução. Fizemos menção ao art. 589 do CPP por ser o dispositivo que prevê a retratação em recurso em sentido estrito. Como o agravo segue o mesmo procedimento do RESE, é a única fundamentação possível. A banca, contudo, não trouxe o artigo no gabarito.

Local (...), 1º de setembro de 2023.
Advogado, OAB (...).

Comentário [1]: ainda que o enunciado traga o nome da comarca onde o processo está correndo, prefira fazer o fechamento da peça com a expressão genérica, prevista em edital: comarca (...) ou comarca XXX.

Comentário [2]: alguns examinandos optam por saltar para a segunda página de resposta após o fechamento da interposição. Não há problema nisso, mas é uma escolha arriscada. A interposição tem, geralmente, quinze linhas. Quando se salta para a segunda página, há o desperdício de metade da página – cada uma tem trinta linhas. Se a peça for extensa, pode faltar espaço para elaborá-la, o que seria trágico.

Razões de Agravo em Execução
Agravante: Marieta.
Agravada: Justiça Pública.

Egrégio Tribunal Regional Federal da 10ª Região,
Colenda Turma,

A decisão recorrida deve ser reformada pelas razões de fato e de direito a seguir expostas.

Comentário: seja qual for o recurso, sempre comece falando razões do recurso ou razões do (nome do recurso). A banca exige no gabarito. De resto, tudo o que foi dito anteriormente não vale pontuação alguma, exceto o endereçamento (TRF-10).

I – DOS FATOS

Marieta foi condenada em três processos distintos por infrações idênticas ao art. 313-A do Código Penal, com penas privativas de liberdade substituídas por restritivas de direitos. As condenações transitaram em julgado em datas distintas. Surpreendentemente, o Juízo somou as penas e alterou o regime para fechado, fundamentando-se em reincidência, o que é contestável.

Comentário: a banca não pontua os fatos. Portanto, não há motivo para perder muito tempo em sua elaboração.

II – DO DIREITO

Comentário: para evitar erros de correção, é interessante dividir o do direito em subtópicos. Em recursos, para não esquecer de nenhuma tese, crie um tópico para cada ponto da decisão do juiz.

a) Erro na soma das penas e alteração do regime prisional
Deve-se considerar a unificação de penas pela continuidade delitiva, na forma do art. 71, caput, do CP, ou art. 111 da LEP, aplicando-se a lógica do sistema da exasperação. Isso se justifica pela prática de delitos da mesma espécie, nas mesmas circunstâncias de tempo, lugar e maneira de execução.
Ademais, a continuidade delitiva deve repercutir na pena de multa ou na promoção da soma das penas de multa aplicadas, consoante o entendimento Jurisprudencial do Superior Tribunal de Justiça ou na forma do art. 72 do CP.

Comentário: a banca aceitou respostas alternativas em vários itens, demonstrando flexibilidade na interpretação legal. No item 6.1, na distribuição de pontos, no gabarito oficial, por exemplo, aceitou a unificação de penas pela continuidade delitiva baseada tanto no art. 71 do CP quanto no art. 111 da LEP. Na dúvida entre um ou outro artigo – ou outros, se encontrar mais de dois –, mencione ambos.

b) Direito à substituição da pena
É fundamental a manutenção da substituição da pena privativa de liberdade por penas restritivas de direito, pois as penas alternativas são compatíveis entre si, podendo ser executadas de forma simultânea ou sucessiva, ou por estar fora das hipóteses legais de conversão, na forma do art. 69, § 2º, do CP, ou do art. 44, §§ 4º e 5º, do CP ou art. 181, § 1º, da LEP.
O afastamento da reincidência é imperioso, uma vez que não houve trânsito em julgado de condenação antes da prática do novo crime, na forma do art. 63 do CP. Portanto, deve-se manter o regime inicial aberto ou semiaberto, na forma do art. 33, § 2º, alínea "c" ou "b", do CP.

Comentário: sempre sustente as teses com as mesmas palavras do artigo de lei ou do enunciado da súmula que fundamentam a resposta. Não utilize sinônimos.

III – DO PEDIDO

Diante do exposto, requer-se o conhecimento e provimento do recurso, devendo ser expedido contramandado de prisão.

Comentário: em recurso, a banca tem exigido apenas os pedidos de conhecimento e provimento do recurso, sem ter de especificar o que está sendo pedido. No caso trazido no 38º Exame de Ordem, como havia mandado de prisão expedido contra Marieta, deveria ser requerida a expedição de contramandado ou a "revogação do mandado de prisão".

Local (...), 1º de setembro de 2023.
Advogado, OAB (...).

Comentários: embora o enunciado diga a cidade onde o processo está correndo, prefira usar a fórmula genérica no fechamento: comarca ... ou comarca XXX.

ITEM	PONTUAÇÃO
Petição de interposição	
1. Endereçamento: Juízo Federal da Vara Federal Criminal de *Alfa* (0,10).	0,00/0,10
2. Fundamento legal: art. 197 da LEP (0,10).	0,00/0,10
3. Tempestividade: prazo de 5 dias (0,10), na forma da Súmula 700 do STF ou do art. 586 do CPP (0,10).	0,00/0,10/0,20
4. Pedido de retratação (0,20), na forma do art. 589 do CPP (0,10).	0,00/0,20/0,30
Razões de apelação	
5. Endereçamento: Tribunal Regional Federal da 10ª Região (0,10)	0,00/0,10
Mérito	
6.1. Unificação de penas pela continuidade delitiva (0,35), na forma do art. 71, *caput*, do CP, **ou** art. 111 da LEP (0,10), devendo ser aplicada a lógica do sistema da exasperação (0,20).	0,00/0,20/0,30/0,35/0,45/ 0,55/0,65

6.2. Tendo em vista a prática de delitos da mesma espécie (0,20), nas mesmas circunstâncias de tempo, lugar e maneira de execução (0,35).	0,00/0,20/0,35/0,55
6.3. Repercussão da continuidade delitiva na pena de multa **ou** promoção da soma das penas de multa aplicadas (0,30), consoante entendimento Jurisprudencial do Superior Tribunal de Justiça **ou** na forma do art. 72 do CP (0,10).	0,00/0,30/0,40
7. Manutenção da substituição da pena privativa de liberdade por penas restritivas de direito (0,40), pois as penas alternativas são compatíveis entre si, podendo ser executadas de forma simultânea ou sucessiva **ou** por estar fora das hipóteses legais de conversão (0,15), na forma do art. 69, § 2º, do CP, ou do art. 44, §§ 4º e 5º, do CP **ou** art. 181, § 1º, da LEP (0,10).	0,00/0,15/0,25/0,40/ 0,50/0,55/0,65
8. Afastamento da reincidência (0,30), uma vez que não houve trânsito em julgado de condenação antes da prática do novo crime (0,25), na forma do art. 63 do CP (0,10).	0,00/0,25/0,30/0,35/0,40/ 0,55/0,65
9. Portanto, deve haver manutenção do regime inicial aberto ou semiaberto (0,40), na forma do art. 33, § 2º, alínea *c* **ou** *b*, do CP (0,10).	0,00/0,40/0,50
Pedidos	
10. Conhecimento (0,10) e provimento do recurso (0,20).	0,00/0,10/0,20/0,30
11. Imediata expedição de contramandado de prisão **ou** recolhimento ou revogação do mandado de prisão (0,30).	0,00/0,30
12. Prazo: 1º de setembro de 2023 (0,10).	0,00/0,10
Fechamento	
13. Local, data, advogado e OAB (0,10).	0,00/0,10

6.5. 37º Exame de Ordem

Ricardo e Roberto, no dia 10/08/2020, às 19 horas, foram flagrados pela Polícia Militar quando saíam da agência bancária do Banco Peixe, localizada no centro de Barnabeu, Estado de Campo Novo (CN), de posse de equipamentos tipo serrote, chave de fenda e alicate. A Polícia Militar fora acionada por vigilantes da agência que, remotamente, por meio de câmeras de segurança, acompanharam a ação de Ricardo e Roberto, que tentaram utilizar o serrote para romper a placa de aço e, assim, ter acesso ao conteúdo dos caixas eletrônicos da agência. Após 30 minutos de tentativas, Ricardo e Roberto deixaram a agência, momento em que, já ao lado de fora, foram abordados pelos policiais militares.

Com base em tais fatos, e constando como elemento informativo produzido no inquérito apenas a oitiva dos acusados e dos policiais, Ricardo e Roberto foram denunciados como incursos nas penas do art. 155, § 4º, incisos I e IV, e do art. 14, inciso II, ambos do Código Penal.

A denúncia foi distribuída ao Juízo competente da 5ª Vara Criminal da Comarca de Barnabeu-CN.

A prisão em flagrante de Ricardo foi convertida em preventiva, para a garantia da ordem pública, salientando-se que Ricardo possuía condenação anterior pela prática de furto de caixa eletrônico, cuja pena foi cumprida e extinta em 10/04/2019. Já Roberto obteve liberdade provisória na audiência de custódia, realizada no dia seguinte à prisão em flagrante.

PRÁTICA PENAL

Ricardo obteve ordem de habeas corpus, que o pôs em liberdade após 30 (trinta) dias preso, condicionada a cautelares diversas da prisão. A instrução processual repetiu as provas orais realizadas na fase inquisitiva, tendo sido ouvidos os Policiais Militares e, em seguida, realizado o interrogatório dos réus, que confessaram a tentativa de arrombamento do caixa eletrônico. Afirmaram que, com o serrote e a chave de fenda, tentaram romper a ferragem do caixa ou abrir os parafusos, mas, após cerca de 30 minutos dentro da agência, apenas conseguiram realizar arranhões na proteção de aço existente, razão pela qual paralisaram a ação e saíram da agência, quando então, do lado de fora, foram abordados por Policiais Militares.

Finalizada a instrução, o Ministério Público não requereu a produção de outras provas.

Em diligência requerida pela defesa, foi juntado aos autos um ofício do Banco Peixe, que informou ao Juízo que a estrutura do caixa eletrônico é de aço, imune à ação mecânica por força humana, e que os acusados não lograram danificar a estrutura do caixa eletrônico.

Os autos foram enviados ao Ministério Público para manifestação, o qual postulou pela condenação dos acusados, nos termos da denúncia.

O(A) advogado(a) constituído(a) foi intimado(a) no dia 11/04/2023 (terça-feira).

Considerando apenas as informações expostas, apresente, na condição de advogado(a) de Ricardo e Roberto, a peça jurídica cabível, diferente do *habeas corpus* e embargos de declaração, expondo todas as teses pertinentes de direito material e processual. A peça deverá ser datada no último dia do prazo para apresentação, devendo segunda a sexta-feira serem considerados dias úteis em todo o país. (Valor: 5,00).

Obs.: a peça deve abranger todos os fundamentos de Direito que possam ser utilizados para dar respaldo à pretensão. A simples menção ou transcrição do dispositivo legal não confere pontuação.

Excelentíssimo Senhor Juiz de Direito da 5ª Vara Criminal da Comarca de Barnabeu/CN,

Comentário: embora após a introdução do novo CPC muitos argumentem que seria tecnicamente mais correto endereçar a peça diretamente ao "Juízo a que é dirigida" em vez de ao "Juiz de Direito", para fins do Exame de Ordem, tanto faz desde que a vara e a comarca sejam corretamente mencionadas.

RICARDO e ROBERTO, devidamente qualificados nos autos do processo em referência, por meio de seu advogado que esta subscreve, vêm, respeitosamente, perante Vossa Excelência, apresentar suas ALEGAÇÕES FINAIS POR MEMORIAIS, com base nos artigos 403, § 3º, e 404, parágrafo único, do Código de Processo Penal, conforme as razões que passam a ser expostas:

Comentário: a Fundação Getulio Vargas (FGV) costuma referir-se a "alegações finais por memoriais". No entanto, não existe problema em se referir apenas a "memoriais". É importante atentar para a correta fundamentação legal, a qual foi objeto de aceitação em dupla forma pela banca examinadora no 37º Exame de Ordem, apesar de suas distintas aplicações.

I – DOS FATOS

De acordo com a denúncia, no dia 10 de agosto de 2020, às 19h, os réus foram surpreendidos pela Polícia Militar ao saírem de uma agência do Banco Peixe em Barnabeu/CN, portando serrote, chave de fenda e alicate, após uma tentativa falha de acessar os caixas eletrônicos. Os vigilantes, por meio de câmeras, observaram a ação e notificaram a polícia. Com base nesses eventos e em depoimentos subsequentes, ambos foram denunciados e a ação foi encaminhada à 5ª Vara Criminal da referida comarca. Ricardo, com antecedentes de furto, teve sua prisão em flagrante convertida em preventiva e depois foi concedida sua liberdade, enquanto Roberto obteve liberdade provisória. No decorrer do processo, ambos confessaram a tentativa de arrombamento, que resultou apenas em danos superficiais à proteção de aço dos caixas. Um relatório oficial atestou a impossibilidade de qualquer dano significativo ao caixa. Nas alegações finais, o Ministério Público pleiteou pela condenação dos acusados.

Comentário: é recomendável estruturar a peça em tópicos e subtópicos, pois isso facilita a correção e minimiza o risco de erros por parte do examinador. A seção "dos fatos" deve conter apenas um resumo breve dos fatos alegados, sem entrar nas teses de defesa.

II – DO DIREITO

(a) Do Crime Impossível

A conduta de Ricardo e Roberto demonstra atipicidade, uma vez que a vítima, o Banco Peixe, relatou que a estrutura de seus caixas eletrônicos, feita de aço, é resistente a qualquer tentativa de acesso mecânico por força humana. Esta informação evidencia a ineficácia absoluta do meio empregado pelos réus, classificando o ato como crime impossível nos termos do art. 17 do CP.

Comentário: lembre-se que não é necessário convencer o examinador da tese defendida; o que importa é o conhecimento e a explicação correta do conceito de crime impossível e seu fundamento legal, conforme estabelecido no art. 17 do CP.

(b) Da Ausência de Qualificadora do Rompimento de Obstáculo

É imperioso afastar a qualificadora de rompimento de obstáculo, visto que não houve comprovação de dano material à estrutura, algo que o art. 158 do CPP exige ser estabelecido por meio de prova pericial, a qual não foi realizada neste processo.

(c) Da Confissão Espontânea

Deve-se reconhecer a atenuante da confissão espontânea, tendo em vista que os acusados admitiram espontaneamente a tentativa de arrombamento do caixa eletrônico, conforme previsto no art. 65, inciso III, alínea "d", do CP.

Comentário: a atenuante da confissão espontânea é frequentemente questionada pela FGV em Exames de Ordem. Por isso, é válido revisar provas anteriores e marcar no vade-mécum as teses frequentemente cobradas.

(d) Da Detração Penal e Pena
A detração penal pelo período de prisão preventiva já cumprida deve ser aplicada, sendo de 30 dias para Ricardo e de 2 dias para Roberto, como estipula o art. 387, § 2º, do CPP. Ademais, solicita-se a aplicação da pena base no mínimo legal e a fração máxima de diminuição de pena pelo crime tentado, de acordo com o art. 14, inciso II, do CP. Para Roberto, propõe-se a fixação do regime aberto ou a aplicação de penas substitutivas, nos termos do art. 33, § 2º, alínea "c", ou do art. 44 do CP. Para Ricardo, defende-se a imposição do regime semiaberto, seguindo o art. 33, § 2º, alínea "b", do CP ou a Súmula 269 do STJ.

Comentário: a pluralidade de réus apresentou um desafio na peça do 37º Exame de Ordem. Mesmo com pedidos comuns, como a pena-base no mínimo legal, foi necessário considerar a situação específica de cada acusado com pedidos distintos. Todos os artigos citados e a Súmula do STJ foram abordados em edições anteriores do Exame de Ordem.

III – DOS PEDIDOS

Diante do exposto, requer-se:
a) a absolvição de RICARDO e ROBERTO, com base no art. 386, inciso III, do CPP, pela atipicidade da conduta e pela caracterização do crime impossível;
b) subsidiariamente, o acolhimento das teses defensivas quanto à aplicação da pena.

Comentário: embora a FGV tenha aceitado no gabarito uma forma genérica de acolhimento das teses defensivas de aplicação da pena, é mais seguro repetir todos os pedidos específicos articulados na defesa, conforme a prática observada em edições anteriores do Exame.

Comarca (...), 17 de abril de 2023.
Advogado, OAB (...)

Comentário: no encerramento da peça, a menção específica ao nome da comarca do enunciado é desnecessária; basta indicar "Comarca (...) ou XXX". A peça deve ser datada considerando o último dia do prazo processual.

ITEM	PONTUAÇÃO
Endereçamento	
1. A petição deve ser endereçada à 5ª Vara Criminal da Comarca de Barnabeu/CN (0,10).	0,00/0,10
2. Fundamento legal: art. 403, § 3º **OU** art. 404, parágrafo único, ambos do CPP (0,10).	0,00/0,10
3. Tempestividade: prazo de 05 dias (0,10).	0,00/0,10
Fundamentos	
4.1. Atipicidade da conduta (0,40).	0,00/0,40
4.2. Pedido de reconhecimento do crime impossível (0,40), ante a absoluta ineficácia do meio empregado (0,20), nos termos do art. 17 do CP (0,10).	0,00/0,20/0,30/0,40/0,50/ 0,60/0,70

5. Impõe-se o afastamento da qualificadora de rompimento de obstáculo (0,40), ante a ausência de prova pericial (0,25) nos termos do art. 158 do CPP (0,10).	0,00/0,25/0,35/0,40/0,50/ 0,65/0,75
6. Reconhecimento da atenuante da confissão espontânea (0,35), nos termos do art. 65, inciso III, alínea *d*, do CP (0,10).	0,00/0,35/0,45
7. Aplicação da pena base no mínimo legal (0,15) e aplicação da fração máxima da causa de diminuição pelo crime tentado (0,20), nos moldes do art. 14, inciso II, do CP (0,10).	0,00/0,15/0,20/ 0,25/0,30/0,35/0,45
8.1. Em relação a Roberto, fixação do regime aberto **OU** aplicação de penas substitutivas (0,30), na forma do art. 33, § 2º, alínea *c* **OU** art. 44, ambos do CP (0,10).	0,00/0,30/0,40
8.2. Em relação a Ricardo, fixação de regime semiaberto (0,30), na forma do art. 33, § 2º, alínea *b*, do CP ou Súmula 269 do STJ (0,10).	0,00/0,30/0,40
9. Deve ser reconhecida a detração do período de prisão preventiva, de 30 dias para Ricardo e 2 (dois) dias para Roberto (0,20), nos termos do art. 387, § 2º, do CPP (0,10).	0,00/0,20/0,30
Pedidos	
10. Absolvição (0,35), na forma do art. 386, inciso III, do CPP (0,10).	0,00/0,35/0,45
11. Subsidiariamente, o acolhimento das teses defensivas de aplicação da pena (0,20).	0,00/0,20
Fechamento	
12. Data: 17 de abril de 2023 (0,10).	0,00/0,10
13. Local, data, advogado e OAB (0,10).	0,00/0,10

6.6. 36º Exame de Ordem

No dia 31 de dezembro de 2019, Matheus, nascido em 10 de fevereiro de 2000, compareceu a uma festa de Ano Novo, em Vitória, Espírito Santo, juntamente com seus amigos. Animados com o evento, os amigos de Matheus ingeriram grande quantidade de bebida alcoólica, enquanto Matheus permaneceu bebendo somente água tônica, pois sabia que tinha intolerância ao álcool e que qualquer pequena quantidade de bebida alcoólica já o colocaria em situação de embriaguez. Ocorre que, em determinado momento, solicitou água tônica ao funcionário do bar, que, contudo, em erro, entregou a Matheus o drink "gin tônica", que é feito com uma dose de gin misturada com água tônica. Matheus, com sede, deu um grande gole na bebida, vindo a ficar completamente embriagado, em razão da intolerância ao álcool.

Sentindo-se mal, quando deixava o local dos fatos, Matheus é surpreendido com a presença de Caio, 25 anos, com quem já discutira em diversas oportunidades em jogos de futebol. Caio, ao verificar a situação de completa embriaguez de seu rival, começa a rir, momento em que Matheus usa a garrafa de refrigerante, de vidro, que estava em suas mãos, para desferir um golpe na cabeça de Caio.

Caio é imediatamente encaminhado para o hospital e, após atendimento médico, comparece à Delegacia, narra o ocorrido e informa que teve de levar 15 pontos na cabeça, razão pela qual ficaria incapacitado de trabalhar por 45 dias. Em razão da dor que sentia na cabeça, deixou de comparecer, naquele momento, para a realização de exame de corpo de delito, informando, ainda, que não teve acesso ao Boletim de Atendimento Médico (BAM) no hospital, não sabendo se ele foi, efetivamente, realizado.

Concluído o procedimento, o inquérito foi encaminhado ao Ministério Público, que, com base apenas nas declarações de Caio, ofereceu denúncia em face de Matheus, perante a 2ª Vara Criminal de Vitória/ES, imputando-lhe a prática do crime do art. 129, § 1º, inciso I, do Código Penal. Informou o Parquet que deixou de oferecer proposta de suspensão condicional do processo, em razão da significativa pena máxima prevista para o delito (05 anos de reclusão), bem como diante da Folha de Antecedentes Criminais, que registrava apenas uma condenação anterior de Matheus, com trânsito em julgado no ano de 2018, pela prática da infração prevista no art. 42 do Decreto-lei n. 3.688/41. Como documentação, o Ministério Público apresentou apenas imagens da câmera de segurança do local da festa e a Folha de Antecedentes Criminais.

Após recebimento da denúncia, Matheus foi pessoalmente citado e intimado para adoção das medidas cabíveis, em 16 de novembro de 2022, quarta-feira, data em que os mandados foram juntados aos autos, vindo a procurar seu advogado para assistência técnica. Informou ao patrono que, na data dos fatos, realizou exame de alcoolemia e atendimento médico, que constatou que ele se encontrava completamente embriagado em razão da ingestão de bebida alcóolica (gin) e sua intolerância, bem como, que era inteiramente incapaz de determinar-se sobre o caráter ilícito do fato. Forneceu, ainda, o nome do funcionário do bar que teria lhe atendido (Carlos) e dos seus amigos José e Antônio, que teriam presenciado os fatos. Confirmou, todavia, que desferiu o golpe de garrafa na cabeça de Caio, que deixou o local com sangramento.

Considerando a situação narrada, apresente, na qualidade de advogado de Matheus, a peça jurídica cabível diferente de habeas corpus e embargos de declaração, expondo todas as teses jurídicas de direito material e direito processual pertinentes. A peça deverá ser datada no último dia do prazo, considerando que de segunda a sexta-feira são dias úteis em todo o país. (Valor: 5,00)

Obs.: a peça deve abranger todos os fundamentos de Direito que possam ser utilizados para dar respaldo à pretensão. A simples menção ou transcrição do dispositivo legal não confere pontuação.

Excelentíssimo Senhor Juiz de Direito da 2ª Vara Criminal da Comarca de Vitória/ES.

Comentário: o edital e o gabarito não exigem pronomes de tratamento. Tudo o que você tem de se preocupar no endereçamento é com a menção à vara e à comarca trazidas no problema – no caso, 2ª Vara Criminal da Comarca de Vitória/ES.

Matheus, já qualificado nos autos, vem, por seu advogado, apresentar Resposta à Acusação, com fundamento nos artigos 396 e 396-A, ambos do Código de Processo Penal, pelas razões a seguir expostas.

Comentário: (i) por não ser petição inicial, não havia motivo para qualificar o réu. Quem o fez, no entanto, não perdeu pontos; (ii) a Banca exige que a peça seja intitulada "resposta à acusação". Não são aceitas outras denominações (ex.: defesa prévia); (iii) a Banca sempre exige o art. 396-A do CPP como fundamentação da peça. Em algumas edições, a Banca aceitou, também, o art. 396 do CPP. Por precaução, adote sempre os dois artigos, 396 e 396-A do CPP.

I. DOS FATOS

De acordo com a denúncia, no dia 31 de dezembro de 2019, o denunciado atingiu a vítima com uma garrafa, causando-lhe lesão corporal grave. Em razão disso, o Ministério Público ofereceu denúncia em seu desfavor, com fundamento no art. 129, § 1º, inciso I, do Código Penal. Informou o Parquet que deixou de oferecer proposta de suspensão condicional do processo, em razão da significativa pena máxima prevista para o delito (05 anos de reclusão), bem como diante da Folha de Antecedentes Criminais, que registrava apenas uma condenação anterior de Matheus, com trânsito em julgado no ano de 2018, pela prática da infração prevista no art. 42 do Decreto-lei n. 3.688/41.

Comentário: (i) não existe exigência no edital quanto à adoção da clássica divisão em "dos fatos", "do direito" e "do pedido". Todavia, como é o padrão comum das peças práticas, adote-o. Dessa forma, você evitará erros de correção por parte da Banca; (ii) no tópico "dos fatos", faça um resumo simples do enunciado. Como não vale nada, não perca tempo em sua elaboração.

II. DO DIREITO

Comentário: no tópico *do direito*, divida as teses em subtópicos.

(a) Da tempestividade

A resposta à acusação foi apresentada no prazo legal, de 10 (dez) dias, nos termos do art. 396 do CPP.

Comentário: tópico desnecessário, mas a Banca tem feito essa exigência desde o 35º Exame de Ordem. Portanto, comece a sua peça falando sobre a tempestividade.

(b) Da falta de justa causa

Por falta de justa causa para a ação penal, a denúncia deveria ter sido rejeitada, nos termos do art. 395, III, do CPP. Isso porque a lesão corporal é crime que deixa vestígios, mas não consta do procedimento qualquer prova pericial ou boletim de atendimento médico. Portanto, deve ser reconhecida a nulidade em razão de ausência de exame de corpo de delito, direto ou indireto, nos termos do art. 158 do CPP.

Comentário: em resposta à acusação, sempre faça a análise do art. 395 do CPP. A abordagem pode se dar de duas maneiras: pelo reconhecimento da nulidade da decisão de recebimento de denúncia (ou queixa) ou pela rejeição da inicial. No gabarito do 36º Exame de Ordem, a Banca aceitou ambas, alternativamente.

(c) Da suspensão condicional do processo

O réu foi denunciado por crime cuja pena mínima não ultrapassa 1 (um) ano. Por esse motivo, com fundamento no art. 89 da Lei n. 9.099/95, tem de ser oferecida proposta de suspensão condicional do processo. Vale destacar que a condenação anterior por contravenção penal não impede a concessão do benefício.

Comentário: não cabe ao juiz oferecer a proposta de suspensão condicional do processo. Diante da recusa do MP, o juiz tem de adotar o procedimento previsto no art. 28 do CPP – a redação antiga, que permanece vigente, e não a do *Pacote Anticrime*, cuja eficácia segue suspensa em virtude de decisão do STF. De qualquer forma, como o enunciado tratou do tema, o examinando tinha de falar a respeito em sua *RA*.

(d) Da exclusão da culpabilidade

De acordo com a denúncia, no momento da prática da conduta, o réu era inteiramente incapaz de entender o caráter ilícito do fato ou de determinar-se de acordo com esse entendimento. Isso se deu em consequência de embriaguez completa decorrente de caso fortuito ou força maior, devendo ser reconhecida a excludente da culpabilidade, com fundamento no art. 28, § 1º, do CP.

Comentário: (i) a compreensão de teoria do crime é um dos pontos mais importantes na preparação para a segunda fase do Exame de Ordem; (ii) quando sustentar a tese, faça sempre o uso da integralidade do dispositivo que a fundamenta. Veja o exemplo do quesito n. 6.2 da distribuição de pontos, em que o gabarito fala em "caso fortuito ou força maior", da forma como consta no art. 28, § 1º, do CP. Caso fortuito e força maior são hipóteses distintas, mas a Banca não exigiu do examinando esse conhecimento. Outro exemplo: ao sustentar a legítima defesa, fale em "injusta agressão, atual ou iminente", como está previsto no art. 25 do CP.

III. DO PEDIDO

Comentário: os pedidos são a consequência do que foi sustentado no tópico *do direito*. Logo, deve existir, necessariamente, um pedido para cada tese defendida.

Diante do exposto, requer:
(1) o reconhecimento de nulidade no recebimento da denúncia e a sua rejeição, com fundamento no art. 395, III, do CPP;
(2) o oferecimento de proposta de suspensão condicional do processo, nos termos do art. 89 da Lei n. 9.099/95;
(3) a absolvição sumária do réu, conforme art. 397, II, do CPP;
(4) subsidiariamente, a intimação e a oitiva das testemunhas ao final arroladas.

Comentário: em RA, a absolvição sumária e o arrolamento de testemunhas sempre estão presentes.

Local, 28 de novembro de 2022.

DOM	SEG	TER	QUA	QUI	SEX	SÁB
13	14	15	**16**	17	18	19
20	21	22	23	26	25	**26**
27	**28**	29	30	1º	2	3

Advogado, OAB.

Rol de testemunhas:
(A) Testemunha ...;
(B) Testemunha ... .

Comentário: não é necessário mencionar a comarca no fechamento. Além disso, não invente número de OAB ou nome de testemunha.

ITEM	PONTUAÇÃO
Endereçamento	
1. A resposta à acusação deve ser encaminhada à 2ª Vara Criminal da Comarca de Vitória/ES (0,10).	0,00/0,10
2. Fundamento legal: art. 396 **ou** 396-A, ambos do CPP (0,10).	0,00/0,10
Tempestividade	
3. Prazo de 10 (dez) dias, na forma do art. 396 do CPP (0,10).	0,00/0,10
Fundamentação	
4.1. Pedido de nulidade do recebimento da denúncia **ou** rejeição da denúncia por ausência de justa causa (0,30), nos termos do art. 395, inciso III, do CPP **ou** art. 564, inciso III, alínea *b*, do CPP (0,10).	0,00/0,30/0,40
4.2. A infração penal imputada deixa vestígios (0,35) e não consta do procedimento qualquer prova pericial ou boletim de atendimento médico (0,20).	0,00/0,20/0,35/0,55
4.3. Nulidade em razão da ausência de exame de corpo de delito, direto ou indireto (0,40), nos termos do art. 158 do CPP (0,10).	0,00/0,40/0,50
5.1. Cabimento de proposta de suspensão condicional do processo (0,50), nos termos do art. 89 da Lei nº 9.099/95 (0,10).	0,00/0,50/0,60
5.2. O *sursis* processual é admitido mesmo a infração não sendo de menor potencial ofensivo **ou** relevante é que a pena mínima seja fixada em até 01 ano e não a pena máxima (0,20).	0,00/0,20
5.3. A condenação anterior por contravenção penal não impede a concessão do benefício **ou** a lei somente proíbe a proposta quando houver condenação por crime (0,20).	0,00/0,20
6.1. A conduta do agente não configura crime (0,20), em razão da ausência de culpabilidade (0,40).	0,00/0,20/0,40/0,60
6.2. A embriaguez de Matheus era completa e decorrente de caso fortuito ou força maior (0,45), nos termos do art. 28, § 1º, do CP (0,10).	0,00/0,45/0,55
Pedidos	
7. Pedido de acolhimento das alegações para reconhecer a nulidade no ato de recebimento da denúncia **ou** rejeição da denúncia pela ausência de justa causa (0,20).	0,00/0,20
8.1. Oferecimento de proposta de suspensão condicional do processo (0,10).	0,00/0,10
8.2. Absolvição sumária (0,30), nos termos do art. 397, inciso II, do CPP (0,10).	0,00/0,30/0,40
9. Apresentação de rol de testemunhas (0,20).	0,00/0,20
10. Prazo: 28 de novembro de 2022 (0,10).	0,00/0,10
Fechamento	
11. Local, data, advogado e OAB (0,10).	0,00/0,10

6.7. 35º Exame de Ordem

No dia 04 de março de 2019, Júlio, insatisfeito com a falta de ajuda de sua mãe no tratamento que vinha fazendo contra dependência química, decide colocar fogo no imóvel da família em fazenda localizada longe do centro da cidade. Para tanto, coloca gasolina na casa, que estava desabitada, e acende um fósforo, sendo certo que o fogo gerado destruiu de maneira significativa o imóvel, que era completamente afastado de outros imóveis, e, como ninguém costumava passar pelo local, o crime demorou algumas horas para ser identificado.

Júlio foi localizado, confessou a prática delitiva e, realizado exame de alcoolemia, foi constatado que se encontrava completamente embriagado, sem capacidade de determinação do caráter ilícito do fato, em razão de situação não esperada, já que ele solicitou uma água com gás e limão em determinado bar, mas o proprietário, sem que Júlio soubesse, misturou cachaça na bebida, que, ingerida junto com o remédio que vinha tomando para combater a dependência química, causou sua embriaguez. Foi, ainda, realizado exame de local, constando da conclusão que o imóvel foi destruído, havendo prejuízo considerável aos proprietários, mas que não havia ninguém no local no momento do crime e nem outras pessoas ou bens de terceiros a serem atingidos.

Com base em todos os elementos informativos produzidos, o Ministério Público ofereceu denúncia em face de Júlio, perante a 2ª Vara Criminal da Comarca de Florianópolis/SC, juízo competente, imputando-lhe a prática do crime do art. 250 do Código Penal. Foi concedida liberdade provisória. Após citação e apresentação de defesa, entendeu o magistrado por realizar produção antecipada de provas, ouvindo as vítimas antes da audiência de instrução e julgamento, motivando sua decisão no risco de esquecimento, já que a pauta de audiência de processos de réu solto estava para data longínqua, tendo a defesa questionado a decisão. Após oitiva das vítimas, foi agendada audiência de instrução e julgamento, que foi realizada em 05 de março de 2021, ocasião em que os fatos acima narrados foram confirmados. Em seu interrogatório, o réu confirmou a autoria delitiva, destacando que pouco, porém, se recordava sobre o ocorrido.

Após apresentação da manifestação cabível pelas partes, o juiz proferiu sentença condenando o réu nos termos da denúncia. No momento de aplicar a pena-base, reconheceu a existência de maus antecedentes, aumentando a pena em 03 meses, tendo em vista que, na Folha de Antecedentes Criminais, acostada ao procedimento, constava uma condenação de Júlio pela prática do crime de tráfico, por fato ocorrido em 20 de abril de 2019, cujo trânsito em julgado ocorreu em 10 de março de 2020. Na segunda fase, reconheceu a presença da agravante do art. 61, inciso II, alínea *b*, do Código Penal, aumentando a pena em 05 meses, já que o meio empregado por Júlio poderia resultar perigo comum. Não foram reconhecidas atenuantes da pena. Na terceira fase, não foram aplicadas causas de aumento ou de diminuição de pena, sendo mantida a pena de 03 anos e 8 meses de reclusão e multa de 15 dias, a ser cumprida em regime semiaberto, não sendo substituída a privativa de liberdade por restritiva de direitos com base no art. 44, III, do CP. Intimado da sentença, o Ministério Público se manteve inerte, sendo a defesa técnica de Júlio intimada em 11 de julho de 2022, segunda-feira.

Considerando apenas as informações narradas, na condição de advogado(a) de Júlio, redija a peça jurídica cabível, diferente de *habeas corpus* e embargos de declaração, apresentando todas as teses jurídicas pertinentes. A peça deverá ser datada no último dia do prazo para interposição, considerando que todos os dias de segunda a sexta-feira são úteis em todo o país. (Valor: 5,00)

Obs.: a peça deve abranger todos os fundamentos de Direito que possam ser utilizados para dar respaldo à pretensão. A simples menção ou transcrição do dispositivo legal não confere pontuação.

Excelentíssimo Senhor Juiz de Direito da 2ª Vara Criminal da Comarca de Florianópolis/SC,

Comentário: a peça tinha de ser endereçada ao juiz indicado no enunciado. Quem endereçou ao "Juiz de Direito da '...' Vara Criminal" ou à "Comarca 'XXX'" não pontuou.

Júlio, já qualificado nos autos, vem, por seu advogado, interpor Recurso de Apelação, com fundamento no artigo 593, I, do Código de Processo Penal.

Comentário: (a) por se tratar de recurso, não havia razão para qualificar Júlio; (b) não há problema em dizer apenas "apelação". No entanto, adotamos o *nomen juris* trazido no padrão: recurso de apelação; (c) é possível abreviar a fundamentação, de Código de Processo Penal para CPP. Contudo, na fundamentação da peça, por segurança, prefiro escrever por extenso.

Requer seja recebido o recurso e encaminhado, com as inclusas razões, ao Tribunal de Justiça do Estado de Santa Catarina.

Comarca "...", 18 de julho de 2022.

Advogado "...", OAB "...".

Comentário: (a) as razões podem começar na mesma página da interposição. Não é necessário saltar para a página 2 do caderno de resposta. Para que a peça fique organizada, pule poucas linhas entre a interposição e as razões, para que o examinador entenda onde acaba uma e começa a outra; (b) no fechamento, não é necessário mencionar, novamente, a comarca onde o processo está correndo; (c) a data da peça de interposição tem de ser a mesma das razões.

Razões de Apelação
Apelante: Júlio.
Apelada: Justiça Pública.

Egrégio Tribunal de Justiça do Estado de Santa Catarina,
Colenda Câmara,
Douto Procurador de Justiça,

Comentário: não bastava o endereçamento ao TJ. Tinha de ser, especificamente, ao TJSC, sob pena de zerar o respectivo quesito.

PRÁTICA PENAL

Pelas razões a seguir expostas, é imperiosa a reforma da r. sentença condenatória proferida pelo Exmo. Juiz de Direito da 2ª Vara Criminal da Comarca de Florianópolis/SC.

Comentário: em uma prova passada, a Banca trouxe um quesito para o pedido de reforma da sentença ocorrida. Isso nunca mais se repetiu, mas, por precaução, mantivemos o comando nos modelos de apelação e dos demais recursos.

I. DOS FATOS

No dia 4 de março de 2019, o réu, dependente químico, colocou fogo no imóvel da família, em fazenda localizada longe do centro da cidade de Florianópolis/SC. O incêndio destruiu de maneira significativa o imóvel.

Por esse motivo, o Ministério Público ofereceu denúncia pela prática do crime do art. 250 do Código Penal. A acusação foi acolhida e o recorrente foi condenado à pena de 3 anos e 8 meses de reclusão e multa de 15 dias.

Comentário: o tópico *dos fatos* não é pontuado. Por isso, basta um breve resumo do enunciado do caso prático. Sustente as teses exclusivamente no tópico *do direito*.

II. DO DIREITO

Comentário: a divisão do tópico "do direito" em subtópicos é válida. A FGV erra muito ao corrigir as provas! Por isso, dedique um tópico para cada tese a ser defendida.

(a) NULIDADE NA OITIVA DAS TESTEMUNHAS

Preliminarmente, requer seja reconhecida a nulidade da produção antecipada de provas, nos termos do art. 225 do CPP e da Súmula 455 do STJ. Isso porque o fato de que a audiência estava designada para data longínqua não é motivação suficiente para a oitiva antecipada das testemunhas.

Comentário: a Banca sempre aceita o art. 564 do CPP como fundamentação para as teses de nulidade. Sobre as Súmulas do STJ e do STF, gravei aula específica sobre o tema. Não deixe de assistir!

(b) INIMPUTABILIDADE

No mérito, o recorrente deve ser absolvido, com fundamento no art. 386, VI, do CPP, em razão da inimputabilidade, causa de exclusão da culpabilidade, pois o recorrente estava sob estado de embriaguez completa, proveniente de caso fortuito ou força maior, e, ao tempo da ação ou da omissão, era inteiramente incapaz de entender o caráter ilícito do fato ou de determinar-se de acordo com esse entendimento, tendo de ser reconhecida a isenção da pena, nos termos do art. 28, § 1º, do CP.

Comentário: nos quesitos 8.1 e 8.2, da distribuição de pontos no gabarito oficial, a Banca adotou o formato padrão em relação à forma como devem ser compostas as teses sustentadas: (a) pela tese, em si, com a devida fundamentação (embriaguez involuntária); (b) pela natureza jurídica da tese (causa de inimputabilidade, excludente da culpabilidade); (c) pela consequência da adoção da tese (no caso, a absolvição). No tópico sobre a identificação das teses, há mais informações a respeito.

(c) ATIPICIDADE EM RELAÇÃO AO CRIME DE INCÊNDIO

Ademais, o recorrente deve ser absolvido do crime de incêndio, previsto no art. 250 do CP, haja vista que se trata de crime de perigo comum contra a incolumidade pública, de perigo concreto, cujo risco ao bem jurídico tutelado tem de ser demonstrado para que a conduta seja típica. No entanto, como relatado na denúncia, não havia ninguém no local no momento do crime, nem outras pessoas ou bens de terceiros a serem atingidos.

Comentário: (a) a tese exigia do examinando conhecimento que não se resumia à legislação. Pode ser uma nova tendência na segunda fase do Exame de Ordem. Por precaução, foi gravada aula sobre temas gerais de Direito Penal, a exemplo dos crimes de perigo; (b) note que o quesito não exigiu fundamentação – nem deveria, afinal, não existe um artigo que diferencie os crimes de perigo. Por isso, quando se deparar com uma tese de defesa, caso não saiba como fundamentá-la, não deixe de sustentá-la; (c) a banca aceitou duas teses de defesa: a absolvição ou a desclassificação para o crime de dano qualificado (quesito n. 7).

(d) APLICAÇÃO DA PENA

Comentário: para deixar a peça mais bem organizada, poderia ser subdividido o tópico (ex.: "[1] da pena-base").

Subsidiariamente, se mantida a condenação, requer a aplicação da pena-base no mínimo legal, tendo em vista que o fato posterior ao crime julgado não pode ser considerado maus antecedentes.
Requer, além disso, o afastamento da agravante do art. 61, inciso II, "d", do CP, pois a situação de perigo comum é elementar do tipo imputado ou por configurar bis in idem. Requer, ainda, o reconhecimento da atenuante da confissão espontânea, na forma do art. 65, III, "d", do CP.
Por fim, requer a substituição da pena privativa de liberdade por restritiva de direitos, nos termos do art. 44 do CP, e, não sendo o caso, a imposição de regime inicial aberto, na forma do art. 33, § 2º, "c", do CP.

Comentário: em apelação e em memoriais, o examinando tem de dedicar especial atenção aos pedidos subsidiários, relacionados à aplicação da pena, pois sempre valem boa parte da nota da peça – no XXXV Exame de Ordem, essas teses totalizaram 40% da nota da peça. Para garantir a pontuação, basta se recordar dos seguintes tópicos: (a) pena-base no mínimo legal; (b) afastamento de agravante e reconhecimento de atenuante; (c) afastamento de majorante e reconhecimento de minorante; (d) regime inicial mais brando; (e) substituição da pena; (f) suspensão da pena.

III. DO PEDIDO

Diante do exposto, requer seja conhecido e provido o recurso.

PRÁTICA PENAL

Comentário: no padrão de resposta preliminar, a Banca deu a entender que voltaria a exigir a descrição minuciosa dos pedidos, mas bastaram, como tem acontecido nas últimas provas, os pedidos de conhecimento e provimento. Cuidado: muitos examinandos perderam esse quesito por falar em "reconhecido" no lugar de "conhecido".

Comarca "...", 18 de julho de 2022.

Comentário: no fechamento, não é necessário mencionar a comarca trazida no enunciado.

Advogado "...",
OAB "...".

Comentário: jamais invente o número da OAB.

ITEM	PONTUAÇÃO
Petição de interposição	
1. Endereçamento: Juízo de Direito da 2ª Vara Criminal da Comarca de Florianópolis/SC (0,10).	0,00/0,10
2. Fundamento legal: art. 593, I, do CPP (0,10).	0,00/0,10
3. Tempestividade: prazo de 5 dias na forma do art. 593, *caput*, do CPP (0,10).	0,00/0,10
Razões de apelação	
4. Endereçamento: Tribunal de Justiça do Estado de Santa Catarina (0,10).	0,00/0,10
5. Preliminarmente, nulidade na oitiva das vítimas (0,35), tendo em vista que o mero decurso de tempo não é fundamento idôneo para produção antecipada de provas (0,15), nos termos do art. 225 do CPP, ou art. 564, IV, do CPP, ou Súmula 455 do STJ (0,10).	0,00/0,15/0,25/0,35/ 0,45/0,50/0,60
6. No mérito, absolvição de Júlio (0,20), na forma do art. 386, III ou VI, do CPP (0,10).	0,00/0,20/0,30
7. Atipicidade da conduta ou desclassificação para crime de dano qualificado (0,25), tendo em vista que a conduta de Júlio de colocar fogo no imóvel não gerou perigo a número indeterminado de pessoas (0,15) e o crime de incêndio é crime de perigo comum, exigindo prova de perigo concreto (0,35).	0,00/0,15/0,25/0,35/0,40/ 0,50/0,60/0,75
8.1. Excludente de culpabilidade (0,30), em razão da inimputabilidade (0,20).	0,00/0,20/0,30/0,50
8.2. Pois a embriaguez era completa e proveniente de caso fortuito ou de força maior (0,25), na forma do art. 28, § 1º, do CP (0,10).	0,00/0,25/0,35
9. Subsidiariamente: aplicação da pena-base no mínimo legal (0,15), tendo em vista que o fato posterior ao crime julgado não pode ser considerado maus antecedentes (0,20).	0,00/0,15/0,20/0,35
10. Afastamento da agravante do art. 61, II, *d* (ou *b*), do CP (0,15), pois a situação de perigo comum é elementar do tipo imputado ou por configurar *bis in idem* ou por não haver a intenção de ocultação, vantagem ou impunidade de outro crime (0,25).	0,00/0,15/0,25/0,40
11. Reconhecimento da atenuante da confissão espontânea (0,15), na forma do art. 65, III, *d*, do CP (0,10).	0,00/0,15/0,25

12. Aplicação do regime inicial aberto para cumprimento da pena (0,15), na forma do art. 33, § 2º, c, do CP (0,10).	0,00/0,15/0,25
13. Substituição da pena privativa de liberdade por restritiva de direitos (0,15), nos termos do art. 44 do CP (0,10).	0,00/0,15/0,25
14. Pedido: conhecimento (0,10) e provimento do recurso (0,30).	0,00/0,10/0,30/0,40
15. Prazo: 18 de julho de 2022 (0,10).	0,00/0,10
16. Fechamento: local, data, advogado e OAB (0,10).	0,00/0,10

6.8. XXXIV Exame de Ordem

Rodrigo foi denunciado pelo crime de homicídio simples consumado, com a causa de aumento prevista na primeira parte do art. 121, § 4º, do CP, perante o Tribunal do Júri da Comarca de São Paulo. De acordo com o que consta na denúncia, no dia 26 de dezembro de 2019, em uma boate localizada na cidade de São Paulo, Rodrigo teria desferido um soco na barriga de João, além de ter lhe dado um empurrão, que fez com que a vítima caísse em cima da garrafa de vidro que segurava. O corte gerado foi a causa eficiente da morte de João, conforme consta do laudo acostado ao procedimento. Rodrigo teria sido encaminhado por seus amigos ao hospital após os fatos, pois se mostrava descontrolado, não tendo prestado socorro à vítima, por isso, sendo imputada a causa de aumento da primeira parte do art. 121, § 4º, do CP.

Diante da inicial acusatória, Rodrigo procurou seu(sua) advogado(a), narrando que, no dia dos fatos, câmeras de segurança registraram o momento em que uma pessoa desconhecida, de maneira furtiva, teria colocado substâncias entorpecentes em sua bebida, o que teria causado uma embriaguez completa. Rodrigo teria ficado descontrolado e, em razão disso, sem motivação, teria desferido um soco na barriga de João, empurrando-o em seguida apenas para que, dele, se afastasse, nem mesmo percebendo que a vítima estaria com uma garrafa de cerveja nas mãos. Destacou sequer saber por que quis lesionar João, mas assegurou que o resultado morte não foi pretendido e nem aceito pelo mesmo, que precisou, inclusive, ser submetido a tratamento psicológico em razão dos fatos. Apresentou laudo do hospital, elaborado logo após o ocorrido, constatando que estaria completamente embriagado em razão da ingestão daquela substância entorpecente que teria sido colocada em sua bebida, bem como que, naquele momento, era inteiramente incapaz de entender o caráter ilícito dos fatos.

Após recebimento da denúncia, citação e apresentação de defesa, foi designada audiência de instrução e julgamento, na primeira fase do procedimento do Tribunal do Júri, para oitiva das testemunhas de acusação e defesa, além do interrogatório do réu. Os policiais responsáveis pelas investigações e pela oitiva dos envolvidos, arrolados como testemunhas pelo Ministério Público, informaram ao magistrado que se atrasariam para o ato judicial, pois estavam em importante diligência. Não querendo fracionar a colheita da prova, o magistrado determinou a oitiva das testemunhas de defesa antes das de acusação, apesar do registro do inconformismo da defesa. Ao final, o réu foi interrogado. As provas colhidas indicaram que a versão apresentada por Rodrigo ao seu advogado era totalmente verdadeira. Considerando que foi constatado o desferimento do soco e do empurrão por parte de Rodrigo em João, após manifestação das partes, o juiz pronunciou o acusado nos termos da denúncia.

Intimado, o Ministério Público se manteve inerte. Rodrigo e sua defesa técnica foram intimados da decisão em 05 de abril de 2021, segunda-feira.

Considerando apenas as informações expostas, apresente, na condição de advogado(a) de Rodrigo, a peça jurídica cabível, diferente de *habeas corpus* e embargos de declaração, expondo todas as teses jurídicas de direito material e processual aplicáveis. A peça deverá ser datada do último dia do prazo para interposição, devendo ser considerado que segunda a sexta-feira são dias úteis em todo o país. (Valor: 5,00)

Obs.: a peça deve abranger todos os fundamentos de Direito que possam ser utilizados para dar respaldo à pretensão. A simples menção ou transcrição do dispositivo legal não confere pontuação.

Excelentíssimo Senhor Juiz de Direito do Tribunal do Júri da Comarca de São Paulo/SP,

Comentário: como o enunciado trouxe o nome da Comarca, era necessário mencioná-lo. Além disso, é importante transcrever as exatas palavras fornecidas pela Banca. Veja que o quesito n. 1, da distribuição de pontos no gabarito oficial, fala em "Tribunal do Júri", sem o uso da palavra "vara", da mesma forma como foi feito no problema do caso prático.

Rodrigo, já qualificado nos autos, vem, por seu advogado, interpor Recurso em Sentido Estrito, com fundamento no art. 581, IV, do Código de Processo Penal.

Comentário: (a) como se trata de recurso, não há motivo para qualificar novamente o réu; (b) optamos por escrever Código de Processo Penal, mas nada impede que seja dito apenas "CPP".

Requer seja recebido o recurso e procedido o juízo de retratação, com fundamento no art. 589 do Código de Processo Penal. Se mantida a decisão, contudo, pede o encaminhamento do recurso, com as inclusas razões, ao Tribunal de Justiça do Estado de São Paulo.

Comentário: o juízo de retratação sempre é pontuado. Não se esqueça da fundamentação, o art. 589 do CPP.

Comarca "...", 12 de abril de 2021.

Advogado "...",
OAB "..."

Comentário: (a) a data tem de ser a mesma na interposição e nas razões; (b) não é necessário saltar para a segunda página do caderno para dar início às razões.

Razões de Recurso em Sentido Estrito
Recorrente: Rodrigo.
Recorrida: Justiça Pública.

Egrégio Tribunal de Justiça do Estado de São Paulo,
Colenda Câmara,
Douto Procurador de Justiça,

Pelas razões a seguir expostas, é imperiosa a reforma da r. decisão de pronúncia em desfavor do recorrente.

Comentário: (a) ao iniciar as razões, diga "razões de recurso em sentido estrito"; (b) é imprescindível o endereçamento ao TJ (ou TRF) mencionado no enunciado. No caso, o TJSP.

I – DOS FATOS

O recorrente foi denunciado pela prática do crime de homicídio simples consumado, nos termos do art. 121, *caput*, do CP, c/c com § 4º do mesmo dispositivo, em razão da morte de João, no dia 26 de dezembro de 2019, em uma boate localizada na cidade de São Paulo.
Recebida a denúncia, foi apresentada a defesa e designada audiência, quando houve a inversão na oitiva das testemunhas – as de defesa antecederam as de acusação. Houve manifestação da defesa diante da nulidade. Ao final, o Juiz de Direito do Tribunal do Júri pronunciou o recorrente.

Comentário: não perca tempo no tópico *dos fatos*, pois não são objeto de pontuação. Basta um breve resumo do enunciado fornecido pela banca – em verdade, o tópico nem sequer é exigido pelo edital.

II – DO DIREITO

Comentário: para evitar erros de correção, é interessante a divisão do tópico *do direito* em subtópicos.

(a) NULIDADE DA INSTRUÇÃO
Preliminarmente, deve ser reconhecida a nulidade da instrução, com fundamento no art. 564, IV, do CPP, por ter havido violação do princípio do contraditório e da ampla defesa. Isso porque, ao realizar a oitiva das testemunhas, o Juiz de Direito do Tribunal do Júri inverteu a ordem estabelecida no art. 411 do CPP – foram ouvidas as testemunhas de defesa antes das testemunhas de acusação.

Comentário: as nulidades caracterizam violação ao devido processo legal, garantia prevista no art. 5º, LV, da CF. Por isso, a Banca tem admitido como resposta o dispositivo constitucional, de forma alternativa ao art. 564 do CPP.

(b) EXCLUDENTE DA CULPABILIDADE
No mérito, deve o réu ser absolvido sumariamente, nos termos do art. 415, IV, do CPP, pois a conduta se deu em hipótese de embriaguez completa, involuntária, decorrente de caso fortuito ou força maior, que o tornou inteiramente incapaz de entender o caráter ilícito do fato, causa de isenção de pena, nos termos do art. 28, § 1º, do CP.

Comentário: a tese de mérito foi cobrada no formato padrão adotado pela banca. Ou seja: (a) o instituto jurídico, com a transcrição do que diz a lei e a respectiva fundamentação; (b) a natureza jurídica; e (c) a consequência. Embora as respostas possam ser encontradas, em regra, no vade-mécum, é importante que o examinando conheça o básico de teoria do crime.

(c) DESCLASSIFICAÇÃO
Subsidiariamente, requer a imprescindível desclassificação do crime de homicídio para o de lesão corporal seguida de morte, delito não doloso contra a vida, previsto no art. 129, § 3º, do CP e com fundamento no art. 415 do CPP. Isso porque, como ficou demonstrado, o recorrente pretendia desferir um soco na barriga da vítima e um empurrão, tendo apenas intenção de causar lesão, mas não o resultado morte.

Comentário: em regra, as teses de desclassificação exigem a transcrição de parte do enunciado do caso prático. Foi o que aconteceu com o quesito n. 7, do gabarito oficial, em que a Banca pontuou a menção à conduta praticada por Rodrigo, para justificar o porquê da desclassificação de um crime para outro.

(d) AFASTAMENTO DA CAUSA DE AUMENTO DE PENA
Por fim, se mantida a pronúncia, requer o afastamento da causa de aumento de pena prevista no art. 121, § 4º, do CP, inaplicável na hipótese de homicídio doloso, crime imputado ao recorrente da denúncia.

Comentário: (a) note que, em regra, os quesitos não exigem do examinando manifestações complexas. Para obter a integral pontuação do quesito n. 8, do gabarito oficial, que correspondia a 14% da nota da peça, bastava dizer que a majorante não é aplicável ao homicídio doloso, algo que se extrai da simples leitura do art. 121, § 4º, do CP; (b) caso esteja se perguntando sobre possível contradição entre os pedidos de absolvição e de afastamento de majorante, veja que se trata de tese subsidiária. Ou seja, uma será analisada caso a outra não seja provida.

III – DO PEDIDO

Diante do exposto, requer seja conhecido e provido o recurso.

Comentário: (a) há um bom tempo, a banca não tem pedido para que o examinando descreva os pedidos em seu recurso. Basta requerer o conhecimento e o provimento. De qualquer maneira, se preferir mencioná-los em seu pedido (ex.: absolvição), não há prejuízo, mas não deixe de pedir o conhecimento e o provimento; (b) sempre que um recurso é cobrado, algum aluno relata não ter pontuado por ter pedido o "reconhecimento e provimento". Cuidado: deve ser pedido o *conhecimento*.

Comarca "...", 12 de abril de 2021.
Advogado "...", OAB "...".

Comentário: naturalmente, a data da interposição será a mesma das razões, afinal, as peças estão sendo oferecidas em uma mesma oportunidade.

ITEM	PONTUAÇÃO
Petição de interposição	
1. Endereçamento: Juízo do Tribunal do Júri da Comarca de São Paulo/SP (0,10).	0,00/0,10
2. Fundamento legal: art. 581, IV, do CPP (0,10).	0,00/0,10
3. Requerimento do juízo de retratação ou exercício do efeito regressivo (0,30), nos termos do art. 589 do CPP (0,10).	0,00/0,10
Razões de recurso em sentido estrito	
4. Endereçamento: Tribunal de Justiça do Estado de São Paulo (0,10).	0,00/0,10
5. Preliminarmente, nulidade da pronúncia ou nulidade da instrução (0,30), por violação ao princípio da ampla defesa e contraditório ou devido processo legal (0,15), nos termos do art. 5º, LIV ou LV, da CRFB/88 ou do art. 564, IV, do CPP (0,10).	0,00/0,15/0,25/0,30/ 0,40/0,45/0,55
5.1. Houve inadequada inversão da ordem de oitiva das testemunhas ou as testemunhas de defesa foram ouvidas antes das testemunhas de acusação (0,30), em desrespeito à previsão do art. 411 do CPP (0,10).	0,00/0,30/0,40
6. No mérito, pedido de absolvição sumária (0,30), diante da manifesta causa de isenção de pena ou excludente de culpabilidade (0,15), nos termos do art. 415, IV, do CPP (0,10).	0,00/0,15/0,25/0,30/ 0,40/0,45/0,55
6.1. A imputabilidade penal restou afastada em razão da embriaguez (0,30), que foi completa, decorrente de caso fortuito ou força maior, e que tornou o réu inteiramente incapaz de entender o caráter ilícito do fato (0,15), conforme o art. 28, § 1º, do CP (0,10).	0,00/0,15/0,25/0,30/ 0,40/0,45/0,55
7. Subsidiariamente, desclassificação para crime não doloso contra a vida (0,30), nos termos do art. 419 do CPP (0,10), pois Rodrigo pretendia desferir um soco na barriga da vítima e um empurrão, tendo apenas intenção de causar lesão, mas não o resultado morte ou houve dolo na lesão e culpa em relação ao resultado morte (0,25).	0,00/0,25/0,30/ 0,35/0,40/0,55/0,65
7.1. Deveria Rodrigo responder, caso reconhecida a imputabilidade, pelo crime de lesão corporal seguida da morte (0,30), previsto no art. 129, § 3º, do CP (0,10).	0,00/0,30/0,40
8. Ainda de maneira subsidiária, afastamento da causa de aumento imputada na denúncia (0,30), tendo em vista que somente aplicável ao homicídio culposo ou tendo em vista que foi imputada a prática do crime de homicídio doloso (0,40).	0,00/0,30/0,40/0,70
Pedidos	
9. Conhecimento (0,10) e provimento do recurso (0,20).	0,00/0,10/0,20/0,30
10. Prazo: 12 de abril de 2021 (0,10).	0,00/0,10
Fechamento	
11. Local, data, advogado e OAB (0,10).	0,00/0,10

6.9. XXXIII Exame de Ordem

Breno, 19 anos, no dia 03 de novembro de 2017, quando estava em uma festa em que era proibida a entrada de menores de 18 anos, conheceu Carlos. Após ingerirem grande quantidade de bebida alcoólica, Breno conta para Carlos que estava portando uma arma de fogo e que tinha a intenção de subtrair o dinheiro da loja de conveniência de um posto de gasolina. Carlos concorda, de imediato, com o plano delitivo, desde que ficasse com metade dos bens subtraídos. A dupla, então, comparece ao local, anuncia o assalto para o único funcionário presente e, no exato momento em que abriram o caixa onde era guardado o dinheiro, são abordados por policiais militares, que encaminham a dupla para a Delegacia. Em sede policial, foi constatado que Carlos era adolescente de 16 anos e que tinha se valido de documento falso para ingressar na festa em que conheceu Breno. A arma de fogo foi apreendida e devidamente periciada, sendo identificado que estava municiada e que era capaz de efetuar disparos. Houve, ainda, a juntada da Folha de Antecedentes Criminais de Breno, onde constava a existência de 03 inquéritos policiais em que figurava como indiciado em investigações relacionadas a crimes patrimoniais, além de 05 ações penais em curso, duas delas com condenações de primeira instância, pela suposta prática de crimes de roubo majorado, em nenhuma havendo trânsito em julgado. Antes do oferecimento da denúncia, o Ministério Público solicitou que fossem realizadas diligências destinadas à obtenção da filmagem do estabelecimento onde os fatos teriam ocorrido, razão pela qual houve relaxamento da prisão de Breno. Após conclusão das diligências, sendo acostado ao procedimento a filmagem que confirmava a autoria delitiva de Breno, em 05 de junho de 2019, Breno foi denunciado pelo Ministério Público, perante a 1ª Vara Criminal da Comarca de Florianópolis/SC, órgão competente, como incurso nas sanções penais do art. 157, § 2º, inciso II, e § 2º-A, inciso I, do Código Penal e do art. 244-B da Lei n. 8.069/90, na forma do art. 70 do Código Penal. Após regular processamento, durante audiência de instrução e julgamento, o magistrado optou por perguntar diretamente para as testemunhas de acusação e defesa, não oportunizando manifestação das partes, tendo a defesa demonstrado seu inconformismo com a conduta. A vítima confirmou os fatos narrados na denúncia, destacando que ficou muito assustada porque Breno e Carlos eram muito altos e fortes, parecendo jovens de aproximadamente 25 anos de idade, além de destacar que havia cerca de R$ 5.000,00 no caixa do estabelecimento que seriam subtraídos se não houvesse a intervenção policial. O réu, em seu interrogatório, permaneceu em silêncio. Após apresentação de manifestação derradeira pelas partes, foi proferida sentença condenatória nos termos da denúncia, conforme requerido pelo Ministério Público. Na primeira fase, fixou o magistrado a pena base dos crimes de roubo e corrupção de menores acima do mínimo legal, em razão da personalidade do réu, que seria voltada para prática de crimes, conforme indicaria sua folha e antecedentes criminais, restando a pena do roubo em 4 anos e 06 meses de reclusão e 12 dias-multa e da corrupção em 01 ano e 02 meses de reclusão. Na segunda fase, não foram reconhecidas agravantes e nem atenuantes. Na terceira fase, a pena base do crime de corrupção de menores foi confirmada como definitiva, enquanto a pena de roubo foi aumentada em 2/3, em razão do emprego de arma de fogo, diante das previsões da Lei n. 13.654/2018, restando a pena definitiva do roubo em 07 anos e 06 meses de reclusão e 20 dias multa, já que não foram reconhecidas causas de diminuição de pena. O regime inicial fixado foi o fechado, em razão da pena final de 8 anos e 8 meses de reclusão e 20 dias multa (art. 70, parágrafo único, CP). O Ministério Público, intimado da sentença, manteve-se inerte. Você, como advogado(a) de Breno, é intimado(a) no dia 03 de dezembro de 2019, terça-feira, sendo o dia seguinte útil em todo o país, bem como todos os dias da semana seguinte, exceto sábado e domingo. Considerando apenas as informações narradas, na condição de advogado de Breno, redija a peça jurídica cabível, diferente de *habeas corpus* e embargos de declaração, apresentando todas as teses jurídicas pertinentes. A peça deverá ser datada no último dia do prazo para interposição. (Valor: 5,00)

Obs.: O(a) examinando(a) deve abordar todas os fundamentos de direito que possam ser utilizados para dar respaldo à pretensão. A mera citação do dispositivo legal não confere pontuação.

Excelentíssimo Senhor Juiz de Direito da 1ª Vara Criminal da Comarca de Florianópolis/SC,

Comentário: o enunciado mencionou que a ação penal está tramitando na 1ª Vara Criminal da Comarca de Florianópolis. Portanto, não pontuou quem usou reticências, "XXX" ou algo semelhante (ex.: Comarca de "XXX").

(Salto de linhas)

Comentário: não existe regra para o salto de linhas. Salte uma, duas, três ou, até mesmo, nenhuma. Você decide! Cuidado: (a) o salto de uma (ou algumas) linha(s) faz com que a peça fique mais agradável aos olhos de quem terá de corrigi-la. Por isso, é válido o salto; (b) se for dar salto de linha, não exagere, para que não falte espaço para a sua peça.

Breno, já qualificado nos autos, vem, por seu advogado (procuração anexada), interpor Recurso de Apelação, com fundamento no art. 593, I, do Código de Processo Penal.

Comentário: (a) por já estar em fase recursal, não há necessidade de qualificar novamente o réu. No entanto, não há prejuízo, além do tempo perdido, caso o examinando decidisse qualificá-lo; (b) pode ser dito recurso de apelação ou, simplesmente, apelação. Não faz diferença; (c) é lenda a história de que o nome da peça tem de ser escrito em letra maiúscula, letra de forma ou em uma linha distinta do restante da qualificação. Fica a critério de cada um; (d) é admitido que se diga CPP, mas, por segurança, ao menos na interposição, prefiro escrever por extenso.

Requer seja recebido e processado o recurso, com as inclusas razões, e encaminhado ao Tribunal de Justiça de Santa Catarina.

Comentário: no processo penal, não se fala em retratação na apelação.

Comarca XXX, 9 de dezembro de 2019.

Comentário: (a) no fechamento, a banca não pontua, novamente, a menção à comarca trazida no enunciado (no caso, Florianópolis). Portanto, não tem problema em dizer "Comarca XXX" ou "Comarca ..."; (b) a interposição tinha por data limite o dia 9 de dezembro de 2019, como foi explicado no capítulo em que tratamos da contagem de prazo.

Advogado XXX, OAB XXX.

Comentário: há quem diga que a interposição tem de ser feita na primeira página do caderno de resposta e as razões a partir da segunda. Essa regra existe apenas na cabeça de quem a repercute. O edital nada diz a respeito. Logo, fica a critério do examinando o salto para a próxima página.

Razões de Recurso de Apelação
Egrégio Tribunal de Justiça de Santa Catarina,

Comentário: (a) no gabarito, foi dito razões de apelação, mas optei por razões de recurso de apelação. Pode um ou outro, tanto faz; (b) o cumprimento é irrelevante (egrégio). O que importa é a menção ao TJSC, pontuado no quesito n. 3 do gabarito oficial. Por isso, intencionalmente, não cumprimentei a Câmara Criminal e o representante do Ministério Público, pois não influencia na nota. De qualquer forma, se preferir cumprimentá-los, não haverá prejuízo à nota. A opção é sua!

I. DOS FATOS

No dia 03 de novembro de 2017, Breno, de 19 anos, quando estava em uma festa em que era proibida a entrada de menores de 18 anos, conheceu Carlos. Após ingerirem grande quantidade de bebida alcoólica, Breno contou para Carlos que estava portando uma arma de fogo e que tinha a intenção de subtrair o dinheiro da loja de conveniência de um posto de gasolina. Carlos concordou, de imediato, com o plano delitivo, desde que ficasse com metade dos bens subtraídos. A dupla, então, compareceu ao local, anunciou o assalto para o único funcionário presente e, no exato momento em que abriram o caixa onde era guardado o dinheiro, foram abordados por policiais militares, que encaminharam a dupla para a Delegacia. Em sede policial, foi constatado que Carlos era adolescente de 16 anos e que tinha se valido de documento falso para ingressar na festa em que conheceu Breno.

O Ministério Público ofereceu denúncia contra Breno pela prática do crime de roubo consumado, nos termos do art. 157, § 2º, inciso II, e § 2º-A, inciso I, do Código Penal, e por corrupção de menores, com fundamento no art. 244-B da Lei n. 8.069/90, em concurso formal, com fulcro no art. 70 do Código Penal. O Juiz de Direito da 1ª Vara Criminal de Florianópolis/SC condenou o recorrente na forma pleiteada na inicial acusatória.

Comentário: (a) o edital não exige a divisão da peça em *dos fatos, do direito e do pedido*. Por isso, se preferir não dividir sua peça em tópicos, o edital não prevê qualquer punição – nem poderia. No entanto, recomendo que adote a clássica divisão. Quanto mais organizada sua peça, melhor; (b) não existe pontuação para a descrição *dos fatos*. Portanto, não perca tempo ao elaborar esse tópico. Basta um resumo do enunciado.

II. DO DIREITO

(A) NULIDADE DA INSTRUÇÃO

Preliminarmente, deve ser reconhecida a nulidade da instrução, pois houve a inversão na ordem da realização das perguntas, em inegável violação ao art. 212 do CPP. Como sabemos, as perguntas serão formuladas pelas partes diretamente à testemunha, não admitindo o juiz aquelas que puderem induzir a resposta, não tiverem relação com a causa ou importarem na repetição de outra já respondida.

Ademais, além de não ter observado o disposto no art. 212 do CPP, o magistrado não deu oportunidade às partes para que pudessem se manifestar, apesar dos protestos da defesa, em afronta direta ao princípio da ampla defesa, assegurado pelo art. 5º, LV, da CF.

Comentário: (a) embora o edital não exija, a divisão do tópico *do direito* em subtópicos é interessante, pois reduz o risco de erro de correção; (b) a resposta foi elaborada a partir da transcrição de trechos do enunciado e dos artigos que fundamentam a tese defensiva; (c) quando a tese for de nulidade ou de extinção da punibilidade, diga que se trata de tese preliminar, que antecede o mérito. Geralmente, o gabarito traz essa exigência (veja o quesito n. 4 da distribuição de pontos no gabarito).

(B) ERRO DE TIPO

No mérito, requer a absolvição do apelante em relação ao crime de corrupção de menores, previsto no art. 244-B do ECA, em razão de ter havido erro de tipo essencial, com fundamento no art. 20, "caput", do CP. Como relatado, Breno não tinha como saber que Carlos era adolescente, estando configurada, portanto, hipótese de erro sobre elemento constitutivo do tipo legal de crime, devendo ser excluído o dolo e a culpa.

Comentário: (a) quando sustentada qualquer tese, antecipe, no tópico *do direito*, qual será o respectivo pedido. Além disso, explique em que consiste a tese sustentada e quais são suas consequências. Exemplo: quando a tese for a legítima defesa, tem de ser dito quando ocorre (uso moderado dos meios etc.), a natureza jurídica (excludente da ilicitude) e o fundamento legal (art. 25 do CP); (b) sustente as teses utilizando as mesmas palavras trazidas no enunciado e na lei. Não as substitua por sinônimos.

(C) APLICAÇÃO DA PENA

Subsidiariamente, em relação à aplicação da pena, deve ser reduzida a pena-base até o mínimo legal, haja vista que inquéritos policiais e ações penais em curso não podem ser utilizadas para agravá-la, nos termos da Súmula 444 do STJ.

Comentário: (a) é de grande importância o estudo das provas anteriores, pois a Banca é muito repetitiva naquilo que cobra na segunda fase. A Súmula 444 do STJ é prova disso; (b) as teses referentes à aplicação da pena são sempre as mesmas. Ao memorizá-las, boa parte da pontuação em memoriais e apelação estará garantida; (c) veja que a tese foi sustentada com a literalidade da redação da Súmula 444 do STJ, sem emprego de sinônimos.

Além disso, tem de ser reconhecida a atenuante da menoridade relativa, com fundamento no art. 65, I, do CP, já que o apelante tinha menos de 21 anos de idade na data dos fatos.

Comentário: as atenuantes da menoridade relativa e da confissão espontânea são cobradas com muita frequência.

Em relação à causa de aumento pelo emprego de arma de fogo, errou o magistrado. Os fatos descritos na denúncia ocorreram no dia 3 de novembro de 2017, quando a majorante do art. 157, § 2º-A, I, do CP ainda não existia. Portanto, em razão da irretroatividade de leis penais mais gravosas – art. 5º, XL, da CF –, o julgador não poderia ter aplicado o aumento de 2/3, como o fez, mas de 1/3 até metade, como estava previsto no revogado inciso I do art. 157, § 2º, do CP.

Comentário: muitos examinandos não sustentaram essa tese por desconhecer a alteração promovida pela Lei n. 13.654, em 2018, quando foi revogado o inciso I do § 2º do art. 157 do CP. Para não ser surpreendido em sua prova, procure conhecer o que mudou na legislação penal nos últimos três anos. Apenas em 2021, o CP foi alterado por seis leis. Atualize-se!

Ademais, o juiz sentenciante entendeu pela consumação do crime de roubo. Entretanto, de acordo com a Súmula 582 do STJ, o roubo se consuma com a inversão da posse do bem, mediante emprego de violência ou grave ameaça, ainda que por breve tempo e em seguida à perseguição imediata ao agente e recuperação da coisa roubada, sendo prescindível a posse mansa e pacífica ou desvigiada. Com base nos fatos descritos na denúncia, não houve a subtração do dinheiro que estava no caixa do estabelecimento, devendo ser reconhecida a tentativa, causa de diminuição de pena (CP, art. 14, II).

Comentário: a Súmula 582 do STJ também é muito cobrada no Exame de Ordem e em concursos públicos. Vale ressaltar que, embora a redação fale em roubo, ela é também válida para o furto, cuja consumação ocorre no momento da inversão da posse da coisa subtraída. Perceba, mais uma vez, que a tese foi sustentada com trechos do enunciado e da súmula, sem sinônimos.

Por fim, considerando que o apelante é réu primário, a depender do "quantum" de pena aplicado, tem de ser reconhecido seu direito ao regime inicial semiaberto ou aberto para o cumprimento da pena privativa de liberdade, com fundamento no art. 33, § 2º, "b" ou "c", do CP.

Comentário: como são muitos pedidos, não tem como saber, ao certo, qual será o *quantum* final de pena que será aplicado. Por isso, a Banca sempre traz os regimes semiaberto e aberto em alternativa ao regime fechado. O artigo adotado como fundamentação serve para todas as infrações penais, incluídas as hediondas e equiparadas.

III. DO PEDIDO

Diante do exposto, requer seja conhecido e provido o recurso.

Comentário: há um bom tempo, a Banca não pede a individualização dos pedidos em recursos. Basta requerer para que seja conhecido e provido. No entanto, sugerimos, além de pedir para que o recurso seja conhecido e provido, também especificaria o que está sendo requerido – a nulidade, a absolvição etc. Além disso, cuidado: se o seu cliente estiver preso, peça para que seja expedido alvará de soltura.

Comarca XXX, 9 de dezembro de 2019.
Advogado XXX, OAB XXX.

Comentário: (a) no endereçamento, tem de mencionar a comarca trazida no enunciado. Entretanto, no fechamento, prefira a forma genérica ("XXX" ou reticências); (b) a data das razões deve ser a mesma da interposição, afinal, ambas foram oferecidas na mesma oportunidade.

ITEM	PONTUAÇÃO
Petição de interposição	
1. Endereçamento: 1ª Vara Criminal da Comarca de Florianópolis/SC (0,10).	0,00/0,10
2. Fundamento legal: art. 593, inciso I, do CPP (0,10).	0,00/0,10
Razões de apelação	
3. Endereçamento: Tribunal de Justiça de Santa Catarina (0,10).	0,00/0,10
4. Preliminar: Nulidade da instrução (0,20), tendo em vista que houve inversão na ordem da realização das perguntas para as testemunhas OU tendo em vista que o juiz iniciou as perguntas para as partes, não permitindo complementação (0,25), o que viola o art. 212 OU o art. 564, inciso IV, ambos do CPP (0,10).	0,00/0,20/0,25/ 0,30/0,35/ 0,45/0,55
4.1. A conduta do magistrado de não permitir complementação viola o princípio da ampla defesa OU do devido processo legal OU gera cerceamento de defesa (0,20), em desconformidade com o art. 5º, inciso LIV OU LV, da CRFB (0,10).	0,00/0,20/0,30
5. No mérito, deveria ser buscada a absolvição do réu em relação ao crime de corrupção de menores (0,20), tendo em vista que ocorreu erro de tipo (0,40), nos termos do art. 20, *caput*, do CP (0,10).	0,00/0,20/0,30/ 0,40/0,50/ 0,60/0,70
6. Breno não agiu com dolo nem culpa OU sua conduta foi atípica em relação ao crime de corrupção de menores (0,15).	0,00/0,15
7. No que tange à aplicação da pena, deveria ser reduzida a pena-base (0,20), considerando que inquéritos policiais e ações em curso não podem ser valoradas negativamente na pena-base, nem mesmo para avaliar personalidade (0,15), nos termos do art. 59, inciso LVII, da CRFB, OU da Súmula 444 do STJ (0,10).	0,00/0,15/0,20/ 0,25/0,30/ 0,35/0,45
8. Reconhecimento da atenuante da menoridade relativa, já que o réu era menor de 21 anos na data dos fatos (0,30), nos termos do art. 65, inciso I, do CP (0,10).	0,00/0,30/0,40

9. Redução do *quantum* de aumento realizado na terceira fase da dosimetria do crime de roubo (0,20), já que os fatos foram praticados antes da entrada em vigor da lei que aumentou o percentual de aumento em razão do emprego de arma de fogo OU em razão do princípio da irretroatividade da lei penal prejudicial ao réu (0,35), conforme art. 5º, inciso XL, da CRFB (0,10).	0,00/0,20/0,30/ 0,35/0,45/ 0,55/0,65
10. Reconhecimento da causa de diminuição de pena da tentativa (0,35), já que o crime não se consumou por circunstâncias alheias à vontade dos agentes OU porque não houve subtração do dinheiro que estava no caixa do estabelecimento OU porque não houve inversão da posse como exige a Súmula 582 do STJ (0,15).	0,00/0,15/ 0,35/0,50
11. Aplicação do regime inicial semiaberto ou aberto com base na pena a ser aplicada e primariedade do réu (0,30), nos termos do art. 33, § 2º, alíneas *b* ou *c*, do CP (0,10).	0,00/0,30/0,40

Pedidos

12. Conhecimento (0,10) e provimento do recurso (0,30).	0,00/0,10/0,30/0,40

Prazo e fechamento

13. Prazo: 09 de dezembro de 2019 (0,10).	0,00/0,10
14. Local, data, advogado e OAB (0,10).	0,00/0,10

6.10. XXXII Exame de Ordem

Na madrugada do dia 1º de janeiro de 2020, Luiz, nascido em 24 de abril de 1948, estava em sua residência, em Porto Alegre, na companhia de seus três filhos e do irmão Igor, nascido em 29 de novembro de 1965, que também morava há dois anos no mesmo imóvel. Em determinado momento, um dos filhos de Luiz acionou fogos de artifício, no quintal do imóvel, para comemorar a chegada do novo ano. Ocorre que as faíscas atingiram o telhado da casa, que começou a pegar fogo. Todos correram para sair pela única e pequena porta da casa, mas Luiz, em razão de sua idade e pela dificuldade de locomoção, acabou ficando por último na fila para saída da residência. Percebendo que o fogo estava dele se aproximando e que iria atingi-lo em segundos, Luiz desferiu um forte soco na cabeça do irmão, que estava em sua frente, conseguindo deixar o imóvel. Igor ficou caído por alguns momentos, mas conseguiu sair da casa da família, sangrando em razão do golpe recebido. Policiais chegaram ao local do ocorrido, sendo instaurado procedimento para investigar a autoria do crime de incêndio e outro procedimento para apurar o crime de lesão corporal. Luiz, verificando as consequências de seus atos, imediatamente levou o irmão para unidade de saúde e pagou pelo tratamento médico necessário. Igor compareceu em sede policial após ser intimado, narrando o ocorrido, apesar de destacar não ter interesse em ver o autor do fato responsabilizado criminalmente. Concluídas as investigações em relação ao crime de lesão, os autos foram encaminhados ao Ministério Público, que, com base no laudo prévio de lesão corporal de Igor atestando a existência de lesão de natureza leve na cabeça, ofereceu denúncia, perante a 5ª Vara Criminal de Porto Alegre/RS, órgão competente, em face de Luiz como incurso nas sanções penais do art. 129, § 9º, do Código Penal. Deixou o órgão acusador de oferecer proposta de suspensão condicional do processo com fundamento no art. 41 da Lei n. 11.340/2006, que veda a aplicação dos institutos da Lei n. 9.099/95, tendo em vista que aquela lei (Lei n. 11.340/2006) estabeleceu nova pena para o delito imputado. Após citação e apresentação de resposta à acusação, na qual Luiz demonstrou interesse na aplicação do art. 89 da Lei n. 9.099/95, os fatos foram integralmente confirmados durante a instrução probatória. Igor confirmou a agressão, a ajuda posterior do irmão e o desinteresse em responsabilizá-lo. O réu permaneceu em silêncio durante seu interrogatório. Em seguida, foi acostado ao procedimento o laudo definitivo de lesão corporal da vítima atestando a existência de lesões de natureza leve, assim como a Folha de Antecedentes Criminais de Luiz, que registrava uma única condenação, com trânsito em julgado em 10 de dezembro de 2019, pela prática de contravenção penal. O Ministério Público apresentou a manifestação cabível requerendo a condenação do réu nos termos da denúncia, destacando, ainda, a incidência do art. 61, inciso I, do CP. Em seguida, a defesa técnica de Luiz foi intimada, em 19 de janeiro de 2021, terça-feira, para apresentação da medida cabível. Considerando apenas as informações expostas, apresente, na condição de advogado(a) de Luiz, a peça jurídica cabível, diferente do *habeas corpus* e embargos de declaração, expondo todas as teses cabíveis de direito material e processual. A peça deverá ser datada no último dia do prazo para apresentação, devendo segunda a sexta-feira serem considerados dias úteis em todo o país. (Valor: 5,00)

Obs.: o examinando deve abordar todas os fundamentos de Direito que possam ser utilizados para dar respaldo à pretensão. A mera citação do dispositivo legal não confere pontuação.

Excelentíssimo Senhor Juiz de Direito da 5ª Vara Criminal da Comarca de Porto Alegre/RS,

Comentário: (a) a comarca de Porto Alegre tinha de ser expressamente mencionada no endereçamento. Quem usou reticências, "XXX" ou outra fórmula genérica não recebeu a pontuação do quesito n. 1; (b) pronomes de tratamento não são pontuados.

(Salto de linhas)

Comentário: o salto de linhas é irrelevante. O edital nada diz a respeito. Fica a critério de cada um. Esteticamente, é válido saltar uma (ou algumas) linhas, mas não exagere, para que não falte espaço para o desenvolvimento da peça.

Luiz, já qualificado nos autos, vem, por seu advogado, apresentar MEMORIAIS, com fundamento no art. 403, § 3º, do Código de Processo Penal, pelas razões a seguir expostas:

Comentário: (a) a essa altura, não precisa qualificar o réu. Contudo, quem o fez, não perdeu pontos. Não existe um quesito para prejudicar quem escreve além do que deveria; (b) no padrão de respostas, a FGV fala em alegações finais na forma de memoriais ou memoriais. Ambos estão, portanto, corretos; (c) no exemplo, memoriais está em letras maiúsculas, mas não existe uma regra em relação a isso. Também não importa se o nome da peça é escrito com letra de fôrma ou cursiva; (d) cuidado, pois há duas possíveis fundamentações para os memoriais, mas em situações diversas: o art. 403, § 3º, e o art. 404, parágrafo único, ambos do CPP; (e) ao fundamentar a peça, sugerimos escrever Código de Processo Penal, por extenso, para evitar equívoco que pode custar toda a peça. Explicamos: em mais de uma oportunidade, soube de examinandos que escreveram CP no lugar de CPP.

I. DOS FATOS

O Ministério Público ofereceu denúncia, em face do réu, como incurso nas sanções penais do art. 129, § 9º, do Código Penal. Deixou o órgão acusador de oferecer proposta de suspensão condicional do processo com fundamento no art. 41 da Lei n. 11.340/2006, que veda a aplicação dos institutos da Lei n. 9.099/95, tendo em vista que aquela lei (Lei n. 11.340/2006) estabeleceu nova pena para o delito imputado. Após citação e apresentação de resposta à acusação, na qual Luiz demonstrou interesse na aplicação do art. 89 da Lei n. 9.099/95, os fatos foram integralmente confirmados durante a instrução probatória. Por fim, o Ministério Público apresentou a manifestação cabível requerendo a condenação do réu nos termos da denúncia, destacando, ainda, a incidência do art. 61, inciso I, do CP.

Comentário: o edital não exige a divisão da peça em dos fatos, do direito e do pedido. Todavia, recomendo adotá-la para facilitar a correção da peça. No tópico dos fatos, resuma, em poucas linhas, o enunciado trazido pela FGV. Não perca mais do que uns poucos minutos ao elaborá-lo, pois não é pontuado.

II. DO DIREITO

(a) Extinção da Punibilidade
Preliminarmente, deve ser reconhecida a nulidade da ausência de representação e a consequente extinção da punibilidade em razão da decadência, nos termos do art. 107, IV, do CP. De acordo com o art. 88 da Lei n. 9.099/95, a lesão corporal leve (CP, art. 129, § 9º), crime imputado ao autor, é de ação penal pública condicionada à representação, e a vítima demonstrou não ter interesse em ver o autor do fato responsabilizado criminalmente.

Comentário: (a) para evitar erros de correção, é interessante a divisão do tópico do direito em subtópicos; (b) teses de nulidade e de extinção da punibilidade devem ser alegadas como preliminares, antes das teses de mérito. No gabarito, a Banca sempre traz a expressão preliminar como parte da resposta (veja o quesito n. 3); (c) na época, muitos examinandos perderam a pontuação do quesito n. 3.1 por trazer questão polêmica – a ação penal na hipótese de lesão corporal qualificada, prevista no art. 129, § 9º, do CP. Contudo, veja que o enunciado nos direciona nesse caminho, pela tese de extinção da punibilidade. Caso isso aconteça em sua prova, não deixe de sustentar a tese. O motivo: se for objeto de quesito, você não perderá a pontuação; caso contrário, se a Banca não pontuar a tese, nenhum ponto será perdido.

(b) Suspensão Condicional do Processo
Além disso, também preliminarmente, antes da análise do mérito, tem de ser reconhecida a nulidade decorrente do não oferecimento de proposta de suspensão condicional do processo, nos termos do art. 89 da Lei n. 9.099/95. O fato de a vítima ser homem afasta a incidência do art. 41 da Lei n. 11.340/2006, a Lei Maria da Penha, que impede a aplicação da Lei n. 9.099/95.

Comentário: (a) a nulidade por ausência de oferecimento de proposta de suspensão condicional do processo é tema comum na segunda fase do Exame de Ordem; (b) o gabarito trouxe a tese de forma superficial. Bastava falar no *sursis* processual, sem menção ao art. 89 da Lei n. 9.099/95 ou aos requisitos para a concessão do benefício. Todavia, quando defender suas teses, procure esmiuçá-las, pois nunca sabemos o quanto a Banca exigirá de aprofundamento de um tema.

(c) Estado de Necessidade

No mérito, deve o réu ser absolvido em razão do estado de necessidade, causa excludente da ilicitude, com fundamento no art. 24 do CP. Isso porque, como ficou comprovado, Luiz agiu diante de perigo atual, que não provocou por sua vontade, nem podia de outro modo evitar, para salvar direito próprio, cujo sacrifício não era razoável exigir-se.

Comentário: veja que a tese foi sustentada com a literalidade do disposto no art. 24 do CP. Além disso, tem de ser sempre mencionada a natureza jurídica da tese defendida (ex.: causa excludente da ilicitude) e a consequência do seu reconhecimento (ex.: absolvição). Quanto mais bem explicada a tese, melhor.

(d) Aplicação da Pena

Comentário: em memoriais, exceto no rito do júri, o gabarito sempre traz muitos quesitos referentes à aplicação da pena. Memorize-os, pois valem boa quantidade de pontos. Ademais, procure separá-los em tópicos ou em parágrafos, para melhor visualização de quem corrigirá sua peça.

Subsidiariamente, em caso de condenação, deve ser fixada a pena-base no mínimo legal. Isso porque, com fundamento no art. 59 do CP, não há circunstâncias desfavoráveis ao réu.
Em relação ao registro em sua folha de antecedentes, é importante destacar que se trata de condenação pela prática de contravenção penal, devendo ser afastada, portanto, a agravante da reincidência, prevista no art. 61, I, do CP.
Ademais, deve ser reconhecida a atenuante do art. 65, I, do CP, em virtude da idade de Luiz, superior a 70 anos de idade. Também tem de ser reconhecida a atenuante do art. 65, III, "b", do CP, pois o réu procurou reduzir as consequências dos seus atos quando levou a vítima ao hospital e pagou seu tratamento.

Comentário: ao pedir a pena-base no mínimo legal, atenção ao disposto na Súmula 444 do STJ, muito cobrada pela Banca na segunda fase. As atenuantes do art. 65, I e III, "d", do CP também são presença certa – especialmente, em memoriais e apelação.

Por derradeiro, se condenado, considerada a pena a ser imposta e o fato de o delito ser punido com detenção, bem como a primariedade do réu, tem de ser imposto o regime inicial aberto, com fundamento no art. 33, § 2º, "c", do CP. Ademais, deve ser observado seu direito à suspensão condicional da pena, nos termos do art. 77 do CP.

Comentário: exceto no rito do júri, as teses de aplicação da pena são sempre as mesmas: (a) afastamento de qualificadoras, agravantes e causas de aumento de pena; (b) reconhecimento da forma privilegiada, se houver, de atenuante e de causa de diminuição de pena; (c) pena-base no mínimo legal; (d) se a fração de aumento ou de diminuição for variável, o que for mais benéfico ao réu (ex.: se o aumento for de 1/6 a 2/3, peça o aumento mínimo, de 1/6); (e) regime inicial mais branco; (f) substituição da pena privativa de liberdade por restritiva de direitos; (g) suspensão condicional da pena. Tendo esse roteiro em mente, metade da pontuação da peça estará garantida.

III. DO PEDIDO

Diante do exposto, requer:
(a) Preliminarmente, o reconhecimento da nulidade pela ausência de representação e a declaração de extinção da punibilidade em virtude da decadência.
(b) O reconhecimento da nulidade do processo por ausência de oferecimento de proposta de suspensão condicional do processo.
(c) A absolvição do réu em razão do estado de necessidade, causa de exclusão da ilicitude, na forma do art. 386, VI, do CPP.

Comentário: a absolvição sumária do art. 397 do CPP deve ser utilizada em resposta à acusação. Jamais o adote em memoriais. No rito do júri, é possível sustentar a absolvição sumária nas alegações finais, com fundamento no art. 415 do CPP.

(d) Subsidiariamente, em caso de condenação, a aplicação da pena-base no mínimo legal.
(e) O reconhecimento da atenuante do art. 65, I, do CP.
(f) O reconhecimento da atenuante do art. 65, III, "b", do CP.

Comentário: quando sustentar mais de um pedido com base em um mesmo dispositivo, separe-os. Veja o exemplo dessas duas atenuantes. Se, no gabarito, constasse apenas uma delas, não perderia a pontuação pela atenuante pedida a mais. Por outro lado, se dissesse "art. 65, I e III, 'b', do CP", e somente uma estivesse no gabarito, o examinador poderia entender que errei ao fundamentar o pedido.

(g) A fixação de regime inicial aberto.
(h) A concessão de suspensão condicional da pena.

Comentário: em memoriais, as teses são pontuadas em dobro: uma vez no tópico do direito e outra no do pedido. Essa é, sem dúvida, uma boa razão para torcer por memoriais em sua prova. Entenda o porquê: ao todo, nas teses subsidiárias, o gabarito atribuiu, no tópico *do direito*, 1,6 ponto. Ao repeti-las no tópico dos pedidos, a nota alcançaria um total de 1,8 ponto – ou seja, mais de 30% da nota da peça. Em outras edições do Exame de Ordem, a exemplo da XXVI, a Banca atribuiu 2,3 pontos (quase 50%!) a quem repetisse as teses subsidiárias em ambos os tópicos.

Comarca XXX, 25 de janeiro de 2021.

Advogado XXX, OAB XXX.

Comentário: no fechamento da peça, prefiro não mencionar o nome da comarca trazido no enunciado. Sobre o uso de "XXX" ou de reticências, leia o item 3.5.9 do edital.

ITEM	PONTUAÇÃO
1. Endereçamento: 5ª Vara Criminal da Comarca de Porto Alegre/RS (0,10).	0,00/0,10
2. Fundamento legal: art. 403, § 3º, do CPP ou art. 404, parágrafo único, do CPP (0,10).	0,00/0,10
Preliminares	
3. Preliminarmente, extinção da punibilidade do agente OU nulidade em razão da ausência de representação (0,20), com reconhecimento da decadência (0,15), conforme o art. 107, inciso IV, do CP OU art. 564, inciso III, alínea "a", ou inciso IV, CPP (0,10).	0,00/0,15/ 0,20/0,25/ 0,30/0,35/ 0,45
3.1. O crime de lesão corporal leve do art. 129, § 9º, do CP é de ação penal pública condicionada à representação (0,20), nos termos do art. 88 da Lei n. 9.099/95 (0,10), e a vítima demonstrou não ter interesse em ver o autor do fato responsabilizado criminalmente (0,15).	0,00/0,15/ 0,20/0,25/ 0,30/0,35/ 0,45
4. Nulidade decorrente do não oferecimento de proposta de suspensão condicional do processo (0,30), tendo em vista que o crime não foi praticado no contexto da violência doméstica e familiar contra mulher ou tendo em vista não ser aplicável a previsão do art. 41 da Lei n. 11.340 pelo fato de a vítima ser homem (0,20).	0,00/0,20/0,30/0,50
Mérito	
5. No mérito, reconhecimento do estado de necessidade (0,40), que é causa excludente da ilicitude **(0,20)**, na forma do art. 24 ou do art. 23, inciso I, ambos do CP (0,10).	0,00/0,20/ 0,30/0,40/ 0,50/0,60/ 0,70
5.1. Luiz agiu diante de perigo atual para sua integridade física (0,20), utilizando meios disponíveis, não sendo razoável a exigência do sacrifício (0,10).	0,00/0,10/ 0,20/0,30
6. Aplicação da pena base no mínimo legal, já que circunstâncias do art. 59 do CP são favoráveis (0,10).	0,00/0,10
7. Afastamento da agravante da reincidência OU afastamento da agravante do art. 61, I, do CP (0,20), tendo em vista que a condenação anterior se refere à contravenção ou tendo em vista que não ostenta condenação anterior definitiva pela prática de crime (0,10).	0,00/0,10/ 0,20/0,30
8. Reconhecimento da atenuante prevista no art. 65, inciso I, do CP (0,20), tendo em vista que o réu era maior de 70 anos na data da sentença (0,10).	0,00/0,10/ 0,20/0,30
9. Reconhecimento da atenuante prevista no art. 65, inciso III, alínea "b", do CP (0,20), pois Luiz procurou reduzir as consequências de seus atos levando Igor para o hospital e pagando por seu tratamento (0,10).	0,00/0,10/ 0,20/0,30
10. Fixação do regime aberto para início do cumprimento da pena (0,20), considerando a pena a ser aplicada ou considerando que o delito é punido apenas com pena de detenção (0,10).	0,00/0,10/ 0,20/0,30
11. Requerimento de suspensão condicional da pena (0,20), nos termos do art. 77 do CP (0,10).	0,00/0,20/ 0,30

Pedidos

12. Preliminar de nulidade do processo OU reconhecimento da extinção da punibilidade OU decadência OU oferecimento de proposta de suspensão condicional do processo (0,10).	0,00/0,10
13. Absolvição (0,20), na forma do art. 386, VI, do CPP (0,10).	0,00/0,20/ 0,30
14. Aplicação da pena no mínimo legal OU reconhecimento das atenuantes (0,10).	0,00/0,10
15. Fixação do regime aberto OU concessão de suspensão condicional da pena (0,10).	0,00/0,10

Fechamento

16. Data: 25 de janeiro de 2021 (0,10).	0,00/0,10
17. Local, data, advogado e OAB (0,10).	0,00/0,10

6.11. XXXI Exame de Ordem

Rômulo, nascido em 04 de abril de 1991, em Maricá, ficou inconformado por encontrar, em 02 de janeiro de 2010, mensagens de sua esposa Paola, nascida em 06 de junho de 1992, para Bruno, desejando a este, um próspero ano. Em razão disso, desferiu golpes de faca nas mãos de Paola, pretendendo, em seguida, utilizar a arma branca para golpear a vítima e causar sua morte. Ocorre que Rômulo ficou sensível ao sofrimento de sua esposa após as facadas na mão, decidindo deixar o local dos fatos para se acalmar, apesar de ter consciência de que os atos praticados seriam insuficientes para causar a inicialmente pretendida morte de Paola. Paola informou os fatos à sua mãe, que a levou ao hospital e, em seguida à Delegacia, onde ela narrou o ocorrido à autoridade policial. O Delegado instaurou inquérito policial, realizando, por vários anos, diligências para a confirmação da versão da vítima, ouvindo testemunhas, realizando laudo de exame de local, acostando o exame de corpo de delito de Paola, que constatou a existência de lesão corporal de natureza grave, dentre outras. Por fim, ouviu o indiciado, que confirmou sua pretensão inicial e todos os fatos descritos pela vítima. Concluído o procedimento, após relatório final, os autos foram encaminhados ao Ministério Público, que ofereceu denúncia em face de Rômulo, no dia 22 de janeiro de 2020, perante o Tribunal do Júri da comarca de Maricá/Rio de Janeiro, imputando-lhe a prática do crime previsto no art. 121, § 2º, inciso VI (feminicídio), com redação dada pela Lei n. 13.104/2015, c/c art. 14, inciso II, todos do Código Penal. A inicial acusatória foi recebida em 24 de janeiro de 2020, sendo o denunciado citado pessoalmente, e juntada Folha de Antecedentes Criminais, em que constava apenas uma outra anotação por ação penal em curso pela suposta prática de crime de furto qualificado. Após regular prosseguimento do feito até aquele momento, foi designada audiência na primeira fase do procedimento do Tribunal do Júri, ocasião em que foram ouvidas a vítima e as testemunhas de acusação e defesa. Todos prestaram declarações que confirmaram efetivamente o ocorrido. Rômulo não compareceu porque não foi intimado, mas seu advogado estava presente e consignou inconformismo com a realização do ato sem a presença do réu. O magistrado, contudo, destacou que designaria nova data para interrogatório e que a defesa técnica estaria presente, não havendo, então, prejuízo. De fato, foi marcada nova data para a realização do interrogatório, ocasião em que Rômulo compareceu e permaneceu em silêncio. Após, as partes apresentaram manifestação, reiterando, a defesa, o inconformismo com a realização da primeira audiência. Os autos foram para conclusão, e foi proferida decisão pronunciando o réu nos termos da denúncia. Pessoalmente intimado, o Ministério Público se manteve inerte. A defesa técnica e Rômulo foram intimados em 10 de março de 2020, uma terça-feira. Considerando apenas as informações expostas, na condição de advogado(a) de Rômulo, apresente a peça jurídica cabível, diferente de *habeas corpus* e embargos de declaração, apresentando todas as teses jurídicas de direito material e direito processual cabíveis. A peça deverá ser datada no último dia do prazo para interposição, considerando que de segunda a sexta-feira são dias úteis em todo o país. (Valor: 5,00).

Obs.: a peça deve abranger todos os fundamentos de Direito que possam ser utilizados para dar respaldo à pretensão. A simples menção ou transcrição do dispositivo legal não confere pontuação.

Excelentíssimo Senhor Juiz de Direito da Vara do Tribunal do Júri da Comarca de Maricá/RJ,

Comentário: o enunciado faz menção expressa à comarca de Maricá, Rio de Janeiro. Por isso, tinha de ser mencionada. Quem endereçou à *Comarca XXX* ou reticências não pontuou. Quanto a chamar o juiz de doutor, não é atribuída pontuação, portanto, a decisão de incluir é sua!

(Salto de linhas)

Comentário: o salto de linhas não é obrigatório. Esteticamente, sugerimos saltar alguma linha, mas não influencia em sua nota. Se decidir pelo salto, não exagere, para que haja espaço suficiente para elaborar a peça.

Rômulo, já qualificado nos autos, vem, por seu advogado (procuração anexada), interpor Recurso em Sentido Estrito, com fundamento no art. 581, IV, do Código de Processo Penal.

Comentário: para não se preocupar quando o cliente precisa ou não ser qualificado, a sugestão é sempre fazer qualificação completa. Se você qualificar, mesmo não tendo necessidade, não haverá prejuízo à nota. É o que ocorre no recurso em sentido estrito, em que não precisa qualificar novamente, mas, se o fizer, tudo bem, não perderá pontos em razão disso. Por outro lado, nas peças em que a qualificação é necessária (ex.: queixa-crime), a omissão poderá causar descontos na pontuação. Quanto à fundamentação, não há problema em falar *CPP* em vez de *Código de Processo Penal*.

Requer, previamente, a retratação de Vossa Excelência, nos termos do art. 589 do CPP. Caso Vossa Excelência, no entanto, mantenha a decisão de pronúncia, requer o encaminhamento dos autos ao Tribunal de Justiça do Estado do Rio de Janeiro, com as respectivas razões recursais.

Comentário: em recurso em sentido estrito, sempre peça a retratação, com fundamento no art. 589 do CPP.

Comarca ..., 16 de março de 2020.
Advogado ..., OAB ...

Comentários: (1) como o problema menciona a comarca de Maricá, no Rio de Janeiro, não haveria problema mencioná-la no fechamento da peça. De qualquer forma, fica a dica: mencione a comarca no endereçamento, não no fechamento. (2) O recurso em sentido estrito tem prazo de cinco dias para interposição e dois dias para razões. No entanto, essa distinção somente deve ser aplicada quando a interposição ocorrer em um dia e o oferecimento das razões em outro. No Exame de Ordem, você está oferecendo interposição e razões ao mesmo tempo. Portanto, a data na interposição deve ser a mesma das razões.

(Salto de linhas)

Comentário: o edital não exige o salto de linhas. Por isso, é irrelevante para a sua nota o salto de duas, três, cinco linhas. No entanto, por questões estéticas, pode ser interessante um pequeno salto. Um bom exemplo é o que ocorre aqui, entre a interposição e as razões. Para que fique bem claro ao examinador onde acaba uma e começa a outra, salte duas ou três linhas (sugestão). Contudo, evite começar as razões na página seguinte, pois você desperdiçará cerca de quinze linhas da primeira página. Não há motivo para dedicar uma página apenas para a interposição.

Razões de recurso em sentido estrito
Recorrente: Rômulo.
Recorrido: Ministério Público.

Egrégio Tribunal de Justiça do Estado do Rio de Janeiro,
Colenda Câmara,
Douto Procurador de Justiça,

Comentário: de tudo o que foi dito anteriormente, são pontuados apenas as *razões de recurso em sentido estrito* e o endereçamento ao TJRJ. Cuidado: a Banca sempre informa o estado da federação em que o processo está correndo. Por esse motivo, tem de endereçar ao TJ específico – no caso, o do Rio de Janeiro.

I. DOS FATOS

De acordo com a denúncia, o recorrente agindo, inicialmente, com vontade de matar, desferiu golpes de faca nas mãos da vítima. No entanto, ficou sensível ao sofrimento da ofendida após as facadas na mão, decidindo deixar o local dos fatos para se acalmar, apesar de ter consciência de que os atos praticados seriam insuficientes para causar a inicialmente pretendida morte.

Designada audiência de instrução, o recorrente não compareceu porque não foi intimado, mas seu advogado estava presente e consignou inconformismo com a realização do ato sem a presença do réu. O magistrado, contudo, destacou que designaria nova data para interrogatório e que a defesa técnica estaria presente, não havendo, então, prejuízo. Os autos foram para conclusão, e foi proferida decisão pronunciando o réu nos termos da denúncia.

Comentários: o edital não exige a divisão da peça em *dos fatos, do direito* e *do pedido*. Todavia, reflita: o examinador corrigirá algumas dezenas de peças, todas, provavelmente, com essa clássica estrutura. Deixe para inovar quando estiver advogando. Na segunda fase, faça como a maioria, e divida a peça nesses três tópicos. Entretanto, não invista muito tempo no tópico *dos fatos*. Apenas resuma o enunciado em um ou dois parágrafos. Motivo: a Banca não pontua a descrição dos fatos do problema (sobre a queixa-crime, leia o tópico onde a peça foi tratada). No exemplo, perceba que apenas transcrevemos trechos do enunciado, para não perder tempo elaborando uma nova redação. Na segunda fase, não é possível desperdiçar tempo com coisas que não influenciam na nota.

II. DO DIREITO

(a) Da extinção da punibilidade
Preliminarmente, deve ser reconhecida a extinção da punibilidade do agente em relação ao delito imputado na denúncia, em razão da prescrição da pretensão punitiva estatal pela pena em abstrato do crime de homicídio, nos termos do art. 107, inciso IV, do CP.
Isso porque, entre a data do fato e do recebimento da denúncia foi ultrapassado o prazo prescricional do crime de homicídio, que deverá ser computado pela metade considerando a idade do réu na data do fato, nos termos do art. 115 do CP.

Comentários: (1) facilite a visualização do examinador e divida o tópico *do direito* em subtópicos, um para cada tese. Fazendo dessa forma, você reduzirá a chance de que seja injustamente descontada pontuação de sua nota. (2) Em teses de extinção da punibilidade e nulidade, a Banca tem exigido que seja dito, expressamente, que se trata de tese de natureza preliminar. (3) Ao sustentar uma tese, procure falar de todos os pontos a seu respeito: (a) em que consiste; (b) fundamentação legal; e (c) consequência.

(b) Da nulidade da instrução
Também preliminarmente, deve ser reconhecida a nulidade da instrução, tendo em vista que o réu não foi intimado para audiência em que foram ouvidas as testemunhas. O não comparecimento do réu configura violação ao princípio da ampla defesa, nos termos do art. 5.º, inciso LV, da Constituição.

Comentários: (1) quando houver tese de nulidade, faça a leitura do art. 564 do CPP. (2) A resposta acima é a literalidade do que foi pedido pelo gabarito oficial da Banca. Perceba que a redação para justificar o pedido é a redação trazida no enunciado, por isso, volto a dizer: ao elaborar sua peça, use as palavras do enunciado e da lei como se fossem suas, sem sinônimos.

(c) Da desistência voluntária

Caso Vossas Excelências não entendam pelo provimento do recurso em relação às preliminares anteriormente sustentadas, requer a desclassificação para afastar o reconhecimento de crime doloso contra a vida, nos termos do art. 419 do CPP.

Isso porque houve desistência voluntária, já que Rômulo optou por não prosseguir na empreitada criminosa, nos termos do art. 15 do CP. Portanto, ele deverá responder apenas pelos atos já praticados, qual seja de lesão corporal grave.

Comentário: note que toda a resposta proposta foi copiada de trechos do enunciado e da literalidade do art. 15 do CP. É a melhor forma de garantir o quesito.

(d) Do feminicídio

Subsidiariamente, mantida a decisão de pronúncia, deve ser afastada a qualificadora do feminicídio, prevista no art. 121, § 2.º, VI, do CP, pois se trata de lei penal posterior mais gravosa, não podendo retroagir para alcançar fatos pretéritos, nos termos do art. 5.º, XL, da Constituição Federal, que fundamenta o princípio da irretroatividade da lei penal desfavorável.

Comentários: (1) em um caso real, talvez não fosse interessante discutir eventual pronúncia quando o que se quer é a impronúncia, a absolvição sumária ou a desclassificação. No entanto, no Exame de Ordem, devem ser sustentadas todas as teses favoráveis ao réu. (2) No padrão de respostas, a Banca assim tratou do tema: "cabe ao examinando pugnar pelo afastamento da qualificadora prevista no art. 121, § 2º, inciso VI, do CP". Contudo, em sua prova, jamais fale em *qualificadora prevista no artigo X* ou *atenuante prevista no artigo Y* – no gabarito final, consta, expressamente, a palavra feminicídio. Seja claro e diga tudo expressamente: *qualificadora do feminicídio, atenuante da menoridade relativa* etc.

III. DO PEDIDO

Diante do exposto, requer seja conhecido e provido o presente recurso para:
a) ser reconhecida a prescrição da pretensão punitiva;
b) anulação da decisão de pronúncia;
c) desclassificação, nos termos do art. 419 do CPP;
d) afastamento da qualificadora do art. 121, § 2.º, inciso VI, do CP.

Comentários: (1) em recurso, sempre peça para que seja *conhecido* e *provido*. Não tente usar outras palavras que podem parecer sinônimas – *reconhecido* em vez de *conhecido*, por exemplo. (2) Nas últimas provas, em recursos, a Banca tem pedido apenas para que o pedido seja concluído com *conhecido e provido*, sem especificar as consequências (ex.: absolvição), como fazia no passado. De qualquer forma, não custa nada trazer essas informações ao elaborar o tópico *do pedido*. (3) Se o réu estiver preso, peça a expedição de alvará de soltura.

Comarca ..., 16 de março de 2020.

Advogado ..., OAB ...

Comentário: não se esqueça da data no último dia de prazo. Vale pouco (0,10), mas pode fazer a diferença em sua aprovação.

ITEM	PONTUAÇÃO
Petição de interposição	
1. Endereçamento: Juízo do Tribunal do Júri da Comarca de Maricá/RJ (0,10).	0,00/0,10
2. Fundamento legal: art. 581, inciso IV, do CPP (0,10).	0,00/0,10
3. Pedido de exercício do juízo de retratação (0,30), nos termos do art. 589 do CPP (0,10).	0,00/0,30/0,40
Razões de recurso em sentido estrito	
4. Endereçamento: Tribunal de Justiça do Estado do Rio de Janeiro (0,10).	0,00/0,10
5. Pedido de extinção da punibilidade do agente em relação ao delito imputado na denúncia (0,30), em razão da prescrição da pretensão punitiva estatal pela pena em abstrato do crime de homicídio (0,25), nos termos do art. 107, inciso IV, do CP OU 109, inciso I, c/c art. 115, ambos do CP (0,10).	0,00/0,25/0,30/0,35/ 0,40/0,55/0,65
6. Entre a data do fato e do recebimento da denúncia foi ultrapassado o prazo prescricional aplicável de 10 anos OU entre a data do fato e do recebimento da denúncia foi ultrapassado o prazo prescricional do crime de homicídio, que deverá ser computado pela metade considerando a idade do réu na data do fato (0,20).	0,00/0,20
7. Nulidade da pronúncia OU nulidade da instrução (0,30), tendo em vista que o réu não foi intimado para audiência em que foram ouvidas as testemunhas (0,25).	0,00/0,25/0,30/0,55
8. O não comparecimento do réu configura violação ao princípio da ampla defesa (0,15), nos termos do art. 5º, inciso LV, da CRFB (0,10).	0,00/0,15/0,25
9. Pedido de desclassificação para afastar o reconhecimento de crime doloso contra a vida (0,40), nos termos do art. 419 do CPP (0,10).	0,00/0,40/0,50
10. Houve desistência voluntária (0,40), já que Rômulo optou por não prosseguir na empreitada criminosa OU já que não ocorreram circunstâncias alheias à vontade do agente (0,15), nos termos do art. 15 do CP (0,10).	0,00/0,15/0,25/0,40/ 0,50/0,55/0,65
11. Rômulo deverá responder apenas pelos atos já praticados (0,15), qual seja de lesão corporal grave (0,20).	0,00/0,15/0,20/0,35
12. Afastamento da qualificadora do feminicídio (OU do art. 121, § 2º, inciso VI, do CP) (0,30), em razão do princípio da irretroatividade da lei penal desfavorável (0,25), nos termos do art. 5º, inciso XL, da CRFB (0,10).	0,00/0,25/0,30/0,35/ 0,40/0,55/0,65
Pedidos	
13. Conhecimento (0,10) e provimento do recurso (0,20).	0,00/0,10/0,20/0,30
14. Prazo: 16 de março de 2020 (0,10).	0,00/0,10
Fechamento	
15. Local, data, advogado e OAB (0,10).	0,00/0,10

6.12. XXX Exame de Ordem

Carlos, primário e de bons antecedentes, 45 anos, foi denunciado como incurso nas sanções penais dos arts. 302 da Lei n. 9.503/97, por duas vezes, e 303, do mesmo diploma legal, todos eles em concurso material, porque, de acordo com a denúncia, "no dia 8 de julho de 2017, em São Gonçalo, Rio de Janeiro, na direção de veículo automotor, com imprudência em razão do excesso de velocidade, colidiu com o veículo em que estavam Júlio e Mário, este com 9 anos, provocando lesões que foram a causa eficiente da morte de ambos". Consta, ainda, da inicial acusatória que, "em decorrência da mesma colisão, ficou lesionado Pedro, que passava pelo local com sua bicicleta e foi atingido pelo veículo em alta velocidade de Carlos". As mortes de Júlio e Mário foram atestadas por auto de exame cadavérico, enquanto Pedro foi atendido em hospital público, de onde se retirou, sem ser notado, razão pela qual foi elaborado laudo indireto de corpo de delito com base no boletim de atendimento médico. Pedro nunca compareceu em sede policial para narrar o ocorrido nem ao Instituto Médico Legal, apesar de testemunhas presenciais confirmarem as lesões sofridas. No curso da instrução, foram ouvidas testemunhas presenciais, não sendo Pedro localizado. Em seu interrogatório, Carlos negou estar em excesso de velocidade, esclarecendo que perdeu o controle do carro em razão de um buraco existente na pista. Foi acostado exame pericial realizado nos automóveis e no local, concluindo que, realmente, não houve excesso de velocidade por parte de Carlos e que havia o buraco mencionado na pista. O exame pericial, todavia, apontou que possivelmente haveria imperícia de Carlos na condução do automóvel, o que poderia ter contribuído para o resultado. Após manifestação das partes, o juiz em atuação perante a 3ª Vara Criminal da Comarca de São Gonçalo/RJ, em 10 de julho de 2019, julgou totalmente procedente a pretensão punitiva do Estado e, apesar de afastar o excesso de velocidade, afirmou ser necessária a condenação de Carlos em razão da imperícia do réu, conforme mencionado no exame pericial. No momento da dosimetria, fixou a pena-base de cada um dos crimes no mínimo legal e, com relação à vítima Mário, na segunda fase, reconheceu a agravante prevista no art. 61, inciso II, alínea *h*, do CP, pelo fato de ser criança, aumentando a pena-base em 3 meses. Não havendo causas de aumento ou diminuição, reconhecido o concurso material, a pena final ficou acomodada em 04 anos e 09 meses de detenção. Não houve substituição da pena privativa de liberdade por restritiva de direitos em razão do *quantum* final, nos termos do art. 44, inciso I, do CP, sendo fixado regime inicial fechado de cumprimento da pena, com fundamento na gravidade em concreto da conduta. O Ministério Público foi intimado e manteve-se inerte. A defesa técnica de Carlos foi intimada em 18 de setembro de 2019, quarta-feira, para adoção das medidas cabíveis. Considerando apenas as informações narradas, na condição de advogado(a) de Carlos, redija a peça jurídica cabível, diferente de *habeas corpus* e embargos de declaração, apresentando todas as teses jurídicas pertinentes. A peça deverá ser datada no último dia do prazo para interposição, considerando que de segunda a sexta-feira são dias úteis em todos os locais do país. (Valor: 5,00)

Obs.: a peça deve abranger todos os fundamentos de Direito que possam ser utilizados para dar respaldo à pretensão. A simples menção ou transcrição do dispositivo legal não confere pontuação.

EXCELENTÍSSIMO SENHOR JUIZ DE DIREITO DA 3.a VARA CRIMINAL DA COMARCA DE SÃO GONÇALO/RJ,

Comentários: considerando que o enunciado trouxe a vara e a comarca, o examinando tinha de mencioná-las. Quem disse "comarca xxx" ou "comarca ..." não recebeu a pontuação. Só se usa a forma genérica ("xxx" ou "...") quando o enunciado não fornece os dados – e, desde sempre, a Banca fornece. Não há atribuição de pontos para o uso de "senhor", "doutor", "excelentíssimo" ou qualquer outra forma de tratamento. Portanto, irrelevante.

(Salto de linhas)

Comentários: Por questões estéticas – o que a banca não pontua –, sugerimos saltar algumas linhas. A peça fica mais bem organizada. No entanto, não exagere, pois pode acabar faltando espaço para elaborar sua peça.

Carlos, já qualificado nos autos, vem, por seu advogado, interpor Recurso de Apelação, com fundamento no art. 593, I, do Código de Processo Penal.

Comentários: por existir uma sentença condenatória contra Carlos, tinha de ser interposta apelação. No modelo, utilizo a expressão "recurso de apelação", que é a adotada pela Banca, embora não exista problema em dizer, somente, "apelação". A peça tinha de ser fundamentada no art. 593, I, do CPP. No exemplo, optamos por escrever Código de Processo Penal por extenso, para evitar erros – há relatos de examinandos que, no momento da prova, talvez por nervosismo, escreveram "CP".

Requer seja recebido e processado o recurso, com as inclusas razões, e encaminhado ao Tribunal de Justiça do Rio de Janeiro.

Comarca ..., 23 de setembro de 2019.
Advogado, OAB

Comentários: a princípio, não se deveria mencionar a comarca de São Gonçalo no fechamento, afinal ela foi mencionada no enunciado. Portanto, ao fechar a interposição (ou qualquer outra peça), diga "comarca ..." ou "comarca xxx".

(Salto de linhas)

Comentários: não recomendados o salto para a página seguinte após a interposição. Geralmente, a interposição e a juntada não têm mais do que quinze linhas. Ao saltar para a página seguinte, você desperdiçará um espaço que poderá faltar ao final, quando for concluir a sua peça. Para não ficar confuso, salte uma ou duas linhas entre a interposição e as razões. O examinador compreenderá onde acaba uma e começa a outra.

Razões de apelação
Recorrente: Carlos.
Recorrido: Ministério Público.

Egrégio Tribunal de Justiça do Estado do Rio de Janeiro,
Colenda Câmara,
Douto Procurador de Justiça,

A sentença condenatória proferida pelo Juiz de Direito da 3.a Vara Criminal da Comarca de São Gonçalo/RJ tem de ser reformada pelas razões a seguir expostas.

Comentários: sempre comece o seu recurso, seja qual for, dizendo *razões do recurso* ou *razões do* (nome do recurso). Ademais, quando o enunciado informar em qual TJ o processo está correndo – e a banca sempre traz essa informação –, você precisa fazer menção expressa. No exemplo, o TJRJ.

1. DOS FATOS

O apelante primário e de bons antecedentes, 45 anos, foi denunciado como incurso nas sanções penais dos arts. 302 da Lei n. 9.503/97, por duas vezes, e 303, do mesmo diploma legal, todos eles em concurso material, porque, de acordo com a denúncia, "no dia 8 de julho de 2017, em São Gonçalo, Rio de Janeiro, na direção de veículo automotor, com imprudência em razão do excesso de velocidade, colidiu com o veículo em que estavam Júlio e Mário, este com 9 anos, provocando lesões que foram a causa eficiente da morte de ambos". Consta, ainda, da inicial acusatória que, "em decorrência da mesma colisão, ficou lesionado Pedro, que passava pelo local com sua bicicleta e foi atingido pelo veículo em alta velocidade de Carlos".

O Juiz de Direito competente fixou a pena-base de cada um dos crimes no mínimo legal e, com relação à vítima Mário, na segunda fase, reconheceu a agravante prevista no art. 61, inciso II, "h", do CP, pelo fato de ser criança, aumentando a pena-base em 3 meses. Não havendo causas de aumento ou diminuição, reconhecido o concurso material, a pena final ficou acomodada em 04 anos e 09 meses de detenção. Não houve substituição da pena privativa de liberdade por restritiva de direitos em razão do "quantum" final, nos termos do art. 44, inciso I, do CP, sendo fixado regime inicial fechado de cumprimento da pena, com fundamento na gravidade em concreto da conduta.

Comentários: no tópico "dos fatos", que nem é exigido pelo edital, mas que deve ser feito por praxe, faça apenas um resumo do enunciado. Não é o momento para sustentar as teses. Como não existe pontuação, quanto mais sucinto, melhor.

2. DO DIREITO

Comentários: o edital não exige a divisão da peça em *dos fatos* e *do direito*. Entretanto, reflita: o examinador corrigirá diversas peças, todas com essa clássica divisão de tópicos. Sugerimos não fazer algo diferente do padrão.

2.1. DA EXTINÇÃO DA PUNIBILIDADE

Preliminarmente, deve ser declarada a extinção da punibilidade de Carlos no que tange ao crime de lesão corporal praticada na direção de veículo automotor, que teria como vítima Pedro, tendo em vista que não houve representação por parte da vítima, condição essa indispensável para o oferecimento da denúncia por parte do Ministério Público. Por essa razão, deve ser declarada a extinção da punibilidade por decadência, nos termos do art. 107, IV, do CP.

Comentários: (1) ao sustentar as teses, procure sempre usar as palavras do enunciado e da lei, copiadas e coladas. Evite sinônimos. (2) A Banca tem exigido o uso da expressão "preliminarmente" quando sustentadas teses de extinção da punibilidade e de nulidade.

2.2. DA INEXISTÊNCIA DA IMPRUDÊNCIA

No mérito, deve o apelante ser absolvido em relação aos crimes de homicídio culposo, já que comprovado que não houve imprudência e nem excesso de velocidade. Além disso, não poderia o magistrado ter condenado em razão de imperícia, já que esta não foi narrada na denúncia. Não havendo prova da conduta imputada, deve o acusado ser absolvido nos termos do art. 386, inciso VII, do CPP.

Comentários: em virtude dos recorrentes erros de correção, a Banca tem exigido a divisão das teses em "preliminarmente", "no mérito" e em "subsidiariamente". Por essa razão, além de dividir o *do direito* em subtópicos, é importante mencionar a natureza da tese defendida.

2.3. DA DOSIMETRIA DA PENA

Subsidiariamente, se mantida a condenação do apelante, deve ser afastada a agravante do art. 61, inciso II, "h", do CP, tendo em vista que tal agravante somente pode ser aplicada aos crimes dolosos.

Além disso, deve ser afastado o concurso material de crimes para dar lugar ao concurso formal, previsto no art. 70 do Código Penal, em detrimento do art. 69 do CP, hipótese em que haverá a exasperação da pena mais grave, e não a soma das penas aplicadas, pois o réu, com uma única ação, causou mais de um resultado.

Em relação ao regime inicial de cumprimento da pena, deve ser aplicado o regime aberto ou o semiaberto, pois o art. 33, "caput", do Código Penal não admite, em nenhuma hipótese, que seja aplicado regime inicial fechado ao crime punido unicamente com pena de detenção, como ocorre nos crimes culposos da Lei n. 9.503/97, o Código de Trânsito Brasileiro.

Em relação ao regime inicial de cumprimento de pena privativa de liberdade, deve ser afastado o regime inicial fechado, pois não é compatível com a pena aplicada, nos termos do art. 33 do CP.

Por fim, imperioso o reconhecimento ao direito de substituição da pena privativa de liberdade por restritiva de direitos, independentemente do "quantum" de pena aplicada, já que o limite do art. 44, inciso I, do Código Penal aplica-se apenas aos crimes dolosos.

Comentários: os pedidos referentes à imposição da pena são sempre iguais, por isso é muito importante o estudo das provas passadas. Relembre o passo a passo, tratado em vários momentos ao longo deste livro: (a) afastamento de qualificadora e reconhecimento de privilégio; (b) pena-base no mínimo legal; (c) afastamento de agravante e reconhecimento de atenuante; (d) afastamento de causa de aumento e reconhecimento de causa de diminuição de pena; (e) substituição de pena privativa de liberdade por restritiva de direitos; (f) suspensão condicional da pena; (g) regime inicial mais brando.

3. DO PEDIDO

Diante do exposto, deve ser conhecido e provido o recurso.

Comentários: no XVIII Exame de Ordem, a Banca exigiu que o examinando individualizasse os pedidos, como em memoriais. No entanto, nas provas posteriores em que tinha de ser feito algum recurso, o gabarito exigiu apenas o conhecimento e o provimento. No XXX Exame de Ordem, a Banca exigiu apenas o conhecimento e provimento.

Comarca ..., 23 de setembro de 2019.
Advogado, OAB

Comentários: obviamente, a interposição e as razões têm a mesma data, afinal foram oferecidas em uma mesma oportunidade. Não faria sentido trazer datas diversas.

ITEM	PONTUAÇÃO
Petição de interposição	
1. Endereçamento: 3ª Vara Criminal da Comarca de São Gonçalo/RJ (0,10).	0,00/0,10
2. Fundamento legal: art. 593, inciso I, do CPP (0,10).	0,00/0,10
Razões de recurso de apelação	
3. Endereçamento: Tribunal de Justiça do Estado do Rio de Janeiro (0,10).	0,00/0,10
4. Extinção da punibilidade em relação ao crime de lesão corporal (0,15), em razão da decadência (0,20), nos termos do art. 107, IV, do CP OU 38 do CPP (0,10).	0,00/0,15/0,20/0,25/ 0,30/0,35/0,45
4.1. Não houve representação do ofendido (0,20), sendo que essa seria indispensável OU o crime era de ação penal pública condicionada à representação (0,15), nos termos do art. 291, § 1º, do CTB OU do art. 88 da Lei n. 9.099/95 (0,10).	0,00/0,15/0,20/0,25/ 0,30/0,35/0,45
5. Absolvição de Carlos em relação aos crimes de homicídio culposo (0,30), já que comprovado que não houve imprudência e nem excesso de velocidade (0,20).	0,00/0,20/0,30/0,50
5.1. Não poderia o magistrado ter condenado em razão de imperícia (0,15), já que esta não foi narrada na denúncia OU em razão da violação ao princípio da correlação (0,30).	0,00/0,15/0,30/0,45
6. Afastamento da agravante em razão da idade da vítima (0,30), já que tal agravante somente pode ser aplicada aos crimes dolosos OU não pode ser aplicada aos crimes culposos OU sob pena de configuração de responsabilidade penal objetiva (0,15).	0,00/0,15/0,30/0,45
7. Afastamento do concurso material de crimes (0,25), devendo ser reconhecido o concurso formal de delitos (0,20), nos termos do art. 70 do CP (0,10).	0,00/0,20/0,25/0,30/ 0,35/0,45/0,55

7.1. Com uma única ação o réu causou mais de um resultado (0,15).	0,00/0,15
8. Afastamento do regime inicial fechado (0,30), tendo em vista que tal regime inicial não pode ser fixado aos crimes punidos exclusivamente com pena de detenção OU considerando a pena aplicada (0,15), nos termos do art. 33 do CP (0,10).	0,00/0,15/0,25/0,30/ 0,40/0,45/0,55
9. Possível a substituição da pena privativa de liberdade por restritiva de direitos (0,30), pois o limite do *quantum* de pena do art. 44, I, do CP é aplicável exclusivamente aos crimes dolosos OU porque não existe limite de pena quando o crime for de natureza culposa (0,25).	0,00/0,25/0,30/0,55
Pedidos	
10. Conhecimento (0,10) e provimento do recurso (0,30).	0,00/0,10/0,30/0,40
11. Prazo: 23 de setembro de 2019 (0,10).	0,00/0,10
Fechamento	
14. Local, data, advogado e OAB (0,10).	0,00/0,10

6.13. XXIX Exame de Ordem

Guilherme foi condenado definitivamente pela prática do crime de lesão corporal seguida de morte, sendo-lhe aplicada a pena de 06 anos de reclusão, a ser cumprida em regime inicial fechado, em razão das circunstâncias do fato. Após cumprir 01 ano da pena aplicada, Guilherme foi beneficiado com progressão para o regime semiaberto. Na unidade penitenciária, o apenado trabalhava internamente em busca da remição. Durante o cumprimento da pena nesse regime, veio a ser encontrado escondido em seu colchão um aparelho de telefonia celular. O diretor do estabelecimento penitenciário, ao tomar conhecimento do fato por meio dos agentes penitenciários, de imediato reconheceu na ficha do preso a prática de falta grave, apenas afirmando que a conduta narrada pelos agentes, e que teria sido praticada por Guilherme, se adequava ao art. 50, inciso VII, da Lei n. 7.210/84. O reconhecimento da falta pelo diretor foi comunicado ao Ministério Público, que apresentou promoção ao juízo da Vara de Execuções Penais de São Paulo, juízo este competente, requerendo a perda de benefícios da execução por parte do apenado. O juiz competente, analisando o requerimento do Ministério Público, decidiu que, "considerando a falta grave reconhecida pelo diretor da unidade, impõe-se:

a) a regressão do regime de cumprimento de pena para o fechado;
b) perda da totalidade dos dias remidos;
c) reinício da contagem do prazo de livramento condicional;
d) reinício da contagem do prazo do indulto."

Ao ser intimado do teor da decisão, em 09 de julho de 2019, terça-feira, Guilherme entra em contato, de imediato, com você, na condição de advogado(a), esclarecendo que nunca fora ouvido sobre a aplicação da falta grave, apenas tendo conhecimento de que a Defensoria se manifestou no processo de execução após o requerimento do Ministério Público.

PRÁTICA PENAL

Considerando apenas as informações narradas, na condição de advogado(a) de Guilherme, redija a peça jurídica cabível, diferente de *habeas corpus* e embargos de declaração, apresentando todas as teses jurídicas pertinentes. A peça deverá ser datada no último dia do prazo para interposição, considerando que, em todos os locais do país, de segunda a sexta-feira são dias úteis. (Valor: 5,00)

Obs.: a peça deve abranger todos os fundamentos de Direito que possam ser utilizados para dar respaldo à pretensão. A simples menção ou transcrição do dispositivo legal não confere pontuação.

Excelentíssimo Senhor Juiz de Direito da Vara de Execução Penal da Comarca de São Paulo/SP,

Comentários: o enunciado disse que a decisão partiu do magistrado da Vara de Execução Penal de São Paulo. Logo, a informação tinha de ser mencionada na peça. Quem disse *comarca ...* ou *comarca XXX* não recebeu a pontuação.

Guilherme, já qualificado nos autos, vem, por seu advogado, interpor Agravo em Execução, com fundamento no art. 197 da Lei n. 7.210/84 (Lei de Execução Penal).

Comentários: nas provas anteriores, a Banca exigiu a fundamentação com base na Lei n. 7.210/84. No XXIX Exame de Ordem, a Banca flexibilizou e trouxe a expressão *LEP*, que é como todos chamam a Lei de Execução Penal. De qualquer forma, por precaução, em sua prova, cite tanto o número da lei quanto a nomenclatura por todos adotada. Em verdade, ninguém teria a prova zerada em razão disso. De qualquer forma, não custa se precaver.

Requer seja recebido o recurso e procedido o juízo de retratação, com fundamento no art. 589 do Código de Processo Penal. Se mantida a decisão, contudo, pede o encaminhamento do recurso, com as inclusas razões, ao Tribunal de Justiça do Estado de São Paulo.

Comentários: o juízo de retratação sempre é pontuado em agravo em execução. No modelo acima, fizemos menção ao art. 589 do CPP por ser o dispositivo que prevê a retratação em recurso em sentido estrito. Como o agravo segue o mesmo procedimento do *RESE*, é a única fundamentação possível. A Banca, contudo, não trouxe o artigo no gabarito.

Comarca ..., 15 de julho de 2019.
Advogado, OAB.

Comentários: ainda que o enunciado traga o nome da comarca onde o processo está correndo, preferimos fazer o fechamento da peça com a expressão genérica, prevista em edital: *comarca ...* ou *comarca XXX*.

(Salto de linhas)

Comentários: alguns examinandos optam por saltar para a segunda página de resposta após o fechamento da interposição. Não há problema nisso, mas é uma escolha arriscada. A interposição tem, geralmente, quinze linhas. Quando se salta para a segunda página, há o desperdício de metade da página – cada uma tem trinta linhas. Se a peça for extensa, pode faltar espaço para elaborá-la, o que seria trágico.

Razões de Agravo em Execução
Recorrente: Guilherme.
Recorrido: Ministério Público.

Egrégio Tribunal de Justiça do Estado de São Paulo,
Colenda Câmara,
Douto Procurador de Justiça,

A decisão proferida pelo Juiz de Direito da Vara de Execução Penal merece ser reformada, pelas razões de fato e de direito a seguir expostas.

Comentários: seja qual for o recurso, sempre comece falando *razões do recurso* ou *razões do* (nome do recurso). A Banca exige no gabarito. De resto, tudo o que foi dito anteriormente não vale pontuação alguma, exceto o endereçamento. Tinha de endereçar as razões ao TJ de São Paulo, pois o estado foi mencionado no enunciado.

I – DOS FATOS

O recorrente foi condenado pela prática do crime de lesão corporal seguida de morte, sendo-lhe aplicada a pena de seis anos de reclusão, a ser cumprida em regime inicial fechado. Cumprido um ano da pena, ele progrediu para o regime semiaberto.
Posteriormente, teria praticado falta grave, quando foi encontrado um telefone celular em seu colchão. O diretor do estabelecimento penitenciário, ao tomar conhecimento do fato por meio dos agentes penitenciários, de imediato reconheceu na ficha do preso a prática de falta grave.
O reconhecimento da falta pelo diretor foi comunicado ao Ministério Público, que apresentou promoção ao juízo da Vara de Execuções Penais de São Paulo, juízo este competente, requerendo a perda de benefícios da execução por parte do apenado. O juiz atendeu o pedido.

Comentários: a Banca não pontua os fatos. Portanto, não há motivo para perder muito tempo em sua elaboração. Há um detalhe que merece destaque no enunciado do XXIX Exame de Ordem: como o enunciado diz que o Ministério Público fez um pedido, muitos entenderam que ele teria oferecido o agravo em execução. Por esse motivo, muitos fizeram *contrarrazões de agravo em execução*. No entanto, na sequência, foi dito que o juiz atendeu ao pedido do MP. Logo, cabia ao advogado de Guilherme oferecer o recurso. Cuidado com conclusões precipitadas.

II – DO DIREITO

Comentários: para evitar erros de correção, é interessante dividir o *do direito* em subtópicos. Em recursos, para não esquecer de nenhuma tese, crie um tópico para cada ponto da decisão do juiz. No enunciado, havia quatro: (a) a regressão do regime; (b) perda dos dias remidos; (c) contagem do prazo para o livramento condicional; (d) contagem do prazo do indulto.

a) A REGRESSÃO DO REGIME DE CUMPRIMENTO DE PENA PARA O FECHADO

Como se vê, Excelências, não foi respeitado o procedimento para o reconhecimento da falta grave. Isso porque, para o reconhecimento da prática de falta disciplinar no âmbito da execução penal, é imprescindível a instauração de procedimento administrativo pelo diretor do estabelecimento prisional, assegurado o direito de defesa, a ser realizado por advogado constituído ou defensor público nomeado, conforme a Súmula 533 do STJ.

Destarte, deve ser declarada a invalidade no reconhecimento da prática de falta grave, não sendo possível a regressão para o regime fechado de cumprimento de pena.

Comentários: perceba que sustentamos a tese com as palavras da Súmula 533 do STJ, como se fossem nossas. Conforme vimos, a tese deve ser defendida em três pontos: (a) descrição dos fatos; (b) descrição jurídica; (c) consequência da tese. Uma preocupação: no gabarito, a Banca exigiu que fosse dito, expressamente, não ser possível a regressão para o regime fechado. Tinha de ser especificado o regime que se buscava evitar. Não podia apenas dizer, pela metade, *regressão de regime*. Na 2ª fase, tudo tem de ser explicado nos mínimos detalhes.

b) A PERDA DA TOTALIDADE DOS DIAS REMIDOS

Ademais, não é possível a perda da totalidade dos dias remidos, como decidiu o magistrado. Segundo o art. 127 da Lei n. 7.210/84, a LEP, o juiz poderia decretar, em caso de falta grave, a perda de 1/3 (um terço) dos dias remidos.

Comentários: novamente, utilizamos as palavras da lei como se fossem nossas – copiamos o que diz o art. 127 da LEP.

c) O REINÍCIO DA CONTAGEM DO PRAZO DE LIVRAMENTO CONDICIONAL

Outro equívoco na decisão é a determinação de reinício da contagem do prazo de livramento condicional, em violação à Súmula 441 do STJ, pois a falta grave não interrompe o prazo para a obtenção do benefício.

d) O REINÍCIO DA CONTAGEM DO PRAZO DO INDULTO

Da mesma forma, não poderia o magistrado ter reiniciado o prazo para a contagem do prazo do indulto. Segundo a Súmula 535 do STJ, a prática de falta grave não interrompe o prazo para fim de comutação de pena ou indulto.

Por não existir previsão em lei para a interrupção do prazo do livramento condicional ou do indulto na hipótese de falta grave, é ilegal a decisão recorrida, pois viola o princípio da legalidade.

Comentários: utilizamos as palavras das súmulas para fundamentar as teses. Veja como é importante dizer a consequência das teses: no quesito 9, tinha de ser sustentada a violação ao princípio da legalidade pelo juiz.

III – DO PEDIDO

Diante do exposto, requer seja conhecido e provido o recurso.

Comentários: em recurso, a Banca tem exigido apenas os pedidos de conhecimento e provimento do recurso, sem ter de especificar o que está sendo pedido.

Comarca ..., 15 de julho de 2019.
Advogado, OAB

Comentários: embora o enunciado diga a cidade onde o processo está correndo, prefira usar a forma genérica no fechamento: *comarca ...* ou *comarca XXX*.

ITEM	PONTUAÇÃO
Petição de interposição	
1. Endereçamento: Juízo da Vara de Execução Penal da Comarca de São Paulo/SP (0,10).	0,10
2. Fundamento legal: **art. 197 da LEP** (0,10).	0,10
3. Pedido de retratação pelo juízo *a quo* (0,30).	0,30
Razões de recurso	
4. Endereçamento: Tribunal de Justiça do Estado de São Paulo (0,10).	0,10
5. Invalidade no reconhecimento da prática de falta grave (0,40), não **permitindo a regressão para o regime fechado de cumprimento de pena** (0,25).	0,65
5.1. O reconhecimento de falta grave depende de prévio procedimento administrativo (0,30), garantido o direito de defesa (0,25), conforme a Súmula 533 do STJ (0,10).	0,65
6. **Não é possível a perda da totalidade dos dias remidos** (0,50), **conforme art. 127 da LEP** (0,10).	0,60
6.1. Ainda que válido o reconhecimento da falta grave, o juiz somente poderia decretar a perda de até 1/3 dos dias remidos (0,40).	0,40
7. A prática de **falta grave não gera o reinício da contagem do prazo do livramento condicional** (0,50), **nos termos da Súmula 441 do STJ** (0,10).	0,60
8. A prática de falta grave não gera o reinício da contagem do prazo de indulto (0,50), nos termos da Súmula 535 do STJ (0,10).	0,60
9. Incabível o reinício da contagem dos prazos do indulto e livramento condicional em razão do princípio da legalidade, que também é aplicável na execução penal (0,30).	0,30
Pedidos	
10. Conhecimento (0,10) e provimento do recurso (0,30).	0,40
Prazo e fechamento	
11. 15 de julho de 2019 (0,10).	0,10
12. Local, data, advogado e OAB (0,10).	0,10

6.14. XXVIII Exame de Ordem

Túlio, nascido em 1º de janeiro de 1996, primário, começa a namorar Joaquina, jovem que recém-completou 15 anos. Logo após o início do namoro, ainda muito apaixonado, é surpreendido pela informação de que Joaquina estaria grávida de seu ex--namorado, o adolescente João, com quem mantivera relações sexuais. Joaquina demonstra toda a sua preocupação com a reação de seus pais diante desta gravidez quando tão jovem e, em desespero, solicita ajuda de Túlio para realizar um aborto. Diante disso, no dia 3 de janeiro de 2014, em Porto Alegre, Túlio adquire remédio abortivo cuja venda era proibida sem prescrição médica e o entrega para a namorada, que, de imediato, passa a fazer uso dele. Joaquina, então, expele algo não identificado pela vagina, que ela acredita ser o feto. Os pais presenciam os fatos e levam a filha imediatamente ao hospital; em seguida, comparecem à Delegacia e narram o ocorrido. No hospital, foi informado pelos médicos que, na verdade, Joaquina possuía um cisto, mas nunca estivera grávida, e o que fora expelido não era um feto. Após investigação, no dia 20 de janeiro de 2014, Túlio vem a ser denunciado pelo crime do art. 126, *caput*, c/c. o art. 14, inciso II, ambos do Código Penal, perante o juízo do Tribunal do Júri da Comarca de Porto Alegre/RS, não sendo oferecido qualquer instituto despenalizador, apesar do reclamo defensivo. A inicial acusatória foi recebida em 22 de janeiro de 2014. Durante a instrução da primeira fase do procedimento especial, são ouvidas as testemunhas e Joaquina, assim como interrogado o réu, todos confirmando o ocorrido. As partes apresentaram alegações finais orais, e o juiz determinou a conclusão do feito para decisão. Antes de ser proferida decisão, mas após manifestação das partes em alegações finais, foram juntados aos autos o boletim de atendimento médico de Joaquina, no qual consta a informação de que ela não estivera grávida no momento dos fatos, a Folha de Antecedentes Criminais de Túlio sem outras anotações e um exame de corpo de delito, que indicava que o remédio utilizado não causara lesões na adolescente. Com a juntada da documentação, de imediato, sem a adoção de qualquer medida, o magistrado proferiu decisão de pronúncia nos termos da denúncia, sendo publicada na mesma data, qual seja, 18 de junho de 2018, segunda-feira, ocasião em que as partes foram intimadas.

Considerando apenas as informações narradas, na condição de advogado(a) de Túlio, redija a peça jurídica cabível, diferente de *habeas corpus*, apresentando todas as teses jurídicas pertinentes. A peça deverá ser datada no último dia do prazo para interposição, considerando-se que todos os dias de segunda a sexta-feira são úteis em todo o país (Valor: 5,00).

Obs.: a peça deve abranger todos os fundamentos de Direito que possam ser utilizados para dar respaldo à pretensão. A simples menção ou transcrição do dispositivo legal não confere pontuação.

Excelentíssimo Senhor Juiz de Direito do Tribunal do Júri da Comarca de Porto Alegre/RS,

Comentários: o enunciado disse que a decisão partiu do magistrado da Vara do Tribunal do Júri de Porto Alegre/RS. Logo, a informação tinha de ser mencionada na peça. Quem disse *comarca ...* ou *comarca XXX* não recebeu a pontuação.

Túlio, já qualificado nos autos, vem, por seu advogado, interpor Recurso em Sentido Estrito, com fundamento no art. 581, IV, do Código de Processo Penal.

Comentários: não há problema em dizer *CPP*, a forma abreviada de Código de Processo Penal. Apenas tome cuidado para não fazer confusão. Há examinandos que confundiram *CPP* com *CP* e a correção da peça é prejudicada.

Requer seja recebido o recurso e procedido o juízo de retratação, com fundamento no art. 589 do Código de Processo Penal. Se mantida a decisão, contudo, pede o encaminhamento do recurso, com as inclusas razões, ao Tribunal de Justiça do Estado de São Paulo.

Comentários: o juízo de retratação sempre é pontuado em recurso sem sentido estrito. Não se esqueça do art. 589 do CPP.

Comarca ..., 25 de junho de 2018.
Advogado, OAB

(Salto de linhas)

Comentários: alguns examinandos optam por saltar para a segunda página de resposta após o fechamento da interposição. Não há problema nisso, mas é uma escolha arriscada. A interposição tem, geralmente, quinze linhas. Quando se salta para a segunda página, há o desperdício de metade da página – cada uma tem trinta linhas. Se a peça for extensa, pode faltar espaço para elaborá-la, o que seria trágico.

Razões de Recurso em Sentido Estrito
Recorrente: Túlio.
Recorrido: Ministério Público.

Egrégio Tribunal de Justiça do Estado do Rio Grande do Sul,
Colenda Câmara,
Douto Procurador de Justiça,

A decisão proferida pelo Juiz de Direito da Vara do Tribunal do Júri merece ser reformada, pelas razões de fato e de direito a seguir expostas.

Comentários: seja qual for o recurso, sempre comece falando *razões do recurso* ou *razões do* (nome do recurso). A Banca exige no gabarito. De resto, tudo o que foi dito acima não vale pontuação alguma, exceto o endereçamento. Tinha de endereçar as razões ao TJ do Rio Grande do Sul, pois o estado foi mencionado no enunciado.

I – DOS FATOS

No dia 03 de janeiro de 2014, em Porto Alegre, o recorrente teria auxiliado Joaquina na prática de um aborto. A conduta teria se dado por meio de fornecimento de medicamento abortivo.

PRÁTICA PENAL

Posteriormente, no hospital, foi descoberto que Joaquina jamais esteve grávida. Em verdade, em seu corpo, havia um cisto.

No entanto, o Ministério Público decidiu denunciá-lo pela prática do crime do art. 126, "caput", c/c. o art. 14, inciso II, ambos do Código Penal, perante o juízo do Tribunal do Júri da Comarca de Porto Alegre/RS, não sendo oferecido qualquer instituto despenalizador, apesar do reclamo defensivo.

A inicial acusatória foi recebida em 22 de janeiro de 2014. Durante a instrução da primeira fase do procedimento especial, são ouvidas as testemunhas e Joaquina, assim como interrogado o réu, todos confirmando o ocorrido. As partes apresentaram alegações finais orais, e o juiz determinou a conclusão do feito para decisão.

Comentários: havia mais informações importantes no enunciado. Todavia, no *dos fatos* não é o momento para sustentá-las. Limite-se ao resumo do problema proposto pela banca.

II – DO DIREITO

a) PRESCRIÇÃO

Portanto, Excelências, está evidente a ocorrência da prescrição da pretensão punitiva, causa de extinção da punibilidade, nos termos do art. 107, IV, do CP.

Isso porque, entre a data do recebimento da denúncia e o da pronúncia, foi ultrapassado o prazo de quatro anos. Houve a redução do prazo prescricional pela metade em razão de o recorrente ter, na época dos fatos, menos de vinte e um anos, como determina o art. 115 do CP.

Comentários: ao sustentar uma tese, não basta a simples menção ao dispositivo de lei que a fundamenta. Você deve explicar: (a) as circunstâncias fáticas; (b) as circunstâncias jurídicas; (c) a consequência do reconhecimento da tese. Veja como a prescrição foi cobrada no gabarito do XXVIII Exame de Ordem:

1) **Circunstâncias fáticas/jurídicas:** a prescrição ocorreu porque, entre a data do recebimento da denúncia e da pronúncia foi ultrapassado o prazo de 4 anos (quesito n. 6).
2) **Consequência:** (...) com consequente extinção da punibilidade.

b) NULIDADES DA PRONÚNCIA

Preliminarmente, deve ser reconhecida a nulidade da decisão de pronúncia em razão do não oferecimento de proposta de suspensão condicional do processo, nos termos do art. 89 da Lei n. 9.099/95, já que a pena mínima do delito imputado é de 1 ano.

Comentários: o enunciado deixou um *gancho* sobre um instituto despenalizador não reconhecido ao recorrente. Naturalmente, como não havia sentença condenatória transitada em julgado, não podia ser algo da execução (progressão, por exemplo). Ademais, não tinha pena fixada, não se podendo falar em substituição da pena (CP, art. 44) ou em suspensão condicional da pena (CP, art. 77). Por eliminação, restou apenas a suspensão condicional do processo, tema muito cobrado na 2ª fase.

> Além disso, ocorreu a nulidade da pronúncia porque o juiz cerceou a defesa, em violação ao princípio da ampla defesa e ao princípio do contraditório, pois proferiu decisão após juntada de documentação, sem dar vista às partes.

Comentários: recordo-me de uma aluna que não sustentou a tese do quesito 7.2 porque não encontrou, no CPP, qual artigo havia sido violado. No final das contas, a Banca não exigiu fundamentação legal, e ela desperdiçou 0,45. Fica a lição: ainda que não saiba como embasar sua tese, não deixe de sustentá-la. Pode acontecer de a Banca não exigir menção a qualquer dispositivo de lei.

c) CRIME IMPOSSÍVEL
> No mérito, deve o réu ser absolvido sumariamente em razão de o fato evidentemente não constituir crime, nos termos do art. 415, III, do CPP. Isso porque a conduta caracterizou crime impossível, como prevê o art. 17 do CP, pois houve absoluta impropriedade do objeto, tendo em vista que Joaquina não estava grávida quando da ação visando causar aborto.

Comentários: novamente, a Banca exigiu a regra dos três pontos de sustentação da tese:
 a) **Circunstâncias fáticas:** Joaquina não estava grávida quando da ação visando causar aborto (quesito n. 10).
 b) **Circunstâncias jurídicas:** (...) o fato evidentemente não constituir crime, (...) houve absoluta impropriedade do objeto (quesitos n. 8 e 10).
 Obs.: bastava utilizar as palavras do art. 17 do CP para alcançar a nota.
 c) **Consequência:** absolvição sumária (quesito n. 8).

III – DO PEDIDO
> Diante do exposto, requer seja conhecido e provido o recurso.

Comentários: em recurso, a banca tem exigido apenas os pedidos de conhecimento e provimento do recurso, sem ter de especificar o que está sendo pedido.

> Comarca ..., 25 de junho de 2018.
> Advogado, OAB

Comentários: embora o enunciado diga a cidade onde o processo está correndo, prefiro usar a fórmula genérica no fechamento: *comarca ...* ou *comarca XXX*.

ITEM	PONTUAÇÃO
Petição de interposição	
1. Endereçamento: Juízo de Direito do Tribunal do Júri da **Comarca de Porto Alegre/RS** (0,10).	0,10
2. Fundamento legal: **art. 581, inciso IV, do CPP** (0,10).	0,10
3. Requerimento do exercício do juízo de retratação (0,30), nos termos do **art. 589 do CPP** (0,10).	0,40

Razões de recurso

4. **Endereçamento: Tribunal de Justiça do Estado do Rio Grande do Sul** (0,10).	0,10
5. Requerimento de reconhecimento da prescrição da pretensão punitiva do Estado (0,30), com consequente extinção da punibilidade do agente (0,15), nos termos do **art. 107, inciso IV, do CP** (0,10).	0,55
6. A prescrição ocorreu porque, entre a data do recebimento da denúncia e da pronúncia foi ultrapassado o prazo de 4 anos **OU** o prazo de 4 anos foi ultrapassado porque o prazo prescricional deveria ser computado pela metade, já que **o réu era menor de 21 anos** (0,15).	0,15
7. Preliminarmente, nulidade da decisão de pronúncia: (0,30).	0,30
7.1. Nulidade em razão do não oferecimento de proposta de suspensão condicional do processo (0,30), nos termos do **art. 89 da Lei n. 9.099** (0,10), **já que a pena mínima do delito imputado é de 1 ano** (0,15).	0,55
7.2. Nulidade em razão do cerceamento de defesa **OU** violação ao princípio da ampla defesa **OU** violação ao princípio do contraditório (0,30), já que o juiz proferiu decisão após juntada **de documentação, sem dar vista às partes** (0,15).	0,45
8. No mérito, absolvição sumária (0,20) em razão de o fato evidentemente não constituir crime **OU** diante da atipicidade da conduta (0,25), nos termos do **art. 415, III, CPP** (0,10).	0,55
9. A conduta de **Túlio configura crime impossível** (0,80), **nos termos do art. 17 do CP** (0,10).	0,90
10. Houve absoluta impropriedade do objeto (0,15), tendo em vista que Joaquina não estava grávida quando da ação visando causar aborto (0,10).	0,25

Pedidos

11. **Conhecimento** (0,10) **e provimento do recurso** (0,30).	0,40
12. Prazo: 25 de junho de 2018 (0,10).	0,10

Prazo e fechamento

13. Local, data, advogado e OAB (0,10).	0,10

6.15. XXVII Exame de Ordem

João, 22 anos, no dia 04 de maio de 2018, caminhava com o adolescente Marcelo, cada um deles trazendo consigo uma mochila nas costas. Realizada uma abordagem por policiais, foi constatado que, no interior da mochila de cada um, havia uma certa quantidade de drogas, razão pela qual elas foram, de imediato, encaminhadas para a Delegacia. Realizado laudo de exame de material entorpecente, constatou-se que João trazia 25 g de cocaína, acondicionados em 35 pinos plásticos, enquanto, na mochila do adolescente, foram encontrados 30 g de cocaína, quantidade essa distribuída em 50 pinos. Após a oitiva das testemunhas em sede policial, da juntada do laudo e da oitiva do adolescente e de João, que permaneceram em silêncio com relação aos fatos, foram lavrados o auto de prisão em flagrante em desfavor do imputável e o auto de apreensão em desfavor do adolescente. Toda a documentação foi encaminhada aos Promotores de Justiça com atribuição. O Promotor de Justiça, junto à 1ª Vara Criminal de Maceió/AL, órgão competente, ofereceu denúncia em face de João, imputando-lhe a prática dos crimes previstos nos arts. 33 e 35, ambos com a causa de aumento do art. 40, inciso VI, todos da Lei n. 11.343/2006. Foi concedida a liberdade provisória ao denunciado, aplicando-se as medidas cautelares alternativas. Após a notificação, a apresentação de resposta prévia e o recebimento da denúncia e da citação, foi designada a audiência de instrução e julgamento, ocasião em que foram ouvidas as testemunhas de acusação. Estas confirmaram a apreensão de drogas em poder de Marcelo e João, bem como que eles estariam juntos, esclarecendo que não se conheciam anteriormente e nem tinham informações pretéritas sobre o adolescente e o denunciado. O adolescente, ouvido, disse que conhecera João no dia anterior ao de sua apreensão e que nunca o tinha visto antes vendendo drogas. Em seguida à oitiva das testemunhas de acusação e defesa, foi realizado o interrogatório do acusado, sendo que nenhuma das partes questionou o momento em que este foi realizado. Na ocasião, João confirmou que o material que ele e Marcelo traziam seria destinado à ilícita comercialização. Ele ainda esclareceu que conhecera o adolescente no dia anterior, que era a primeira vez que venderia drogas e que tinha a intenção de praticar o ato junto com o adolescente somente aquela vez, com o objetivo de conseguir dinheiro para comprar uma moto. Foi acostado o laudo de exame definitivo de material entorpecente confirmando o laudo preliminar e a Folha de Antecedentes Criminais de João, onde constava uma anotação referente a crime de furto, ainda pendente de julgamento. O juiz, após a devida manifestação das partes, proferiu sentença julgando parcialmente procedente a pretensão punitiva estatal. Em um primeiro momento, absolveu o acusado do crime de associação para o tráfico por insuficiência probatória. Em seguida, condenou o réu pela prática do crime de tráfico de drogas, ressaltando que o réu confirmou a destinação das drogas à ilícita comercialização. No momento de aplicar a pena, fixou a pena-base no mínimo legal, reconhecendo a existência da atenuante da confissão espontânea; aumentou a pena em razão da causa de aumento do art. 40, inciso VI, da Lei n. 11.343/2006 e aplicou a causa de diminuição de pena do art. 33, § 4º, da Lei n. 11.343/2006, restando a pena final em 1 ano, 11 meses e 10 dias de reclusão e 195 dias multa, a ser cumprida em regime inicial aberto. Entendeu o magistrado pela substituição da pena privativa de liberdade por duas restritivas de direitos. O Ministério Público, ao ser intimado pessoalmente em 22 de outubro de 2018, apresentou o recurso cabível, em 25 de outubro de 2018, acompanhado das respectivas razões recursais, requerendo:

a) nulidade da instrução, porque o interrogatório não foi o primeiro ato, como prevê a Lei n. 11.343/2006;
b) condenação do réu pelo crime de associação para o tráfico, já que ele estaria agindo em comunhão de ações e desígnios com o adolescente no momento da prisão, e o art. 35 da Lei n. 11.343/2006 fala em "reiteradamente ou não";
c) aumento da pena-base em relação ao crime de tráfico diante das consequências graves que vem causando para a saúde pública e a sociedade brasileira;
d) afastamento da atenuante da confissão, já que ela teria sido parcial;
e) afastamento da causa de diminuição do art. 33, § 4º, da Lei n. 11.343/2006, independentemente da condenação pelo crime do art. 35 da Lei n. 11.343/2006, considerando que o réu seria portador de maus antecedentes, já que responde a ação penal em que se imputa a prática do crime de furto;

f) aplicação do regime inicial fechado, diante da natureza hedionda do delito de tráfico;
g) afastamento da substituição da pena privativa de liberdade por restritiva de direitos, diante da vedação legal do art. 33, § 4º, da Lei n. 11.343/2006.

Já o acusado e a defesa técnica, intimados do teor da sentença, mantiveram-se inertes, não demonstrando interesse em questioná-la. O magistrado, então, recebeu o recurso do Ministério Público e intimou, no dia 05 de novembro de 2018 (segunda-feira), sendo terça-feira dia útil em todo o país, você, advogado(a) de João, a apresentar a medida cabível.

Com base nas informações expostas na situação hipotética e naquelas que podem ser inferidas do caso concreto, redija a peça cabível, excluídas as possibilidades de *habeas corpus* e embargos de declaração, no último dia do prazo, sustentando todas as teses jurídicas pertinentes. (Valor: 5,00)

Obs.: a peça deve abranger todos os fundamentos de Direito que possam ser utilizados para dar respaldo à pretensão. A simples menção ou transcrição do dispositivo legal não confere pontuação.

Excelentíssimo Senhor Juiz de Direito da 1.ª Vara Criminal da Comarca de Maceió/AL,

Comentários: o enunciado disse que a decisão partiu do magistrado da 1ª Vara Criminal da Comarca de Maceió/AL. Logo, a informação tinha de ser mencionada na peça. Quem disse *comarca ...* ou *comarca XXX* não recebeu a pontuação.

João, já qualificado nos autos, vem, por seu advogado, requerer a juntada das Contrarrazões de Apelação, com fundamento no art. 600 do CPP.

Requer sejam recebidas e processadas as razões anexadas e encaminhadas ao Tribunal de Justiça do Estado de Alagoas.

Comentários: no item *Juntada ou interposição?*, explicamos a celeuma a respeito das duas peças, por isso não tem motivo para voltar ao assunto. Quanto à nomenclatura da peça, a expressão *contrarrazões* não existe no CPP. A Banca, portanto, aceita tanto as *contrarrazões* quanto as *razões do apelado*, como consta no art. 600 do CPP. Cuidado: jamais fundamente suas contrarrazões no art. 593 do CPP.

Comarca ..., 13 de novembro de 2018.
Advogado, OAB

Comentários: embora o enunciado tenha trazido a comarca onde o processo está correndo, prefira fechar a peça com a forma genérica, como manda o edital. Além disso, após a juntada, alguns preferem pular para a segunda página de resposta. Não indicamos, pois há desperdício de muitas linhas. Geralmente, uma petição de juntada não tem mais do que quinze linhas (das trinta de cada página). Pode acabar faltando espaço para a elaboração da peça.

Contrarrazões de Apelação
Apelante: Ministério Público.
Apelado: João.

Egrégio Tribunal de Justiça de Alagoas,
Colenda Câmara,
Douto Procurador de Justiça,

O recurso de apelação interposto pelo Ministério Público não merece prosperar, devendo ser mantida, integralmente, a decisão proferida pelo Juiz de Direito da 1.ª Vara Criminal da Comarca de Maceió/AL.

Comentários: inicie a peça sempre dizendo *contrarrazões de apelação* ou *razões do apelado*. Se, por força do hábito, tiver dito que o apelante foi o réu, não se preocupe. De tudo o que foi dito acima, o gabarito exigiu, apenas, o nome da peça e o endereçamento ao TJ/AL. O restante não tem a menor importância.

I – DOS FATOS

No dia 4 de maio de 2018, o recorrido foi preso em flagrante por ter, em sua mochila, 25 g de cocaína, acondicionados em 35 pinos plásticos. Após o regular trâmite processual, o Juiz de Direito da 1.ª Vara Criminal de Maceió/AL o condenou pela prática do crime de tráfico de drogas, ressaltando que o réu confirmou a destinação das drogas à ilícita comercialização. No momento de aplicar a pena, fixou a pena-base no mínimo legal, reconhecendo a existência da atenuante da confissão espontânea; aumentou a pena em razão da causa de aumento do art. 40, inciso VI, da Lei n. 11.343/2006 e aplicou a causa de diminuição de pena do art. 33, § 4º, da Lei n. 11.343/2006, restando a pena final em 1 ano, 11 meses e 10 dias de reclusão e 195 dias multa, a ser cumprida em regime inicial aberto. Entendeu o magistrado pela substituição da pena privativa de liberdade por duas restritivas de direitos. O Ministério Público, ao ser intimado pessoalmente em 22 de outubro de 2018, apresentou o recurso cabível, em 25 de outubro de 2018.

Comentários: por não valer pontuação, no tópico *dos fatos*, o ideal é apenas resumir o enunciado da prova. Não é o momento para sustentar teses. Na 2ª fase, não podemos perder tempo com coisas que não valem pontos.

II – DO DIREITO

Comentários: as contrarrazões estão entre as peças mais fáceis da prática penal. Em um primeiro momento, como tese preliminar, temos de avaliar a regularidade do recurso oferecido pela outra parte – se é tempestivo, por exemplo. Em seguida, temos apenas de *rebater*, ponto a ponto, o que a outra parte pediu.

a) NULIDADE DA INSTRUÇÃO

O apelante sustenta que a nulidade do interrogatório por não ter sido o primeiro ato realizado em audiência, como determina a Lei n. 11.343/2006. No entanto, a reflexão não merece prosperar. Primeiro, *pelo fato de que o apelante não a alegou no momento adequado, tendo havido a preclusão. Ademais, por se tratar de instrumento de defesa, e por não ter causado prejuízo ao réu, não houve nulidade no fato de o interrogatório ter sido o último ato da instrução.*

Comentários: de fato, o art. 57 da Lei n. 11.343/2006 prevê o interrogatório como primeiro ato da audiência. O objetivo do dispositivo é inviabilizar a defesa – sendo o primeiro a falar, sem ouvir as testemunhas, o réu não consegue exercer o contraditório em sua plenitude. Por esse motivo, já há algum tempo, STF e STJ entendem pelo afastamento da regra especial, devendo ser aplicado o que manda o art. 400 do CPP. Ou seja, o réu é o último a falar. Todavia, a Banca não pode exigir julgados do examinando na 2ª fase, afinal não estão no vade-mécum, única fonte de pesquisa na prova. Por esse motivo, bastava dizer que o MP estava errado e que não havia problema no interrogatório ao final, sem ter de fundamentar.

b) CONDENAÇÃO DO APELADO PELO CRIME DO ART. 35 DA LEI N. 11.343/2006
O apelante pede a reforma da sentença em relação à absolvição do réu pelo crime de associação para o tráfico, do art. 35 da Lei n. 11.343/2006. Entretanto, ela deve ser mantida, pois não restou provada situação de permanência e estabilidade entre o adolescente e o acusado.

Comentários: novamente, a Banca não exigiu do candidato a fundamentação para o que estava sendo dito. Bastava dizer que o apelante estava errado, com base nas palavras do juiz sentenciante.

c) AUMENTO DA PENA-BASE
Outro ponto sustentado pelo apelante é a necessidade de aumento da pena-base em razão da gravidade em abstrato do delito de tráfico de drogas. Mais uma vez, o apelo não merece ser acolhido. Ao fixar a pena-base, o juiz tem de levar em consideração a gravidade em concreto do delito. Logo, deve ser mantida a pena-base no mínimo legal, como fixado em sentença.

Comentários: no gabarito, tudo se resumiu a dizer que o promotor estava errado e pedir para que a sentença fosse mantida.

d) ATENUANTE DA CONFISSÃO
O apelante pede o afastamento da atenuante da confissão espontânea em razão de ter sido parcial a confissão. Todavia, não merece prosperar seu posicionamento. Isso porque, quando a confissão for utilizada para a formação do convencimento do julgador, o réu fará jus à atenuante prevista no art. 65, III, "d", do CP, conforme a Súmula 545 do STJ. Destarte, deve ser mantida a sentença condenatória.

Comentários: veja que utilizamos as palavras da Súmula 535 do STJ como se fossem nossas. É a melhor forma para assegurar a pontuação do quesito.

e) CAUSA DE DIMINUIÇÃO DO ART. 33, § 4º, DA LEI N. 11.343/2006
O recorrente pede, ainda, o afastamento da causa de diminuição do art. 33, § 4º, da Lei n. 11.343/2006. Mais uma vez, o pedido não pode ser acolhido, devendo ser mantida a sentença condenatória, em

seus termos atuais. O fato de o réu responder à ação penal por crime de furto não justifica o reconhecimento de maus antecedentes, nos termos da Súmula 444 do STJ.

f) REGIME INICIAL FECHADO

O Ministério Público entende pela necessidade do regime inicial fechado para o cumprimento da pena, por se tratar de delito equiparado a hediondo. Todavia, o STF entendeu pela inconstitucionalidade do disposto no art. 2º, § 1º, da Lei n. 8.072/90. Por essa razão, deve ser mantida a sentença condenatória, que fixou o regime inicial aberto.

Comentários: um dos raros momentos em que a banca exigiu conhecimento da jurisprudência. Contudo, ela já tinha pedido esse posicionamento do STF em provas passadas. Quem havia estudado as anteriores não teve qualquer dificuldade.

g) SUBSTITUIÇÃO DA PENA PRIVATIVA DE LIBERDADE

Por derradeiro, o apelante entende, em seu recurso, pela impossibilidade da substituição da pena privativa de liberdade por restritivas de direitos, com base no disposto no art. 33, § 4º, da Lei n. 11.343/2006. Ocorre que a vedação prevista neste dispositivo foi declarada inconstitucional pelo STF.

Comentários: outra tese embasada em pronunciamento do STF. No entanto, por existir até resolução do Senado Federal suspendendo a vedação – em seu vade-mécum, o trecho do texto que proíbe a substituição deve estar riscado –, não era necessário conhecer a jurisprudência da Corte.

III – DO PEDIDO

Diante do exposto, requer o não provimento do recurso, para que seja mantida a sentença.

Comentários: perdemos as contas de quantos alunos pediram o *conhecimento* e o *provimento*. É natural, após semanas fazendo interposição de apelação. Fique atento! Ademais, caso esteja se questionando o porquê de o gabarito não ter pedido o *não conhecimento*, é simples: não havia tese para a rejeição do recurso (ex.: intempestividade). Por esse motivo, tinha de ser pedido apenas o *não provimento* ou a *manutenção da sentença* recorrida.

Comarca ..., 13 de novembro de 2018.
Advogado, OAB

ITEM	PONTUAÇÃO
Petição de juntada	
1. Endereçamento: 1ª Vara Criminal da Comarca de Maceió/AL (0,10).	0,10
2. **Fundamento legal: art. 600 do CPP** (0,10).	0,10

Razões do Apelado ou Contrarrazões de Apelação

3. Endereçamento: Tribunal de Justiça do Estado de Alagoas (0,10).	0,10
4. Afastamento da nulidade requerida (0,20), considerando que não foi arguida em **momento adequado** (0,15).	0,35
5. O interrogatório, como instrumento de defesa, poderá ser realizado como último ato da instrução **OU** o procedimento da Lei n. **11.343/2006 deve se adequar àquele previsto no CPP** (0,25).	0,25
6. Manutenção da absolvição em **relação a crime de associação para o tráfico** (0,20), **tendo em vista que não restou provada situação de permanência/estabilidade entre o adolescente e o acusado** (0,40).	0,60
7. Manutenção da **pena-base no mínimo legal** (0,20), uma vez que o argumento utilizado pelo Ministério Público considera a gravidade em abstrato do delito OU tendo em vista que haveria *bis in idem* no aumento da pena em razão de violação ao bem jurídico protegido pela norma (0,40).	0,60
8. Manutenção do reconhecimento da atenuante da confissão **espontânea** (0,20), **considerando que foi a confissão utilizada como argumento/para formação da convicção do juiz** (0,35), **nos termos da Súmula 545 do STJ** (0,10).	0,65
9. Manutenção do reconhecimento da causa de diminuição do **art. 33, § 4º, da Lei n. 11.343** (0,15), eis que o fato de o réu responder à ação penal por crime de furto não justifica o reconhecimento de maus antecedentes (0,35), **nos termos da Súmula 444 do STJ, por analogia OU conforme o art. 5º, LVII, da CRFB/88 (princípio da não culpabilidade ou da presunção de inocência)** (0,10).	0,60
10. Afastamento do pedido de aplicação do regime inicial fechado (0,20), pois o crime de tráfico privilegiado não é considerando hediondo pelo STF **OU** porque é inconstitucional a previsão do art. 2º, § 1º, da Lei n. 8.072/90 de aplicação obrigatória do regime inicial fechado aos crimes hediondos (0,40).	0,60
11. Manutenção da substituição da pena privativa de liberdade por restritiva de direitos (0,20), já que a vedação em abstrato viola o princípio da **individualização da pena OU porque o STF declarou a inconstitucionalidade da vedação trazida pelo art. 33, § 4º, da Lei n. 11.343/2006 OU porque a Resolução 05 do Senado suspendeu a eficácia da expressão que vedava a substituição** (0,40).	0,60

Pedido

12. **Não provimento do recurso OU manutenção da sentença** (0,25).	0,25
13. Prazo: 13 de novembro de 2018 (0,10).	0,10

Fechamento

14. Local, data, advogado e OAB (0,10).	0,10

6.16. XXVI Exame de Ordem

Em 03 de outubro de 2016, na cidade de Campos, no estado do Rio de Janeiro, Lauro, 33 anos, que é obcecado por Maria, estagiária de uma outra empresa que está situada no mesmo prédio em que fica o seu local de trabalho, não mais aceitando a rejeição dela, decidiu que a obrigaria a manter relações sexuais com ele, independentemente da sua concordância. Confiante em sua decisão, resolveu adquirir arma de fogo de uso permitido, considerando que tinha autorização para tanto, e a registrou, tornando-a regular. Precisando que alguém o substituísse no local do trabalho no dia do crime, narrou sua intenção criminosa para José, melhor amigo com quem trabalha, assegurando-lhe que comprou a arma exclusivamente para ameaçar Maria a manter com ele conjunção carnal, mas que não a lesionaria de forma alguma. Ainda esclareceu a José que alugara um quarto em um hotel e comprara uma mordaça para evitar que Maria gritasse e os fatos fossem descobertos. Quando Lauro saía de casa, em seu carro, para encontrar Maria, foi surpreendido por viatura da Polícia Militar, que havia sido alertada por José sobre o crime prestes a acontecer, sendo efetuada a prisão de Lauro em flagrante. Em sede policial, Maria foi ouvida, afirmando, apesar de não apresentar documentos, que tinha 17 anos e que Lauro sempre manteve comportamento estranho com ela, razão pela qual tinha interesse em ver o autor dos fatos responsabilizado criminalmente. Após receber os autos e considerando que o detido possuía autorização para portar arma de fogo, o Ministério Público denunciou Lauro apenas pela prática do crime de estupro qualificado, previsto no art. 213, § 1º c/c art. 14, inciso II, c/c art. 61, inciso II, *f*, todos do Código Penal. O processo teve regular prosseguimento, mas, em razão da demora para realização da instrução, Lauro foi colocado em liberdade. Na audiência de instrução e julgamento, a vítima Maria foi ouvida, confirmou suas declarações em sede policial, disse que tinha 17 anos, apesar de ter esquecido seu documento de identificação para confirmar, apenas apresentando cópia de sua matrícula escolar, sem indicar data de nascimento, para demonstrar que, de fato, era Maria. José foi ouvido e também confirmou os fatos narrados na denúncia, assim como os policiais. O réu não estava presente na audiência por não ter sido intimado e, apesar de seu advogado ter-se mostrado inconformado com tal fato, o ato foi realizado, porque o interrogatório seria feito em outra data. Na segunda audiência, Lauro foi ouvido, confirmando integralmente os fatos narrados na denúncia, mas demonstrou não ter conhecimento sobre as declarações das testemunhas e da vítima na primeira audiência. Na mesma ocasião, foi, ainda, juntado o laudo de exame do material apreendido, o laudo da arma de fogo demonstrando o potencial lesivo e a Folha de Antecedentes Criminais, sem outras anotações. Encaminhados os autos para o Ministério Público, foi apresentada manifestação requerendo condenação nos termos da denúncia. Em seguida, a defesa técnica de Lauro foi intimada, em 04 de setembro de 2018, terça-feira, sendo quarta-feira dia útil em todo o país, para apresentação da medida cabível.

Considerando apenas as informações narradas, na condição de advogado(a) de Lauro, redija a peça jurídica cabível, diferente de *habeas corpus*, apresentando todas as teses jurídicas pertinentes. A peça deverá ser datada do último dia do prazo para interposição. (Valor: 5,00)

Obs.: a peça deve abranger todos os fundamentos de Direito que possam ser utilizados para dar respaldo à pretensão. A simples menção ou transcrição do dispositivo legal não confere pontuação.

Excelentíssimo Senhor Juiz de Direito da Vara Criminal da Comarca de Campos/RJ,

Comentários: o enunciado disse que o processo correu na *Vara Criminal da Comarca de Campos/RJ*, por isso tinha de haver menção expressa à comarca no endereçamento.

PRÁTICA PENAL

Lauro, já qualificado nos autos, vem, por seu advogado, oferecer Alegações Finais por Memoriais, com fundamento no art. 403, § 3º, do CPP, pelas razões a seguir expostas:

Comentários: não há problema em dizer, apenas, *memoriais*. No entanto, como a Banca sempre fala em *alegações finais por memoriais*, prefiro adotar esta expressão. Quanto à fundamentação, cuidado com duas situações:

1ª) Se o processo estiver correndo em um rito processual especial, além da fundamentação dos memoriais, mencione o art. 394, § 5º, do CPP (ex.: art. 403, § 3º, do CPP c/c art. 394, § 5º, do CPP).

2ª) Se tiver havido a realização de alguma diligência ao final da audiência, os memoriais devem ser fundamentados no art. 404, parágrafo único, do CPP.

I – DOS FATOS

No dia 3 de outubro de 2016, o réu foi preso em flagrante quando estava em atos preparatórios para a prática do crime de estupro contra a vítima Maria. Com ele, foi encontrada arma de fogo devidamente registrada, em situação regular.

Ouvida, a vítima disse ter dezessete anos, mas não juntado documento comprobatório da sua idade. Em juízo, o réu confessou que, de fato, estava praticando atos preparatórios com o objetivo de prática do delito de estupro.

O Ministério Público o denunciou pela prática do crime de estupro qualificado, previsto no art. 213, § 1º, c/c art. 14, inciso II, c/c art. 61, inciso II, "f", todos do Código Penal. O réu não esteve presente na primeira audiência por não ter sido intimado.

Comentários: por não ser o momento para sustentar as teses, basta, no tópico *dos fatos*, um resumo do enunciado. Não é o local para dizer que o juiz errou ou que o pedido do MP não faz sentido. Guarde suas armas para o *do direito*.

II – DO DIREITO

a) NULIDADE DO PROCESSO

Preliminarmente, deve ser reconhecida a nulidade dos atos da instrução. Isso porque o réu não foi intimado para a realização da audiência de instrução em julgamento, causando cerceamento de defesa, nos termos do art. 5º, LV, da Constituição Federal.

Comentários: a Banca erra muito na correção da prova, por isso, o edital tem trazido mais e mais medidas que facilitem a vida de quem a corrigirá. Uma delas é a exigência de início das teses em *preliminarmente*, *do mérito* e *subsidiariamente*. Veja que o gabarito trouxe os três pontos de sustentação de teses: (a) circunstância fática (a falta de intimação para a audiência); (b) circunstância jurídica (desrespeito ao contraditório); (c) consequência da tese (nulidade da instrução).

b) CONDUTA NÃO PUNÍVEL

No mérito, o réu deve ser absolvido pela prática do delito de estupro. Isso porque não foram iniciados os atos executórios do delito, sendo certo que os atos preparatórios são impuníveis.

Comentários: a Banca não exigiu qualquer fundamentação. Bastava dizer que os atos preparatórios não são punidos, com a consequente absolvição. Reforça o que foi dito em outros modelos de peça: quando não souber como fundamentar uma tese, sustente-a, afinal pode acontecer de o gabarito não exigir.

c) QUALIFICADORA
Subsidiariamente, em caso de condenação, deve ser afastada a qualificadora do art. 213, § 1º, do CP, pois não há prova de que a vítima tinha, na época dos fatos, dezessete anos.

Comentários: a partir daqui os pedidos são sempre os mesmos, como vimos no tópico 5.4. *Memoriais (rito comum)*: afastamento de qualificadora, agravante e causa de aumento e reconhecimento de privilégio, atenuante e causa de diminuição. Ademais, substituição da pena privativa de liberdade por restritivas de direitos, suspensão condicional da pena e regime inicial de pena também devem ser objetos de análise. A primeira tese subsidiária era a de afastamento da qualificadora, pois ficou bem claro no enunciado que a idade da vítima não foi provada.

d) PENA-BASE
Ademais, deve a pena-base ser fixada no mínimo legal. Isso porque as circunstâncias judiciais do art. 59 do CP são favoráveis.

e) AGRAVANTE
Deve ser afastada a agravante do art. 61, II, "f", do CP, pois o crime não foi praticado em situação de violência doméstica, familiar ou de coabitação contra mulher.

f) ATENUANTE
Por ter confessado a autoria do delito, o réu faz jus à atenuante da confissão espontânea, nos termos do art. 65, III, "d", do CP.

Comentários: muitos examinandos perdem pontuação nas agravantes e atenuantes por fazerem referências do tipo: *o réu tem direito à atenuante do art. 65, I, do CP*, sem dizer em que consiste a atenuante. Lembre-se: nunca diga as coisas pela metade. Se for sustentar algo, diga: *faz jus à atenuante da confissão espontânea, do art. 65, I, f, do CP*.

g) REDUÇÃO DO "QUANTUM" MÁXIMO PELA TENTATIVA
Quanto à tentativa, a pena deve ser diminuída ao máximo, em dois terços, por ter o agente ficado distante da consumação do delito de estupro, nos termos do art. 14, II, parágrafo único, do CP.

Comentários: a tentativa é causa de diminuição de pena, a ser aplicada na terceira fase da dosimetria da pena. Há uma variação, entre 1/3 e 2/3. Para decidir em quanto a pena deve ser diminuída, o juiz leva em consideração o quanto o agente se aproximou da consumação da infração penal. No caso desta peça, a prisão em flagrante ocorreu quando estava praticando os atos preparatórios. Portanto, ficou muito longe da consumação, devendo ser a pena diminuída ao máximo.

h) SUSPENSÃO CONDICIONAL DA PENA

Com base no disposto no art. 77 do CP, o réu tem direito à suspensão condicional da pena, pois atendidos os requisitos legais.

Comentários: como o modelo é elaborado com base no gabarito oficial, não nos aprofundamos na sustentação da suspensão condicional da pena. De qualquer forma, é sempre interessante dizer quais são os requisitos legais para a concessão do benefício, pois a banca pode pontuar.

i) REGIME INICIAL

Considerando a pena mínima a ser aplicada, o regime inicial de cumprimento de pena deve ser o aberto, com fundamento no art. 33, § 2º, "c", do CP.

Comentários: para decidir qual regime deve ser pedido, leve em consideração que todas as teses sustentadas serão atendidas. Pedimos o afastamento da qualificadora, fazendo com que a pena mínima caia de 8 para 6 anos. Foi requerida a pena-base no mínimo legal. A atenuante não pode fazer que a pena fique abaixo do mínimo, mantendo nosso cálculo em 6 anos. Por fim, na tentativa, sustentamos a diminuição ao máximo, em dois terços – seis anos menos dois terços totalizam dois anos. Com base no art. 33, § 2º, c, do CP, o regime a ser imposto é o aberto. A Banca acabou aceitando duas respostas: os regimes aberto e semiaberto. Curiosamente, não foi pedida a inconstitucionalidade do regime inicial fechado para os hediondos.

III – DOS PEDIDOS

Diante do exposto, requer:
(a) a nulidade dos atos de instrução;
(b) a absolvição do réu, nos termos do art. 386, III, do CPP;
(c) o afastamento da qualificadora do art. 213, § 1º, do CP;
(d) a aplicação da pena-base no mínimo legal;
(e) o reconhecimento da atenuante da confissão espontânea;
(f) o afastamento da agravante do art. 61, II, "f", do CP;
(g) a redução ao máximo da diminuição da pena pela tentativa;
(h) a suspensão condicional da penal;
(i) a aplicação do regime inicial aberto.

Comentários: em memoriais, no *do pedido*, basta repetir, tópico a tópico, o que foi dito no *do direito*. A Banca pontua tudo em duplicidade.

Comarca ..., 10 de setembro de 2018.
Advogado, OAB

Comentários: apesar de o enunciado mencionar a comarca onde o processo correu, prefiro o fechamento padrão – *comarca ...* ou *comarca XXX*.

ITEM	PONTUAÇÃO
Endereçamento	
1. Vara Criminal da Comarca de Campos/RJ (0,10).	0,10
Cabimento	
2. Fundamento legal para apresentação de Alegações Finais por Memoriais: **art. 403, § 3º do CPP** (0,10).	0,10
Fundamentação	
3. Preliminarmente, reconhecimento da nulidade dos atos da instrução (0,20).	0,20
4. A nulidade decorre da **ausência de intimação do réu para realização da audiência de instrução e julgamento** (0,40), **o que representa cerceamento de defesa OU configurando violação ao princípio da ampla defesa** (0,15), **nos termos do art. 5º, LV, CRFB/88 OU art. 564, IV, do CPP** (0,10).	0,65
5. No mérito, absolvição de Lauro (0,30).	0,30
6. Não foram iniciados atos executórios do crime de estupro (0,60), sendo certo que os atos preparatórios são impuníveis (0,20).	0,80
7. Subsidiariamente, afastar a qualificadora pois não há prova n**os autos da idade da vítima** (0,50), **nos termos do art. 213, § 1º, do CP** (0,10).	0,60
8. Aplicação da **pena-base no mínimo legal, já que as circunstâncias do art. 59 do CP são favoráveis** (0,20).	0,20
9. Afastamento da agravante do **art. 61, inciso II, f, do CP** (0,20), **pois o crime não foi praticado em situação de violência doméstica, familiar ou de coabitação contra mulher** (0,10).	0,30
10. Reconhecimento da atenuante da confissão espontânea (0,30), nos termos do **art. 65, III, d, CP** (0,10).	0,40
11. Aplicação do *quantum* máximo de redução de pena em razão da **tentativa** (0,15), **tendo em vista que o crime ficou longe da consumação OU tendo em vista que o critério a ser observado é do iter criminis percorrido** (0,10).	0,25
12. Aplicação **do regime aberto ou semiaberto, considerando a pena mínima a ser aplicada** (0,20), **nos termos do art. 33, § 2º, b ou c, do CP** (0,10) **OU** Aplicação da suspensão condicional da pena (0,20), nos termos do **art. 77 do CP** (0,10).	0,30
Pedidos	
13. **Nulidade dos atos da instrução** (0,05).	0,05
14. Absolvição de Lauro (0,20), nos termos do **art. 386, inciso III, do CPP** (0,10).	0,30
14.1. Afastamento da qualificadora do **art. 213, § 1º, do CP** (0,05).	0,05
14.2. Aplicação da **pena-base no mínimo legal ou reconhecimento da atenuante da confissão** (0,05).	0,05
14.3. Afastamento da agravante do **art. 61, II, f, do CP** (0,05).	0,05
14.4. Redução do máximo em razão da tentativa (0,05).	0,05
14.5. Aplicação de regime inicial aberto ou semiaberto (0,05).	0,05

Tempestividade

15. Prazo: 10 de setembro de 2018 (0,10).   0,10

Fechamento

16. Data, local, assinatura, OAB (0,10).   0,10

6.17. XXV Exame de Ordem

Patrick, nascido em 4 de junho de 1960, tio de Natália, jovem de 18 anos, estava na varanda de sua casa em Araruama, em 5 de março de 2017, no interior do estado do Rio de Janeiro, quando vê o namorado de sua sobrinha, Lauro, agredindo-a de maneira violenta, em razão de ciúmes. Verificando o risco que sua sobrinha corria com a agressão, Patrick gritou com Lauro, que não parou de agredi-la. Patrick não tinha outra forma de intervir, porque estava com uma perna enfaixada devido a um acidente de trânsito. Ao ver que as agressões não cessavam, foi até o interior de sua residência e pegou uma arma de fogo, de uso permitido, que mantinha no imóvel, devidamente registrada, tendo ele autorização para tanto. Com intenção de causar lesão corporal que garantisse a debilidade permanente de membro de Lauro, apertou o gatilho para efetuar disparo na direção de sua perna. Por circunstâncias alheias à vontade de Patrick, a arma não funcionou, mas o barulho da arma de fogo causou temor em Lauro, que empreendeu fuga e compareceu à Delegacia para narrar a conduta de Patrick. Após meses de investigações, com oitiva dos envolvidos e das testemunhas presenciais do fato, quais sejam, Natália, Maria e José, estes dois últimos sendo vizinhos que conversavam no portão da residência, o inquérito foi concluído, e o Ministério Público ofereceu denúncia, perante o juízo competente, em face de Patrick como incurso nas sanções penais do art. 129, § 1º, inciso III, c/c o art. 14, inciso II, ambos do Código Penal. Juntamente com a denúncia, vieram as principais peças que constavam do inquérito, inclusive a Folha de Antecedentes Criminais, na qual constava outra anotação por ação penal em curso pela suposta prática do crime do art. 168 do Código Penal, bem como o laudo de exame pericial na arma de Patrick apreendida, o qual concluiu pela total incapacidade de efetuar disparos. Em busca do cumprimento do mandado de citação, o oficial de justiça comparece à residência de Patrick e verifica que o imóvel se encontrava trancado. Apenas em razão desse único comparecimento no dia 26 de fevereiro de 2018, certifica que o réu estava se ocultando para não ser citado e realiza, no dia seguinte, citação por hora certa, juntando o resultado do mandado de citação e intimação para defesa aos autos no mesmo dia. Maria, vizinha que presenciou a conduta do oficial de justiça, se assusta e liga para o advogado de Patrick, informando o ocorrido e esclarecendo que ele se encontra trabalhando e ficará embarcado por 15 dias. O advogado entra em contato com Patrick por *e-mail* e este apenas consegue encaminhar uma procuração para adoção das medidas cabíveis, fazendo uma pequena síntese do ocorrido por escrito.

Considerando a situação narrada, apresente, na qualidade do advogado de Patrick, a peça jurídica cabível, diferente do *habeas corpus*, apresentando todas as teses jurídicas de direito material e processual pertinentes. A peça deverá ser datada do último dia do prazo. (Valor: 5,00)

Obs.: a peça deve abranger todos os fundamentos de Direito que possam ser utilizados para dar respaldo à pretensão. A simples menção ou transcrição do dispositivo legal não confere pontuação.

- Este problema foi resolvido no tópico *A peça ideal*.

ITEM	PONTUAÇÃO
1. Endereçamento: Vara Criminal da Comarca de Araruama/RJ (0,10).	0,10
2. Fundamento legal: **art. 396-A do Código de Processo Penal** (0,10).	0,10
3. Preliminarmente, deve ser **requerido o reconhecimento da nulidade do ato de citação** (0,40), **nos termos do art. 564, inciso III, *e*, do CPP** (0,10).	0,50
4. Patrick não estava se ocultando para ser citado e o oficial de justiça somente compareceu em uma oportunidade (0,15), não preen**chendo os requisitos do art. 362 do CPP** (0,10).	0,25
Mérito	
5. Absolvição sumária, tendo em vista que a conduta narrada evidentemente não constitui crime (0,40).	0,40
6. Não há que se falar em punição da tentativa, tendo em vista que houve crime **impossível** (0,70), **previsto no art. 17 do CP** (0,10).	0,80
7. A arma de fogo utilizada não era apta a efetuar disparos (0,30), logo houve absoluta ineficácia do meio utilizado (0,20).	0,50
8. Absolvição sumária, tendo em vista que há manifesta causa **excludente da ilicitude** (0,40).	0,40
9. Patrick agiu amparado pela legítima defesa (0,70), prevista no **art. 25 do CP OU no art. 23, II, do CP** (0,10).	0,80
10. Patrick utilizou dos meios necessários (0,10) para repelir injusta agressão atual (0,15).	0,25
11. A conduta de Patrick visava resguardar direito de terceiro/sua sobrinha (0,10).	0,10
Pedidos	
12. Absolvição sumária (0,30), com fundamento no **art. 397, inciso I, do CPP** (0,10) **e no art. 397, inciso III, do CPP** (0,10).	0,50
13. Rol de testemunhas (**Maria, José e Natália**) (0,10).	0,10
14. Prazo: 09 de março de 2018 (0,10).	0,10
Fechamento	
15. Local, data, advogado e OAB (0,10).	0,10

Acesse o *QR Code* e veja mais provas resolvidas com modelos e comentários que foram elaborados para você.

> http://uqr.to/1x8ui

7. QUESTÕES DISCURSIVAS DAS PROVAS ANTERIORES
DIVIDIDAS POR TEMAS

I. Direito penal – parte geral

Intransmissibilidade da pena e revisão criminal

(41º Exame) Jorge foi definitivamente condenado à pena de desacato, fixada em um ano de detenção, em regime aberto. Presentes os requisitos, a pena de reclusão foi substituída por uma pena de prestação pecuniária. Foi autorizado o parcelamento do cumprimento da pena em 12 (doze) prestações iguais e sucessivas.

Após o pagamento de cinco parcelas, Jorge faleceu. A filha de Jorge, Janaína, maior e herdeira de bens deixados pelo falecido, procura você, como advogado(a), informando ter obtido novas provas capazes de comprovar a inocência de seu pai, bem como indagando a respeito da sua responsabilidade pessoal pelo pagamento das parcelas da prestação pecuniária que seu pai não quitou em vida.

Assim, responda às questões a seguir:

A) As parcelas remanescentes da pena de prestação pecuniária poderão ser cobradas de Janaína? Responda, fundamentadamente, indicando o princípio de Direito Penal aplicável. (Valor: 0,65)

B) Identifique, de forma justificada, se há meios processuais que legitimem Janaína a comprovar a inocência de Jorge. (Valor: 0,60)

Obs.: O(a) examinando(a) deve fundamentar suas respostas. A mera citação do dispositivo legal não confere pontuação.

GABARITO:
A) Não, diante do princípio da intranscendência da pena ou da responsabilidade pessoal ou personalidade ou intransmissibilidade da pena (0,20), a morte do condenado extingue a punibilidade (0,35), na forma do art. 107, I, do CP, ou do art. 5º, XLV, da CRFB/88, ou do art. 5, item 3, da Convenção Americana sobre Direitos Humanos ou Pacto de San José da Costa Rica (aprovada pelo Decreto n. 678/92) (0,10).

B) É cabível a revisão criminal mesmo após a morte da pessoa condenada (0,50), na forma do art. 621, III, ou do art. 623, ambos do CPP (0,10).

Princípio da insignificância e audiência de custódia

(41º Exame) No Supermercado Boa Fartura, há uma área de descarte de mercadorias violadas, vencidas ou que, de qualquer forma, estejam sem condições de venda. William, aproveitando-se da baixa luminosidade do período noturno e do reduzido fluxo de pessoas, ingressou nesta área, localizada em um pátio externo com acesso à via pública (por onde passa o caminhão de coleta de descartes) e subtraiu, para si, 20 (vinte) quilos de picanha, 2 (dois) litros de iogurte, 10 (dez) litros de detergente e 5 (cinco) litros de refrigerante, todos com data de validade ultrapassada.

Enquanto se afastava da área designada em direção à via pública, foi flagrantado pelos seguranças e levado à autoridade policial competente que autuou William por furto majorado pelo horário de repouso noturno, na forma tentada (art. 155, *caput* c/c art. 155, § 1º, na forma do art. 14, II, todos do Código Penal).

O gerente do supermercado, ouvido em conjunto com os agentes de segurança que realizaram o flagrante, confirmou à autoridade policial que as mercadorias subtraídas eram destinadas ao descarte, por não poderem ser comercializadas.

Durante a lavratura do flagrante, William informou ao delegado que não possuía advogado, e não há defensoria pública instalada na comarca, o que levou você a ser designado como advogado(a) dativo(a) de William pelo Juízo, tão logo o acusado recebeu a comunicação de prisão em flagrante. Aceitado o encargo, e considerando apenas as informações constantes do enunciado, responda às perguntas a seguir:

A) Como advogado(a) constituído(a) no momento processual indicado nos autos, qual será a oportunidade mais próxima para defender oralmente, perante o Juiz, a liberdade de William? Justifique. (Valor: 0,60)

B) Qual a tese de direito material a ser sustentada na defesa de William a fim de evitar a sua responsabilização penal pelo fato? Justifique. (Valor: 0,65)

Obs.: O(a) examinando(a) deve fundamentar suas respostas. A mera citação do dispositivo legal não confere pontuação.

GABARITO:

A) Na audiência de custódia (0,50), na forma do art. 310, *caput*, do CPP (0,10).

B) Atipicidade formal ou material da conduta (0,35), pois os bens foram descartados pelo proprietário ou não possuem valor econômico significativo, ensejando insignificância (0,30).

Inimputabilidade e medida de segurança

(39º Exame) Manoela foi denunciada por desacato, dano qualificado e lesão corporal leve, em concurso material (art. 331, art. 163, III, e art. 129, *caput*, na forma do art. 69, todos do Código Penal), porque, no dia e hora indicados na denúncia, teria desacatado funcionários públicos municipais do Centro de Atenção Psicossocial (CAPs), onde fazia tratamento regular, além de ter danificado bem público e lesionado a funcionária do local.

Você foi constituído(a) para a defesa da ré e verificou que esta apresenta falas desconexas, aparentando não ter compreensão do caráter ilícito dos fatos que lhe foram imputados.

Na qualidade de advogado(a) de Manoela, responda às questões a seguir:

A) Para postular o reconhecimento da inimputabilidade de Manoela, qual a medida processual adequada? Justifique. (Valor: 0,60)

B) Caso a sentença reconheça que Manoela praticou os fatos típicos e ilícitos descritos, mas é inimputável, qual a consequência material potencialmente aplicável à acusada? Justifique. (Valor: 0,65)

Obs.: O(a) examinando(a) deve fundamentar suas respostas. A mera citação do dispositivo legal não confere pontuação.

PRÁTICA PENAL

GABARITO:

A) Incidente de insanidade mental da acusada (0,50), nos termos do art. 149 do CPP (0,10).

B) Aplicação de medida de segurança (tratamento ambulatorial ou internação) ou afastamento da culpabilidade, isentando a acusada de pena (0,55), na forma do art. 97 OU art. 26 do CP (0,10).

Decadência e legítima defesa

(35º Exame) Em 09 de agosto de 2021, durante uma reunião de condomínio, iniciou-se uma discussão. O morador Paulo, lutador de vale-tudo, chamou Fábio, o síndico, de ladrão. Ato contínuo, Paulo partiu para cima de Fábio, no intuito de quebrar seu nariz com um soco. Em seguida, Fábio, praticante de jiu-jítsu, golpeou Paulo, que caiu no chão desmaiado. Paulo foi levado para o hospital, mas foi liberado horas depois. O laudo hospitalar atestou apenas escoriações leves.

Em 10 de maio de 2022, em outra reunião de condomínio, Paulo e Fábio encontraram-se novamente. Fábio já tinha esquecido os fatos ocorridos na ocasião anterior, porque não era pessoa de guardar rancor. No entanto, Paulo lembrou de tudo que passou, sentiu-se envergonhado perante os demais condôminos e resolveu seguir em frente para processar Fábio criminalmente. No dia seguinte, Paulo noticiou o ocorrido na reunião anterior à autoridade policial e apresentou o laudo hospitalar para comprovar a lesão sofrida.

Após os trâmites regulares das investigações, o promotor de justiça com atribuição para o caso ofereceu denúncia em face de Fábio como incurso nas sanções do crime de lesão corporal leve, previsto no art. 129, *caput*, do CP. A denúncia foi recebida e determinada a citação do réu.

Considerando as informações acima, na condição de advogado(a) de Fábio, responda aos itens a seguir.

A) Qual tese a defesa pode alegar como preliminar? Justifique. (Valor: 0,60)

B) Qual tese de direito material pode ser utilizada para a defesa de Fábio? Justifique. (Valor: 0,65)

Obs.: O(a) examinando(a) deve fundamentar suas respostas. A mera citação do dispositivo legal não confere pontuação.

GABARITO:

A) Em preliminar de defesa, deve ser alegada a extinção de punibilidade pela decadência (0,35), tendo em vista que Paulo deixou de oferecer representação no prazo de 6 meses, conhecendo a autoria desde a data do fato (0,15), conforme estabelecido no art. 38 do CPP c/c art. 107, inciso IV, do CP (0,10).

B) Fábio atuou em legítima defesa, uma vez que, usando moderadamente dos meios necessários, repeliu injusta e iminente agressão de Paulo, que foi em sua direção para lhe dar um soco com o intuito de quebrar seu nariz (0,35). Assim, houve exclusão da ilicitude do fato (0,20), na forma do art. 23, inciso II, c/c art. 25, *caput*, ambos do CP (0,10).

Atenuante da reparação do dano e reconhecimento ilícito

(XXXIV Exame) Geraldo, 30 anos, constrangeu Eugênia, desconhecida que passava pela rua, mediante grave ameaça, a transferir R$ 2.000,00 (dois mil reais) para sua conta. Diante da grave ameaça, Eugênia compareceu ao estabelecimento bancário com Geraldo e fez a transferência devida, sendo liberada em seguida. Eugênia, nervosa, compareceu à sede policial e narrou o ocorrido, sendo instaurado inquérito para identificação do autor do fato. Ocorre que Geraldo, no dia seguinte, antes de qualquer denúncia, arrependeu-se de sua conduta e transferiu de volta para a conta de Eugênia todo o valor antes obtido de maneira indevida.

Confirmada a autoria, o Ministério Público ofereceu denúncia em face de Geraldo pela prática do crime de extorsão simples consumada (art. 158, *caput*, do Código Penal), sendo decretada sua prisão preventiva, em razão da gravidade do fato e da reincidência. Durante audiência de instrução e julgamento, foi ouvida a vítima, que confirmou os fatos narrados na denúncia. O réu permaneceu em sala de audiência, e o reconhecimento foi realizado ao final da oitiva da vítima, ainda no local, sob o argumento de que, como havia muitos presos no Fórum, não haveria policiais suficientes para transporte de presos até a sala de reconhecimento. Assim, Eugênia apenas apontou para o denunciado e disse que ele seria o autor. As demais testemunhas esclareceram que não presenciaram o ocorrido.

Com base no reconhecimento realizado, foi o réu condenado nos termos da denúncia, sendo aplicada pena-base de 04 anos; pena intermediária de 04 anos e 03 meses em razão da reincidência, não sendo reconhecidas atenuantes ou outras agravantes; na terceira fase, não foram reconhecidas causas de aumento ou de diminuição de pena. O regime inicial aplicado foi o fechado.

Intimado da sentença, esclareça, na condição de advogado de Geraldo em atuação em recurso de apelação, os itens a seguir.

A) Qual argumento de direito processual poderá ser apresentado para questionar a produção probatória em audiência? Justifique. (Valor: 0,65)

B) Qual argumento de direito material poderá ser apresentado, caso mantida a condenação, em busca da redução da pena aplicada? Justifique. (Valor: 0,60)

Obs.: O(a) examinando(a) deve fundamentar suas respostas. A mera citação do dispositivo legal não confere pontuação.

GABARITO:

A) O argumento é o de que o reconhecimento realizado não foi válido, pois não foram observadas as formalidades legais (0,55), nos termos do art. 226 do CPP (0,10).

B) O argumento seria o de que deveria ter sido reconhecida a atenuante da reparação do dano, tendo em vista que o denunciado devolveu o valor obtido indevidamente (0,50), nos termos do art. 65, inciso III, "b", do CP (0,10).

Erro de tipo e falta de perícia

(XXXIV Exame) Renato e Abel foram denunciados pelo crime de "falsificação, corrupção, adulteração ou alteração de produto destinado a fins terapêuticos ou medicinais", por terem exposto à venda, na farmácia em que eram sócios, diversos frascos de medicamentos fitoterápicos para tratamento urinário que estavam corrompidos. Lote de fabricação UR031FT-PLANT (art. 273, § 1º, do CP). A Vigilância Sanitária, ao fiscalizar aquela farmácia, apreendeu os referidos medicamentos e encontrou um aviso enviado pelo fabricante informando que os medicamentos relativos àquele lote não se achavam em condições para consumo por estarem corrompidos, devendo ser recolhidos e devolvidos.

Na instrução criminal, foram ouvidos os agentes da Vigilância Sanitária que fizeram as apreensões, os quais declararam ter recebido diversas reclamações de consumidores que compraram o medicamento relativo ao lote de fabricação UR031FT-PLANT, pois se sentiram mal. Ouvidos os farmacêuticos do fabricante, disseram que, feita a análise, constataram que o medicamento daquele lote estava corrompido e recomendaram aos comerciantes que os adquiriram que efetuassem a devolução. Foi ouvida uma testemunha de defesa, ou seja, o gerente da farmácia que recebeu o aviso do fabricante. Ele esclareceu que não abriu a correspondência nem deu ciência do recebimento ao farmacêutico da loja.

Interrogados, os réus negaram a autoria. Alegaram que desconheciam qualquer irregularidade no medicamento do lote de fabricação UR031FT-PLANT. Declararam que não receberam qualquer reclamação de clientes, considerando que 15 (quinze) unidades daquele lote foram comercializadas, além disso, pesquisaram e não encontraram reclamação no Procon relativa a esse fato. A corrupção do referido medicamento ficou demonstrada nos autos pelos documentos laboratoriais do fabricante.

Renato e Abel foram condenados nas penas mínimas (10 anos de reclusão, em regime fechado, 10 dias-multa ao valor mínimo legal).

O Ministério Público não recorreu. A defesa dos réus apelou.

A) Em razões recursais defensivas, que eventual matéria processual poderia ser sustentada como preliminar? (Valor: 0,65)

B) Com vistas à absolvição de Renato e Abel, qual(is) tema(s) de direito material poderia(m) ser alegado(s)? (Valor: 0,60)

Obs.: O(a) examinando(a) deve fundamentar suas respostas. A mera citação do dispositivo legal não confere pontuação.

GABARITO:

A) Como se trata de crime que deixa vestígio, seria necessária a realização de exame pericial dos medicamentos apreendidos ou a prova do fato por perícia seria ônus da acusação, diligência que também poderia ter sido determinada de ofício e supletivamente pelo juiz (0,55), segundo o art. 158, *caput*, ou art. 156, inciso II, ambos do CPP (0,10).

B) Não houve comprovação do crime por falta de prova pericial, sendo o caso de absolvição ou absolvição por não estar provado que os recorrentes concorreram culposa ou dolosamente para eventual infração penal ou incorreram em erro de tipo ou atipicidade de conduta (0,50). Conforme o art. 386, inciso III, IV ou V, do CPP ou art. 20, *caput*, do CP (0,10).

Crime único e estado de necessidade

(XXXIII Exame) Em uma pequena cidade do interior do Amazonas, uma virose se espalha entre os adolescentes locais, gerando diversos casos de jovens com febre, vômitos e infecções. Considerando a dificuldade de acesso à cidade, que dependia de viagem de barco, e a inexistência de profissionais de medicina no local, os pais dos adolescentes procuram Jorge, 22 anos, estudante de odontologia, para auxílio. Verificando o estado de desidratação dos adolescentes e a urgência da situação, Jorge, que sempre gostara de ler livros sobre medicina, realiza o atendimento e indica os remédios e os tratamentos que deveriam ser realizados. Os adolescentes ficaram curados após o atendimento "médico" de Jorge e, em razão disso, passaram a ser constantes os atendimentos por ele realizados em casos urgentes, com perigo atual à vida e à saúde das pessoas da cidade, mas que não tinham qualquer vínculo com a virose anterior. Descobertos os fatos e verificado que foram realizados 10 atendimentos diferentes ao longo de um ano, o Ministério Público denunciou Jorge como incurso nas sanções penais do art. 282 do Código Penal, por 10 vezes, em continuidade delitiva. A proposta de suspensão condicional do processo não foi aceita pelo réu. Após regular a instrução, a pretensão punitiva do Estado foi julgada procedente, sendo Jorge condenado à pena de 10 meses de detenção (pena base no mínimo legal, aumentada de 2/3 em razão da continuidade delitiva), substituída a privativa de liberdade por uma restritiva de direitos. Intimado da decisão, responda na condição de advogado de Jorge, aos itens a seguir.

A) Existe argumento de direito material a ser apresentado em busca da absolvição de Jorge? Justifique. (Valor: 0,65)

B) Em caso de manutenção da condenação, qual argumento poderá ser apresentado para questionar a capitulação realizada e a pena aplicada? Justifique. (Valor: 0,60)

Obs.: O(a) examinando(a) deve fundamentar suas respostas. A mera citação do dispositivo legal não confere pontuação.

GABARITO:

A) Sim, deveria a defesa técnica alegar a existência de excludente de ilicitude (0,20), em razão do estado de necessidade (0,35), nos termos do art. 24 ou do art. 23, inciso I, do CP (0,10).

B) O argumento é o de que não houve concurso de crimes, mas sim crime único (0,40), diante da natureza de crime habitual da infração imputada ou diante da imprescindibilidade da reiteração para configuração do delito (0,20).

Aberratio criminis e procuração com poderes especiais

(XXXIII Exame) Bernardo, em 31 de dezembro de 2018, com a intenção de causar dano à loja de Bruno, seu inimigo, arremessou uma pedra na direção de uma janela com mosaico, que tinha valor significativo de mercado. Ocorre que, no momento da execução do crime, Bernardo errou o arremesso e a pedra acabou por atingir Joana, funcionária que passava em frente à loja e que não tinha sido percebida, causando-lhe lesões corporais que a impossibilitaram de trabalhar por 50 dias. A janela restou intacta. No momento do crime, não foi identificada a autoria, mas, após investigação, em 04 de março de 2019, foi descoberto que Bernardo seria o autor do arremesso. O Ministério Público iniciou procedimento em face de Bernardo imputando-lhe o crime de lesão corporal de natureza culposa, figurando como vítima Joana, que apresentou representação quando da descoberta do autor. Bruno, revoltado com o ocorrido, contratou um advogado, conferindo-lhe procuração com poderes gerais, constando o nome do ofendido e do ofensor. O procurador apresenta queixa-crime, em 02 de julho de 2019, imputando a prática do crime de tentativa de dano a Bernardo. Ao tomar conhecimento da queixa-crime, Bernardo o procura, como advogado. Considerando apenas as informações narradas, na condição de advogado(a) de Bernardo, responda aos questionamentos a seguir.

A) Qual argumento de direito processual poderá ser apresentado em busca da rejeição da queixa-crime apresentada? Justifique. (Valor: 0,60)

B) Qual argumento de direito material a ser apresentado para questionar o delito imputado na queixa-crime? Justifique. (Valor: 0,65)

Obs.: O(a) examinando(a) deve fundamentar suas respostas. A mera citação do dispositivo legal não confere pontuação.

GABARITO:

A) A queixa-crime somente poderia ter sido apresentada por procurador com poderes especiais OU a procuração apenas previa poderes gerais, o que não é admitido (0,50), nos termos do art. 44 do CPP (0,10).

B) Houve aberratio criminis OU houve resultado diverso do pretendido (0,40), devendo o agente responder apenas pelo crime de lesão corporal culposa (0,15), nos termos do art. 74 do CP (0,10).

Paixão e recurso em sentido estrito

(XXXIII Exame) Beatriz e seu esposo José, no dia 02/01/2021, enquanto celebravam o aniversário de casamento em um restaurante, iniciaram uma discussão, por José entender que a esposa não lhe dispensava a devida atenção. Durante a discussão, José desferiu um soco no rosto de Beatriz, causando-lhe lesão corporal de natureza leve. Testemunhas presenciais do fato chamaram a Polícia, sendo José preso em flagrante, mas posteriormente liberado pelo magistrado, em sede de audiência de custódia. O Ministério Público ofereceu denúncia imputando a José a prática do crime do art. 129, § 9º, do Código Penal, havendo habilitação imediata de Beatriz, por meio de seu advogado, como assistente de acusação, já que ela não aceitou ter sido agredida pelo então marido. O magistrado em atuação no Juizado de Violência Doméstica e Familiar contra a Mulher não recebeu a denúncia, afirmando a inexistência de fato culpável, escorado em laudo apresentado pela defesa indicando que, no momento dos fatos, em razão da paixão, José era inteiramente incapaz de determinar-se de acordo com seu entendimento. Destacou o magistrado a possibilidade de rejeição da denúncia por não ser necessária a aplicação de medida de segurança, já que, atualmente, não haveria incapacidade de José. Insatisfeita com o teor da decisão, Beatriz procura você, como advogado(a), para a adoção das medidas cabíveis e assistência técnica. Na condição de advogado(a) de Beatriz, esclareça os questionamentos a seguir.

A) Para combater a decisão do magistrado, qual o recurso cabível? Justifique. (Valor: 0,60)

B) Existe argumento de direito material para questionar o conteúdo da decisão judicial? Justifique. (Valor: 0,65)

Obs.: O(a) examinando(a) deve fundamentar suas respostas. A mera citação do dispositivo legal não confere pontuação.

GABARITO:

A) Caberá recurso em sentido estrito (0,50), nos termos do art. 581, inciso I, do CPP (0,10).

B) Sim, o argumento seria que, considerando a imputabilidade elemento da culpabilidade, o fato praticado é típico, ilícito e culpável OU que não deveria ser afastada a culpabilidade do agente (0,15), tendo em vista que a paixão não exclui a imputabilidade penal (0,40), nos termos do art. 28, inciso I, do CP (0,10).

Erro de proibição e flagrante ilegal

(XXXII Exame) Gabriel, estudante de farmácia, 22 anos, descobre que seu tio Jorge possuía grave doença no fígado, que lhe causava dores físicas. Durante seus estudos sobre medicina alternativa em livro oficial fornecido pela faculdade pública em que estudava, vem a ler que a droga conhecida como heroína poderia, em doenças semelhantes à de seu tio, funcionar como analgésico e aliviar a dor do paciente. Tendo acesso ao material que sabia ser heroína e sua classificação como droga, Gabriel, em 27 de maio de 2019, transporta e entrega o material para o tio, acreditando que, apesar de existir a figura típica do tráfico de drogas, sua conduta seria lícita diante dos fins medicinais. Avisou que o material deveria ser usado naquele dia, de forma imediata. No dia 29 de maio de 2019, após denúncia, policiais militares, com autorização para ingresso na residência de Jorge, apreendem o material ilícito e descobrem que Jorge o recebera de Gabriel, mas não o utilizou. Em seguida, comparecem à faculdade de Gabriel e realizam sua prisão em flagrante. Jorge e Gabriel foram indiciados, após juntada do laudo confirmando a natureza do material, pelo crime de tráfico de drogas (art. 33 da Lei n.

11.343/2006), mas, em razão da doença, Jorge vem a falecer naquela mesma data. Ao tomar conhecimento dos fatos, de imediato a família de Gabriel procura você, como advogado(a), para esclarecimentos. Considerando apenas as informações expostas, responda, na condição de advogado(a) de Gabriel, aos itens a seguir.

A) Qual o argumento de direito processual a ser apresentado para questionar a prisão em flagrante de Gabriel? Justifique. (Valor: 0,60)

B) Existe argumento de direito material a ser apresentado em busca da absolvição de Gabriel pelo crime pelo qual foi indiciado? Justifique. (Valor: 0,65)

Obs.: O(a) examinando(a) deve fundamentar suas respostas. A mera citação do dispositivo legal não confere pontuação.

GABARITO:

A) A prisão em flagrante foi ilegal (0,20), já que não estava configurada em qualquer das situações previstas no art. 302 do CPP (0,40).

B) Sim, o argumento seria de que ocorreu erro de proibição OU erro sobre ilicitude (0,40), nos termos do art. 21 do CP (0,10), que poderia funcionar como causa de isenção de pena OU que afasta a culpabilidade do agente OU que afasta o potencial conhecimento da ilicitude (0,15).

Tentativa e presunção de inocência

(XXXII Exame) Luiz, no dia 05 de fevereiro de 2019, ingressou na residência de Henrique e, mediante grave ameaça contra a vítima, buscou subtrair a televisão do imóvel. Após o emprego da grave ameaça à pessoa e a retirada dos parafusos da televisão, mas ainda quando estava dentro da casa com o bem, Luiz é surpreendido pela Polícia Militar, que informada dos fatos por vizinhos, realizou sua prisão em flagrante. Em sede policial, foi descoberto que Luiz contou com a participação de José, que, sabendo do plano criminoso do amigo, foi o responsável por dizer o horário em que a vítima estaria sozinha em sua residência, bem como a porta que teria uma falha na fechadura, facilitando o ingresso de Luiz no imóvel. Luiz e José foram denunciados pela prática do crime de roubo majorado pelo concurso de agentes. Observado o procedimento previsto em lei e confirmados os fatos, foi proferida sentença condenatória, sendo aplicada a pena mínima possível de 5 anos e 4 meses de reclusão, além de 13 dias-multa, para José. Já Luiz teve sua pena base fixada acima do mínimo legal, em 4 anos e 6 meses de reclusão e 12 dias-multa, reconhecendo o magistrado a existência de má conduta social, pelo fato de Luiz possuir 5 condenações sem trânsito em julgado pela suposta prática de crimes de roubo, apesar de admitir, na decisão, que as anotações constantes da Folha de Antecedentes Criminais não poderiam justificar o reconhecimento de maus antecedentes. Não foram reconhecidas agravantes, sendo, na terceira fase, a pena aumentada, no mínimo possível, em razão da majorante do concurso de agentes. Assim, a pena final de Luiz restou acomodada em 06 anos de reclusão e 15 dias-multa. Intimado da decisão, o advogado de José apresentou recurso buscando reconhecimento da modalidade tentada do delito, bem como da causa de diminuição da participação de menor importância. Luiz, então, consulta você, como advogado(a), para avaliar o interesse em apresentar recurso de apelação. Na condição de advogado(a) de Luiz, esclareça os questionamentos formulados pelo seu cliente.

A) Não sendo apresentado recurso de apelação por Luiz, poderá ele ser beneficiado pelo reconhecimento da causa de diminuição de pena da tentativa no julgamento do recurso apresentado por José? E da causa de diminuição de pena da participação de menor importância? Justifique. (Valor: 0,65)

PRÁTICA PENAL

B) Existe argumento de direito material a ser apresentado em busca da redução da pena base aplicada a Luiz? Justifique. (Valor: 0,60)

Obs.: O(a) examinando(a) deve fundamentar suas respostas. A mera citação do dispositivo legal não confere pontuação.

GABARITO:

A) Luiz poderá ser beneficiado por eventual causa de diminuição de pena em razão da tentativa, mesmo não apresentando recurso, tendo em vista que se trata de circunstância objetiva ou de caráter não exclusivamente pessoal (0,30). A participação de menor importância é circunstância pessoal, não se estendendo ao corréu (0,25), nos termos do art. 580 do CPP (0,10).

B) Sim. O argumento seria de que ações penais em curso não podem ser valoradas de maneira negativa ao réu no momento de aplicação da pena base (0,35), sob pena de violação ao princípio da presunção de inocência ou da não culpabilidade (0,15), conforme Súmula 444 do STJ OU art. 59, inciso LVII, da CRFB (0,10).

Crime único e prova ilícita

(XXX Exame) Beto e Juca eram vizinhos em um prédio que veio a ser atingido por incêndio. Em razão das longas obras que seriam necessárias para recuperar os apartamentos, decidem se hospedar em um hotel por 06 meses, novamente sendo vizinhos de quarto. Em determinada data, policiais militares surpreenderam Juca entrando com uma sacola preta no seu quarto do hotel, ficando claro que ele estava fugindo ao avistar os agentes da lei. Diante disso, ingressaram no quarto e apreenderam 100 g de maconha, que estavam na sacola que Juca trazia consigo, e mais 50 g de cocaína, que estavam sendo guardados no cômodo, sendo confirmado por Juca que o material seria destinado à venda. Em seguida, os policiais optaram por fazer diligência também no quarto vizinho, que era de Beto, apreendendo uma série de documentos que, após investigação, verificou-se que estavam relacionados a um crime de estelionato. O Ministério Público ofereceu denúncia em face de Juca pela prática de dois crimes de tráfico em concurso, tendo em vista que guardava cocaína e trazia consigo maconha. Já Beto, exclusivamente em razão da documentação apreendida, foi denunciado pelo crime de estelionato. Considerando apenas as informações narradas, na condição de advogado(a) dos denunciados, responda aos itens a seguir.

A) Qual argumento deve ser apresentado pela defesa técnica, em busca da absolvição de Beto? Justifique. (Valor: 0,60)

B) Qual argumento a ser apresentado pela defesa técnica para questionar a capitulação jurídica constante na denúncia em face de Juca? Justifique. (Valor: 0,65)

Obs.: O(a) examinando(a) deve fundamentar suas respostas. A mera citação do dispositivo legal não confere pontuação.

GABARITO:

A) O argumento é a ilicitude do meio de obtenção das provas na apreensão dos documentos (0,15), tendo em vista que o quarto de hotel está amparado pela inviolabilidade de domicílio e não havia situação de flagrante delito ou mandado de busca e apreensão (0,35), na forma do art. 5º, inciso XI, da CRFB/88 OU do art. 150, § 4º, do CP OU do art. 246 do CPP OU art. 157 do CPP (0,10).

B) O argumento a ser apresentado é que houve crime único (0,40), pois os dois verbos núcleos do tipo foram praticados em um mesmo contexto OU diante do princípio da alternatividade OU pelo fato de o crime de tráfico ser misto alternativo OU houve uma única violação ao bem jurídico protegido (0,25).

Continuidade delitiva e cerceamento de defesa

(XXX Exame) Eduardo foi preso em flagrante no momento em que praticava um crime de roubo simples, no bairro de Moema, São Paulo. Ainda na unidade policial, compareceram quatro outras vítimas, todas narrando que tiveram seus patrimônios lesados por Eduardo naquela mesma data, com intervalo de cerca de 30 minutos entre cada fato, naquele mesmo bairro. As cinco vítimas descreveram que Eduardo, simulando portar arma de fogo, anunciava o assalto e subtraía os bens, empreendendo fuga em uma bicicleta. Eduardo foi denunciado pela prática do crime do art. 157, *caput*, por cinco vezes, na forma do art. 69, ambos do Código Penal, e, em sede de audiência, as vítimas confirmaram a versão fornecida em sede policial. Assistido por seu advogado Pedro, Eduardo confessou os crimes, esclarecendo que pretendia subtrair bens de seis vítimas para conseguir dinheiro suficiente para comprar uma motocicleta. Disse, ainda, que apenas simulou portar arma de fogo, mas não utilizou efetivamente material bélico ou simulacro de arma. O juiz, no momento da sentença, condenou o réu nos termos da denúncia, sendo aplicada a pena mínima de 04 anos para cada um dos delitos, totalizando 20 anos de pena privativa de liberdade a ser cumprida em regime inicial fechado, além da multa. Ao ser intimado do teor da sentença, pessoalmente, já que se encontrava preso, Eduardo tomou conhecimento de que Pedro havia falecido, mas que foram apresentadas alegações finais pela Defensoria Pública por determinação do magistrado logo em seguida à informação do falecimento do patrono. A família de Eduardo, então, procura você, na condição de advogado(a), para defendê-lo. Considerando apenas as informações narradas, responda, na condição de advogado(a) de Eduardo, constituído para apresentação de apelação, aos itens a seguir.

A) Existe argumento de direito processual, em sede de recurso, a ser apresentado para desconstituir a sentença condenatória? Justifique. (Valor: 0,65)

B) Diante da confirmação dos fatos pelo réu, qual argumento de direito material poderá ser apresentado, em sede de apelação, em busca da redução da sanção penal aplicada? Justifique. (Valor: 0,60)

Obs.: O(a) examinando(a) deve fundamentar suas respostas. A mera citação do dispositivo legal não confere pontuação.

GABARITO:

A) Sim. Tendo em vista que Eduardo deveria ter sido intimado para manifestar seu interesse em constituir novo advogado ou ser assistido pela Defensoria Pública, para oferecimento das alegações finais, em razão do falecimento do antigo patrono (0,40), houve violação ao princípio da ampla defesa (0,15), nos termos do art. 5º, inciso LV, da CRFB (0,10).

B) Reconhecimento da continuidade delitiva (0,35), na forma do art. 71 do CP (0,10), já que os crimes são da mesma espécie e foram praticados nas mesmas condições de tempo, local e modo de execução (0,15).

Insignificância e requisição de réu preso

(XXX Exame) Maria foi denunciada pela suposta prática do crime de descaminho, tendo em vista que teria deixado de recolher impostos que totalizavam R$ 500,00 (quinhentos reais) pela saída de mercadoria, fato constatado graças ao lançamento definitivo realizado pela Administração Pública. Considerando que constava da Folha de Antecedentes Criminais de Maria outro processo pela suposta prática de crime de roubo, inclusive estando Maria atualmente presa em razão dessa outra

PRÁTICA PENAL   197

ação penal, o Ministério Público deixou de oferecer proposta de suspensão condicional do processo. Após a instrução criminal em que foram observadas as formalidades legais, sendo Maria assistida pela Defensoria Pública, foi a ré condenada nos termos da denúncia. A pena aplicada foi a mínima prevista para o delito, a ser cumprida em regime inicial aberto, substituída por restritiva de direitos. Maria foi intimada da sentença através de edital, pois não localizada no endereço constante do processo. A família de Maria, ao tomar conhecimento do teor da sentença, procura você, na condição de advogado(a), para prestar esclarecimentos técnicos. Informa estar preocupada com o prazo recursal, já que Maria ainda não tinha conhecimento da condenação, pois permanecia presa. Na condição de advogado(a), esclareça os seguintes questionamentos formulados pela família da ré.

A) Existe argumento de direito processual para questionar a intimação de Maria do teor da sentença condenatória? Justifique. (Valor: 0,60)

B) Qual argumento de direito material poderá ser apresentado, em eventual recurso, em busca da absolvição de Maria? Justifique. (Valor: 0,65)

Obs.: O(a) examinando(a) deve fundamentar suas respostas. A mera citação do dispositivo legal não confere pontuação.

GABARITO:

A) Sim. Existe, tendo em vista que Maria deveria ter sido intimada pessoalmente por estar presa (0,50), na forma do art. 392, inciso I, do CPP (0,10).

B) Atipicidade material da conduta (0,25), em razão do reconhecimento do princípio da insignificância/bagatela (0,40).

Concurso de pessoas e furto privilegiado

(XXIX Exame) Caio e Bruno são irmãos e estão em dificuldades financeiras. Caio, que estava sozinho em seu quarto, verifica que a janela da casa dos vizinhos está aberta; então, ingressa no local e subtrai um telefone celular avaliado em R$ 500,00. Ao mesmo tempo, apesar de não saber da conduta de seu irmão, Bruno percebe que a porta da residência dos vizinhos também ficou aberta. Tendo conhecimento que os proprietários eram um casal de empresários muito rico, ingressa no local e subtrai uma bolsa, avaliada em R$ 450,00. Os fatos são descobertos 2 dias depois, e Bruno e Caio são denunciados pelo crime de furto qualificado (art. 155, § 4º, inciso IV, do Código Penal), sendo acostadas as Folhas de Antecedentes Criminais (FAC), contendo, cada uma delas, outra anotação pela suposta prática de crime de estelionato, sem, contudo, haver condenação com trânsito em julgado em ambas. Após instrução, a pretensão punitiva do Estado é julgada procedente, sendo aplicada pena mínima de 02 anos de reclusão e 10 dias-multa, em regime inicial aberto, devidamente substituída por restritiva de direitos.

Com base nas informações expostas, intimado(a) para apresentação de recurso, responda, na condição de advogado(a) de Caio e Bruno, aos itens a seguir.

A) Existe argumento de direito material a ser apresentado para questionar a capitulação jurídica apresentada pelo Ministério Público e acolhida na sentença? (Valor: 0,60)

B) Mantida a capitulação acolhida na sentença (art. 155, § 4º, inciso IV, do Código Penal), existe argumento em busca da redução da pena aplicada? (Valor: 0,65)

Obs.: O(a) examinando(a) deve fundamentar suas respostas. A mera citação do dispositivo legal não confere pontuação.

GABARITO:

A) Sim, o argumento seria pela inexistência de liame subjetivo entre os agentes (0,45), afastando-se a qualificadora do concurso de pessoas (0,15).

B) Sim, aplicação do furto privilegiado (0,35), já que a coisa é de pequeno valor e os réus são primários (0,20), conforme Súmula 511 do STJ (0,10).

Reincidência: regime e pena restritiva

(XXVIII Exame) Após regular processamento em que figurava na condição de réu solto, Hugo foi condenado pela prática de crime de apropriação indébita majorada ao cumprimento da pena de 01 ano e 06 meses de reclusão e 14 dias-multa, sendo reconhecida a agravante da reincidência, tendo em vista que foi juntada aos autos Folha de Antecedentes Criminais a demonstrar trânsito em julgado, no ano anterior ao da prática da apropriação indébita, de condenação pelo crime de lesão corporal dolosa, praticada no contexto de violência doméstica e familiar contra a mulher. No momento da sentença, considerando a reincidência, o magistrado aplicou o regime inicial fechado de cumprimento da pena. Destacou, ainda, que, apesar de Hugo estar trabalhando e cuidando de filhos menores, não poderia substituir a pena privativa de liberdade por restritiva de direitos por expressa vedação legal no caso de reincidência dolosa. Intimado da sentença, Hugo procura seu advogado para a adoção das medidas cabíveis.

Considerando apenas o narrado, na condição de advogado(a) de Hugo, responda aos questionamentos a seguir.

A) Diante da reincidência, de acordo com a jurisprudência do Superior Tribunal de Justiça, existe argumento a ser apresentado, em sede de recurso, em busca da aplicação de regime inicial mais benéfico de cumprimento de pena? Justifique. (Valor: 0,65)

B) É possível, em sede de recurso, buscar a substituição da pena privativa de liberdade por restritiva de direitos? Justifique. (Valor: 0,60)

GABARITO:

A) Sim. O advogado poderá argumentar que, apesar da reincidência, as circunstâncias judiciais são favoráveis e que a pena foi fixada abaixo de 04 anos (0,25), sendo cabível aplicação do regime semiaberto (0,30), nos termos da Súmula 269 do STJ (0,10).

B) É possível a substituição da pena privativa de liberdade por restritiva de direitos, tendo em vista que a reincidência não é específica (0,35) e a medida é socialmente recomendável (0,15), nos termos do art. 44, § 3º, do CP (0,10).

Inimputabilidade e prisão domiciliar

(XXV Exame) Bruna, nascida em 30 de março de 1999, e sua irmã Júlia, nascida em 21 de janeiro de 1998, revoltadas com o comportamento de Maria, que, segundo as irmãs, buscava um relacionamento amoroso com o namorado de Júlia, iniciaram uma discussão com esta, no dia 28 de março de 2017.

Durante a discussão, descontroladas por Maria ter dito que Júlia não tinha capacidade de manter um namorado, as irmãs pegaram pedaços de ferro que estavam no chão da rua e começaram a agredir Maria com golpes na cabeça, com intenção de matar. Após a fuga de Bruna e Júlia do local, Maria é socorrida e recebe atendimento médico no hospital da região, ficando internada por 5 dias, mas vem a falecer em razão dos golpes sofridos.

Ao tomar conhecimento dos fatos, o Ministério Público oferece denúncia em face de Bruna e Júlia pela prática do crime do art. 121, § 2º, inciso II, do Código Penal, requerendo a prisão preventiva apenas de Júlia, considerando que a mesma já seria reincidente. Após citação de Bruna e Júlia, a família das rés o(a) procura na condição de advogado(a), informando que Júlia está grávida de 20 semanas e que temem por sua saúde dentro da prisão.

Considerando apenas as informações narradas, na condição de advogado(a) de Bruna e Júlia, responda aos itens a seguir.

A) Qual argumento de direito material a ser apresentado em favor de Bruna para evitar o prosseguimento da ação penal em relação à mesma? Justifique. (Valor: 0,65)

B) Considerando que verdadeiramente estejam presentes os requisitos previstos nos arts. 312 e 313 do Código de Processo Penal, qual requerimento deveria ser formulado ao juízo para evitar que Julia permaneça no interior do sistema prisional? Justifique. (Valor: 0,60)

GABARITO:

A) Bruna era inimputável na data dos fatos OU Bruna deveria responder por ato infracional (0,35), tendo em vista que era menor de 18 anos na data dos fatos, ainda que maior no momento do resultado OU em razão da Teoria da Atividade (0,20), nos termos do art. 4º OU art. 27 do Código de Processo Penal OU art. 228 da CRFB/88 (0,10).

B) O requerimento a ser formulado é de substituição da prisão preventiva por prisão domiciliar (0,50), nos termos do art. 318, inciso IV, do CPP (0,10).

Causa superveniente relativamente independente e RESE

(XXV Exame – Reaplicação Porto Alegre) Vitor efetuou disparos de arma de fogo contra José, com a intenção de causar sua morte. Ocorre que, por erro durante a execução, os disparos atingiram a perna de seu inimigo e não o peito, como pretendido. Esgotada a munição disponível, Vitor empreendeu fuga, enquanto José solicitou a ajuda de populares e compareceu, de imediato, ao hospital para atendimento médico.

Após o atendimento médico, já no quarto com curativos, enquanto dormia, José vem a ser picado por um escorpião, vindo a falecer no dia seguinte em razão do veneno do animal, exclusivamente. Descobertos os fatos, considerando que José somente estava no hospital em razão do comportamento de Vitor, o Ministério Público oferece denúncia em face do autor dos disparos pela prática do crime de homicídio consumado, previsto no art. 121, *caput*, do Código Penal.

Após regular prosseguimento do feito, na audiência de instrução e julgamento da primeira fase do procedimento do Tribunal do Júri, quando da oitiva das testemunhas, o magistrado em atuação optou por iniciar a oitiva das testemunhas formulando diretamente suas perguntas, sem permitir às partes complementação. Após alegações finais orais das partes, o magistrado proferiu decisão de pronúncia. Apesar da impugnação da defesa quanto à formulação das perguntas pelo juiz, o magistrado esclareceu que não importaria quem fez a pergunta, pois as respostas seriam as mesmas.

Com base apenas nas informações narradas, na condição de advogado(a) de Vitor, responda aos itens a seguir.

A) Qual o recurso cabível da decisão proferida pelo magistrado e qual argumento de direito processual pode ser apresentado em busca da desconstituição de tal decisão? Justifique. (Valor: 0,65)

B) Existe argumento de direito material a ser apresentado, em momento oportuno, para questionar a capitulação jurídica apresentada pelo Ministério Público? Justifique. (Valor: 0,60)

GABARITO:

A) 1. O recurso cabível da decisão de pronúncia é o Recurso em Sentido Estrito (0,20), na forma do art. 581 do CPP (0,10). 2. O argumento de direito processual a ser apresentado é o de que houve nulidade com a formulação de perguntas diretas por parte do magistrado, sem oportunizar complementação das partes (0,20), o que viola o princípio da ampla defesa OU o que gera o cerceamento de defesa (0,15).

B) O argumento de direito material é o de que ocorreu causa superveniente relativamente independente que por si só causou o resultado (0,35), devendo Vitor responder por tentativa de homicídio (0,15), nos termos do art. 13, § 1º, do CP (0,10).

Prescrição

(XV Exame) No dia 6-7-2010, Júlia, nascida em 6-4-1991, aproveitando-se de um momento de distração de Ricardo, subtraiu-lhe a carteira. Após recebimento da denúncia, em 11-8-2011, e regular processamento do feito, Júlia foi condenada a uma pena privativa de liberdade de 01 ano de reclusão, em sentença publicada em 8-10-2014. Nem o Ministério Público nem a defesa de Júlia interpuseram recurso, tendo o feito transitado em julgado em 22-10-2014. Sobre esses fatos, responda aos itens a seguir.

A) Diante do trânsito em julgado, qual a tese defensiva a ser alegada em favor de Júlia para impedir o cumprimento da pena? (Valor: 0,75)

B) Quais as consequências do acolhimento da tese defensiva? (Valor: 0,50)

GABARITO:

A) A questão exige do candidato conhecimento acerca do tema prescrição. O enunciado deixa evidente a data de nascimento de Julia, demonstrando que esta era menor de 21 anos na data dos fatos. Entre o recebimento da denúncia e a data da publicação da sentença condenatória foram ultrapassados mais de 3 anos. A pena privativa de liberdade definitiva aplicada para Julia foi de 1 ano, que, na forma do art. 109, V, do Código Penal, prescreve em 4 anos. Ocorre que, como Julia era menor de 21 anos na data dos fatos, o prazo prescricional deverá ser contado pela metade, conforme prevê o art. 115 do Código Penal.

B) Ultrapassado o prazo prescricional de 2 anos entre os marcos interruptivos da prescrição, deverá ser reconhecida a extinção da punibilidade de Julia pela prescrição da pretensão punitiva retroativa, na forma do art. 107, IV, do Código Penal. Cabe destacar que, como a prescrição a ser reconhecida foi da pretensão punitiva, a ação penal e até mesmo a condenação com trânsito em julgado não produzirá qualquer efeito para Julia, não servindo para configurar reincidência, maus antecedentes ou funcionar como título executivo no juízo cível.

(V Exame) Jaime, brasileiro, solteiro, nascido em 10-11-1982, praticou, no dia 30-11-2000, delito de furto qualificado pelo abuso de confiança (art. 155, § 4º, II, do CP). Devidamente denunciado e processado, Jaime foi condenado à pena de 4 anos e 2 meses de reclusão. A sentença transitou definitivamente em julgado no dia 15-1-2002, e o término do cumprimento da pena se deu em 20-3-2006. No dia 24-3-2006, Jaime subtraiu um aparelho de telefone celular que havia sido esquecido por Lara em cima do balcão de uma lanchonete. Todavia, sua conduta fora filmada pelas câmeras do estabelecimento, o que motivou o oferecimento de denúncia, por parte do Ministério Público, pela prática de furto simples (art. 155, *caput*, do CP). A denúncia foi recebida em 14-4-2006, e, em 18-10-2006, Jaime foi condenado à pena de 1 (um) ano de reclusão e dez dias-multa. Foi fixado o regime inicial aberto para o cumprimento da pena privativa de liberdade, com sentença publicada no mesmo dia.

Com base nos dados acima descritos, bem como atento às informações a seguir expostas, responda fundamentadamente:

A) Suponha que a acusação tenha se conformado com a sentença, tendo o trânsito em julgado para esta ocorrido em 24-10-2006. A defesa, por sua vez, interpôs apelação no prazo legal. Todavia, em virtude de sucessivas greves, adiamentos e até mesmo perda dos autos, até a data de 20-10-2010, o recurso da defesa não tinha sido julgado. Nesse sentido, o que você, como advogado(a), deve fazer? (Valor: 0,60)

B) A situação seria diferente se ambas as partes tivessem se conformado com o decreto condenatório, de modo que o trânsito em julgado definitivo teria ocorrido em 24-10-2006, mas Jaime, temeroso de ficar mais uma vez preso, tivesse se evadido tão logo teve ciência do conteúdo da sentença, somente tendo sido capturado em 25-10-2010? (Valor: 0,65)

GABARITO:

A) Ingressar com *habeas corpus* com fulcro no art. 648, VII, do CPP (extinção de punibilidade – art. 107, IV, do CP), ou com mera petição diretamente dirigida ao relator do processo, considerando-se que a prescrição é matéria de ordem pública e pode até ser conhecida de ofício. O argumento a ser utilizado é a ocorrência de prescrição da pretensão punitiva superveniente/intercorrente/subsequente (causa extintiva de punibilidade), pois, já ciente do máximo de pena in concreto possível, qual seja, 1 ano e dez dias-multa, o Estado teria até o dia 17-10-2010 para julgar definitivamente o recurso da defesa, o que não ocorreu, nos termos dos arts. 109, V; 110, § 1º; e 117, I e IV, todos do CP. Vale lembrar que a prescrição da pretensão punitiva superveniente pressupõe o trânsito em julgado para a acusação (tal como ocorreu na espécie) e é contada a partir da publicação da sentença penal condenatória, último marco interruptivo da prescrição relacionado na questão. Vale ressaltar que não basta o candidato mencionar que houve prescrição. Tem que ser específico, dizendo ao menos que se trata de prescrição da pretensão punitiva.

B) Sim, a situação seria diferente, pois neste caso não haveria prescrição da pretensão executória nem outra modalidade qualquer. Como Jaime é reincidente, já que o 2º furto foi cometido após o trânsito em julgado definitivo de sentença que lhe condenou pelo 1º furto (art. 63 do CP), a prescrição da pretensão executória tem seu prazo acrescido de 1/3, de acordo com o art. 110 do CP. Assim, o Estado teria até 23-2-2012 para capturar Jaime, nos termos dos arts. 110 *caput* e 112, I, do CP.

(VIII Exame) João foi denunciado pela prática do delito previsto no art. 299 *caput* e parágrafo único do Código Penal. A inicial acusatória foi recebida em 30-10-2000 e o processo teve seu curso normal. A sentença penal, publicada em 29-7-2005, condenou o réu à pena de 1 ano, 11 meses e 10 dias de reclusão, em regime semiaberto, mais pagamento de 16 dias-multa. Irresignada, somente a defesa interpôs apelação.

Todavia, o Egrégio Tribunal de Justiça negou provimento ao apelo, ao argumento de que não haveria que se falar em extinção da punibilidade pela prescrição, haja vista o fato de que o réu era reincidente, circunstância devidamente comprovada mediante certidão cartorária juntada aos autos.

Nesse sentido, considerando apenas os dados narrados no enunciado, responda aos itens a seguir.

A) Está extinta a punibilidade do réu pela prescrição? Em caso positivo, indique a espécie; em caso negativo, indique o motivo. (Valor: 0,75)

B) O disposto no art. 110, *caput*, do CP é aplicável ao caso narrado? (Valor: 0,50)

GABARITO:

A questão visa obter do examinando o conhecimento acerca da extinção da punibilidade pela prescrição. Desta forma, para obtenção da pontuação relativa ao item "A", o examinando deve indicar que a punibilidade do réu está extinta com base na prescrição da pretensão punitiva retroativa, pois entre a data do recebimento da denúncia e a data da publicação da sentença condenatória transcorreu lapso de tempo superior a quatro anos.

Cumpre destacar que tal modalidade de prescrição é a única que se coaduna com o caso apresentado pelos seguintes fatos:

i) tendo havido o trânsito em julgado para a acusação (pois somente a defesa interpôs recurso de apelação), deve ser considerado o *quantum* de pena aplicada por ocasião da sentença condenatória, ou seja, um ano, 11 meses e dez dias de reclusão, não podendo esta ser majorada por força do princípio que impede a sua reforma para pior (*non reformatio in pejus*). Assim, o prazo prescricional é de quatro anos, conforme os arts. 107, IV, c/c 109, V e 110, § 1º, todos do CP;

ii) considerando apenas os dados narrados no enunciado, os únicos marcos interruptivos da prescrição, segundo o art. 117 do CP, são o recebimento da denúncia (30-10-2000) e a publicação da sentença penal condenatória (29-7-2005). Assim, com base na pena aplicada na sentença (com trânsito em julgado para o Ministério Público), retroagindo-se ao primeiro marco interruptivo narrado pela questão (recebimento da denúncia), observa-se que entre este e o segundo marco interruptivo (publicação da sentença condenatória), transcorreu lapso temporal maior do que quatro anos, com a consequente prescrição da pretensão punitiva.

Ressalte-se que justamente pela objetividade do item "A", e por não ter havido o trânsito em julgado para ambas as partes, a indicação de espécie distinta de prescrição, que não a punitiva, macula a integralidade da resposta e impede a atribuição de pontuação. Não há que se falar, no caso em comento, em prescrição da pretensão executória.

Em relação ao item "B", o examinando, para fazer jus à pontuação respectiva, deve responder que o disposto no art. 110, *caput*, do CP não é aplicável ao caso narrado, pois tal artigo somente é aplicado em se tratando de prescrição da pretensão executória. Como o caso apresentado demonstra a ocorrência da prescrição da pretensão punitiva, não há que se falar no aumento de 1/3 no prazo prescricional. Este entendimento é corroborado pelo verbete 220 da Súmula do STJ ao afirmar que "a reincidência não influi no prazo da prescrição da pretensão punitiva".

(38º Exame) Elisa e Cláudio são vizinhos e mantinham relação de animosidade, com inúmeras brigas por motivos diversos. Certo dia, após uma destas brigas, Elisa decidiu quebrar os espelhos retrovisores do veículo de Cláudio, estacionado na garagem do condomínio. Cláudio, de posse dos vídeos das câmeras de vigilância, que flagraram a ação de Elisa, ajuizou queixa-crime em desfavor desta, pela prática de delito previsto no art. 163, *caput*, do Código Penal. Em alegações finais, o advogado de Cláudio refutou a alegação de Elisa, no sentido de ter ocorrido prescrição da pretensão punitiva, pois a ré é reincidente (ostenta condenação anterior, transitada em julgado, pelo delito de ameaça, extinta há menos de cinco anos), razão pela qual deve se considerar o prazo prescricional de 4 (quatro) anos, ou seja, acrescido de um terço, conforme previsto no Código Penal e, ao fim, requereu apenas a "aplicação do melhor direito, para que seja feita justiça", sem formular pedido de condenação da ré. Considere ter decorrido 3 (três) anos e 6 (seis) meses desde a data do recebimento da queixa até a presente data. Na qualidade de advogado de Elisa, responda aos itens a seguir.

A) Qual a tese de Direito Penal deve ser postulada pela defesa de Elisa? Justifique. (Valor: 0,65)

B) Qual a tese de Direito Processual Penal deve ser suscitada por Elisa? Justifique. (Valor: 0,60)

Obs.: O(a) examinando(a) deve fundamentar suas respostas. A mera citação do dispositivo legal não confere pontuação.

GABARITO:

A) Em relação ao Direito Penal aplicável, deve-se postular pelo reconhecimento da prescrição da pretensão punitiva, pois, nos termos da Súmula 220 do STJ, a reincidência não influi no prazo de prescrição da pretensão punitiva. Assim, tendo havido o transcurso de mais de 3 anos desde a data do recebimento da queixa-crime, sem que tenha sido prolatada sentença, é imperioso concluir pela ocorrência da prescrição da pretensão punitiva. Como o próprio dispositivo legal se refere à prescrição "após o trânsito em julgado", também admite-se, com igual pontuação, a referência ao art. 110 do CP.

B) A tese de direito processual a ser defendida pela defesa de Elisa é a perempção, nos termos do art. 60, inciso III, do CPP, pois não houve o pedido de condenação da acusada nas alegações finais.

Legítima defesa

(VI Exame) Ao chegar a um bar, Caio encontra Tício, um antigo desafeto que, certa vez, o havia ameaçado de morte.

Após ingerir meio litro de uísque para tentar criar coragem de abordar Tício, Caio partiu em sua direção com a intenção de cumprimentá-lo. Ao aproximar-se de Tício, Caio observou que seu desafeto bruscamente pôs a mão por debaixo da camisa, momento em que achou que Tício estava prestes a sacar uma arma de fogo para vitimá-lo. Em razão disso, Caio imediatamente muniu-se de uma faca que estava sobre o balcão do bar e desferiu um golpe no abdome de Tício, o qual veio a falecer. Após análise do local por peritos do Instituto de Criminalística da Polícia Civil, descobriu-se que Tício estava tentando apenas pegar o maço de cigarros que estava no cós de sua calça.

Considerando a situação acima, responda aos itens a seguir, empregando os argumentos jurídicos apropriados e a fundamentação legal pertinente ao caso.

A) Levando-se em conta apenas os dados do enunciado, Caio praticou crime? Em caso positivo, qual? Em caso negativo, por que razão? (Valor: 0,65)

B) Supondo que, nesse caso, Caio tivesse desferido 35 golpes na barriga de Tício, como deveria ser analisada a sua conduta sob a ótica do Direito Penal? (Valor: 0,60)

GABARITO:

A) Não, pois atuou sob o manto de descriminante putativa, instituto previsto no art. 20, § 1º, do CP, uma vez que supôs, com base em fundado receio, estar em situação de legítima defesa. Como se limitou a dar uma facada, a sua reação foi moderada, não havendo que se falar em punição por excesso.

B) Ainda que tenha procurado se defender de agressão que imaginou estar em vias de ocorrer, Caio agiu em excesso doloso, devendo, portanto, responder por homicídio doloso, na forma do art. 23, parágrafo único, do CP.

Coautoria e participação

(VI Exame) Hugo é inimigo de longa data de José e há muitos anos deseja matá-lo. Para conseguir seu intento, Hugo induz o próprio José a matar Luiz, afirmando falsamente que Luiz estava se insinuando para a esposa de José. Ocorre que Hugo sabia que Luiz é pessoa de pouca paciência e que sempre anda armado. Cego de ódio, José espera Luiz sair do trabalho e, ao vê-lo, corre em direção dele com um facão em punho, mirando na altura da cabeça. Luiz, assustado e sem saber o motivo daquela injusta agressão, rapidamente saca sua arma e atira justamente no coração de

José, que morre instantaneamente. Instaurado inquérito policial para apurar as circunstâncias da morte de José, ao final das investigações, o Ministério Público formou sua opinião no seguinte sentido: Luiz deve responder pelo excesso doloso em sua conduta, ou seja, deve responder por homicídio doloso; Hugo por sua vez, deve responder como partícipe de tal homicídio. A denúncia foi oferecida e recebida.

Considerando que você é o advogado de Hugo e Luiz, responda:

A) Qual peça deverá ser oferecida, em que prazo e endereçada a quem? (Valor: 0,30)
B) Qual a tese defensiva aplicável a Luiz? (Valor: 0,50)
C) Qual a tese defensiva aplicável a Hugo? (Valor: 0,45)

GABARITO:

A) Resposta à acusação, no prazo de dez dias (art. 406 do CPP), endereçada ao juiz presidente do Tribunal do Júri.

ou

Habeas corpus para extinção da ação penal; ação penal autônoma de impugnação que não possui prazo determinado; endereçado ao Tribunal de Justiça Estadual.

B) A tese defensiva aplicada a Luiz é a da legítima defesa real, instituto previsto no art. 25 do CP, cuja natureza é de causa excludente de ilicitude. Não houve excesso, pois a conduta de José (que mirava com o facão na cabeça do Luiz) configurava injusta agressão e claramente atentava contra a vida de Luiz.

C) Hugo não praticou fato típico, pois, de acordo com a Teoria da Acessoriedade Limitada, o partícipe somente poderá ser punido se o agente praticar conduta típica e ilícita, o que não foi o caso, já que Luiz agiu amparado por uma causa excludente de ilicitude, qual seja, legítima defesa (art. 25 do CP).

ou

Não havia liame subjetivo entre Hugo e Luiz, requisito essencial ao concurso de pessoas, razão pela qual Hugo não poderia ser considerado partícipe.

Dolo preordenado e erro de tipo escusável

(VI Exame) Carlos Alberto, jovem recém-formado em Economia, foi contratado em janeiro de 2009 pela ABC Investimentos S.A., pessoa jurídica de direito privado que tem como atividade principal a captação de recursos financeiros de terceiros para aplicar no mercado de valores mobiliários, com a função de assistente direto do presidente da companhia, Augusto César. No primeiro mês de trabalho, Carlos Alberto foi informado de que sua função principal seria elaborar relatórios e portfólios da companhia a serem endereçados aos acionistas com o fim de informá-los acerca da situação financeira da ABC. Para tanto, Carlos Alberto baseava-se, exclusivamente, nos dados financeiros a ele fornecidos pelo presidente Augusto César. Em agosto de 2010, foi apurado, em auditoria contábil realizada nas finanças da ABC, que as informações mensalmente enviadas por Carlos Alberto aos acionistas da companhia eram falsas, haja vista que os relatórios alteravam a realidade sobre as finanças da companhia, sonegando informações capazes de revelar que a ABC estava em situação financeira periclitante.

Considerando-se a situação acima descrita, responda aos itens a seguir, empregando os argumentos jurídicos apropriados e a fundamentação legal pertinente ao caso.

A) É possível identificar qualquer responsabilidade penal de Augusto César? Se sim, qual(is) seria(m) a(s) conduta(s) típica(s) a ele atribuída(s)? (Valor: 0,45)

B) Caso Carlos Alberto fosse denunciado por qualquer crime praticado no exercício das suas funções enquanto assistente da presidência da ABC, que argumentos a defesa poderia apresentar para o caso? (Valor: 0,8)

GABARITO:

A) Sim, pois Augusto César agiu com dolo preordenado, sendo autor mediato do crime previsto no art. 6º da Lei n. 7.492/86.

B) Poderia argumentar que Carlos Alberto não agiu com dolo, uma vez que recebera informações erradas. Agiu, portanto, em hipótese de erro de tipo essencial invencível/escusável, com base no art. 20, caput, ou art. 20, § 2º, do CP.

Conflito aparente de normas penais

(VII Exame) Ricardo foi denunciado pela prática do delito descrito no art. 1º da Lei n. 8.137/90, em concurso material com o crime de falsidade ideológica (art. 299 do CP). Isso porque, conforme narrado na inicial acusatória e confessado pelo réu no interrogatório, obteve, em determinado estado da federação, licenciamento de seu veículo de modo fraudulento, já que indicou endereço falso. Assim agiu porque queria pagar menos tributo, haja vista que a alíquota do IPVA seria menor. Ao cabo da instrução criminal, Ricardo foi condenado nos exatos termos da denúncia, sendo certo que todo o conjunto probatório dos autos era significativo e apontava para a responsabilização do réu. No entanto, atento às particularidades do caso concreto, o magistrado fixou as penas de ambos os delitos no patamar mínimo previsto nos tipos penais, resultando a soma em 3 anos de pena privativa de liberdade.

Como advogado(a) de Ricardo, você deseja recorrer da sentença. Considerando apenas os dados descritos na questão, indique o(s) argumento(s) que melhor atenda(m) aos interesses de seu cliente. (Valor: 1.25)

GABARITO:

A questão objetiva avaliar o conhecimento acerca dos princípios relativos ao conflito aparente de normas. Há de se levar em consideração que problemáticas não narradas no enunciado não podem ser objeto de exigência. Assim, nos termos da questão, levando em conta apenas os dados fornecidos, o examinando somente fará jus à pontuação integral se desenvolver argumentação lastreada no princípio da consunção (ou princípio da absorção). Deverá, igualmente, demonstrar conhecimento de que o crime descrito no art. 299 do CP (falsidade ideológica) teria constituído meio para o cometimento do delito-fim (crime contra a ordem tributária – art. 1º da Lei n. 8.137/90), de tal modo que a vinculação entre a falsidade ideológica e o crime contra a ordem tributária permitiria reconhecer, em referido contexto, a preponderância desse último. Consequentemente, Ricardo somente deveria responder pelo delito previsto no art. 1º da Lei n. 8.137/90.

Acerca desse ponto e com o intuito de privilegiar o desenvolvimento do raciocínio, não será cobrado o inciso preciso do mencionado artigo da Lei n. 8.137/90. Todavia, pelo mesmo motivo, eventual resposta que traga apenas a consequência (tipificação da conduta de Ricardo), de maneira isolada e dissociada da correta argumentação e desenvolvimento, não poderá ser pontuada. Por fim, teses contraditórias no desenvolvimento da aplicação do princípio da consunção maculam a integralidade da questão. Todavia, com o fim de privilegiar a demonstração de conhecimento correto, não serão descontados pontos pela alegação de teses subsidiárias, ainda que inaplicáveis ao caso, desde que não configurem respostas contraditórias.

Erro de tipo

(VII Exame) Larissa, senhora aposentada de 60 anos, estava na rodoviária de sua cidade quando foi abordada por um jovem simpático e bem vestido. O jovem pediu-lhe que levasse para a cidade de destino, uma caixa de medicamentos para um primo, que padecia de grave enfermidade. Inocente, e seguindo seus preceitos religiosos, a Sra. Larissa atende ao rapaz: pega a caixa, entra no ônibus e segue viagem. Chegando ao local da entrega, a senhora é abordada por policiais que, ao abrirem a caixa de remédios, verificam a existência de 250 gramas de cocaína em seu interior. Atualmente, Larissa está sendo processada pelo crime de tráfico de entorpecente, previsto no art. 33 da Lei n. 11.343, de 23 de agosto de 2006. Considerando a situação acima descrita e empregando os argumentos jurídicos apropriados e a fundamentação legal pertinente, responda: qual a tese defensiva aplicável à Larissa? (Valor: 1,25)

GABARITO:
A questão pretende buscar do examinando conhecimento acerca do instituto do erro de tipo essencial, inclusive para diferenciá-lo das demais modalidades de erro. Assim, para garantir pontuação, a resposta deverá trazer as seguintes informações: a tese defensiva aplicável é a de que Larissa agiu em erro de tipo essencial incriminador, instituto descrito no art. 20, *caput*, do CP, pois desconhecia circunstância elementar descrita em tipo penal incriminador. Ausente o elemento típico, qual seja, o fato de estar transportando drogas, faz com que, nos termos do dispositivo legal, se exclua o dolo, mas permita-se a punição por crime culposo e, como o dispositivo legal do art. 33 da Lei n. 11.343/2006 não admite a modalidade culposa, o fato se tornaria atípico.

Ressalte-se que levando em conta que o Exame de Ordem busca o conhecimento técnico e acadêmico dos examinandos, não serão pontuadas as respostas que tragam teses contraditórias. Assim, a resposta indicativa de qualquer outra espécie de erro (acidental, de tipo permissivo ou de proibição) implica a impossibilidade de pontuação, estando, a questão, maculada em sua integralidade. Entende-se por tese contraditória aquelas que elencam diversas modalidades de erro, ainda que uma delas seja a correta. Também com o fim de privilegiar o raciocínio e a demonstração de conhecimento, a mera indicação da consequência correta (atipicidade do fato), dissociada da argumentação pertinente e identificação do instituto aplicável ao caso, não será passível de pontuação. Do mesmo modo, não será pontuada a mera indicação do dispositivo legal, qual seja, o art. 20, *caput*, do CP.

Erro de tipo acidental e retratação da representação

(37º Exame) Em 15 de julho de 2020, surgiu uma calorosa discussão entre os amigos Pedro e Júnior, durante uma comemoração de aniversário em um bar da cidade. Pedro, sem querer mais discussões, levantou-se para ir embora. Júnior, ainda transtornado, olhou para a porta do bar e, vendo que o amigo ia embora, arremessou uma caneca de cerveja contra ele, no intuito de lesioná-lo. Ocorre que Júnior errou o alvo e acabou acertando seu próprio irmão, Geraldo, que usava uma camisa idêntica à de Pedro, causando-lhe lesão leve.

Em 16 de julho de 2020, a lesão leve foi atestada em laudo pericial e o fato foi registrado na Delegacia, por Pedro e Geraldo, que acharam absurda a reação de Júnior.

Em 23 de julho de 2020, Pedro e Geraldo mudaram de ideia. Eles retornaram à Delegacia, afirmando que Júnior tem sangue quente e que não merecia ser processado, porque era boa pessoa. Relataram que se conhecem há muitos anos, que é comum discutirem daquela forma e que já tinham esquecido o ocorrido.

Em 30 de março de 2021, o Ministério Público ofereceu denúncia em face de Júnior, como incurso nas sanções do art. 129, *caput*, agravada pelo art. 61, inciso II, alínea e, ambos do CP, crime de lesão corporal leve agravado por ter sido cometido contra irmão.

Sobre o caso narrado, responda aos itens a seguir.

A) Qual o argumento de direito processual que pode ser alegado em favor de Júnior para o não recebimento da denúncia? Justifique. (Valor: 0,60)

B) É cabível a incidência da agravante imputada em desfavor de Júnior? Justifique. (Valor: 0,65)

Obs.: O(a) examinando(a) deve fundamentar suas respostas. A mera citação do dispositivo legal não confere pontuação.

GABARITO:

A) Embora tenha feito o registro de ocorrência sobre o fato, dias após e antes do oferecimento da denúncia, Geraldo manifestou na Delegacia que não tinha interesse em processar Júnior. Houve, portanto, retratação da representação, na forma do art. 25, *a contrario sensu*, do CPP. Ausente a condição de procedibilidade para a ação penal pública condicionada, a denúncia deve ser rejeitada pelo juiz, na forma do art. 395, inciso II, do CPP.

B) Não. Houve erro de tipo acidental, erro quanto à pessoa, previsto no art. 20, § 3º, do CP. Nesse caso, não se consideram as condições ou qualidades da vítima, senão as da pessoa contra quem o agente queria praticar o crime. Júnior, pensando que seu amigo ia embora, arremessou uma caneca de cerveja no intuito de lesioná-lo. Entretanto, Júnior acabou acertando Geraldo, seu irmão, causando-lhe lesão leve. Alternativamente, admite-se aplicação do art. 73, do CP, com a conclusão de ter havido erro na execução. De todo modo, Júnior está incurso nas sanções do crime de lesão corporal leve, na forma do art. 129, *caput*, do CP, devendo ser afastada a agravante do art. 61, inciso II, alínea e, do CP.

Fato típico – ausência de conduta

(VII Exame) Maurício, jovem de classe alta, rebelde e sem escrúpulos, começa a namorar Joana, menina de boa família, de classe menos favorecida e moradora de área de risco em uma das maiores comunidades do Brasil. No dia do aniversário de 18 anos de Joana, Maurício resolve convidá-la para jantar num dos restaurantes mais caros da cidade e, posteriormente, leva-a para conhecer a suíte presidencial de um hotel considerado um dos mais luxuosos do mundo, onde passa a noite com ela. Na manhã seguinte, Maurício e Joana resolvem permanecer por mais dois dias. Ao final da estada, Maurício contabiliza os gastos daqueles dias de prodigalidade, apurando o total de R$ 18.000,00 (dezoito mil reais). Todos os pagamentos foram realizados em espécie, haja vista que, na noite anterior, Maurício havia trocado com sua mãe um cheque de R$ 20.000,00 (vinte mil reais) por dinheiro em espécie, cheque que Maurício sabia, de antemão, não possuir fundos. Considerando apenas os fatos descritos, responda, de forma justificada, os questionamentos a seguir.

A) Maurício e Joana cometeram algum crime? Justifique sua resposta e, caso seja positiva, tipifique as condutas atribuídas a cada um dos personagens, desenvolvendo a tese de defesa. (Valor: 0,70)

B) Caso Maurício tivesse invadido a casa de sua mãe com uma pistola de brinquedo e a ameaçado, a fim de conseguir a quantia de R$ 20.000,00 (vinte mil reais), sua situação jurídica seria diferente? Justifique. (Valor: 0,55)

> **GABARITO:**
>
> Para garantir pontuação, o examinando deveria, no item A, deixar expresso que Joana não cometeu qualquer crime porque não houve sequer conduta de sua parte. Cabe ressaltar que somente será aceita, como fundamento para essa hipótese, a ausência de conduta, levando em consideração o conhecimento teórico exigido no Exame de Ordem. Assim, descabe analisar a existência de elemento subjetivo (dolo ou culpa), ilicitude ou culpabilidade, pois tais somente seriam apreciados quando houvesse conduta. Consequentemente, a resposta que trouxer apenas tal análise (sem mencionar a conduta) não será pontuada no item respectivo.
>
> Ainda no tocante ao item A, o examinando deverá indicar que Maurício, diferentemente de Joana, cometeu crime, qual seja, estelionato (ou que teria praticado a conduta descrita no art. 171, *caput*, do CP), mas que poderia alegar em sua defesa a escusa absolutória prevista no art. 181, II, do CP.
>
> Sobre esse ponto, não será passível de pontuação a mera indicação do dispositivo legal, dissociada da argumentação exigida. De igual modo, não será pontuada nenhuma outra modalidade de estelionato senão aquela descrita no *caput* do art. 171 do CP. Ressalte-se que dados não descritos no enunciado não podem ser presumidos pelos examinandos. Também não será passível de pontuação a indicação genérica do art. 181 do CP, sem a especificação do inciso adequado ou de argumentação pertinente ao inciso.
>
> Ademais, aplicação da escusa absolutória não conduz à atipicidade da conduta. A conduta continua típica, ilícita e culpável, havendo apenas opção legislativa pela não imposição de sanção de natureza penal, embora a sentença possa produzir efeitos civis. Em relação ao item B, a atribuição de pontos estaria condicionada à expressa argumentação no sentido de que a condição jurídica de Maurício seria alterada na medida em que a isenção de pena prevista no Código Penal não se aplica aos crimes de roubo (ou à prática da conduta descrita no art. 157, *caput*, do CP), nos termos do art. 183, I, do CP. Portanto, Maurício seria processado e apenado pelo crime cometido.
>
> Cumpre salientar que a mera indicação de artigo legal, dissociada da correta argumentação (em qualquer um dos itens), não pode ser pontuada. De igual modo, a mera indicação, no item B, de que não haveria isenção de pena (ou de que não se aplicaria o art. 181, II, do CP por força do disposto no art. 183, I, do CP), sem a correta tipificação da conduta, não é passível de pontuação.
>
> Além disso, levando em conta que o delito de roubo não se confunde com a extorsão, não será admitida fungibilidade entre as condutas de forma a se considerar qualquer das duas como a prática empreendida por Maurício.
>
> Por fim, não poderá ser considerada correta a resposta que imponha a causa de aumento de pena prevista no § 2º, inciso I, do art. 157 do CP. Isso porque a controvérsia acerca da incidência da referida causa de aumento quanto ao uso de arma de brinquedo foi suficientemente solucionada no âmbito do Superior Tribunal de Justiça, que, em 2001, cancelou o Verbete Sumular 174, no julgamento do REsp 213.054/SP.

Arrependimento eficaz

(IX Exame) Wilson, extremamente embriagado, discute com seu amigo Junior na calçada de um bar já vazio pelo avançado da hora. A discussão torna-se acalorada e, com intenção de matar, Wilson desfere quinze facadas em Junior, todas na altura do abdômen. Todavia, ao ver o amigo gritando de dor e esvaindo-se em sangue, Wilson, desesperado, pega um táxi para levar Junior ao hospital. Lá chegando, o socorro é eficiente e Junior consegue recuperar-se das graves lesões sofridas.

Analise o caso narrado e, com base apenas nas informações dadas, responda, fundamentadamente, aos itens a seguir.

A) É cabível responsabilizar Wilson por tentativa de homicídio? (Valor: 0,65)

B) Caso Junior, mesmo tendo sido socorrido, não se recuperasse das lesões e viesse a falecer no dia seguinte aos fatos, qual seria a responsabilidade jurídico-penal de Wilson? (Valor: 0,60)

GABARITO:

A) Não, pois Wilson será beneficiado pelo instituto do arrependimento eficaz, previsto na parte final do art. 15 do Código Penal. Assim, somente responderá pelos atos praticados, no caso, as lesões corporais graves sofridas por Júnior.

B) Nesse caso, como não houve eficácia no arrependimento, o que é exigido pelo art. 15 do Código Penal, Wilson deverá responder pelo resultado morte, ou seja, deverá responder pelo delito de homicídio doloso consumado.

Erro de tipo acidental

(X Exame) Maria, mulher solteira de 40 anos, mora no Bairro Paciência, na cidade Esperança. Por conta de seu comportamento, Maria sempre foi alvo de comentários maldosos por parte dos vizinhos; alguns até chegavam a afirmar que ela tinha "cara de quem cometeu crime". Não obstante tais comentários, nunca houve prova de qualquer das histórias contadas, mas o fato é que Maria é pessoa conhecida na localidade onde mora por ter má índole, já que sempre arruma brigas e inimizades.

Certo dia, com raiva de sua vizinha Josefa, Maria resolve quebrar a janela da residência desta. Para tanto, espera chegar a hora em que sabia que Josefa não estaria em casa e, após olhar em volta para ter certeza de que ninguém a observava, Maria arremessa com força, na direção da casa da vizinha, um enorme tijolo. Ocorre que Josefa, naquele dia, não havia saído de casa e o tijolo após quebrar a vidraça, atinge também sua nuca. Josefa falece instantaneamente.

Nesse sentido, tendo por base apenas as informações descritas no enunciado, responda justificadamente: É correto afirmar que Maria deve responder por homicídio doloso consumado? (Valor: 1,25)

GABARITO:

Na presente questão cabe ao examinando identificar o instituto por ela versado, qual seja, o erro de tipo acidental, na modalidade do resultado diverso do pretendido, previsto no art. 74 do Código Penal.

Referido instituto traz como consequência, para o caso sob exame, a punição do agente por crime doloso em relação ao objetivo por ele almejado (que no caso foi o crime de dano previsto no art. 163 do Código Penal), bem como a sua punição na modalidade culposa pelo resultado não intencional por ele alcançado, desde que o tal delito admita a modalidade culposa.

Nesse sentido, observa-se que o outro resultado alcançado foi o crime de homicídio, que admite a modalidade culposa, de acordo com o art. 121, § 3º, do CP.

Sendo assim, uma vez tendo Maria alcançado os dois resultados, deverá ser punida por ambos (dano doloso e homicídio culposo) na forma do art. 70 do Código Penal, ou seja, em concurso formal próprio, que determina a majoração da pena do crime mais grave de 1/6 até 1/2.

Responsabilidade penal do garante

(X Exame) Erika e Ana Paula, jovens universitárias, resolvem passar o dia em uma praia paradisíaca e, de difícil acesso (feito através de uma trilha), bastante deserta e isolada, tão isolada que não há qualquer estabelecimento comercial no local e nem mesmo sinal de telefonia celular. As jovens chegam bastante cedo e, ao chegarem, percebem que além delas há somente um salva-vidas na praia. Ana Paula decide dar um mergulho no mar, que estava bastante calmo naquele dia. Erika, por sua vez, sem saber nadar, decide puxar assunto com o salva-vidas, Wilson, pois o achou muito bonito. Durante a conversa, Erika e Wilson percebem que têm vários interesses em comum e ficam encantados um pelo outro. Ocorre que, nesse intervalo de tempo, Wilson percebe que Ana Paula está se afogando. Instigado por Erika, Wilson decide não efetuar o salvamento, que era perfeitamente possível. Ana Paula, então, acaba morrendo afogada.

Nesse sentido, atento(a) apenas ao caso narrado, indique a responsabilidade jurídico-penal de Erika e Wilson. (Valor: 1,25)

GABARITO:

Segundo os dados narrados na questão, Wilson, por ser salva-vidas, tem o dever legal de agir para evitar o resultado e, naquele momento, podia perfeitamente agir. Assim, trata-se de agente garantidor. Nesse caso, responde por delito comissivo por omissão, qual seja, homicídio doloso praticado via omissão imprópria: art. 121 c/c o art. 13, § 2º, a, ambos do CP. Erika, por sua vez, por ter instigado Wilson a não realizar o salvamento de Ana Paula, responde como partícipe de tal homicídio, nos termos do art. 29 do CP. Não há que se falar em omissão de socorro por parte de Erika, pois, conforme dados expressos no enunciado, ela não sabia nadar e nem tinha como chamar por ajuda.

Maus antecedentes e reincidência

(XI Exame) Ricardo cometeu um delito de roubo no dia 10-11-2007, pelo qual foi condenado no dia 29-8-2009, sendo certo que o trânsito em julgado definitivo de referida sentença apenas ocorreu em 15-5-2010. Ricardo também cometeu, no dia 10-9-2009, um delito de extorsão.

A sentença condenatória relativa ao delito de extorsão foi prolatada em 18-10-2010, tendo transitado definitivamente em julgado no dia 7-4-2011. Ricardo também praticou, no dia 12-3-2010, um delito de estelionato, tendo sido condenado em 25-5-2011. Tal sentença apenas transitou em julgado no dia 27-7-2013.

Nesse sentido, tendo por base apenas as informações contidas no enunciado, responda aos itens a seguir.

A) O juiz, na sentença relativa ao crime de roubo, deve considerar Ricardo portador de bons ou maus antecedentes? (Valor: 0,25)

B) O juiz, na sentença relativa ao crime de extorsão, deve considerar Ricardo portador de bons ou maus antecedentes? Na hipótese, incide a circunstância agravante da reincidência ou Ricardo ainda pode ser considerado réu primário? (Valor: 0,50)

C) O juiz, na sentença relativa ao crime de estelionato, deve considerar Ricardo portador de bons ou maus antecedentes? Na hipótese, incide a circunstância agravante da reincidência ou Ricardo ainda pode ser considerado réu primário? (Valor: 0,50)

Utilize os argumentos jurídicos apropriados e a fundamentação legal pertinente ao caso.

A simples menção ou transcrição do dispositivo legal não pontua.

GABARITO:

A questão objetiva busca extrair do examinando conhecimento de institutos relativos à dosimetria da pena, em especial no tocante à circunstância judicial dos maus antecedentes e à agravante da reincidência. Munido de tal conhecimento, o examinando deve ser capaz de identificar os institutos e também diferenciá-los quando diante de um caso concreto.

Nesse sentido, relativamente ao item A, percebe-se que Ricardo possui bons antecedentes.

Eventual sentença condenatória ainda não transitada em julgado não tem o condão de implicar-lhe maus antecedentes, pois isso significaria acréscimo de tempo em sua pena e contrariaria, assim, o princípio do estado de inocência, constitucionalmente previsto.

No item B, atendendo-se ao comando da questão, o examinando deve indicar que Ricardo é primário. Isso porque a extorsão foi cometida em 10-9-2009, antes, portanto, do trânsito em julgado da sentença que o condenou pelo roubo (ocorrido em 15-5-2010), tal como manda o art. 63 do CP. Não obstante a primariedade de Ricardo, ele é portador de maus antecedentes, pois na data da sentença relativa ao delito de extorsão (18-10-2010) já havia ocorrido o trânsito em julgado da sentença do crime de roubo.

Por fim, em relação ao item C, o examinando deve indicar que ainda permanece a primariedade de Ricardo, pois o delito de estelionato foi cometido antes do trânsito em julgado de qualquer outro delito. Perceba-se que um indivíduo somente pode ser considerado reincidente se o crime pelo qual está sendo julgado tiver sido cometido após o trânsito em julgado de sentença que lhe haja condenado por delito anterior, nos termos do art. 63 do CP.

Todavia, Ricardo é portador de maus antecedentes, pois na data da sentença relativa ao estelionato já havia ocorrido o trânsito em julgado de duas outras sentenças condenatórias.

Elementos do fato típico e absolvição sumária

(XI Exame) O Ministério Público ofereceu denúncia contra Lucile, imputando-lhe a prática da conduta descrita no art. 155, *caput*, do CP. Narrou, a inicial acusatória, que no dia 18-10-2012 Lucile subtraiu, sem violência ou grave ameaça, de um grande estabelecimento comercial do ramo de venda de alimentos, dois litros de leite e uma sacola de verduras, o que totalizou a quantia de R$ 10,00 (dez reais). Todas as exigências legais foram satisfeitas: a denúncia foi recebida, foi oferecida suspensão condicional do processo e foi apresentada resposta à acusação.

O magistrado, entretanto, após convencer-se pelas razões invocadas na referida resposta à acusação, entende que a fato é atípico.

Nesse sentido, tendo como base apenas as informações contidas no enunciado, responda, justificadamente, aos itens a seguir.

A) O que o magistrado deve fazer? Após indicar a solução, dê o correto fundamento legal. (Valor: 0,65)

B) Qual é o elemento ausente que justifica a alegada atipicidade? (Valor: 0,60)

Utilize os argumentos jurídicos apropriados e a fundamentação legal pertinente ao caso. A simples menção ou transcrição do dispositivo legal não pontua.

GABARITO:

A questão objetiva extrair do examinando conhecimento acerca da absolvição sumária, bem como dos elementos essenciais à configuração da tipicidade penal de uma conduta.

A) O juiz deve absolver sumariamente a ré, devendo fundamentar sua decisão no art. 397, III, do CPP.

B) Está ausente a tipicidade material. Isso porque, pela doutrina moderna, somente haverá tipicidade se, além da tipicidade formal (subsunção do fato à norma), estiver presente, também, a tipicidade material, assim entendida como efetiva lesão relevante ou ameaça de lesão ao bem jurídico tutelado.

Desistência voluntária

(XII Exame) Félix, objetivando matar Paola, tenta desferir-lhe diversas facadas, sem, no entanto, acertar nenhuma. Ainda na tentativa de atingir a vítima, que continua a esquivar-se dos golpes, Félix aproveitando-se do fato de que conseguiu segurar Paola pela manga da camisa, empunha a arma. No momento, então, que Félix movimenta seu braço para dar o golpe derradeiro, já quase atingindo o corpo da vítima com a faca, ele opta por não continuar e, em seguida, solta Paola que sai correndo sem ter sofrido sequer um arranhão, apesar do susto.

Nesse sentido, com base apenas nos dados fornecidos, poderá Félix ser responsabilizado por tentativa de homicídio? Justifique. (Valor: 1,25)

Obs.: A resposta que contenha apenas as expressões "sim" ou "não" não será pontuada, bem como a mera indicação de artigo legal ou a resposta que apresente teses contraditórias.

GABARITO:
O examinando deve responder que Félix não deve ser responsabilizado por tentativa de homicídio, pois a hipótese narrada enquadra-se naquela descrita no art. 15 do CP, em sua primeira parte, ou seja, trata do instituto da desistência voluntária. Isso porque, conforme narrado no enunciado, percebe-se que o agente (Félix) desistiu de prosseguir na execução do delito quando ainda lhe sobrava, do ponto de vista objetivo, margem de ação. Assim, conforme o dispositivo legal supracitado, Félix responderia apenas por eventuais atos praticados. Note-se, entretanto, que os atos praticados pelo agente não traduzem a prática de crime, razão pela qual Félix não responde por nada.

Regime inicial de cumprimento de pena e princípio da *non reformatio in pejus*

(XVI Exame) Carlos foi condenado pelos crimes de tráfico de entorpecentes e posse de arma de fogo de uso permitido, em concurso material, sendo sua conduta tipificada da seguinte forma: art. 33 da Lei n. 11.343/2006 e art. 12 da Lei n. 10.826/2003, na forma do art. 69 do Código Penal. A pena ficou estabelecida em 05 anos de reclusão em regime fechado para o crime de tráfico e 1 ano de detenção em regime semiaberto pelo crime de posse de arma de fogo. Apenas a defesa técnica apelou, requerendo a mudança do regime de pena aplicado para o crime do art. 33 da Lei n. 11.343/2006, tendo o feito transitado em julgado para a acusação. O recurso foi desprovido. Todavia, de ofício, sem reflexo no *quantum*, que permaneceu em 06 anos de pena privativa de liberdade, o Tribunal reclassificou o fato para o art. 33 c/c o art. 40, IV, da Lei n. 11.343/2006, afastando o crime autônomo da lei de armas e aplicando a causa de aumento respectiva. Considerando as informações narradas na hipótese, responda aos itens a seguir.

A) Poderia ser aplicado regime inicial de cumprimento da pena diverso do fechado para o crime de tráfico ilícito de entorpecentes, previsto no art. 33, *caput*, da Lei n. 11.343/2006? (Valor: 0,60)

B) Poderia o Tribunal de Justiça em sede de recurso da defesa realizar a reclassificação adotada? (Valor: 0,65) Responda justificadamente, empregando os argumentos jurídicos apropriados e a fundamentação legal pertinente ao caso.

PRÁTICA PENAL

GABARITO:

A) A questão narra que Carlos foi condenado pela prática de um crime de tráfico de drogas e posse de arma de fogo de uso permitido. Em que pese o crime de tráfico ser equiparado a hediondo, hoje o entendimento que prevalece no âmbito do Supremo Tribunal Federal é no sentido de que é possível a aplicação de regime inicial de cumprimento de pena diverso do fechado, sendo a previsão do art. 2º, § 2º, da Lei n. 8.072/90 inconstitucional, pois violadora do princípio da individualização da pena. Assim, analisando as circunstâncias do caso concreto, nada impede que o magistrado fixe o regime semiaberto ao caso, até porque a pena base não se afastou do mínimo legal, o que indica que as circunstâncias do art. 59 do CP são favoráveis.

B) Ainda consta do enunciado que o Tribunal de Justiça, em julgamento exclusivo da defesa, optou por realizar uma reclassificação da conduta, aplicando a causa de aumento de pena do art. 40, inciso IV, da Lei n. 11.343, em vez de manter a condenação pelo crime de posse de arma de fogo. Não poderia, porém, o Tribunal ter adotado essa conduta, pois ela é prejudicial ao réu. Como o recurso foi exclusivo da defesa, a reclassificação viola o princípio da vedação da *reformatio in pejus*. O prejuízo da nova classificação decorre de alguns fatores: para o cálculo de eventual prescrição, tendo em vista que a causa de aumento é considerada para fixação do prazo prescricional, enquanto que, havendo dois crimes, o prazo seria fixado de maneira separada para cada um; um dos crimes é punido com detenção, o que impede fixação do regime inicial fechado, deixando isso de ocorrer com a causa de aumento; na execução, a progressão de regime, no caso da causa de aumento, será calculada em 2/5 (ou 3/5, se reincidente) do total de 6 anos, enquanto, se mantidas as condenações separadas, esse percentual somente seria aplicado sobre a pena de 05 anos, pois sobre 1 ano seria aplicado o percentual de 1/6, já que a posse de arma de fogo não é crime hediondo.

Imputação objetiva e incremento do risco

(XIX Exame) João estava dirigindo seu automóvel a uma velocidade de 100 km/h em uma rodovia em que o limite máximo de velocidade é de 80 km/h. Nesse momento, foi surpreendido por uma bicicleta que atravessou a rodovia de maneira inesperada, vindo a atropelar Juan, condutor dessa bicicleta, que faleceu no local em virtude do acidente. Diante disso, João foi denunciado pela prática do crime previsto no art. 302 da Lei n. 9.503/97. As perícias realizadas no cadáver da vítima, no automóvel de João, bem como no local do fato, indicaram que João estava acima da velocidade permitida, mas que, ainda que a velocidade do veículo do acusado fosse de 80 km/h, não seria possível evitar o acidente e Juan teria falecido. Diante da prova pericial constatando a violação do dever objetivo de cuidado pela velocidade acima da permitida, João foi condenado à pena de detenção no patamar mínimo previsto no dispositivo legal.

Considerando apenas os fatos narrados no enunciado, responda aos itens a seguir.

A) Qual o recurso cabível da decisão do magistrado, indicando seu prazo e fundamento legal? (Valor: 0,60)

B) Qual a principal tese jurídica de direito material a ser alegada nas razões recursais? (Valor: 0,65)

GABARITO:

A) O recurso cabível da sentença do magistrado que condenou João é o recurso de apelação, cujo prazo de interposição é de cinco dias e o fundamento é o art. 593, I, do Código de Processo Penal.

B) A principal tese jurídica a ser apresentada é o requerimento de absolvição do acusado, pois, em que pese ter havido violação do dever objetivo de cuidado, essa violação não representou incremento do risco no caso concreto, pois, ainda que observada a velocidade máxima prevista para a pista, com respeito ao dever de cuidado, o resultado teria ocorrido da maneira como ocorreu. Dessa forma, o examinando pode fundamentar o pedido de absolvição com base na ausência de incremento do risco, sendo essa ausência, de acordo com a teoria da imputação objetiva, fundamento para absolvição. De qualquer maneira, o cerne da resposta é a indicação de que não foi a violação do dever de cuidado a responsável pelo resultado lesivo, de modo que não deveria João ser por ele responsabilizado.

Nexo causal

(XX Exame) Paulo e Júlio, colegas de faculdade, comemoravam juntos, na cidade de São Gonçalo, o título obtido pelo clube de futebol para o qual o primeiro torce. Não obstante o clima de confraternização, em determinado momento, surgiu um entrevero entre eles, tendo Júlio desferido um tapa no rosto de Paulo. Apesar da pouca intensidade do golpe, Paulo vem a falecer no hospital da cidade, tendo a perícia constatado que a morte decorreu de uma fatalidade, porquanto, sem que fosse do conhecimento de qualquer pessoa, Paulo tinha uma lesão pretérita em uma artéria, que foi violada com aquele tapa desferido por Júlio e causou sua morte. O órgão do Ministério Público, em atuação exclusivamente perante o Tribunal do Júri da Comarca de São Gonçalo, denunciou Júlio pelo crime de lesão corporal seguida de morte (art. 129, § 3º, do CP). Considerando a situação narrada e não havendo dúvidas em relação à questão fática, responda, na condição de advogado(a) de Júlio:

A) É competente o juízo perante o qual Júlio foi denunciado? Justifique. (Valor: 0,65)

B) Qual tese de direito material poderia ser alegada em favor de Júlio? Justifique. (Valor: 0.60)

GABARITO:

A) O examinando deve concluir pela incompetência do Juízo, tendo em vista que o crime praticado não é doloso contra a vida. Nos termos do art. 74, § 1º, do Código de Processo Penal (ou art. 5º, inciso XXXVIII, *d*, da CF), ao Tribunal do Júri cabe apenas o julgamento dos crimes dolosos contra a vida e os conexos. No caso, mesmo de acordo com a imputação contida na denúncia, o resultado de morte foi culposo; logo, a competência é do juízo singular.

B) O examinando deve defender que não poderia Júlio responder pelo crime de lesão corporal seguida de morte, porque aquele resultado não foi causado a título de dolo nem culpa. O crime de lesão corporal seguida de morte é chamado de preterdoloso. A ação é dirigida à produção de lesão corporal, sendo o resultado morte produzido a título de culpa. Costuma-se dizer que há dolo no antecedente e culpa no consequente. Um dos elementos da culpa é a previsibilidade objetiva, somente devendo alguém ser punido na forma culposa quando o resultado não querido pudesse ser previsto por um homem médio, sendo que a ausência de previsibilidade subjetiva, capacidade do agente, no caso concreto, de prever o resultado, repercute na culpabilidade. Na hipótese, não havia previsibilidade objetiva, o que impede a tipificação do delito de lesão corporal seguida de morte. Também poderia o candidato responder que havia uma concausa preexistente, relativamente independente, desconhecida, impedindo Júlio de responder pelo resultado causado. Em princípio, a concausa relativamente independente preexistente não impede a punição do agente pelo crime consumado. Contudo, deve ela ser conhecida do agente ou ao menos existir possibilidade de conhecimento, sob pena de responsabilidade penal objetiva.

Concurso de pessoas e efeito extensivo do recurso

(37º Exame) Lúcio e Adamastor, em comunhão de ações e desígnios, com o emprego de arma de fogo, subtraíram o veículo dirigido pela vítima, Vilma. Pela dinâmica delituosa, Lúcio empunhava a arma de fogo contra a cabeça da vítima, enquanto Adamastor exigia a entrega das chaves do veículo, sob palavras de ordem e graves ameaças contra a vida de Vilma, afirmando que "caso não entregasse o veículo, levaria um tiro."

Ambos foram condenados, sendo que Lúcio e o Ministério Público não recorreram da condenação.

Adamastor, por meio de sua defesa técnica (distinta da defesa de Lúcio), interpôs recurso, alegando que a arma de fogo era portada apenas por Lúcio e que esta era incapaz de produzir disparos.

Lúcio afirma ao advogado que se sentiu traído pelo argumento deduzido por Adamastor, sendo sua intenção, apenas, que ambos tivessem a mesma condenação.

Na qualidade de advogado de Lúcio, responda às questões a seguir.

A) A primeira tese recursal pode garantir tratamento penal mais vantajoso a Adamastor? Justifique, levando em consideração o Direito Penal aplicável. (Valor: 0,65)

B) Caso o Tribunal acolha a segunda tese recursal de Adamastor, esta poderia ser aproveitada a Lúcio? Justifique, considerando as normas de Direito Processual Penal aplicáveis. (Valor: 0,60)

Obs.: O(a) examinando(a) deve fundamentar suas respostas. A mera citação do dispositivo legal não confere pontuação.

GABARITO:

A) Não, pois a dinâmica delitiva deixa claro que ambos agiram com dolo, conhecimento e vontade de empregar a arma de fogo na atividade criminosa. Nesse sentido, era exigido do examinando o conhecimento do art. 30 do Código Penal, que trata sobre a incomunicabilidade das circunstâncias pessoais, salvo quando elementares do crime. Assim, pouco importa se quem portava a arma era Lúcio, havendo concurso de pessoas, e sendo o emprego de arma uma circunstância objetiva, há comunicabilidade a todos os coautores. Por isso, a alegação de que apenas Lúcio portava a arma não poderia, no caso, prejudicá-lo ou conceder a Adamastor tratamento penal mais vantajoso.

B) Em razão do exposto acima, quanto à questão processual, esperava-se a resposta positiva, com menção ao art. 580 do CPP, que disciplina o aproveitamento do recurso aos demais coautores.

II. Direito penal – parte especial

Princípio da congruência e atipicidade do abandono de incapaz

(41º Exame) Luana, sem querer criar seu filho Joaquim, de 8 meses de idade, decidiu abandoná-lo em um movimentado supermercado da cidade, deixando-o agasalhado e acomodado em uma cadeira própria para bebês, com o cinto de segurança afivelado. Poucos minutos após ser abandonado, Joaquim foi acolhido por pessoas que estavam no supermercado e levado, sem qualquer risco ou lesão, às autoridades competentes.

Luana foi denunciada por abandono de incapaz (art. 133, § 3º, II, do CP). Em diligências finais, vieram aos autos as imagens da câmera de vigilância, demonstrando que, ao sair do supermercado, Luana subtraiu um chocolate. O Ministério Público, em alegações finais, pediu a condenação de Luana nos termos da denúncia, ao passo que a defesa técnica postulou sua absolvição.

O Juízo proferiu sentença e condenou Luana pelos delitos de abandono de incapaz e furto simples, em concurso material (art. 133, § 3º, II, e art. 155, *caput*, na forma do art. 69, todos do CP), com base nos elementos factuais surgidos no curso do processo (notadamente, as imagens da câmera de vigilância do mercado). Na qualidade de advogado de Luana, responda às questões a seguir:

A) A fim de impugnar a condenação de Luana pelo delito de abandono de incapaz, qual a tese de Direito Penal a ser sustentada? Justifique. (Valor: 0,60)

B) A fim de impugnar a condenação de Luana pelo delito de furto, qual a tese de Direito Processual Penal a ser sustentada? Justifique. (Valor: 0,65)

Obs.: O(a) examinando(a) deve fundamentar suas respostas. A mera citação do dispositivo legal não confere pontuação.

GABARITO:

A) Atipicidade da conduta (0,35), diante da inexistência de perigo concreto à integridade física do menor (0,25).

B) Violação ao princípio da congruência ou correlação entre a sentença e a acusação (ou violação ao procedimento da *mutatio libelli*) (0,55), em desrespeito ao procedimento do art. 384 do CPP (0,10).

Crime de explosão

(40º Exame) Helena, inconformada com o desempenho de seu time de futebol no Campeonato Brasileiro, decidiu colocar explosivos no estádio de seu clube. Helena inseriu os explosivos em locais estratégicos para explodir e danificar todo o gramado, de forma a garantir que, por ocasião da explosão, ninguém fosse atingido. No entanto, após colocar os explosivos similares a dinamite, Helena se distraiu e não observou quando o cachorro do clube, Bob, pegou um dos explosivos e o levou para o vestiário.

Helena, depois que criou um risco não permitido pelo Direito, de forma negligente, acionou os explosivos, acreditando que iria danificar apenas o gramado, porém atingiu o vestiário, onde estava um funcionário do clube, que faleceu em decorrência da explosão, sendo certo que tal resultado era de manifesta previsibilidade, embora não desejado ou tolerado pela acusada. Helena foi denunciada pelo delito de homicídio qualificado pelo emprego de explosivos. Os fatos relatados foram regularmente comprovados durante a instrução processual da primeira fase do Júri.

Como advogado(a) de Helena, sem concordar com a imputação realizada, ao se pronunciar em alegações finais da primeira fase do Júri, responda às questões a seguir:

A) Considerando a conduta de Helena e o resultado, qual a tipificação penal adequada ao fato? Justifique. (Valor: 0,65)

B) Qual o pedido de natureza processual cabível de ser deduzido em defesa de Helena? Justifique. (Valor: 0,60)

Obs.: O(a) examinando(a) deve fundamentar suas respostas. A mera citação do dispositivo legal não confere pontuação.

GABARITO:

A) Helena agiu com culpa quanto ao resultado morte (0,40), cabendo à defesa postular a desclassificação para o delito de explosão com causa de aumento de pena em razão do resultado morte (0,15), na forma do art. 251, *caput* c/c art. 258, ou art. 121, § 3º, todos do CP (0,10).

B) O pedido processual cabível, nesta fase do procedimento, é o de desclassificação (0,50), na forma do art. 418 ou do art. 419, ambos do CPP (0,10).

Infiltração virtual e ausência de especial fim de agir em crimes de terrorismo

(39º Exame) Guilherme, insatisfeito com o resultado das eleições para o cargo de Presidente do seu clube de futebol, em que saiu vitorioso o grupo político adversário, decidiu se vingar. Para tanto, colocou diversos explosivos em pontos estratégicos do campo de treinamento do seu time, os quais pretendia explodir durante o repouso noturno e assim causar terror generalizado para a gestão política eleita.

Não obstante, a polícia havia sido alertada sobre a possibilidade de Guilherme praticar algum ato ilícito. Por isso, o Delegado de Polícia que presidia o inquérito correspondente determinou a um agente de polícia a infiltração em um grupo de aplicativo de mensagens para, assim, acompanhar os passos de Guilherme e suas conversas privadas com seu grupo político, o que, após conquistar a confiança dos membros do grupo, foi efetivamente conseguido pelo agente infiltrado virtualmente. Foi dessa forma que a polícia logrou descobrir o plano de Guilherme, que foi preso, identificado como autor do atentado (por ter sido efetivamente o responsável por colocar os explosivos no centro de treinamento do clube, conforme mostraram as conversas obtidas pelo agente infiltrado). Guilherme foi processado pelo delito de terrorismo, previsto no art. 2º, § 1º, I, da Lei n. 13.260/2016. Os explosivos colocados por Guilherme foram localizados e desarmados antes que houvesse qualquer incidente.

Na qualidade de advogado de Guilherme, responda às questões a seguir:

A) Qual o argumento de Direito Penal a ser defendido pela defesa de Guilherme? Justifique. (Valor: 0,60)

B) Qual argumento deve ser usado para invalidar as provas obtidas em desfavor de Guilherme? Justifique. (Valor: 0,65)

Obs.: O(a) examinando(a) deve fundamentar suas respostas. A mera citação do dispositivo legal não confere pontuação.

GABARITO:
A) Atipicidade da conduta de Guilherme ou desclassificação para explosão (0,30), diante da declarada motivação política ou ausência de especial fim de agir (0,25), nos termos do art. 2º, *caput* ou § 2º, da Lei n. 13.260/2016 (0,10).

B) Violação à reserva de jurisdição na autorização de infiltração virtual do agente policial, concluindo-se que a prova foi obtida por meio ilícito (0,50), conforme estabelecido no art. 10, *caput*, ou 10-A, § 4º, da Lei n. 12.850/2013 ou art. 157 do CPP ou art. 5º, LVI, da CF (0,10).

Roubo e concurso de pessoas

(39º Exame) Aníbal foi sentenciado pela prática de roubo circunstanciado pelo emprego de arma de fogo, arma branca e pela participação de agentes em concurso formal com corrupção de menores (art. 157, § 2º, incisos II e VII, e § 2º-A, inciso II, do CP e art. 244-B, § 2º, da Lei n. 8.069/90, n/f do art. 70 do CP). Consta que Aníbal, na companhia de Bruno, pessoa apontada por testemunhas como sendo menor de 18 (dezoito) anos, mediante grave ameaça exercida pela pluralidade numérica e por emprego de arma de fogo e arma branca, subtraiu o telefone celular da vítima Sr. Firmo. Bruno foi identificado apenas por testemunhas que o descreveram como pessoa menor de idade, não tendo sido possível precisar a sua identificação civil, ou mesmo confirmar seus dados qualificativos.

O Juízo condenou Aníbal nos termos da denúncia, aplicando, ao roubo, a pena-base de 4 (quatro) anos de reclusão, à qual foi majorada em 1/2, diante da existência de duas causas de aumento (concurso de agentes e arma branca), e, ainda, promoveu a majoração em 2/3, diante da existência do emprego de arma de fogo.

Na qualidade de advogado de Aníbal, responda às questões a seguir:

A) Qual(is) a(s) tese(s) de Direito Penal a ser(em) sustentada(s) pela defesa de Aníbal a fim de reduzir a pena imposta ao delito de roubo? Fundamente. (Valor: 0,60)

B) Qual tese de Direito Processual deverá ser usada para afastar a condenação pelo delito de corrupção de menores? Fundamente. (Valor: 0,65)

Obs.: O(a) examinando(a) deve fundamentar suas respostas. A mera citação do dispositivo legal não confere pontuação.

GABARITO:

A) A pluralidade de causas de aumento não autoriza a exasperação da pena em fração máxima ou, havendo concurso de causas de aumento previstas na parte especial, poderia o Juiz optar por uma só majoração (0,50), na forma da Súmula 443 do STJ ou art. 68, parágrafo único, do CP (0,10).

B) Ausência de prova documental da menoridade de Bruno, ensejando falta de prova da materialidade delitiva (0,55), Súmula 74 do STJ ou art. 155, parágrafo único, do CPP (0,10).

Estupro de vulnerável e cerceamento de defesa

(35º Exame) Arnaldo e Fábio, 22 anos, são irmãos gêmeos idênticos, mas Arnaldo sempre fez mais sucesso com as meninas por ser mais extrovertido. Arnaldo inicia um relacionamento com Mônica, de 14 anos. Ambos costumam manter relação sexual consentida. Elena, amiga de Mônica, sempre foi apaixonada por Arnaldo e, movida por ciúmes, resolve noticiar às autoridades sobre as relações mantidas entre Arnaldo e Mônica, no intuito de incriminá-lo por estupro de vulnerável.

Noticiado o fato em sede policial e concluídas as investigações, o Ministério Público ofereceu denúncia, imputando a Arnaldo o crime de estupro de vulnerável, previsto no art. 217-A do CP. Após recebimento da denúncia, citação e apresentação de defesa, foi designada audiência de instrução e julgamento. De posse do mandado, o oficial de justiça foi até a residência dos irmãos e realizou a intimação na pessoa de Fábio, que se fez passar por Arnaldo.

No dia da audiência, Arnaldo não compareceu, embora seu advogado estivesse presente. Finalizada a instrução e após alegações finais, o juiz condenou Arnaldo no crime de estupro de vulnerável, na forma do art. 217-A do CP, a pena de 8 anos de reclusão, visto que Arnaldo não tinha qualquer anotação criminal, sendo favoráveis as condições do crime.

Considerando apenas as informações narradas no enunciado, responda aos itens a seguir.

A) O que pode ser alegado em favor de Arnaldo em matéria processual? Justifique. (Valor: 0,60)

B) Qual argumento de direito material poderia ser apresentado? Justifique. (Valor: 0,65)

Obs.: O(a) examinando(a) deve fundamentar suas respostas. A mera citação do dispositivo legal não confere pontuação.

GABARITO:

A) A intimação deveria ter sido feita na pessoa do réu, Arnaldo, de modo que ele ficou privado de efetuar sua autodefesa na audiência de instrução e julgamento, em violação ao Princípio da Ampla

Defesa ou do Contraditório ou do Princípio do Devido Processo Legal (0,35). Houve, portanto, nulidade da intimação e dos demais atos subsequentes (0,15), na forma do art. 564, inciso IV, do CPP ou do art. 5º, incisos LV e LIV, da CRFB/88 (0,10).

B) O delito de estupro de vulnerável tem como vítima pessoa menor de 14 anos, conforme o art. 217-A, *caput*, do CP. Mônica tinha 14 anos e, portanto, capacidade para consentir a relação sexual (0,35). Assim, o fato é atípico, devendo Arnaldo ser absolvido (0,20), segundo o art. 386, inciso III, do CPP (0,10).

Falsidade ideológica e citação inválida

(XXXIV Exame) Carla, funcionária de determinado estabelecimento comercial, inseriu, em documento particular, informação falsa acerca da data de determinado serviço que teria sido prestado pela empresa, em busca de prejudicar direito de terceiro, sendo realmente a inserção da informação de sua responsabilidade. Descobertos os fatos pelo superior hierárquico de Carla, foi apresentada *notitia criminis* em desfavor da funcionária, que veio a ser denunciada como incursa nas sanções penais do art. 298 do Código Penal (falsificação de documento particular).

No momento da citação, o Oficial de Justiça compareceu ao endereço fornecido pelo Ministério Público, sendo que constatou, na primeira vez que foi ao local, que Carla lá residia, mas que estava se ocultando para não ser citada.

Diante disso, certificou tal fato e foi determinada a citação por edital pelo magistrado. Carla é informada do teor do edital por uma amiga que trabalhava no Tribunal de Justiça e procura você, como advogado(a), para prestar assistência jurídica.

Responda, na condição de advogado(a) de Carla, considerando apenas as informações expostas, aos seguintes questionamentos.

A) A citação de Carla foi realizada de forma válida? Justifique. (Valor: 0,60)

B) Qual o argumento de direito material a ser apresentado para questionar a capitulação delitiva? Justifique. (Valor: 0,65)

Obs.: O(a) examinando(a) deve fundamentar suas respostas. A mera citação do dispositivo legal não confere pontuação.

GABARITO:

A) Não foi válida a citação de Carla, já que ela não estava em local incerto e não sabido ou que não estava se ocultando para não ser citada, já que Carla possuía endereço fixo e conhecido (0,50), conforme art. 361 ou 362, ambos do CPP (0,10).

B) O argumento é o de que o crime praticado por Carla foi de falsidade ideológica, com inserção de conteúdo falseado, e não falsificação de documento particular (0,40), tendo em vista que inseriu informação falsa em documento verdadeiro quanto à sua forma (0,15), nos termos do art. 299 do CP (0,10).

Peculato culposo e defesa prévia

(XXXI Exame) Após receber informações de que teria ocorrido subtração de valores públicos por funcionários públicos no exercício da função, inclusive com vídeo das câmeras de segurança da repartição registrando o ocorrido, o Ministério Público ofereceu, sem prévio inquérito policial, uma única denúncia em face de Luciano e Gilberto, em razão da conexão, pela suposta prática do crime de peculato, sendo que, ao primeiro, foi imputada conduta dolosa e, ao segundo, conduta culposa. De acordo com a denúncia, Gilberto, funcionário público, com violação do dever de cuidado, teria contribuído para a subtração de R$ 2.000,00 de repartição pública por parte de Luciano, que teria tido sua conduta facilitada pelo cargo público que exerce. Diante da reincidência de Gilberto, já condenado definitivamente por roubo, não foram a ele oferecidos os institutos despenalizadores. O magistrado, de imediato, sem manifestação das partes, recebeu a denúncia e designou audiência de instrução e julgamento. No dia anterior à audiência, Gilberto ressarciu a Administração do prejuízo causado. Com a juntada de tal comprovação, após a audiência, foram os autos encaminhados às partes para apresentação de alegações finais. O Ministério Público, diante da confirmação dos fatos, requereu a condenação dos réus nos termos da denúncia. Insatisfeito com a assistência técnica que recebia, Gilberto procura você para, na condição de advogado(a), assumir a causa e apresentar memoriais. Com base nas informações expostas, responda, como advogado(a) contratado por Gilberto, aos itens a seguir.

A) Existe argumento de direito material a ser apresentado em favor de Gilberto para evitar sua condenação? (Valor: 0,60)

B) Qual o argumento de direito processual a ser apresentado em memoriais para questionar toda a instrução produzida? (Valor: 0,65)

Obs.: O(a) examinando(a) deve fundamentar suas respostas. A mera citação do dispositivo legal não confere pontuação.

GABARITO:

A) Sim, o argumento de que ocorreu extinção da punibilidade diante da reparação do dano pelo réu (0,35), pagamento esse que precedeu sentença irrecorrível (0,15), nos termos do art. 312, § 3º, do CP (0,10).

B) O argumento é de que houve nulidade em razão da ausência de notificação do réu para apresentação de defesa prévia (0,40), antes do recebimento da denúncia (0,15), nos termos do art. 514 do CPP (0,10).

Furto e restituição de telefone celular

(**XXVI Exame**) Arthur, Adriano e Junior, insatisfeitos com a derrota do seu time de futebol, saíram à rua, após a partida, fazendo algazarra na companhia de Roberto, que não gostava de futebol. Durante o ato, depararam com Pedro, que vestia a camisa do time rival; simplesmente por isso, Arthur, Adriano e Junior passaram a agredi-lo, tendo ficado Roberto à distância por não concordar com o ato e não ter intenção de conferir cobertura aos colegas.

Em razão dos atos de agressão, o celular de Pedro veio a cair no chão, momento em que Roberto, aproveitando-se da situação, subtraiu o bem e empreendeu fuga. Com a chegada de policiais, Arthur, Adriano e Junior empreenderam fuga, mas Roberto veio a ser localizado pouco tempo depois na posse do bem subtraído e de seu próprio celular.

Diante das lesões causadas na vítima, Roberto foi denunciado pela prática do crime de roubo majorado pelo concurso de agentes e teve sua prisão em flagrante convertida em preventiva. Na instrução, as testemunhas confirmaram integralmente os fatos, assim como Roberto reiterou o acima narrado. A família de Roberto, então, procura você para, na condição de advogado(a), adotar as medidas cabíveis, antes da sentença, apresentando nota fiscal da compra do celular de Roberto.

PRÁTICA PENAL

Considerando apenas as informações narradas, responda, na condição de advogado(a) de Roberto, aos itens a seguir.

A) Existe requerimento a ser formulado pela defesa para reaver, de imediato, o celular de Roberto? Justifique. (Valor: 0,60)

B) Confessados por Roberto os fatos acima narrados, existe argumento de direito material a ser apresentado em busca da não condenação pelo crime imputado? Justifique. (Valor: 0,65)

GABARITO:

A) Sim. O requerimento a ser formulado é de restituição do celular apreendido (0,35), tendo em vista que não mais interessa ao processo (0,15), nos termos do art. 118 do CPP OU art. 119 do CPP OU art. 120 do CPP (0,10).

B) Sim, existe argumento a ser apresentado para afastar a condenação do crime de roubo, tendo em vista que o agente não empregou violência ou grave ameaça à pessoa para a subtração da coisa (0,50), valendo-se apenas da facilidade da situação para subtrair coisa alheia móvel e praticar crime de furto (0,15).

Delito de perseguição e transação penal

(35º Exame) Roberto foi denunciado pelo crime de perseguição (art. 147-A do CP). Segundo a denúncia, no dia 15 de janeiro de 2022, na filial da sociedade empresária Ruan S/A, situada no Rio de Janeiro/RJ, Roberto se aproveitou da proximidade física com Fábio (colega que trabalha na matriz da empresa em São Paulo/SP e estava visitando a filial carioca por um dia apenas) no ambiente de trabalho, para lançar-lhe olhares lascivos, o que teria "perturbado a esfera de liberdade ou privacidade" de Fábio. Este ofereceu representação contra Roberto.

O Ministério Público se recusou a formular proposta de transação penal a Roberto, com fundamento em uma anotação existente na sua Folha de Antecedentes Criminais (FAC), relativa à condenação definitiva à pena corporal – extinta há mais de 5 (cinco) anos – pela prática de crime.

Sobre a hipótese apresentada, responda aos itens a seguir.

A) Quais teses de mérito podem ser invocadas pelo defensor técnico de Roberto? Justifique. (Valor: 0,60)

B) Qual medida pode ser adotada pelo defensor técnico de Roberto para viabilizar a proposta de transação penal? Justifique. (Valor: 0,65)

Obs.: O(a) examinando(a) deve fundamentar suas respostas. A mera citação do dispositivo legal não confere pontuação.

GABARITO:

A) Atipicidade objetiva da conduta (0,20), pois a figura delitiva da perseguição (art. 147-A do CP); adota verbo nuclear no infinitivo ("perseguir"), o que denota crime habitual, a exigir reiteração do comportamento para a caracterização da tipicidade objetiva (0,40).

B) A medida a ser adotada pelo defensor técnico do acusado para viabilizar proposta de transação penal é requerer ao Juízo a remessa dos autos ao órgão superior do Ministério Público para reexame do cabimento dessa proposta (0,30). Isso porque a extinção da pena há mais de cinco anos deixa de produzir efeitos jurídicos (0,25), nos termos do art. 64, inciso I, do CP (0,10).

Furto, desclassificação e suspensão condicional do processo

(XVII Exame) Rodrigo, primário e de bons antecedentes, quando passava em frente a um estabelecimento comercial que estava fechado por ser domingo, resolveu nele ingressar. Após romper o cadeado da porta principal, subtraiu do seu interior algumas caixas de cigarro. A ação não foi notada por qualquer pessoa. Todavia, quando caminhava pela rua com o material subtraído, veio a ser abordado por policiais militares, ocasião em que admitiu a subtração e a forma como ingressou no comércio lesado. O material furtado foi avaliado em R$ 1.300,00, sendo integralmente recuperado. A perícia não compareceu ao local para confirmar o rompimento de obstáculo. O autor do fato foi denunciado como incurso nas sanções penais do art. 155, § 4º, I, do Código Penal. As únicas testemunhas de acusação foram os policiais militares, que confirmaram que apenas foram responsáveis pela abordagem do réu, que confessou a subtração. Disseram não ter comparecido, porém, ao estabelecimento lesado. Em seu interrogatório, Rodrigo confirmou apenas que subtraiu os cigarros do estabelecimento, recusando-se a responder qualquer outra pergunta. A defesa técnica de Rodrigo é intimada para apresentar alegações finais por memoriais. Com base na hipótese apresentada, responda, fundamentadamente, aos itens a seguir.

A) Diante da confissão da prática do crime de furto por Rodrigo, qual a principal tese defensiva em relação à tipificação da conduta a ser formulada pela defesa técnica?

B) Em caso de acolhimento da tese defensiva, poderá Rodrigo ser, de imediato, condenado nos termos da manifestação da defesa técnica?

GABARITO:

A) Foi imputado um crime de furto qualificado, pois houve rompimento de obstáculo. Ocorre que, para a punição por essa modalidade qualificada do crime, é necessária a realização de exame de local e a constatação do rompimento de obstáculo por prova pericial (art. 158 do CPP). Assim têm decidido de maneira recorrente os Tribunais Superiores, não sendo suficiente a simples afirmação dos policiais, no sentido de que Rodrigo narrou que tinha subtraído os cigarros, pois essa confirmação foi apenas quanto à subtração, e os agentes da lei nem mesmo compareceram ao estabelecimento para verificar se, de fato, houve tal rompimento. Assim, diante da ausência de comprovação pericial da qualificadora, o crime praticado foi de furto simples.

B) Em caso de acolhimento da tese defensiva, com a consequente desclassificação da conduta de Rodrigo de furto qualificado para furto simples, não poderá ser o acusado de imediato condenado, devendo o magistrado abrir vista para que o Ministério Público se manifeste sobre a possibilidade de oferecer proposta de suspensão condicional do processo, pois a pena mínima passou a ser de 1 ano de reclusão. Nesse sentido é o enunciado 337 da Súmula do STJ, que permite que, em caso de desclassificação ou procedência parcial, seja oferecida proposta de suspensão condicional do processo, ainda que encerrada a instrução.

Apropriação indébita e prova ilícita

(IV Exame) Maria, jovem extremamente possessiva, comparece ao local em que Jorge, seu namorado, exerce o cargo de auxiliar administrativo e abre uma carta lacrada que havia sobre a mesa do rapaz. Ao ler o conteúdo, descobre que Jorge se apropriara de R$ 4.000,00, que recebera da empresa em que trabalhava para efetuar um pagamento, mas utilizara tal quantia para comprar uma joia para uma moça chamada Júlia. Absolutamente transtornada, Maria entrega a correspondência aos patrões de Jorge.

Com base no relatado acima, responda aos itens a seguir, empregando os argumentos jurídicos apropriados e a fundamentação legal pertinente ao caso.

A) Jorge praticou crime? Em caso positivo, qual(is)?
B) Se o Ministério Público oferecesse denúncia com base exclusivamente na correspondência aberta por Maria, o que você, na qualidade de advogado de Jorge, alegaria?

GABARITO:

A) Sim. Apropriação indébita qualificada (ou majorada) em razão do ofício, prevista no art. 168, § 1º, III do CP.

B) Falta de justa causa para a instauração de ação penal, já que a denúncia se encontra lastreada exclusivamente em uma prova ilícita, porquanto decorrente de violação a uma norma de direito material (art. 151 do CP).

Calúnia e erro de tipo

(V Exame de Ordem Unificado) Antônio, pai de um jovem hipossuficiente preso em flagrante delito, recebe de um serventuário do Poder Judiciário Estadual a informação de que Jorge, defensor público criminal com atribuição para representar o seu filho, solicitara a quantia de R$ 2.000,00 para defendê-lo adequadamente. Indignado, Antônio, sem averiguar a fundo a informação, mas confiando na palavra do serventuário, escreve um texto reproduzindo a acusação e o entrega ao juiz titular da vara criminal em que Jorge atua como defensor público. Ao tomar conhecimento do ocorrido, Jorge apresenta uma gravação em vídeo da entrevista que fizera com o filho de Antônio, na qual fica evidenciado que jamais solicitara qualquer quantia para defendê-lo, e representa criminalmente pelo fato. O Ministério Público oferece denúncia perante o Juizado Especial Criminal, atribuindo a Antônio o cometimento do crime de calúnia, praticado contra funcionário público em razão de suas funções, nada mencionando acerca dos benefícios previstos na Lei n. 9.099/95. Designada Audiência de Instrução e Julgamento, recebida a denúncia, ouvidas as testemunhas, interrogado o réu e apresentadas as alegações orais pelo Ministério Público, na qual pugnou pela condenação na forma da inicial, o magistrado concede a palavra a Vossa Senhoria para apresentar alegações finais orais.

Em relação à situação acima, responda aos itens a seguir, empregando os argumentos jurídicos apropriados e a fundamentação legal pertinente ao caso.

A) O Juizado Especial Criminal é competente para apreciar o fato em tela?
B) Antônio faz jus a algum benefício da Lei n. 9.099/95? Em caso afirmativo, qual(is)?
C) Antônio praticou crime? Em caso afirmativo, qual? Em caso negativo, por que razão?

GABARITO:

A) Não, pois, de acordo com o art. 141, II, do CP, quando a ofensa for praticada contra funcionário público em razão de suas funções, a pena será aumentada de um terço, o que faz com que a sanção máxima abstratamente cominada seja superior a dois anos.

B) Sim, suspensão condicional do processo, nos termos do art. 89 da Lei n. 9.099/95.

C) Não. Antônio agiu em erro de tipo vencível/inescusável. Conforme previsão do art. 20 do CP, nessa hipótese, o agente somente responderá pelo crime se for admitida a punição a título culposo, o que não é o caso, pois o crime em comento não admite a modalidade culposa. Vale lembrar que não houve dolo na conduta de Antônio.

Estupro de vulnerável e dever de garante

(V Exame) Joaquina, ao chegar à casa de sua filha, Esmeralda, deparou-se com seu genro, Adaílton, mantendo relações sexuais com sua neta, a menor F.M., de 12 anos de idade, fato ocorrido no dia 2 de janeiro de 2011. Transtornada com a situação, Joaquina foi à delegacia de polícia, onde registrou ocorrência do fato criminoso. Ao término do Inquérito Policial instaurado para apurar os fatos narrados, descobriu-se que Adaílton vinha mantendo relações sexuais com a referida menor desde novembro de 2010. Apurou-se, ainda, que Esmeralda, mãe de F.M., sabia de toda a situação e, apesar de ficar enojada, não comunicava o fato à polícia com receio de perder o marido que muito amava.

Na condição de advogado(a) consultado(a) por Joaquina, avó da menor, responda aos itens a seguir, empregando os argumentos jurídicos apropriados e a fundamentação legal pertinente ao caso.

A) Adaílton praticou crime? Em caso afirmativo, qual?
B) Esmeralda praticou crime? Em caso afirmativo, qual?
C) Considerando que o Inquérito Policial já foi finalizado, deve a avó da menor oferecer queixa-crime?

GABARITO:

A) Sim. Estupro de vulnerável, conduta descrita no art. 217-A do CP.

B) Sim. Esmeralda também praticou estupro de vulnerável (art. 217-A do CP c/c o art. 13, § 2º, *a*, do CP), uma vez que tinha a obrigação legal de impedir o resultado, sendo garantidora da menor.

C) Não, pois se trata de ação penal pública incondicionada, nos termos do art. 225, parágrafo único, do CP.

Induzimento, instigação ou auxílio ao suicídio

(VII Exame) Há muito tempo, Maria encontra-se deprimida, nutrindo desejos de acabar com a própria vida. João, sabedor dessa condição, e querendo a morte de Maria, resolve instigá-la a se matar. Pondo seu plano em prática, João visita Maria todos os dias e, quando ela toca no assunto de não ter mais razão para viver, que deseja se matar, pois a vida não faz mais sentido, João a estimula e a encoraja a pular pela janela. Certo dia, logo após ser instigada por João, Maria salta pela janela de seu apartamento e, por pura sorte, sofre apenas alguns arranhões, não sofrendo qualquer ferimento grave. Considerando apenas os fatos apresentados, responda, de forma justificada, aos seguintes questionamentos:

A) João cometeu algum crime?
B) Caso Maria viesse a sofrer lesões corporais de natureza grave em decorrência da queda, a condição jurídica de João seria alterada?

GABARITO:

O examinando deve responder, no item A que João não cometeu qualquer crime, pois o delito descrito no art. 122 do CP, o qual prevê a conduta de instigação, auxílio ou induzimento ao suicídio, não admite a forma tentada (art. 14, II, do CP), sendo certo que tal delito somente se consuma com a ocorrência de lesões corporais graves ou morte. Nesse sentido, como Maria teve apenas alguns arranhões, não houve crime.

Todavia, com o fim de privilegiar a demonstração de conhecimento doutrinário, será aceita como resposta correta ao item A, a indicação de que haveria crime, mas que o fato não seria punível por faltar condição objetiva de punibilidade. Nesse caso específico, o examinando deverá demonstrar conhecimento sobre o conceito analítico de crime (fato típico, antijurídico e culpável), indicando que a punibilidade não o integra.

Ainda quanto ao item A, é indispensável a indicação do dispositivo em análise. Portanto, afirmações vagas e genéricas não são passíveis de pontuação.

Já no item B, o examinando deveria responder que ante a ocorrência de lesões corporais de natureza grave em Maria, a condição jurídica de João seria alterada, passando ele a responder pelo delito previsto no art. 122 do CP na modalidade consumada. Ressalte-se que levando em consideração a natureza do Exame de Ordem, não será atribuída pontuação para respostas com teses contraditórias, ou mesmo sugestiva de delito na modalidade tentada. Ademais, considera-se errada a resposta indicativa de configuração de concurso de crimes ou a fundamentação isolada.

Estelionato e furto

(VIII Exame) Abel e Felipe observavam diariamente um restaurante com a finalidade de cometer um crime. Sabendo que poderiam obter alguma vantagem sobre os clientes que o frequentavam, Abel e Felipe, sem qualquer combinação prévia, conseguiram, cada um, uniformes semelhantes aos utilizados pelos manobristas de tal restaurante.

No início da tarde, aproveitando a oportunidade em que não havia nenhum funcionário no local, a dupla, vestindo os uniformes de manobristas, permaneceu à espera de suas vítimas, mas agindo de modo separado.

Tércio, o primeiro cliente, ao chegar ao restaurante, iludido por Abel, entrega de forma voluntária a chave de seu carro. Abel, em vez de conduzir o veículo para o estacionamento, evade-se do local. Narcísio, o segundo cliente, chega ao restaurante e não entrega a chave de seu carro, mas Felipe a subtrai sem que ele o percebesse. Felipe também se evade do local.

Empregando os argumentos jurídicos apropriados e a fundamentação legal pertinente ao caso, responda às questões a seguir.

A) Qual a responsabilidade jurídico-penal de Abel ao praticar tal conduta? (Responda motivando sua imputação).

B) Qual a responsabilidade jurídico-penal de Felipe ao praticar tal conduta? (Responda motivando sua imputação).

GABARITO:

Relativamente ao item A da questão, o examinando, para garantir a atribuição integral dos pontos respectivos, deverá desenvolver raciocínio no sentido de que Abel cometeu apenas o crime de estelionato, previsto no art. 171 do Código Penal brasileiro.

Outrossim, deverá indicar que o crime se caracteriza pela fraude que é usada como meio de obter o consentimento da vítima que, iludida, entrega voluntariamente a chave de seu carro para Abel.

No que tange ao item B, deverá ser desenvolvido raciocínio no sentido de que Felipe cometeu apenas o delito de furto simples, capitulado no art. 155, *caput*, do Código Penal.

Saliente-se que, no caso em tela, não serão admitidas respostas que indicarem a incidência de qualificadoras, uma vez que, apesar de o agente ter se vestido de manobrista, tal fato em nada interferiu na subtração do bem.

Tampouco se pode falar em crime cometido mediante destreza, haja vista o fato de que, no enunciado da questão, não há qualquer referência ao fato de Felipe possuir habilidades especiais que pudessem fazer com que efetivasse a subtração sem que a vítima percebesse.

Assim sendo, o delito por ele praticado foi, apenas, o de furto na forma simples, descrito no *caput* do art. 155 do Código Penal.

Ainda no item B, de maneira alternativa e com o fim de privilegiar demonstração de conhecimento jurídico, será pontuado o examinando esclarecer somente estar presente o núcleo do tipo e, por conta disso, a conduta de Felipe apenas se enquadraria no *caput* do artigo citado.

Por fim, em nenhum dos itens poderá ser atribuída pontuação pela mera explicação da atuação dos agentes se essa estiver dissociada da correta tipificação do crime.

Concurso de agentes e favorecimento real

(IX Exame) Raimundo, já de posse de veículo automotor furtado de concessionária, percebe que não tem onde guardá-lo antes de vendê-lo para a pessoa que o encomendara. Assim, resolve ligar para um grande amigo seu, Henrique, e após contar toda sua empreitada, pede-lhe que ceda a garagem de sua casa para que possa guardar o veículo, ao menos por aquela noite. Como Henrique aceita ajudá-lo, Raimundo estaciona o carro na casa do amigo. Ao raiar do dia, Raimundo parte com o veículo, que seria levado para o comprador.

Considerando as informações contidas no texto responda, justificadamente, aos itens a seguir.

A) Raimundo e Henrique agiram em concurso de agentes? (Valor: 0,75)

B) Qual o delito praticado por Henrique? (Valor: 0,50)

GABARITO:

A) Não há concurso de agentes, pois o auxílio foi proposto após a consumação do crime de furto. Assim, não estão presentes os requisitos necessários à configuração do concurso de agentes, mormente liame subjetivo e identidade da infração penal.

B) Favorecimento real (art. 349 do CP).

Iter criminis e crimes contra a administração pública

(XIII Exame) Gustavo, retornando para casa após ir a uma festa com sua esposa, é parado em uma blitz de rotina. Ele fica bastante nervoso, pois sabe que seu carro está com a documentação totalmente irregular (IPVA atrasado, multas vencidas e vistoria não realizada) e, muito provavelmente, o veículo será rebocado para o depósito. Após determinar a parada do veículo, o policial solicita que Gustavo saia do carro e exiba os documentos. Como havia diversos outros carros parados na fiscalização, forma-se uma fila de motoristas. Gustavo, então, em pé, na fila, aguardando sua vez para exibir a documentação, fala baixinho à sua esposa: "Vou ver se tem jogo. Vou oferecer cem reais pra ele liberar a gente. O que você acha? Será que dá?". O que Gustavo não sabia, entretanto, é que exatamente atrás dele estava um policial que tudo escutara e, tão logo acaba de proferir as palavras à sua esposa, Gustavo é preso em flagrante. Atordoado, ele pergunta: "O que eu fiz?", momento em que o policial que efetuava o flagrante responde: "Tentativa de corrupção ativa!".

Atento(a) ao caso narrado e tendo como base apenas as informações descritas no enunciado, responda justificadamente, aos itens a seguir.

A) É correto afirmar que Gustavo deve responder por tentativa de corrupção ativa?

B) Caso o policial responsável por fiscalizar os documentos, observando a situação irregular de Gustavo, solicitasse quantia em dinheiro para liberá-lo e, Gustavo, por medo, pagasse tal quantia, ele (Gustavo) responderia por corrupção ativa?

O mero "sim" ou "não", desprovido de justificativa ou mesmo com a indicação de justificativa inaplicável ao caso, não será pontuado.

GABARITO:

A questão objetiva extrair do examinando conhecimento acerca do *iter criminis* e dos crimes praticados por particular contra a administração pública.

Nesse sentido, relativamente à alternativa A, o examinando deve lastrear sua resposta no sentido de que o delito de corrupção ativa (art. 333 do CP) é crime formal que não admite, via de regra, a modalidade tentada (exceto, como exemplo recorrente na doutrina, se o crime for praticado via escritos). Além disso, levando em conta a narrativa do enunciado, percebe-se que o delito em análise sequer teve o início da execução e, muito menos, atingiu a consumação. Isso porque a corrupção ativa somente se consuma com o efetivo oferecimento ou promessa de vantagem indevida, o que não ocorreu no caso narrado. Consequentemente, a conduta levada a efeito por Gustavo é atípica.

No que se refere a alternativa B, por sua vez, o examinando deve indicar que caso Gustavo pagasse a quantia solicitada pelo policial ele não responderia por corrupção ativa pelo simples fato de que tal conduta sequer está descrita no tipo penal do art. 333 do CP, configurando, portanto, fato atípico.

Consumação do furto e privilégio

(XIII Exame) Antônio, auxiliar de serviços gerais de uma multinacional, nos dias de limpeza, passa a observar uma escultura colocada na mesa de seu chefe. Com o tempo, o desejo de ter aquele objeto fica incontrolável, razão pela qual ele decide subtraí-lo.

Como Antônio não tem acesso livre à sala onde a escultura fica exposta, utiliza-se de uma chave adaptável a qualquer fechadura, adquirida por meio de um amigo chaveiro, que nada sabia sobre suas intenções. Com ela, Antônio ingressa na sala do chefe, após o expediente de trabalho, e subtrai a escultura pretendida, colocando-a em sua bolsa.

Após subtrair o objeto e sair do edifício onde fica localizada a empresa, Antônio caminha tranquilamente cerca de 400 metros. Apenas nesse momento é que os seguranças da portaria suspeitam do ocorrido. Eles acham estranha a saída de Antônio do local após o expediente (já que não era comum a realização de horas extras), razão pela qual acionam policiais militares que estavam próximos do local, apontando Antônio como suspeito. Os policiais conseguem alcançá-lo e decidem revistá-lo, encontrando a escultura da sala do chefe na sua bolsa. Preso em flagrante, Antônio é conduzido até a Delegacia de Polícia.

Antônio, então, é denunciado e regularmente processado. Ocorre que, durante a instrução processual, verifica-se que a escultura subtraída, apesar de bela, foi construída com material barato, avaliada em R$ 250,00, sendo, portanto, de pequeno valor. A FAC (folha de antecedentes criminais) aponta que Antônio é réu primário.

Ao final da instrução, em que foram respeitadas todas as exigências legais, o juiz, em decisão fundamentada, condena Antônio a dois anos de reclusão pela prática do crime de furto qualificado pela utilização de chave falsa, consumado, com base no art. 155, § 4º, III, do CP.

Nesse sentido, levando em conta apenas os dados contidos no enunciado, responda aos itens a seguir.

A) É correto afirmar que o crime de furto praticado por Antônio atingiu a consumação? Justifique.

B) Considerando que Antônio não preenche os requisitos elencados pelo STF e STJ para aplicação do princípio da insignificância, qual seria a principal tese defensiva a ser utilizada em sede de apelação? Justifique.

Obs.: O(a) examinando(a) deve fundamentar corretamente sua resposta. A simples menção ou transcrição do dispositivo legal não pontua.

GABARITO:

A questão trata do crime de furto e busca extrair do examinando conhecimento específico sobre dois pontos importantes acerca do tema: o momento consumativo do delito e a incidência do privilégio. A primeira indagação tem cunho eminentemente teórico, enquanto a segunda é de caráter prático, pois exige que o examinando saiba interpretar informações dadas no enunciado e, a partir delas, identificar a incidência do privilégio, o que será capaz de reduzir significativamente a resposta penal a ser dada ao personagem da questão. Nesse sentido, para fazer jus aos pontos relativos ao item "A" o examinando deve responder afirmativamente, indicando que o furto atingiu a consumação. Com efeito, diversas teorias existem sobre o momento consumativo do crime de furto, sendo certo que a predominante, tanto na doutrina quanto na jurisprudência dos Tribunais Superiores, é a Teoria da Amotio, segundo a qual a consumação ocorre quando a coisa subtraída passa para o poder do agente, mesmo que num curto espaço de tempo – tal como ocorreu no caso narrado –, independentemente de deslocamento ou posse mansa e pacífica da coisa. Também merece destaque, embora não seja o entendimento majoritário, reflexão sobre o momento consumativo do crime de furto narrado no enunciado com a adoção da Teoria da Ablatio. Perceba-se que, ainda assim, a resposta seria a mesma: o furto foi consumado. Isso porque, para aqueles que adotam a Teoria da Ablatio, o furto consuma-se quando o agente, depois de apoderar-se da coisa, consegue deslocá-la de um lugar para o outro – fato que, da mesma forma, foi narrado no enunciado. Cabe ressaltar que a Banca Examinadora, com o intuito de privilegiar a demonstração de conhecimento jurídico, aceitará como justificativa correta ambas as fundamentações acima expostas, sem perder de vista que os Tribunais Superiores adotam a Teoria da Amotio. Pelo mesmo motivo, entretanto, não será pontuada a resposta que traga apenas a afirmativa "sim", desprovida de qualquer justificativa ou mesmo com justificativa equivocada.

No tocante ao item "B", para que receba a pontuação respectiva, o examinando deve indicar que, de acordo com a questão, desconsiderando a argumentação no sentido de aplicação do princípio da insignificância (que pelo próprio enunciado afigura-se como inaplicável), a principal tese defensiva deve ser o reconhecimento do furto qualificado e privilegiado (art. 155, § 2º, c/c o art. 155, § 4º, III, ambos do CP). Isso porque a qualificadora da utilização de chave falsa possui natureza objetiva, sendo compatível com o furto privilegiado, que é de ordem subjetiva. O reconhecimento do furto privilegiado ou mínimo deve ser o argumento defensivo em sede de apelação por trazer vários benefícios a Antônio como a substituição da pena de reclusão pela pena de detenção, a diminuição da pena de um a dois terços ou aplicação da pena de multa. Cabe destacar que há muito tempo a controvérsia sobre a possibilidade de furto privilegiado e qualificado foi superada, existindo diversos julgados tanto no STF quanto no STJ sobre o tema. Inclusive, o próprio STF, no *Informativo* 580, manifestou-se sobre a possibilidade de tal combinação, sendo, portanto, a melhor tese defensiva.

Crime contra a honra e perdão do ofendido

(XVI Exame) Em uma discussão de futebol, Rubens e Enrico, em comunhão de ações e desígnios, chamaram Eduardo de "ladrão" e "estelionatário", razão pela qual Eduardo formulou uma queixa-crime em face de ambos. No curso da ação penal, porém, Rubens procurou Eduardo para pedir desculpas pelos seus atos, razão pela qual Eduardo expressamente concedeu perdão do ofendido em seu favor, sendo esse prontamente aceito e, consequentemente, extinta a punibilidade de Rubens. Eduardo, contudo, se recusou a conceder o perdão para Enrico, pois disse que não era a primeira vez que o querelado tinha esse tipo de atitude. Considerando apenas as informações narradas, responda aos itens a seguir.

A) Qual o crime praticado, em tese, por Rubens e Enrico?

B) Que argumento poderá ser formulado pelo advogado de Enrico para evitar sua punição?

Responda justificadamente, empregando os argumentos jurídicos apropriados e a fundamentação legal pertinente ao caso.

GABARITO:

A) O crime praticado por Rubens e Enrico foi o de injúria, na forma do art. 140 do Código Penal. Apesar de as ofensas serem relacionadas à pessoa que pratica crimes, já que Eduardo foi chamado de "ladrão" e "estelionatário", não há que se falar em crime de calúnia. A calúnia exige, para sua configuração, que seja atribuída ao ofendido a prática de determinado fato que configure crime. No caso, porém, não foram atribuídos fatos, mas sim qualidades pejorativas. Em razão disso, o crime praticado foi o de injúria.

B) O argumento a ser formulado pela defesa é o de que o perdão do ofendido oferecido a um dos querelados a todos aproveita (art. 51 do CPP), gerando a extinção da punibilidade dos coautores, caso seja aceito (art. 107, V, do CP). Ao conceder perdão para Rubens, necessariamente, este perdão deve ser estendido para Enrico, de modo que, com sua aceitação, haverá extinção da sua punibilidade.

Peculato e comunicação de elementares

(XIX Exame) Sabendo que Vanessa, uma vizinha com quem nunca tinha conversado, praticava diversos furtos no bairro em que morava, João resolve convidá-la para, juntos, subtraírem R$ 1.000,00 de um cartório do tribunal de justiça, não contando para ela, contudo, que era funcionário público nem que exercia suas funções nesse cartório. Praticam, então, o delito, e Vanessa fica surpresa com a facilidade que tiveram para chegar ao cofre do cartório. Descoberto o fato pelas câmeras de segurança, são os dois agentes denunciados, em 10 de março de 2015, pela prática do crime de peculato. João foi notificado e citado pessoalmente, enquanto Vanessa foi notificada e citada por edital, pois não foi localizada em sua residência. A família de Vanessa constituiu advogado e o processo prosseguiu, mas dele a ré não tomou conhecimento. Foi decretada a revelia de Vanessa, que não compareceu aos atos processuais. Ao final, os acusados foram condenados pela prática do crime previsto no art. 312 do Código Penal à pena de 2 anos de reclusão. Ocorre que, na verdade, Vanessa estava presa naquela mesma comarca, desde 5 de março de 2015, em razão de prisão preventiva decretada em outros dois processos. Ao ser intimada da sentença, ela procura você na condição de advogado(a).

Considerando a hipótese narrada, responda aos itens a seguir.

A) Qual argumento de direito processual poderia ser apresentado em favor de Vanessa em sede de apelação? Justifique.

B) No mérito, foi Vanessa corretamente condenada pela prática do crime de peculato? Justifique.

GABARITO:

A) O examinando deveria alegar que, em relação a Vanessa, o processo é nulo desde a citação. Quando Vanessa foi citada por edital, ela estava presa em estabelecimento na mesma unidade da Federação do juízo processante, logo, sua citação foi nula, conforme a Súmula 351 do STF. Como ela não tomou conhecimento da ação nem mesmo foi interrogada, pois teve sua revelia decretada, o prejuízo é claro. Assim, em sede de apelação, antes de enfrentar o mérito da apelação, deveria o advogado buscar a anulação de todos os atos após sua citação, inclusive da sentença. Poderia, ainda, o candidato justificar a nulidade na exigência trazida pelo art. 360 do CPP, que prevê que o réu preso deve ser citado pessoalmente.

B) Vanessa não foi corretamente condenada pela prática do crime de peculato. Em que pese o art. 30 do Código Penal prever que as "circunstâncias" de caráter pessoal se comunicam quando elementares do crime, não é possível, no caso concreto, a aplicação desse dispositivo, porque o enunciado deixa claro que Vanessa não tinha conhecimento da condição de funcionário público de João, não sendo possível responsabilizá-la por peculato. A simples afirmação de que as circunstâncias pessoais não se comunicam é insuficiente para atribuição da pontuação, pois, quando elementares, poderá haver comunicação, desde que o agente tenha conhecimento dessa situação. Da mesma forma, é inadequada a afirmativa no sentido de que o particular não pode ser responsabilizado pelo crime próprio de peculato, pois é insuficiente.

Estelionato e competência

(XXI Exame) Diana, primária e de bons antecedentes, em dificuldades financeiras, com inveja das amigas que exibiam seus automóveis recém-adquiridos, resolve comprar joias em loja localizada no município de Campinas, para usar em uma festa de comemoração de 10 anos de formatura da faculdade. Em virtude de sua situação, todavia, no momento do pagamento, entrega no estabelecimento um cheque sem provisão de fundos. Quando a proprietária da loja deposita o cheque, é informada, na cidade de Santos, pelo banco sacado, que inexistiam fundos suficientes, havendo recusa de pagamento, razão pela qual comparece em sede policial na localidade de sua residência, uma cidade do estado de São Paulo, para narrar o ocorrido. Convidada a comparecer em sede policial para esclarecer o ocorrido, Diana confirma a emissão do cheque sem provisão de fundos, mas efetua, de imediato, o pagamento do valor devido à proprietária do estabelecimento comercial. Posteriormente, a autoridade policial elabora relatório conclusivo e encaminha o inquérito ao Ministério Público, que oferece denúncia em face de Diana como incursa nas sanções do art. 171, § 2º, inciso VI, do Código Penal. Considerando a situação narrada, na condição de advogado(a) de Diana, responda aos itens a seguir.

A) Existe argumento a ser apresentado em favor de Diana para evitar, de imediato, o prosseguimento da ação penal? Em caso positivo, indique; em caso negativo, justifique.

B) De acordo com a jurisprudência do Supremo Tribunal Federal, qual será o foro competente para julgamento do crime imputado a Diana? Justifique.

GABARITO:

A) Sim, existem argumentos a serem apresentados pelo(a) advogado(a) de Diana para evitar o prosseguimento da ação penal. De fato, em princípio, a conduta de Diana se adéqua perfeitamente ao previsto no art. 171, § 2º, inciso VI, do Código Penal, tendo em vista que emitiu cheque sem provisão de fundos. O Supremo Tribunal Federal pacificou o entendimento, pelo Enunciado 554 da Súmula de Jurisprudências, de que o pagamento dos valores após o recebimento da denúncia não obsta o prosseguimento da ação penal; todavia, a *contrario sensu*, pacificaram a jurisprudência e a doutrina a posição de que, se o pagamento do cheque for realizado antes do recebimento da denúncia, haverá obstáculo ao prosseguimento da ação. Alguns foram os fundamentos que justificaram tal posição jurisprudencial, mas trata-se, principalmente, do princípio da intervenção mínima, característica do Direito Penal, e da ideia de que aquele que efetua o pagamento antes do recebimento da denúncia indica a inexistência de dolo de enganar e de obter vantagem ilícita em detrimento alheio. No caso apresentado, Diana efetuou o pagamento do cheque antes de o inquérito ser encaminhado ao Ministério Público com relatório final, logo antes do recebimento da denúncia, de modo que pode ser buscado, inclusive por meio de *habeas corpus*, o imediato trancamento da ação penal.

B) Entende o Supremo Tribunal Federal que o crime de estelionato é delito de natureza material, de modo que estará consumado no momento da recusa de pagamento do cheque sem provisão de fundos pelo sacado. Nos termos do art. 70 do Código de Processo Penal, será competente para processamento e julgamento o foro da comarca onde ocorreu o resultado do crime (Comarca de Santos). Assim, nos termos do Enunciado 521 da Súmula de Jurisprudência do Supremo Tribunal Federal, "o foro competente para processo e julgamento dos crimes de estelionato, sob a modalidade de emissão dolosa de cheques sem provisão de fundos, é o do local onde se deu a recusa do pagamento pelo sacado".

Erro de tipo e exceção de suspeição

(XXII Exame) Em inquérito policial, Antônio é indiciado pela prática de crime de estupro de vulnerável, figurando como vítima Joana, filha da grande amiga da Promotora de Justiça Carla, que, inclusive, aconselhou a família a como agir diante do ocorrido. Segundo consta do inquérito, Antônio encontrou Joana durante uma festa de música eletrônica e, após conversa em que Joana afirmara que cursava a Faculdade de Direito, foram para um motel onde mantiveram relações sexuais, vindo Antônio, posteriormente, a tomar conhecimento de que Joana tinha apenas 13 anos de idade. Recebido o inquérito concluído, Carla oferece denúncia em face de Antônio, imputando-lhe a prática do crime previsto no art. 217-A do Código Penal, ressaltando a jurisprudência do Supremo Tribunal Federal no sentido de que, para a configuração do delito, não se deve analisar o passado da vítima, bastando que a mesma seja menor de 14 anos. Considerando a situação narrada, na condição de advogado(a) de Antônio, responda aos itens a seguir.

A) Existe alguma medida a ser apresentada pela defesa técnica para impedir Carla de participar do processo? Justifique.

B) Qual a principal alegação defensiva de direito material a ser apresentada em busca da absolvição do denunciado? Justifique.

Obs.: O(a) examinando(a) deve fundamentar suas respostas. A mera citação do dispositivo legal não confere pontuação.

GABARITO:

A) Sim, o advogado de Antônio, já no momento de apresentar resposta à acusação, deveria apresentar exceção de suspeição em face da Promotora de Justiça, tendo em vista a presença da causa de suspeição prevista no art. 254, incisos I e IV, do Código de Processo Penal. Prevê o dispositivo em questão que o juiz dar-se-á por suspeito quando for amigo íntimo de alguma das partes ou quando tiver aconselhado uma das partes. Carla é muito amiga da genitora da vítima e ainda aconselhou a ofendida e sua família a como agir diante do ocorrido. Ademais, o art. 258 do CPP estabelece que as previsões referentes às causas de impedimento e suspeição do magistrado são aplicáveis, no que couber, ao Ministério Público. Claro está o envolvimento de Carla com a causa, de modo que sua suspeição deve ser reconhecida. Considerando que esta não se declarou suspeita, oferecendo denúncia, caberia ao advogado apresentar exceção de suspeição, nos termos do art. 95, inciso I, do CPP, e do art. 104 do CPP.

B) A principal alegação defensiva, de mérito, de direito material, é a de que houve erro de tipo por parte do denunciado, nos termos do art. 20 do Código Penal, de modo que fica afastado o seu dolo. Diante da situação apresentada, claro está que Antônio não tinha conhecimento de que Joana tinha apenas 13 anos de idade, merecendo destaque que as partes se conheceram em uma festa de música eletrônica, ocasião em que a ofendida afirmara estar na faculdade, o que, por si só, já afastaria as suspeitas de que fosse menor de 14 anos. Ainda que se entendesse que o erro foi vencível, não poderia Antônio ser responsabilizado, tendo em vista que esse afasta o dolo e não há previsão de responsabilização culposa pelo crime de estupro de vulnerável. No caso, é irrelevante a posição dos Tribunais Superiores no sentido de que o passado sexual da vítima não deve ser analisado, bastando que esta tenha, objetivamente, menos de 14 anos de idade. Ocorre que o problema apresentado em nada com esse tema se confunde, já que sequer sabia o réu a idade da vítima, que é uma das elementares do tipo.

Homicídio culposo e perdão judicial

(XXIII Exame) Manoel conduzia sua bicicleta, levando em seu colo, sem qualquer observância às regras de segurança, seu filho de 2 anos de idade. Para tornar o passeio do filho mais divertido, Manoel pedalava em alta velocidade, quando, em determinado momento, perdeu o controle da bicicleta e caiu, vindo seu filho a bater a cabeça e falecer de imediato. Após ser instaurado procedimento para investigar os fatos, a perícia constata que, de fato, Manoel estava em alta velocidade e não havia qualquer segurança para o filho em seu colo. O Ministério Público oferece denúncia em face de Manoel, imputando-lhe a prática do crime previsto no art. 121, §§ 3º e 4º, do Código Penal, já que a vítima era menor de 14 anos. Durante a instrução, todos os fatos são confirmados por diversos meios de prova. Considerando apenas as informações narradas, responda, na qualidade de advogado(a) de Manoel, aos itens a seguir.

A) A capitulação delitiva realizada pelo Ministério Público está integralmente correta? Justifique.

B) Qual argumento a ser apresentado para evitar a punição de Manoel pelo crime de homicídio culposo? Justifique.

Obs.: O(a) examinando(a) deve fundamentar suas respostas. A mera citação ou transcrição do dispositivo legal não confere pontuação.

GABARITO:

A) A capitulação delitiva realizada pelo Ministério Público não está integralmente correta, pois, em que pese exista prova da materialidade e indícios de autoria em relação ao crime de homicídio culposo, não poderia ter sido imputada a causa de aumento prevista no art. 121, § 4º, do CP, tendo em vista que a idade da vítima somente é relevante no momento de analisar tal causa de aumento, quando o homicídio é de natureza dolosa. Assim, deveria ser afastada a causa de aumento imputada.

B) O argumento a ser apresentado pela defesa técnica é da aplicação do perdão judicial, devendo o juiz deixar de aplicar a pena. De acordo com o art. 121, § 5º, do CP, o juiz poderá deixar de aplicar a pena se as consequências da infração atingirem o próprio agente de forma tão grave que a sanção se torne desnecessária. De fato, pelas circunstâncias narradas no enunciado, houve crime de homicídio culposo, já que Manoel conduzia sua bicicleta em alta velocidade, com o filho de 2 anos no colo, sem observância do dever objetivo de cuidado. Todavia, seu comportamento causou a morte de seu próprio filho, o que, por si só, demonstra que as consequências da infração já foram graves o suficiente para o autor do fato, tornando a sanção penal efetivamente desnecessária.

Inimputabilidade pela idade e prisão domiciliar

(XXV Exame – Reaplicação Porto Alegre) Bruna, nascida em 30 de março de 1999, e sua irmã Júlia, nascida em 21 de janeiro de 1998, revoltadas com o comportamento de Maria, que, segundo as irmãs, buscava um relacionamento amoroso com o namorado de Júlia, iniciaram uma discussão com esta, no dia 28 de março de 2017. Durante a discussão, descontroladas por Maria ter dito que Júlia não tinha capacidade de manter um namorado, as irmãs pegaram pedaços de ferro que estavam no chão da rua e começaram a agredir Maria com golpes na cabeça, com intenção de matar. Após a fuga de Bruna e Júlia do local, Maria é socorrida e recebe atendimento médico no hospital da região, ficando internada por 5 dias, mas vem a falecer em razão dos golpes sofridos. Ao tomar conhecimento dos fatos, o Ministério Público oferece denúncia em face de Bruna e Júlia pela prática do crime do art. 121, § 2º, inciso II, do Código Penal, requerendo a prisão preventiva apenas de Júlia, considerando que a mesma já seria reincidente. Após citação de Bruna e Júlia, a família das rés o(a) procura na condição de advogado(a), informando que Júlia está grávida de 20 semanas e que temem por sua saúde dentro da prisão. Considerando apenas as informações narradas, na condição de advogado(a) de Bruna e Júlia, responda aos itens a seguir.

A) Qual argumento de direito material a ser apresentado em favor de Bruna para evitar o prosseguimento da ação penal em relação a mesma? Justifique. (Valor: 0,65)

B) Considerando que verdadeiramente estejam presentes os requisitos previstos nos Artigos 312 e 313 do Código de Processo Penal, qual requerimento deveria ser formulado ao juízo para evitar que Júlia permaneça no interior do sistema prisional? Justifique. (Valor: 0,60)

GABARITO:

A) O argumento a ser apresentado pela defesa de Bruna é que sua conduta, em tese, poderia configurar ato infracional, mas não crime sob o ponto de vista técnico, já que era inimputável na data dos fatos. Inicialmente, importante recordar que, de acordo com a teoria majoritária, três são os elementos do conceito analítico do crime: tipicidade, ilicitude e culpabilidade. Por sua vez, a culpabilidade é formada pelos elementos imputabilidade, exigibilidade de conduta diversa e potencial conhecimento da ilicitude. Prevê o art. 27 do Código Penal que os menores de 18 anos são penalmente inimputáveis. Diante disso, Bruna, menor de 18 anos na data dos fatos, não pratica crime, mas tão só ato infracional. Isso porque o art. 4º do Código Penal estabelece que se considera praticado o crime no momento da ação ou omissão, ainda que outro seja o momento do resultado. No momento dos golpes desferidos por Júlia e Bruna em Maria, com intenção de matar, Bruna era menor de 18 anos, logo inimputável, ainda que, quando do resultado morte, já fosse maior.

B) O requerimento a ser formulado é de substituição da prisão preventiva por prisão domiciliar, nos termos do art. 318, inciso IV, do CPP. O Código de Processo Penal prevê, desde a Lei n. 12.403/11, a prisão domiciliar em substituição à prisão provisória, não sendo mais restrita à fase de execução da pena. Já com a Lei n. 13.257/16, passou o CPP a prever, no art. 318, inciso IV, a possibilidade de requerimento de substituição da prisão preventiva por domiciliar quando a presa for gestante, não mais havendo limitação do período de gestação. Basta a condição de gestante de acordo com a lei. Assim, considerando que Júlia estava grávida de 20 semanas, era cabível o requerimento. Cabe ressaltar que argumentações no sentido de revogação da prisão pela ausência de fundamentos dos Arts. 312 e 313 do CPP não serão aceitas, tendo em vista que o próprio comando da questão deixa claro o preenchimento dos mesmos.

Ação penal privada subsidiária da pública e extorsão mediante sequestro qualificada

(XXV Exame) No dia 6 de abril de 2017, João retirou Clara, criança de 11 anos de idade, do interior da residência em que esta morava, sem autorização de qualquer pessoa, vindo a restringir sua liberdade e mantê-la dentro de um quarto trancado e sem janelas. Logo em seguida, João entrou em contato com o pai de Clara, famoso empresário da cidade, exigindo R$ 200.000,00 para liberar Clara e devolvê-la à sua residência. Após o pai de Clara pagar o valor exigido, Clara é liberada e, de imediato, a família comparece à Delegacia para registrar o fato. Depois das investigações, João é identificado e os autos são encaminhados ao Ministério Público com relatório final de investigação, indiciando João. Após 90 (noventa) dias do recebimento do inquérito, os autos permanecem no gabinete do Promotor de Justiça, sem que qualquer medida tenha sido adotada. Considerando as informações narradas, responda, na condição de advogado(a) da família de Clara, aos itens a seguir.

A) Considerando que o crime é de ação penal pública incondicionada, qual a medida a ser adotada diretamente pela família de Clara e seu advogado em busca da responsabilização criminal de João? Justifique. (Valor: 0,65)

B) Em caso de inicial acusatória, qual infração penal deve ser imputada a João? Justifique. (Valor: 0,60)

GABARITO:

A) A medida a ser adotada pela família de Clara e seus advogados é a apresentação de queixa substitutiva da denúncia, dando início à ação penal privada subsidiária da pública. Sem dúvida, o crime a ser imputado a João é de ação penal pública incondicionada, de modo que, em princípio, caberia ao Ministério Público oferecer denúncia. Todavia, de acordo com o que consta do enunciado, houve omissão por parte do Ministério Público, tendo em vista que recebido o inquérito com relatório final de indiciamento de João, o Parquet se manteve inerte, não oferecendo denúncia, requerendo o arquivamento ou solicitando diligências. Assim, diante da omissão do Ministério Público, será admitida ação privada subsidiária da pública, nos termos do art. 29 do Código de Processo Penal e art. 5º, inciso LIX, da CRFB/88, cabendo ao Ministério Público aditar a queixa, repudiá-la ou oferecer denúncia substitutiva.

B) O crime a ser imputado a João é de extorsão mediante sequestro qualificada, nos termos do art. 159, § 1º, do Código Penal, tendo em vista que João sequestrou Clara, criança de 11 anos, restringindo sua liberdade, com a clara intenção de obter, para si ou para outrem, vantagem econômica indevida como condição para o resgate.

Consunção e rejeição da denúncia

(36º Exame) Ana Beatriz foi denunciada pelo Ministério Público pela prática dos crimes de falsificação de documento particular (art. 298 do CP) e estelionato (art. 171 do CP), em concurso material (art. 69 do CP), por ter obtido vantagem patrimonial ilícita às custas da vítima Rita (pessoa civilmente capaz e mentalmente sã, à época com 21 anos de idade), induzindo-a e mantendo-a em erro, mediante meio fraudulento.

Segundo narra a denúncia, em julho de 2020, Ana Beatriz falsificou bilhete de loteria premiado e o vendeu para Rita por metade do valor do suposto prêmio, alegando urgência em receber valor em espécie para poder custear cirurgia da sua filha. Rita, envergonhada, não procurou as autoridades públicas para solicitar a apuração dos fatos. A denúncia foi oferecida ao Juízo competente em dezembro de 2020.

Sobre a hipótese, responda aos itens a seguir.

A) Qual é a tese jurídica de mérito que pode ser invocada pela defesa técnica de Ana Beatriz? Justifique. (Valor: 0,65)

B) Qual é a tese jurídica processual que pode ser invocada pela defesa técnica de Ana Beatriz? Justifique. (Valor: 0,60)

GABARITO:

A) A tese jurídica de mérito é a ocorrência de consunção, pois o crime-meio de falsificação de documento particular é absorvido pelo crime-fim de estelionato, nos termos da Súmula 17 do STJ ("Quando o falso se exaure no estelionato, sem mais potencialidade lesiva, é por este absorvido").

B) A tese jurídica processual que pode ser invocada pela defesa técnica de Ana Beatriz é a necessidade de rejeição da denúncia por falta de representação da vítima, pois, a partir da Lei n. 13.964/2019, o crime de estelionato, em regra, comporta ação penal de iniciativa pública condicionada à representação (art. 171, § 5º, do CP). Alternativamente, é cabível, em tese, a suspensão condicional do processo, nos termos do art. 89 da Lei n. 9.099/95, diante da consunção.

III. Leis penais especiais

Infiltração virtual e ausência de especial fim de agir em crimes de terrorismo

(39º Exame) Guilherme, insatisfeito com o resultado das eleições para o cargo de Presidente do seu clube de futebol, em que saiu vitorioso o grupo político adversário, decidiu se vingar. Para tanto, colocou diversos explosivos em pontos estratégicos do campo de treinamento do seu time, os quais pretendia explodir durante o repouso noturno e assim causar terror generalizado para a gestão política eleita.

Não obstante, a polícia havia sido alertada sobre a possibilidade de Guilherme praticar algum ato ilícito. Por isso, o Delegado de Polícia que presidia o inquérito correspondente determinou a um agente de polícia a infiltração em um grupo de aplicativo de mensagens para, assim, acompanhar os passos de Guilherme e suas conversas privadas com seu grupo político, o que, após conquistar a confiança dos membros do grupo, foi efetivamente conseguido pelo agente infiltrado virtualmente. Foi dessa forma que a polícia logrou descobrir o plano de Guilherme, que foi preso, identificado como autor do atentado (por ter sido efetivamente o responsável por colocar os explosivos no centro de treinamento do clube, conforme mostraram as conversas obtidas pelo agente infiltrado). Guilherme foi processado pelo delito de terrorismo, previsto no art. 2º, § 1º, I, da Lei n. 13.260/2016. Os explosivos colocados por Guilherme foram localizados e desarmados antes que houvesse qualquer incidente.

Na qualidade de advogado de Guilherme, responda às questões a seguir:

A) Qual o argumento de Direito Penal a ser defendido pela defesa de Guilherme? Justifique. (Valor: 0,60)

B) Qual argumento deve ser usado para invalidar as provas obtidas em desfavor de Guilherme? Justifique. (Valor: 0,65)

Obs.: O(a) examinando(a) deve fundamentar suas respostas. A mera citação do dispositivo legal não confere pontuação.

GABARITO:

A) Atipicidade da conduta de Guilherme ou desclassificação para explosão (0,30), diante da declarada motivação política ou ausência de especial fim de agir (0,25), nos termos do art. 2º, *caput* ou § 2º, da Lei n. 13.260/2016 (0,10).

B) Violação à reserva de jurisdição na autorização de infiltração virtual do agente policial, concluindo-se que a prova foi obtida por meio ilícito (0,50), conforme estabelecido no art. 10, *caput*, ou 10-A, § 4º, da Lei n. 12.850/2013 ou art. 157 do CPP ou art. 5º, LVI, da CF (0,10).

(XXXIII Exame) Talita conduzia seu veículo automotor quando sofreu uma colisão na traseira de seu automóvel causada por Lauro, que conduzia seu automóvel a 120 km/h, apesar de a velocidade máxima permitida, na via pública em que estavam, ser de 50km/h. A perícia realizada no local indicou que o acidente foi causado pela violação do dever de cuidado de Lauro, que, em razão da alta velocidade imprimida, não conseguiu frear a tempo de evitar a colisão. Talita realizou exame de corpo de delito que constatou a existência de lesão corporal de natureza leve. Lauro, por sua vez, fugiu do local do acidente sem prestar auxílio. O Ministério Público, ao tomar conhecimento dos fatos e não havendo composição dos danos civis, ofereceu proposta de transação penal em favor de Lauro, destacando que o crime de lesão corporal culposa, previsto no art. 303, § 1º, da Lei n. 9.503/97, admitia o benefício e que a Folha de Antecedentes Criminais do autor do fato apenas indicava a existência de uma outra anotação referente à infração em que Lauro foi beneficiado também por transação penal, mas o benefício foi oferecido e extinto há mais de 6 anos. Talita ficou insatisfeita com a proposta do Ministério Público e procurou você, como advogado(a), para esclarecimentos. Considerando as informações expostas, responda, na condição de advogado(a) de Talita, aos itens a seguir.

A) Existe previsão de recurso para questionar a decisão homologatória de transação penal? Justifique. (Valor: 0,60)

B) Existe argumento para questionar o oferecimento de transação penal ao autor do fato? Justifique. (Valor: 0,65)

Obs.: O(a) examinando(a) deve fundamentar suas respostas. A mera citação do dispositivo legal não confere pontuação.

GABARITO:

A) Sim, a decisão homologatória de transação penal pode ser questionada por meio de apelação (0,50), nos termos do art. 76, § 5º, da Lei n. 9.099/95 (0,10).

B) Sim. Considerando que não poderia ser aplicado o instituto da transação penal, tendo em vista que o crime foi praticado quando o agente transitava em velocidade superior à máxima permitida para a via em mais de 50 km/h (0,55), conforme o art. 291, § 1º, inciso III, do CTB (0,10).

Embriaguez ao volante e consunção

(XXXI Exame) Em 05 de junho de 2019, Paulo dirigia veículo automotor em via pública, com capacidade psicomotora alterada em razão da influência de álcool, ocasião em que veio a atropelar Lúcia por avançar cruzamento com o sinal fechado para os veículos. Lúcia sofreu lesões que a deixaram com debilidade permanente no braço, o que foi reconhecido pelo laudo pericial respectivo, também ficando comprovado o estado clínico em que se encontrava o motorista atropelador. Considerando que Paulo arcou com as despesas que Lúcia teve que despender em razão do evento, a vítima não quis representar contra ele. Inobstante tal manifestação da vítima, o Ministério Público denunciou Paulo pela prática dos injustos do art. 303, § 2º, e do art. 306, ambos da Lei n. 9.503/97. Considerando as informações narradas, esclareça, na condição de advogado(a), aos seguintes questionamentos formulados por Paulo, interessado em constituí-lo para apresentação de resposta à acusação.

A) Qual a tese jurídica de direito material que a defesa de Paulo deverá alegar para contestar a tipificação apresentada? (Valor: 0,60)

B) Diante da ausência de representação por parte da ofendida, o Ministério Público teria legitimidade para propor ação penal contra Paulo? (Valor: 0,65)

Obs.: O(a) examinando(a) deve fundamentar suas respostas. A mera citação do dispositivo legal não confere pontuação.

GABARITO:

A) O crime do art. 306 do CTB deve ser absorvido pelo crime do art. 303, § 2º, do CTB (0,40), em razão da aplicação do princípio da consunção OU já que a capacidade psicomotora alterada em razão de álcool é elementar do crime de lesão corporal (0,20).

B) Sim, teria, tendo em vista que o agente estava sob a influência de álcool OU tendo em vista que a representação da vítima é desnecessária diante da embriaguez OU tendo em vista que não se aplica o art. 88 da Lei n. 9.099/95 diante da embriaguez (0,55), nos termos do art. 291, § 1º, inciso I, do CTB (0,10).

Disparo de arma de fogo e suspensão da prescrição

(XXIX Exame) No dia 1º de janeiro de 2008, após ingerir bebida alcoólica, Caio, 50 anos, policial militar reformado, efetuou dois disparos de arma de fogo em direção à parede de sua casa vazia, localizada no interior de grande quintal, com arma de sua propriedade, devidamente registrada e com posse autorizada. Apesar de os tiros terem sido efetuados em direção ao interior do imóvel, vizinhos que passavam pela rua naquele momento, ao ouvirem os disparos, entraram em contato com a Polícia Militar, que compareceu ao local e constatou que as duas munições deflagradas ficaram alojadas na parede do imóvel, sendo a perícia acostada ao procedimento. Caio obteve liberdade provisória e foi denunciado como incurso nas sanções do art. 15 da Lei n. 10.826/2003, não sendo localizado, porém, por ocasião da citação, por ter mudado de endereço, apesar das diversas diligências adotadas pelo juízo. Após não ser localizado, Caio foi corretamente citado por edital e, não comparecendo, nem constituindo advogado, foi aplicado o art. 366 do Código de Processo Penal, suspendendo-se o processo e o curso do prazo prescricional, em 04 de abril de 2008. Em 06 de julho de 2018, o novo juiz titular da vara criminal competente determinou que fossem realizadas novas diligências na tentativa de localizar o denunciado, confirmando que o processo, assim como o curso do prazo prescricional, deveria permanecer suspenso.

Com base nas informações narradas, na condição de advogado(a) de Caio, que veio a tomar conhecimento dos fatos em julho de 2018, responda aos questionamentos a seguir.

A) Existe argumento para questionar a decisão do magistrado que, em julho de 2018, determinou que o processo e o curso do prazo prescricional permanecessem suspensos? (Valor: 0,65)

B) Existe argumento de direito material a ser apresentado em busca da absolvição de Caio? (Valor: 0,60)

Obs.: O(a) examinando(a) deve fundamentar suas respostas. A mera citação do dispositivo legal não confere pontuação.

GABARITO:

A) Sim, a suspensão da prescrição somente poderia durar o período do prazo prescricional, computado de acordo com o máximo da pena em abstrato prevista, voltando a correr em abril de 2016 (0,55), nos termos da Súmula 415 do STJ (0,10).

B) Sim, atipicidade da conduta (0,20), tendo em vista que o disparo não foi realizado em via pública e nem em direção à via Pública OU tendo em vista que o disparo não foi realizado em local habitado (0,40).

Associação para o tráfico e prova ilícita

(XXIX Exame) Em patrulhamento de rotina, policiais militares receberam uma informação não identificada de que Wesley, que estava parado em frente à padaria naquele momento, estaria envolvido com o tráfico de drogas da localidade. Diante disso, os policiais identificaram e realizaram a abordagem de Wesley, não sendo, em um primeiro momento, encontrado qualquer material ilícito com ele. Diante da notícia recebida momentos antes da abordagem, porém, e considerando que o crime de associação para o tráfico seria de natureza permanente, os policiais apreenderam o celular de Wesley e, sem autorização, passaram a ter acesso às fotografias e conversas no WhatsApp, sendo verificado que existiam fotos armazenadas de Wesley portando suposta arma de fogo, bem como conversas sobre compra e venda de material entorpecente. Entendendo pela existência de flagrante em relação ao crime permanente de associação para o tráfico, Wesley foi encaminhado para a Delegacia, sendo lavrado auto de prisão em flagrante. Após liberdade concedida em audiência de custódia, Wesley é denunciado como incurso nas sanções do art. 35 da Lei n. 11.343/2006. No curso da instrução, foram acostadas imagens das conversas de Wesley via aplicativo a que os agentes da lei tiveram acesso, assim como das fotografias. Os policiais foram ouvidos em audiência, ocasião em que confirmaram as circunstâncias do flagrante. O réu exerceu seu direito ao silêncio. Com base nas fotografias acostadas, o juiz competente julgou a pretensão punitiva do estado procedente, aplicando a pena mínima de 03 anos de reclusão, além de multa, e fixando o regime inicial fechado, já que o crime imputado seria equiparado a hediondo. Ainda assim, substituiu a pena privativa de liberdade por restritiva de direitos.

Considerando as informações narradas, responda, na condição de advogado(a) de Wesley, intimado(a) para apresentação de recurso de apelação.

A) Existe argumento a ser apresentado para questionar as provas utilizadas pelo magistrado como fundamento para condenação? Justifique. (Valor: 0,65)

B) Mantida a condenação, qual o argumento a ser apresentado para questionar a sanção penal aplicada? Justifique. (Valor: 0,60)

Obs.: O(a) examinando(a) deve fundamentar suas respostas. A mera citação do dispositivo legal não confere pontuação.

GABARITO:

A) Sim, a prova foi obtida por meio ilícito (0,30), diante da ausência de autorização judicial para quebra de sigilo de dados OU diante da ausência de autorização de Wesley para acesso ao conteúdo de seu celular (0,25), com violação ao direito à intimidade/privacidade/vida privada (0,10).

B) O crime de associação para o tráfico não é delito equiparado a hediondo (0,35) porque não está previsto no art. 1º da Lei n. 8.072 OU porque não cabe analogia *in malam partem*, OU em respeito ao princípio da legalidade (0,10), podendo ser aplicado regime aberto (0,15).

Organização criminosa e colaboração premiada

(XXVII Exame) No interior de um coletivo, Alberto, João, Francisco e Ronaldo, até então desconhecidos, começaram a conversar sobre a crise financeira que assombra o país e sobre as dificuldades financeiras que estavam passando.

Em determinado momento da conversa, Alberto informa que tinha um conhecido seu, Lucas, com intenção de importar uma arma de fogo de significativo potencial ofensivo, que seria um fuzil de venda proibida no Brasil, mas que ele precisava da ajuda de outras pessoas para conseguir a importação. Diante da oferta em dinheiro pelo serviço específico, todos concordaram em participar do plano criminoso, sendo que Alberto iria ao exterior adquirir a arma, João alugaria um barco para trazer o material, Francisco auxiliaria junto à imigração brasileira para que a conduta não fosse descoberta e Ronaldo entregaria o material para Lucas, que era o mentor do plano. Após toda a organização do grupo e divisão de tarefas, assustado com as informações veiculadas na mídia sobre as punições de crime de organização criminosa, Francisco comparece ao Ministério Público com seu advogado e indica a intenção de realizar delação premiada.

Participaram das negociações do acordo Francisco, sua defesa técnica, o membro do Ministério Público com atribuição e o juiz que seria competente para julgamento, sendo acordada a redução de 1/3 da pena em relação ao crime de organização criminosa.

Após ser denunciado junto com Alberto, João, Ronaldo e Lucas pela prática do crime de organização criminosa (art. 2º, da Lei n. 12.850/2013), Francisco contrata você, como novo(a) advogado(a), para patrocinar seus interesses.

Na condição de advogado(a) de Francisco, com base apenas nas informações narradas, esclareça os itens a seguir.

A) Considerando que aquela delação premiada não seria benéfica ao seu cliente, existe argumento a ser apresentado em busca de desconstituir o acordo celebrado quanto ao seu aspecto formal? Justifique. (Valor: 0,65)

B) Qual argumento de direito material deve ser apresentado para questionar a capitulação jurídica realizada pelo Ministério Público na denúncia? Justifique. (Valor: 0,60)

GABARITO:

A) Sim, poderia ser buscada a desconstituição do acordo de colaboração premiada, pois não poderia o magistrado ter participado das negociações do acordo (0,55), conforme o art. 4º, § 6º, da Lei n. 12.850/2013 (0,10).

B) Não restou configurado o crime imputado, tendo em vista que o grupo tinha intenção de praticar apenas um crime específico e não várias infrações penais OU tendo em vista que não havia relação de estabilidade e permanência (0,60).

Drogas e busca e apreensão

(XXVI Exame) Insatisfeito com a atividade do tráfico em determinado condomínio de residências, em especial em razão da venda de drogas de relevante valor, o juiz da comarca autorizou, após requerimento do Ministério Público, a realização de busca e apreensão em todas as centenas de residências do condomínio, sem indicar o endereço de cada uma delas, apesar de estas serem separadas e identificadas, sob o argumento da existência de informações de que, no interior desse condomínio, haveria comercialização de drogas e que alguns dos moradores estariam envolvidos na conduta.

Com base nesse mandado, a Polícia Civil ingressou na residência de Gabriel, 22 anos, sendo apreendidos, no interior de seu imóvel, 15 g de maconha, que, de acordo com Gabriel, seriam destinados a uso próprio. Após denúncia pela prática do crime do art. 28 da Lei n. 11.343/2006, em razão de anterior condenação definitiva pela prática do mesmo delito, o que impossibilitaria a aplicação de institutos despenalizadores, foi aplicada a Gabriel a sanção de cumprimento de 10 meses de prestação de serviços à comunidade.

Intimado da condenação e insatisfeito, Gabriel procura um advogado para consulta técnica, esclarecendo não ter interesse em cumprir a medida aplicada de prestação de serviços à comunidade.

Considerando apenas as informações narradas, na condição de advogado de Gabriel, esclareça os itens a seguir.

A) Qual o argumento de direito processual a ser apresentado em sede de recurso para questionar a apreensão das drogas na residência de Gabriel? Justifique. (Valor: 0,60)

B) Em caso de descumprimento, por Gabriel, da medida de prestação de serviços à comunidade imposta na sentença condenatória pela prática do crime do art. 28 da Lei n. 11.343/2006, poderá esta ser convertida em pena privativa de liberdade? Justifique. (Valor: 0,65)

GABARITO:

A) O argumento é que o mandado de busca e apreensão não era válido, tendo em vista que era genérico OU que foi expedido mandado de busca e apreensão sem indicação de um endereço específico onde a diligência deveria ser realizada (0,50), desrespeitando o art. 243, inciso I, do CPP (0,10).

B) A medida de prestação de serviços à comunidade não poderá ser substituída por privativa de liberdade, tendo em vista que o crime do art. 28 da Lei n. 11.343/2006 não admite aplicação de pena privativa de liberdade OU tendo em vista que a Lei n. 11.343/2006 somente admite, em caso de descumprimento, aplicação de admoestação verbal ou multa (0,55), nos termos do art. 28, § 6º, da Lei n. 11.343/2006 (0,10).

Organização criminosa e infiltração de agentes

(XXIV Exame) Aroldo, Bernardo, Caio e David, que se conheceram em razão de todos exercerem a função de pintores de residências, durante diversas quartas-feiras do ano de 2015, encontravam-se na garagem da residência do primeiro para organizarem a prática de crimes de receptação simples. Com o objetivo de receber vantagem financeira, nos encontros, muito bem organizados e que ocorreram por mais de 6 meses, era definido como os crimes seriam realizados, havendo plena divisão de funções e tarefas entre os membros do grupo.

Um morador da região que tinha conhecimento dos encontros apresenta *notitia criminis* à autoridade policial, mas informa que acredita que o grupo pretendia realizar a prática de roubos. Diante disso, instaurado o inquérito para apurar o crime de organização criminosa, o delegado de polícia determina diretamente, sem intervenção judicial, a infiltração de agentes de polícia no grupo, de maneira velada, para obtenção de provas. Ao mesmo tempo, realiza outros atos investigatórios e obtém, de forma autônoma, outras provas, que, de fato, confirmam a atividade do grupo; contudo, resta constatado que, verdadeiramente, a pretensão do grupo era apenas a prática de crimes de receptação simples.

Após a obtenção das provas necessárias, Aroldo, Bernardo, Caio e David são denunciados pela prática do crime previsto no art. 2º da Lei n. 12.850/2013.

Na condição de advogado(a) dos denunciados, considerando apenas as informações narradas, responda aos questionamentos a seguir.

A) A infiltração de agentes determinada pela autoridade policial foi válida? Justifique. (Valor: 0,65)

B) Qual o argumento de direito material a ser apresentado pela defesa em busca da não condenação dos denunciados da prática do crime imputado? Justifique. (Valor: 0,60)

GABARITO:

A) A infiltração não foi válida, tendo em vista que não houve autorização da autoridade judicial (0,40) e havia outros meios para obtenção da prova (0,15), na forma do art. 10 da Lei n. 12.850/2013 (0,10).

B) O argumento é que não houve a prática do crime de organização criminosa, tendo em vista que a associação do grupo era voltada para prática de crimes de receptação simples, cuja pena máxima não ultrapassa 4 anos (0,50), na forma do art. 1º, § 1º, da Lei n. 12.850/2013 (0,10).

Hediondos, drogas e o STF

(XIII Exame) Pedro foi preso em flagrante por tráfico de drogas. Após a instrução probatória, o juiz ficou convencido de que o réu, por preencher os requisitos do art. 33, § 4º, da Lei n. 11.343/2006, merecia a redução máxima da pena. Na sentença penal condenatória, fixou o regime inicialmente fechado ao argumento de que o art. 2º, § 1º, da Lei n. 8.072/90, assim determina, vedando a conversão da pena privativa de liberdade em pena restritiva de direitos, com base no próprio art. 33, § 4º, da Lei n. 11.343/2006. O advogado de Pedro é intimado da sentença.

À luz da jurisprudência do STF, responda aos itens a seguir.

A) Cabe ao advogado de defesa a impugnação da fixação do regime inicial fechado, fixado exclusivamente com base no art. 2º, § 1º, da Lei n. 8.072/90? (Valor: 0,60)

B) Com relação ao tráfico-privilegiado, previsto na Lei n. 11.343/06, art. 33, § 4º, é possível a conversão da pena privativa de liberdade em pena restritiva de direitos? (Valor: 0,65)

Obs.: O(a) examinando(a) deve fundamentar corretamente sua resposta. A simples menção ou transcrição do dispositivo legal não pontua.

GABARITO:

A questão objetiva extrair do(a) examinando(a) conhecimento atualizado acerca da jurisprudência do STF.

Nesse sentido, relativamente ao item A, a resposta deve ser lastreada no sentido de que cabe, sim, impugnação ao regime inicial fechado, fixado exclusivamente com base no art. 2º, § 1º, da Lei n. 8.072/90. Isso porque o STF, no HC 111.840/ES, declarou inconstitucional a previsão, na Lei dos Crimes Hediondos, da exigência da fixação do regime inicial fechado. Na oportunidade, a Corte se manifestou no sentido de que a definição do regime deveria sempre ser analisada independentemente da natureza da infração. A CF/88 contemplaria as restrições aplicadas à Lei n. 8.072/90, dentre as quais não estaria a obrigatoriedade de imposição de regime extremo para início de cumprimento de pena. Tal posicionamento vem sendo reiterado pela Suprema Corte, sendo certo que a fixação do regime inicialmente fechado deve conter uma fundamentação em concreto, sob pena de ofensa à individualização da pena.

No tocante ao item B, devemos observar que o STF, no HC 97.256/RS, decidiu que o art. 33, § 4º, da Lei n. 11.343/2006 é inconstitucional ao vedar a conversão da pena privativa de liberdade em pena restritiva de direitos. Após a reiteração do entendimento pela Suprema Corte, foi editada a Resolução n. 5 do Senado com o seguinte teor: "Art. 1º É suspensa a execução da expressão 'vedada a conversão em penas restritivas de direitos' do § 4º do art. 33, da Lei n. 11.343, de 23 de agosto de 2006, declarada inconstitucional por decisão definitiva do Supremo Tribunal Federal nos autos do *habeas corpus* n. 97.256/RS". Desta forma, é possível a conversão da pena privativa de liberdade em pena restritiva de direitos, desde que o réu preencha os requisitos do art. 44 do CP.

Organizações criminosas – colaboração premiada

(XIX Exame) Ronaldo foi denunciado pela prática do crime de integrar organização criminosa por fatos praticados em 2014.

Até o momento, porém, somente ele foi identificado como membro da organização pelas autoridades policiais, razão pela qual prosseguiu o inquérito em relação aos demais agentes não identificados. Arrependido, Ronaldo procura seu advogado e afirma que deseja contribuir com as investigações, indicando o nome dos demais integrantes da organização, assim como esclarecendo os crimes cometidos.

Considerando apenas as informações narradas, responda aos itens a seguir.

A) Existe alguma medida a ser buscada pelo advogado de Ronaldo para evitar aplicação ou cumprimento de pena no processo pelo qual foi denunciado? Em caso positivo, qual? Em caso negativo, justifique. (Valor: 0,65)

B) É possível um dos agentes identificados por Ronaldo ser condenado exclusivamente com base em suas declarações? Fundamente. (Valor: 0,60)

GABARITO:

A) Sim, existe medida a ser buscada pelo advogado de Ronaldo para evitar sua punição. Ronaldo foi denunciado pela prática do delito previsto no art. 2º da Lei n. 12.850/2013. Ocorre que o art. 4º deste mesmo diploma legal prevê o instituto da "colaboração premiada", que poderá ocorrer quando o agente colaborar efetiva e voluntariamente com investigação, resultando na identificação dos demais coautores e partícipes da organização criminosa e das infrações por eles praticadas. Diante da vontade de Ronaldo de esclarecer sobre quem seriam os demais integrantes da organização criminosa, deveria o seu advogado buscar um acordo de colaboração premiada, sendo certo que algumas das consequências do acordo que podem ser aplicadas pelo juiz é o perdão judicial ou a substituição de pena privativa de liberdade por restritiva de direitos.

B) Ainda que o acordo de "delação premiada" seja válido, de maneira adequada estabeleceu o legislador a impossibilidade de condenação exclusivamente com base nas declarações do agente colaborador, nos termos do art. 4º, § 16, da Lei n. 12.850/2013. Para um decreto condenatório, é necessário que as declarações de Ronaldo sejam confirmadas por outros elementos de prova. Os Tribunais Superiores vêm decidindo que as informações procedentes da "colaboração premiada" precisam ser confirmadas por outros elementos de prova – a chamada prova de corroboração.

Crime contra a ordem tributária e Súmula Vinculante 24

(XV Exame) A Receita Federal identificou que Raquel, possivelmente, sonegou Imposto sobre a Renda, causando prejuízo ao erário no valor de R$ 27.000,00 (vinte e sete mil reais). Foi instaurado, então, procedimento administrativo, não havendo, até o presente momento, lançamento definitivo do crédito tributário. Ao mesmo tempo, a Receita Federal expediu ofício informando tais fatos ao Ministério Público Federal, que, considerando a autonomia das instâncias, ofereceu denúncia em face de Raquel pela prática do crime previsto no art. 1º, I, da Lei n. 8.137/90. Assustada com a ratificação do recebimento da denúncia após a apresentação de resposta à acusação pela Defensoria Pública, Raquel lhe procura para, na condição de advogado(a), tomar as medidas cabíveis. Diante disso, responda aos itens a seguir.

A) Qual a medida jurídica a ser adotada de imediato para impedir o prosseguimento da ação penal? (Valor: 0,60)

B) Qual a principal tese jurídica a ser apresentada? (Valor: 0,65)

Obs.: O(a) examinando(a) deve fundamentar suas respostas. A mera citação do dispositivo legal não confere pontuação.

GABARITO:

A) Deve o advogado de Raquel impetrar de imediato *habeas corpus* visando ao "trancamento" da ação penal, pois o fato ainda não é típico.

B) A situação narrada representa constrangimento ilegal a Raquel, pois, de acordo com a Súmula Vinculante 24, não se tipifica crime material contra a ordem tributária antes do lançamento definitivo do tributo. Dessa forma, vêm entendendo os Tribunais Superiores que, antes do esgotamento da instância administrativa com lançamento do tributo, não pode ser oferecida denúncia pela prática do crime (art. 1º, I a IV, da Lei n. 8.137/90).

Lei de Armas (Lei n. 10.826/2003). Crime contra a ordem tributária e Súmula Vinculante 24

(XXI Exame) No dia 3 de março de 2016, Vinícius, reincidente específico, foi preso em flagrante em razão da apreensão de uma arma de fogo, calibre .38, de uso permitido, número de série identificado, devidamente municiada, que estava em uma gaveta dentro de seu local de trabalho, qual seja, o estabelecimento comercial "Vinícius House", do qual era sócio-gerente e proprietário. Denunciado pela prática do crime do art. 14 da Lei n. 10.826/2003, confessou os fatos, afirmando que mantinha a arma em seu estabelecimento para se proteger de possíveis assaltos. Diante da prova testemunhal e da confissão do acusado, o Ministério Público pleiteou a condenação nos termos da denúncia em alegações finais, enquanto a defesa afirmou que o delito do art. 14 do Estatuto do Desarmamento não foi praticado, também destacando a falta de prova da materialidade. Após manifestação das partes, houve juntada do laudo de exame da arma de fogo e das munições apreendidas, constatando-se o potencial lesivo do material, tendo o magistrado, de imediato, proferido sentença condenatória pela imputação contida na denúncia, aplicando a pena mínima de 2 anos de reclusão e 10 dias-multa. O advogado de Vinícius é intimado da sentença e apresentou recurso de apelação. Considerando apenas as informações narradas, responda na condição de advogado(a) de Vinicius:

A) Qual requerimento deveria ser formulado em sede de apelação e qual tese de direito processual poderia ser alegada para afastar a sentença condenatória proferida em primeira instância? Justifique. (Valor: 0,65)

B) Confirmados os fatos, qual tese de direito material poderia ser alegada para buscar uma condenação penal mais branda em relação ao *quantum* de pena para Vinicius? Justifique. (Valor: 0,60)

GABARITO:

A) Em sede de apelação, deveria o advogado de Vinícius buscar o reconhecimento da nulidade da sentença, tendo em vista que, após manifestação da defesa, houve juntada de laudo de exame de arma de fogo, ou seja, de prova pericial, sem que fosse aberta vista às partes em relação à documentação. O não acesso pela defesa ao laudo de exame pericial violou o princípio da ampla defesa, em sua vertente da defesa técnica, além do próprio princípio do contraditório, já que aquela prova não lhe foi submetida. Assim, deveria a sentença ser anulada, sendo certo que o prejuízo foi constatado com a condenação do réu.

B) A tese de direito material a ser apresentada pela defesa técnica de Vinícius para buscar uma condenação mais branda é de que o delito praticado pelo réu foi de posse de arma de fogo e não de porte de arma de fogo, tendo em vista que o agente possuía, em seu local de trabalho, arma de fogo de uso permitido. Prevê o art. 12 da Lei n. 10.826/2003 que o crime de posse de arma de fogo poderá ocorrer não apenas quando o material bélico estiver na residência do agente, mas também em seu local de trabalho, desde que o agente seja o titular ou responsável legal pelo estabelecimento. No caso, todos os requisitos foram observados, já que a arma estava no local de trabalho de Vinícius, estabelecimento do qual o agente era proprietário e sócio-gerente. Assim, deveria a defesa buscar a desclassificação para o delito previsto no art. 12 da Lei n. 10.826/2003.

Lei Maria da Penha – retratação e comprovação da materialidade

(38º Exame) Bárbara e Rodrigo são namorados e ambos são maiores e plenamente capazes. Em uma discussão, Rodrigo proferiu diversas ameaças e desferiu tapas no rosto de Bárbara, deixando-o bastante vermelho (equimoses). Bárbara, então, se dirigiu à Delegacia de Polícia e relatou o ocorrido, mostrando as mensagens de texto com o conteúdo das ameaças, afirmando expressamente o desejo de ver Rodrigo processado. Ao finalizar o boletim de ocorrência, a autoridade policial forneceu encaminhamento de Bárbara ao Instituto Médico Legal para a realização do exame de corpo de delito. Contudo, Bárbara não realizou o referido exame, nem necessitou de qualquer atendimento médico posterior, já que as lesões corporais não eram graves. Rodrigo foi denunciado pela prática de lesão corporal (Art. 129, § 13, do CP) e ameaça (Art. 147 do CP), e o recebimento da peça acusatória ainda não foi analisado pelo juízo. Bárbara, então, informou ao advogado de Rodrigo seu desejo de se retratar da representação. Considerando apenas as informações do enunciado, na condição de advogado de Rodrigo, responda aos questionamentos a seguir.

A) Se cabível, qual a forma e o alcance da retratação da representação? Justifique. (Valor: 0,65)

B) Qual a tese de defesa, quanto à materialidade delitiva, deve ser articulada em relação ao delito de lesão corporal? Justifique. (Valor: 0,60)

GABARITO:

A) Apenas o delito de ameaça, por estar sujeito à representação (Art. 147, parágrafo único, do CP), admite a retratação da representação, que deve observar a forma do art. 16 da Lei n. 11.340/06, qual seja, em audiência especialmente designada para tal fim, antes do recebimento da denúncia. Já o delito de lesão corporal, nos termos da Súmula 542 do STJ, está sujeito à ação penal pública incondicionada, sendo inadmissível, portanto, a retratação.

B) O delito de lesão corporal deixa vestígios, por sua natureza não transeunte, tornando-se indispensável o exame de corpo de delito ou boletim de atendimento médico, na forma do art. 158, do CPP ou art. 12, § 3º, da Lei n. 11.340/06, sem o que não há prova da materialidade do fato.

Captação ambiental e ausência de dolo

(37º Exame) Débora e Cristiane são amigas e se encontraram em um restaurante. Durante o almoço, elas começaram a conversar, de forma reservada e sem expectativa de estarem sendo ouvidas por terceiros, sobre Jéssica, conhecida de ambas. As amigas mencionaram que Jéssica era "ridícula" e que "se acha".

Jenifer, amiga de Jéssica, sem que Débora e Cristiane percebessem, aproximou-se da mesa de ambas de forma discreta e iniciou uma gravação ambiental (com amplificação sonora), captando o áudio da conversa com todas as qualidades negativas que Débora e Cristiane atribuíam a Jéssica.

Jenifer entregou a gravação à ofendida. De posse da referida gravação ambiental, Jéssica ajuizou uma queixa-crime contra Débora e Cristiane, dando-as como incursas nas penas do art. 140, *caput*, do Código Penal.

Na qualidade de advogado(a) contratado(a) por Débora e Cristiane, responda às questões a seguir.

A) Qual a tese de direito processual a ser deduzida em favor das quereladas, notadamente, sobre a prova utilizada para embasar a queixa? Justifique. (Valor: 0,65)

B) Qual a tese de direito material a ser deduzida em favor das quereladas? Justifique. (Valor: 0,60)

GABARITO:

A) A questão processual envolve conhecimentos sobre a (i)licitude de provas produzidas mediante gravação ambiental, sem autorização judicial e sem conhecimento de qualquer dos interlocutores, devendo ser destacada a inexistência de qualquer objetivo de autodefesa. Assim, a conduta de Jenifer viola o direito à intimidade das quereladas, tratando-se de prova ilícita, ante a violação expressa do que dispõe o art. 8º-A da Lei n. 9.296/96 (ou art. 157, do CPP ou art. 5º, inciso LVI, da CRFB/88). A conduta de Jenifer, inclusive, poderia em tese ser tipificada no art. 10-A, da mesma lei, pois não foi autorizada por nenhuma das interlocutoras.

B) Quanto à questão material, deve ser observado que o delito de injúria se caracteriza por ser um delito doloso, requer o dolo direto de causar ofensa à honra subjetiva da vítima. Dessa forma, somente é possível a prática do delito se houver intenção deliberada de atingir o destinatário da ofensa, o que não ocorreu no caso presente, pois Débora e Cristiane conversavam entre si, sem qualquer expectativa de fazer chegar à Jéssica as ofensas proferidas. Por isso, deve ser reconhecida a atipicidade da conduta.

Insignificância de crime tributário e suspensão do processo

(36º Exame) David foi denunciado pela prática do crime de *descaminho* (Art. 334 do Código Penal), por supostamente ter importado contêiner contendo 1 tonelada de materiais têxteis de procedência estrangeira sem a quitação do imposto de importação devido à União, que soma R$ 750,00 (setecentos e cinquenta reais).

Na cota que acompanha a denúncia, o Ministério Público Federal se manifestou pelo não oferecimento de proposta de suspensão condicional do processo a David, pois o acusado possui anotação na sua Folha de Antecedentes Criminais (FAC), relativa à condenação definitiva à pena de multa pelo crime de *ameaça* (Art. 147 do Código Penal).

Sobre a hipótese apresentada, responda aos itens a seguir.

A) Qual é a tese de mérito que pode ser invocada pelo Defensor técnico de David no caso concreto? Justifique. (Valor: 0,65)

B) Qual é a questão preliminar ao mérito que pode ser invocada pelo Defensor técnico de David no caso concreto? Justifique. (Valor: 0,60)

GABARITO:

A) A tese de mérito a ser invocada pelo defensor técnico de David é a da atipicidade por insignificância da conduta, pois a União está dispensada de ajuizar ações de cobrança de tributos cujo valor esteja aquém do patamar de R$ 20.000.00 (vinte mil reais), nos termos do art. 20 da Lei n. 10.522/02, com as atualizações efetivadas pelas Portarias n. 75 e 130, ambas do Ministério da Fazenda. Note-se que o valor de R$ 1.000,00 (mil reais) segue insignificante, se considerarmos o valor previsto no art. 20.

B) A questão preliminar ao mérito a ser invocada pelo defensor técnico de David é a da necessidade de remessa dos autos à autoridade superior do Ministério Público Federal, nos termos da Súmula n. 696 do STF, pois a condenação anterior à pena de multa não inviabiliza a suspensão condicional do processo, por aplicação analógica do art. 77, § 1º, do Código Penal.

IV. Processo penal

Medidas protetivas na Lei Maria da Penha e ação penal pública incondicionada

(40º Exame) Márcia e Fábio, ambos maiores e capazes, mantiveram relação íntima de afeto, sem coabitação, até que Fábio agrediu Márcia com tapas e socos, o que a deixou lesionada, sem gravidade.

Márcia, então, procurou as autoridades competentes e formalizou registro de ocorrência policial e pedido de medidas protetivas em desfavor de Fábio, bem como realizou exame de corpo de delito. O Juízo deferiu a medida protetiva de urgência, requerida pela vítima e determinou que Fábio guardasse distância de até 300 m de Márcia, durante pelo menos 90 dias, intimando-o dessa decisão.

Um mês após o deferimento da referida medida protetiva de urgência, o oficial de justiça se dirigiu à casa de Fábio para citá-lo na ação penal pública movida em seu desfavor, em decorrência das lesões causadas em Márcia (pelas quais foi denunciado como incurso nas penas do art. 129, § 9º, do CP). Ao chegar à residência de Fábio, o serventuário foi recebido por Márcia, que declarou lá estar voluntariamente, admitindo ter reatado o relacionamento e que não tinha mais desejo de manter as medidas protetivas e o processo (sobre as lesões corporais) movido em desfavor de Fábio, invocando o art. 88 da Lei n. 9.099/95, que prevê a necessidade de representação nos crimes de lesões corporais leves e culposas. Não obstante as declarações de Márcia, Fábio foi preso em flagrante pelo próprio oficial, nos termos do art. 24-A da Lei n. 11.340/2006.

Na qualidade de advogado(a) de Fábio, responda às questões a seguir:

A) Tendo em vista a prisão em flagrante de Fábio, a que autoridade deve ser requerido o arbitramento de fiança? Fundamente. (Valor: 0,60)

B) Em relação ao delito de lesão corporal, é cabível a alegação de ausência de representação da ofendida ou mesmo a sua retratação para invalidar a propositura da ação penal em desfavor de Fábio? Fundamente. (Valor: 0,65)

GABARITO:

A) À autoridade judiciária (0,50), na forma do art. 24-A, § 2º, da Lei n. 11.340/2006 (0,10).

B) A vítima não pode se retratar, pois o delito de lesão corporal leve no âmbito da violência doméstica e familiar contra a mulher é de ação penal pública incondicionada (0,55), na forma do art. 41 da Lei n. 11.340/2006 ou da Súmula 542 do STJ (0,10).

Habeas corpus e atipicidade

(40º Exame) Bruno, Márcia e Camile são sócios da pessoa jurídica Window Law Ltda., sendo que os três exercem, conjuntamente, a administração da sociedade. Em fiscalização de rotina, o Fisco apurou a existência de informação falsamente prestada pela sociedade empresária, que importou em supressão do tributo devido. Em razão disso, houve autuação fiscal, no valor de R$ 120.000,00 (cento e vinte mil reais).

Window Law Ltda. interpôs recurso administrativo contra a autuação tributária, pendente de julgamento.

O Ministério Público ajuizou ação penal em face de Bruno, Márcia e Camile, imputando-lhes a prática do crime previsto no art. 1º, I, da Lei n. 8.137/90, tendo havido o recebimento da denúncia.

Na qualidade de advogado dos três sócios, responda às questões a seguir:

A) Tendo em vista a ausência de previsão de recurso próprio, que medida processual pode ser dirigida ao Tribunal para impugnar a decisão de recebimento da denúncia? Justifique, indicando o fundamento legal. (Valor: 0,60)

B) Qual o argumento de direito material a ser deduzido em favor dos assistidos? Justifique. (Valor: 0,65)

Obs.: O(a) examinando(a) deve fundamentar suas respostas. A mera citação do dispositivo legal não confere pontuação.

GABARITO:

A) Impetração de *habeas corpus* ou reclamação ao Supremo Tribunal Federal (0,50), com fundamento no art. 5º, LXVIII, da CF ou art. 647 ou 648, I, do CPP e art. 103-A, § 3º, da CF (0,10).

B) Atipicidade da conduta (0,30), ante a ausência de constituição definitiva do crédito tributário (0,25), na forma da Súmula Vinculante 24 (0,10).

Citação por edital

(39º Exame) Carlos, dirigindo de forma imprudente e alcoolizado, atropelou Thales na via pública, que se feriu gravemente. Thales foi socorrido por Carlos e levado ao hospital. Porém, no hospital, Thales foi atingido por um projétil de arma de fogo de procedência ignorada ("bala perdida"), que causou sua morte.

Carlos foi então denunciado como incurso nas penas do delito de homicídio culposo de trânsito, sob a influência de álcool, do art. 302, § 3º, do Código de Trânsito Brasileiro (Lei n. 9.503/97). Ao tentar, por uma vez, realizar a citação, o oficial entendeu que Carlos estava se ocultando com o propósito de evitar a conclusão do ato processual, o que motivou o Juiz a determinar a realização da citação por edital.

Na qualidade de advogado de Carlos, responda às questões a seguir:

A) Qual a tese defensiva de Direito Penal a ser sustentada pela defesa de Carlos? Justifique. (Valor: 0,65)

B) A fim de invalidar a citação de Carlos, qual a tese de Direito Processual cabível? Justifique. (Valor: 0,60)

GABARITO:

A) Houve ruptura do nexo de causalidade entre a ação de Carlos e o resultado morte (ou Carlos só responde pelos atos já praticados, no caso, lesão corporal culposa de trânsito) (0,30), diante da superveniência da causa que, por si só, produziu o resultado (0,25), na forma do art. 13, § 1º, do CP (0,10).

B) Carlos deveria ter sido citado por hora certa caso se ocultasse em nova oportunidade ou Carlos não estava em local incerto e não sabido (0,50), na forma dos arts. 361 ou 362 do CPP ou do art. 252 do CPC (0,10).

Nemo tenetur se detegere e prova ilícita

(XXXIV Exame) Flávio figurava como indiciado em procedimento em que se investigava a prática do crime de concussão. Após não mais ter disponíveis outros meios de investigação, o Ministério Público formulou requerimento de interceptação das conversas telefônicas de Flávio, sendo o pedido deferido pela autoridade judicial pelo prazo de 10 dias.

No período interceptado, todas as conversas de Flávio foram transcritas. Em uma das conversas interceptadas, Flávio mantinha contato com seu advogado João e confessava a autoria do crime de concussão, solicitando orientação jurídica, sendo possível perceber que João não teria qualquer conhecimento anterior sobre aquela prática delitiva. A partir do teor das transcrições das conversas de Flávio, o Ministério Público ofereceu denúncia em desfavor do mesmo, imputando-lhe a prática do crime previsto no art. 316 do Código Penal.

Ao tomar conhecimento da denúncia, Flávio contata seu advogado, que tem acesso ao procedimento, inclusive ao teor das transcrições obtidas a partir da interceptação das conversas telefônicas. Durante a instrução, após requerimento do Ministério Público, o juiz determina, sem anuência do acusado e de sua defesa técnica, que seja realizada perícia de voz em Flávio para confirmar que ele seria um dos interlocutores da conversa, intimando-o para apresentar gravação a servir de paradigma para o exame.

Considerando apenas as informações expostas, responda, na condição de advogado(a) de Flávio, aos itens a seguir.

A) Qual o argumento a ser apresentado para questionar a prova obtida a partir da interceptação das comunicações telefônicas? Justifique. (Valor: 0,60)

B) Existe argumento a ser apresentado para questionar a decisão do magistrado que determinou a realização da perícia de voz, com apresentação de gravação que servisse de paradigma à perícia? Justifique. (Valor: 0,65)

Obs.: O(a) examinando(a) deve fundamentar suas respostas. A mera citação do dispositivo legal não confere pontuação.

GABARITO:

A) O argumento é de que a prova é ilícita, tendo em vista que não poderia ter havido transcrição da conversa travada entre Flávio e seu advogado, que tem direito ao sigilo ou inviolabilidade das comunicações, não sendo o advogado coautor de crimes nem figurando como investigado (0,50), nos termos do art. 7º, inciso II ou III, da Lei n. 8.906/94 ou art. 157, *caput*, do CPP ou art. 5º, inciso LVI, da CRFB/88 (0,10).

B) Sim, o argumento seria o de que não poderia ser o réu obrigado a fornecer sua voz para perícia ou que não poderia o magistrado ter exigido um comportamento positivo/ativo por parte do réu ou a perícia de voz dependeria da concordância de Flávio (0,15), já que o acusado não pode ser obrigado a produzir prova contra si (0,40), conforme art. 5º, inciso LXIII, da CRFB/88 ou art. 8º, item 2, "g", do anexo do Decreto n. 678/92 (0,10).

Assistente de acusação e ANPP

(XXXII Exame) Maria, no dia 07 de julho de 2020, compareceu à Delegacia e narrou que foi vítima, dois dias antes, de um crime de lesão corporal praticada por seu marido, Francisco, e motivada pela insatisfação com a qualidade da refeição que teria sido feita pela vítima. Maria foi encaminhada para perícia, que constatou, por meio de laudo, a existência de lesão corporal de natureza leve. Ouvido, Francisco confessou a prática delitiva, dizendo que este seria um evento isolado em sua vida. Diante disso, Francisco foi indiciado pelo crime do art. 129, § 9º, do CP, na forma da Lei n. 11.340/2006. Considerando a pena prevista para o delito e a inexistência de envolvimento pretérito com aparato judicial ou policial pelo autor do fato, o Ministério Público apresentou proposta de acordo de não persecução penal a Francisco. Ao tomar conhecimento dos fatos, Maria procura você, como advogado(a), para esclarecimentos. Considerando apenas as informações expostas, responda na qualidade de advogado(a) de Maria, aos itens a seguir.

A) Existem argumentos para questionar a proposta de acordo de não persecução penal formulada pelo Ministério Público? Justifique. (Valor: 0,65)

B) Em caso de denúncia, diante da natureza da ação pública incondicionada, existe alguma forma de participação direta da vítima no processo, inclusive com posição ativa na produção das provas e interposição de recursos? Justifique. (Valor: 0,60)

Obs.: O(a) examinando(a) deve fundamentar suas respostas. A mera citação do dispositivo legal não confere pontuação.

GABARITO:

A) Sim, tendo em vista que o crime em tese praticado envolveu violência à pessoa OU porque foi praticado no contexto da violência doméstica e familiar contra a mulher, impossibilitando a proposta de ANPP (0,55), nos termos do art. 28-A, *caput*, do CPP OU do art. 28-A, § 2º, inciso IV, do CPP (0,10).

B) Sim. Maria poderá se habilitar como assistente de acusação ou assistente do Ministério Público (0,50), na forma art. 268 do CPP OU do art. 271 do CPP (0,10).

Cautelar diversa da prisão e concurso de pessoas

(XXXI Exame) Paulo, estudante, condenado anteriormente por crime culposo no trânsito, em 20 de agosto de 2019, adentrou a loja de conveniência de um posto de gasolina e, aproveitando-se de um descuido dos funcionários do estabelecimento, furtou todo o dinheiro que se encontrava no caixa. Após sair da loja sem ter sua conduta percebida, consumado o delito, Paulo avistou sua antiga namorada Jaqueline, que abastecia seu carro no posto de gasolina, e contou-lhe sobre o crime que praticara momentos antes, pedindo que Jaqueline, igualmente estudante, primária e sem qualquer envolvimento anterior com fatos ilícitos, ajudasse-o a deixar o local, pois notou que os empregados do posto já tinham percebido que ocorrera a subtração. Jaqueline, então, dá carona a Paulo, que se evade com os valores subtraídos. Após instauração de inquérito policial para apurar o fato, os policiais, a partir das câmeras de segurança da loja, identificaram Paulo como o autor do delito, bem como o veículo de Jaqueline utilizado pelo autor para deixar o local, tendo o Ministério Público denunciado ambos pela prática do crime de furto qualificado pelo concurso de agentes, na forma do art. 155, § 4º, inciso IV, do Código Penal. Por ocasião do recebimento da denúncia, o juiz indeferiu a representação pela decretação da prisão preventiva formulada pela autoridade policial, mas aplicou aos denunciados medidas cautelares alternativas, dentre as quais a suspensão do exercício de atividade de natureza econômica em relação a Jaqueline, já que ela seria proprietária de um estabelecimento de comércio de roupas no bairro em que residia, nos termos requeridos pelo Ministério Público.

Considerando os fatos acima narrados, responda, na condição de advogado(a) de Jaqueline, aos questionamentos a seguir.

A) Qual argumento de direito material poderá ser apresentado pela defesa técnica de Jaqueline para questionar a capitulação delitiva imputada pelo Ministério Público? Justifique. (Valor: 0,65)

B) Existe argumento para questionar a medida cautelar alternativa de suspensão da atividade econômica aplicada a Jaqueline? Justifique. (Valor: 0,60)

Obs.: O(a) examinando(a) deve fundamentar suas respostas. A mera citação do dispositivo legal não confere pontuação.

GABARITO:

A) Jaqueline não concorreu para o crime de furto (0,15), tendo em vista que sua contribuição ocorreu após a consumação do delito OU tendo em vista que não existe participação após a consumação OU tendo em vista que não havia liame subjetivo no momento da subtração (0,50).

B) O argumento é o de que a cautelar de suspensão da atividade de natureza econômica exige que haja justo receio em sua utilização para a prática de novas infrações penais, o que não restou configurado na hipótese (0,50), conforme art. 319, inciso VI, OU art. 282, inciso II, ambos do CPP (0,10).

Apelação e inimputabilidade na 1ª fase do júri

(XXX Exame) Carleto foi denunciado pela prática do injusto de homicídio simples porque teria desferido disparos, com sua arma regular, contra seu vizinho Mário durante uma discussão, provocando-lhe as lesões que foram a causa da morte da vítima. Logo que recebida a denúncia, Carleto foi submetido a exame de insanidade mental, tendo o laudo concluído que ele se encontrava nas condições do art. 26, *caput*, do Código Penal. Finda a primeira etapa probatória do procedimento dos crimes dolosos contra a vida, no momento das alegações finais, a defesa técnica de Carleto, escorada em uma das vertentes da prova produzida, alegou que o réu atuou em legítima defesa. O juiz, ao final da primeira fase do procedimento, absolveu sumariamente o acusado em razão da inimputabilidade reconhecida, aplicando a medida de segurança de internação pelo prazo mínimo de 01 ano. A família de Carleto, insatisfeita com a medida de segurança aplicada, procura você, como advogado(a), para a adoção das medidas cabíveis. Considerando o caso narrado, responda, na condição de advogado(a) de Carleto, aos itens a seguir.

A) Qual o recurso cabível para a defesa combater aquela decisão? Justifique. (Valor: 0,60)

B) Qual a tese jurídica de direito processual que a defesa de Carleto poderá alegar para combater a decisão respectiva? Justifique. (Valor: 0,65)

Obs.: O(a) examinando(a) deve fundamentar suas respostas. A mera citação do dispositivo legal não confere pontuação.

GABARITO:

A) Recurso de apelação (0,50), nos termos do art. 416 do CPP (0,10).

B) O agente não poderia ter sido absolvido sumariamente em razão da inimputabilidade porque essa não era a única tese defensiva (0,40), somente podendo o magistrado absolver sumariamente com reconhecimento da legítima defesa e sem aplicação de medida de segurança OU devendo o magistrado submetê-lo a julgamento perante o Tribunal do Júri para análise da excludente de ilicitude (0,15), nos termos do art. 415, parágrafo único, do CPP (0,10).

Nulidade e retratação

(XXIX Exame) Em processo no qual se imputava a Antônio a prática do crime de constituição de milícia privada, foi designada audiência de instrução e julgamento para oitiva das testemunhas arroladas pela acusação e pela defesa. No dia da audiência, as testemunhas de acusação não compareceram, determinando o magistrado, por economia processual, a oitiva das testemunhas de defesa presentes, apesar de o advogado de Antônio se insurgir contra esse fato. Na ocasião, foram ouvidas três testemunhas de defesa, dentre as quais Pablo, que prestou declarações falsas para auxiliar o colega nesse processo criminal. Identificada sua conduta, porém, houve extração de peças ao Ministério Público, que, em 09 de abril de 2019, ofereceu denúncia em face de Pablo, imputando-lhe a prática do crime de falso testemunho na forma majorada. No processo de Antônio, foi designada nova audiência de instrução e julgamento, ocasião em que foram ouvidas as testemunhas de acusação; novamente, Pablo, a seu pedido, prestou declarações, confirmando que havia mentido na audiência anterior, mas que agora contava a verdade, o que veio a prejudicar a própria defesa do réu. Com base nas declarações das testemunhas de acusação e nas novas declarações de Pablo, Antônio veio a ser condenado. Pablo, por sua vez, em seu processo pelo crime de falso testemunho, também veio a ser condenado, reconhecendo o magistrado a atenuante do art. 65, inciso III, *b*, do Código Penal.

Considerando as informações narradas, responda, na condição de advogado(a) de Antônio e Pablo.

A) Qual argumento de direito processual poderá ser apresentado por você para desconstituir a sentença condenatória do réu? Justifique. (Valor: 0,65)

B) Qual o argumento de direito material a ser apresentado pela defesa técnica de Pablo para questionar a sentença condenatória? Justifique. (Valor: 0,60)

GABARITO:
A) Houve inversão na ordem de oitiva das testemunhas OU as testemunhas de defesa não poderiam ter sido ouvidas antes das testemunhas de acusação (0,40), havendo violação ao devido processo legal OU violação à ampla defesa Ou violação ao contraditório (0,15), conforme o art. 564, inciso IV, do CPP OU art. 400 do CPP (0,10).

B) Houve retratação antes de a sentença ser proferida no processo de Antônio (0,35), deixando o fato de ser punível (0,15), nos termos do art. 342, § 2º, do CP (0,10).

Nemo tenetur se detegere e relaxamento da prisão

(XXVIII Exame) Matheus conduzia seu automóvel em alta velocidade. Em razão de manobra indevida, acabou por atropelar uma vítima, causando-lhe lesões corporais. Com a chegada da Polícia Militar, foi solicitado que Matheus realizasse exame de etilômetro (bafômetro); diante de sua recusa, foi informado pela autoridade policial, que comparecera ao local, que ele seria obrigado a realizar o exame para verificar eventual prática também do crime previsto no art. 306 da Lei n. 9.503/97. Diante da afirmativa da autoridade policial, Matheus, apesar de não desejar, viu-se obrigado a realizar o teste do bafômetro. Após conclusão do inquérito policial, com oitiva e representação da vítima, foi o feito encaminhado ao Ministério Público, que ofereceu denúncia imputando a Matheus apenas a prática do crime do art. 303, da Lei n. 9.503/97, prosseguindo as investigações com relação ao crime do art. 306 do mesmo diploma legal. Ainda na exordial acusatória, foi requerida a decretação da prisão preventiva de Matheus, pelo risco de reiteração delitiva, tendo em vista que ele seria reincidente específico, já que a única anotação constante de sua Folha de Antecedentes Criminais, para além do presente processo, seria a condenação definitiva pela prática de outro crime de lesão corporal culposa praticada na direção de veículo automotor. No recebimento da denúncia, o juiz competente decretou a prisão preventiva. Considerando as informações narradas, na condição de advogado(a) de Matheus, responda aos itens a seguir.

A) Poderia Matheus ter sido obrigado a realizar o teste de bafômetro, conforme informado pela autoridade policial, mesmo diante de sua recusa? Justifique. (Valor: 0,60)

B) Qual requerimento deveria ser formulado, em busca da liberdade de Matheus, diante da decisão do magistrado, que decretou sua prisão preventiva em razão de sua reincidência? Justifique. (Valor: 0,65)

GABARITO:

A) Não poderia Matheus ter sido obrigado a realizar o teste do bafômetro, em respeito ao princípio de que ninguém é obrigado a produzir prova contra si OU diante do princípio *nemo tenetur se detegere* (0,60).

B) O requerimento a ser formulado é de relaxamento da prisão (0,30), conforme art. 5º, inciso LXV, da CRFB/88 (0,10), tendo em vista que Matheus é reincidente na prática de crimes culposos OU tendo em vista que não foram preenchidos os requisitos do art. 313 do CPP (0,25).

Competência e roubo majorado

(XXVIII Exame) Na manhã do dia 09 de outubro de 2018, Talles, na cidade de Bom Jesus de Itabapoana, praticou 3 crimes de furto simples em continuidade delitiva, subtraindo, do primeiro estabelecimento, dinheiro e uma arma de brinquedo; do segundo estabelecimento, uma touca ninja e um celular; e, do terceiro estabelecimento, uma motocicleta.

De posse dos bens subtraídos, Talles foi até a cidade de Cardoso Moreira, abordou Joana, que passava pela rua segurando seu celular, e, utilizando-se do simulacro da arma para emprego de grave ameaça e da touca, segurou-a pelos braços e subtraiu o celular de suas mãos. De imediato, Talles empreendeu fuga, mas Joana compareceu em sede policial, narrou o ocorrido e Talles foi localizado e preso em flagrante na cidade de São Fidélis, ainda na posse dos bens da vítima e da motocicleta utilizada.

Assegurado o direito ao silêncio e o acompanhamento da defesa técnica, Talles prestou declarações na delegacia e confessou integralmente os fatos, sendo ele indiciado pela prática dos crimes previstos no art. 155, *caput*, por três vezes, n/f do art. 71 do CP e do art. 157, § 2º, inciso V, também do CP.

Considerando as informações expostas, responda, na condição de advogado(a) de Talles, aos itens a seguir.

A) Considerando que os delitos são conexos, de qual cidade será o juízo criminal competente para o julgamento de Talles? Justifique. (Valor: 0,65)

B) Qual o argumento de direito material para questionar a capitulação delitiva realizada pela autoridade policial? Justifique. (Valor: 0,60)

GABARITO:

A) Será competente o juízo da Comarca de Cardoso Moreira (0,35), local onde foi praticada a infração penal mais grave (0,20), nos termos do art. 78, inciso II, alínea a, do CPP (0,10).

B) Não houve restrição da liberdade da vítima por tempo significativo/suficiente para ultrapassar o normal do tipo, devendo ser afastada a causa de aumento de pena (0,60).

Testemunhas referidas e majorantes

(XXVII Exame) Rafael subtraiu, mediante grave ameaça, coisa alheia móvel de Joana juntamente com outro indivíduo não identificado e com restrição da liberdade da vítima. Foi, então, denunciado pela prática do crime previsto no art. 157, § 2º, incisos II e V, do Código Penal.

Durante a instrução, quando da oitiva da vítima, esta mencionou que todos os fatos foram presenciados, de longe, por sua amiga Carla, não tendo ela contado em momento anterior para preservar a amiga. Diante dessa menção, o advogado de Rafael requereu ao juízo a oitiva da testemunha Carla, mas o magistrado indeferiu o pedido sob o argumento de que, na resposta à acusação, foram arroladas testemunhas no número máximo permitido pela lei, de modo que não poderia a defesa acrescentar mais uma, apesar de reconhecer a conveniência da oitiva.

O advogado registrou seu inconformismo, foram ouvidas as testemunhas de defesa arroladas e foi realizado o interrogatório, em que o acusado negou o fato. Rafael foi condenado ao cumprimento da pena de 5 anos e 6 meses de reclusão, reconhecendo o magistrado o aumento de 3/8 na terceira fase de aplicação da pena exclusivamente em razão da existência de duas causas de aumento, não tendo a pena-base e a intermediária se afastado do mínimo legal.

Considerando as informações narradas, responda, na condição de advogado(a) de Rafael, na ocasião da apresentação de recurso de apelação:

A) Qual argumento de direito processual poderia ser alegado em busca de desconstituir a sentença condenatória? Justifique. (Valor: 0,60)

B) Qual argumento de direito material deverá ser apresentado em busca de redução da sanção penal aplicada? Justifique. (Valor: 0,65)

GABARITO:
A) Houve cerceamento de defesa OU violação ao princípio do contraditório ou da ampla defesa (0,15), tendo em vista que testemunhas referidas não são computadas no número máximo de testemunhas a serem ouvidas (0,35), nos termos do art. 401, § 1º, do CPP OU art. 209 do CPP OU art. 5º, LV, CRFB (0,10).

B) O número de majorantes não é fundamento adequado para aplicação da causa de aumento de pena acima do mínimo legal (0,55), nos termos da súmula 443 do STJ (0,10).

Princípio da correlação e crime único

(XXVII Exame) Em cumprimento de mandado de busca e apreensão, o oficial de justiça Jorge compareceu ao local de trabalho de Lucas, sendo encontradas, no interior do imóvel, duas armas de fogo de calibre .38, calibre este considerado de uso permitido, devidamente municiadas, ambas com numeração suprimida. Em razão disso, Lucas foi preso em flagrante e denunciado pela prática de dois crimes previstos no art. 16, *caput*, da Lei n. 10.826/2003, em concurso material, sendo narrado que "Lucas, de forma livre e consciente, guardava, em seu local de trabalho, duas armas de fogo de calibre restrito, devidamente municiadas".

Após a instrução, em que os fatos foram confirmados, foi juntado o laudo confirmando o calibre .38 das armas de fogo, a capacidade de efetuar disparos, bem como que ambas tinham a numeração suprimida. As partes apresentaram alegações finais, e o magistrado, em sentença, considerando o teor do laudo, condenou Lucas pela prática de dois crimes previstos no art. 16, parágrafo único, inciso IV, da Lei n. 10.826/2003, em concurso formal. Intimada a defesa técnica da sentença condenatória, responda, na condição de advogado(a) de Lucas, aos itens a seguir.

A) Qual o argumento de direito processual a ser apresentado em busca da desconstituição da sentença condenatória? Justifique. (Valor: 0,65)

B) Reconhecida a validade da sentença em segundo grau, qual o argumento de direito material a ser apresentado para questionar o mérito da sentença condenatória e, consequentemente, a pena aplicada? Justifique. (Valor: 0,60)

GABARITO:

A) Houve violação ao princípio da correlação OU não houve aditamento dos fatos narrados da denúncia, não podendo o magistrado alterá-los (0,40), nos termos do art. 384 do CPP (0,10), o que representa violação ao princípio da ampla defesa OU contraditório (0,15).

B) Houve crime único OU não houve qualquer espécie de concurso de delitos (0,50), tendo em vista que as armas de fogo foram apreendidas em um mesmo contexto (0,10).

Recursos e legítima defesa putativa

(XXVII Exame) Revoltada com o fato de que sua melhor amiga Clara estaria se relacionando com seu ex-companheiro João, Maria a procurou e iniciou uma discussão.

Durante a discussão, Clara, policial militar, afirmou que, se Maria a xingasse novamente, ela a mataria gastando apenas uma munição da sua arma. Persistindo na discussão, Maria voltou a ofender Clara. Esta, então, abriu sua bolsa e pegou um bem de cor preta. Acreditando que Clara cumpriria sua ameaça, Maria desferiu um golpe na cabeça da rival, utilizando um pedaço de pau que estava no chão. A perícia constatou que o golpe foi a causa eficiente da morte de Clara. Posteriormente, também foi constatado que Clara, de fato, estava com sua arma de fogo na bolsa, mas que ela apenas pegara seu telefone celular para ligar para João.

Após denúncia pela prática do crime de homicídio qualificado e encerrada a instrução da primeira fase do procedimento do Tribunal do Júri, entendeu o magistrado por pronunciar Maria nos termos da inicial acusatória.

Com base nas informações expostas, responda, na condição de advogado(a) de Maria, aos itens a seguir.

A) Qual o recurso cabível da decisão proferida pelo magistrado? Caso tivesse ocorrido a impronúncia, o recurso pela parte interessada seria o mesmo? Justifique. (Valor: 0,65)

B) Qual a tese de direito material a ser apresentada em sede de recurso para combater a decisão de submeter a ré ao julgamento pelo Tribunal do Júri? Justifique. (Valor: 0,60)

GABARITO:

A) 1. O recurso cabível da decisão de pronúncia é o recurso em sentido estrito (0,30), conforme art. 581, inciso IV, do CPP (0,10). 2. Caso a decisão fosse de impronúncia, o recurso cabível seria de apelação (0,15), conforme previsão do art. 416 do CPP (0,10).

B) A tese de direito material seria que Maria agiu em legítima defesa putativa (0,15), estando amparada por descriminante putativa OU erro de tipo permissivo (0,35), conforme art. 20, § 1º, do CP (0,10).

Procedimento especial do júri e atipicidade

(XXVI Exame) Flávio está altamente sensibilizado com o fato de que sua namorada de infância faleceu. Breno, não mais aguentando ver Flávio sofrer, passa a incentivar o amigo a dar fim à própria vida, pois, assim, nas palavras de Breno, ele "novamente estaria junto do seu grande amor."

Diante dos incentivos de Breno, Flávio resolve pular do seu apartamento, no 4º andar do prédio, mas vem a cair em um canteiro de flores, sofrendo apenas arranhões leves no braço. Descobertos os fatos, Breno é denunciado pela prática do crime previsto no art. 122 do Código Penal, na forma consumada, já que ele incentivou Flávio a se suicidar.

Recebida a denúncia, o juiz, perante a Vara Única da Comarca onde os fatos ocorreram, determina que seja observado o procedimento comum ordinário. Durante a instrução, todos os fatos anteriormente narrados são confirmados. Os autos são encaminhados para as partes para apresentação de alegações finais.

A família de Breno procura você para, na condição de advogado(a), prestar os esclarecimentos a seguir.

A) O procedimento observado durante a ação penal em desfavor de Breno foi o adequado? Justifique. (Valor: 0,60)

B) Qual o argumento a ser apresentado pela defesa técnica para questionar a capitulação delitiva realizada pelo Ministério Público? Justifique. (Valor: 0,65)

GABARITO:
A) Não, tendo em vista que deveria ser aplicado ao caso o procedimento dos crimes dolosos contra a vida OU o procedimento previsto para o Tribunal do Júri (0,50), na forma do art. 394, § 3º do CPP OU art. 5º, XXXVIII, "d", da CRFB/88 OU art. 74, § 1º, do CPP (0,10).

B) O argumento é de atipicidade da conduta OU que a conduta não é punível (0,20), tendo em vista que o Código Penal somente pune a instigação ao suicídio que gere resultado morte ou lesões corporais graves (0,45).

Cuidado: o art. 122 do CP foi completamente reformulado pela Lei n. 13.968/2019. Agora, não é mais crime condicionado, que só se pune se a vítima sofrer lesão corporal grave ou morte. Portanto, a letra "B" do gabarito está desatualizada.

Apelação e decadência

(XXVI Exame) Larissa, revoltada com o comportamento de Renata, ex-namorada de seu companheiro, foi, em 20 de julho de 2017, até a rua em que esta reside. Verificando que o automóvel de Renata estava em via pública, Larissa quebra o vidro dianteiro do veículo, exatamente com a intenção de deteriorar coisa alheia.

Na manhã seguinte, Renata constatou o dano causado ao seu carro, mas não identificou, em um primeiro momento, quem seria o autor do crime. Solicitou, então, a instauração de inquérito policial, em 25 de julho de 2017. Após diligências, foi identificado, em 23 de outubro de 2017, que Larissa seria a autora do fato e que o prejuízo era de R$ 150,00, tendo sido a informação imediatamente passada à vítima Renata.

Com viagem marcada, Renata somente procurou seu advogado em 21 de fevereiro de 2018, informando sobre o interesse em apresentar queixa-crime em face da autora dos fatos. Assim, o advogado de Renata apresentou queixa-crime em face de Larissa, imputando o crime do art. 163, *caput*, do Código Penal, em 28 de fevereiro de 2018, perante o Juizado Especial Criminal competente, tendo sido proferida decisão pelo magistrado de rejeição da queixa, em razão da decadência, em 7 de março de 2018. A defesa técnica é intimada da decisão.

Considerando as informações narradas, na condição de advogado(a) de Renata, responda aos itens a seguir.

A) Qual o recurso cabível da decisão de rejeição da queixa-crime apresentada por Renata? Indique o fundamento legal e o prazo de interposição. (Valor: 0,65)

B) Qual o argumento para combater o mérito da decisão do magistrado de rejeição da denúncia? Justifique. (Valor: 0,60)

GABARITO:

A) Recurso de apelação (0,40), no prazo de 10 dias (0,15), conforme art. 82, *caput* OU § 1º, da Lei n. 9.099/95 (0,10).

B) O argumento é o de que o início da contagem do prazo decadencial somente ocorreu em 23 de outubro de 2017 OU no dia em que o ofendido teve conhecimento sobre a autoria, logo não havia se encerrado quando do oferecimento da queixa-crime (0,50), nos termos do art. 38 do CPP OU art. 103 do CP (0,10).

Ação privada subsidiária e extorsão mediante sequestro

(XXV Exame) No dia 6 de abril de 2017, João retirou Clara, criança de 11 anos de idade, do interior da residência em que esta morava, sem autorização de qualquer pessoa, vindo a restringir sua liberdade e mantê-la dentro de um quarto trancado e sem janelas. Logo em seguida, João entrou em contato com o pai de Clara, famoso empresário da cidade, exigindo R$ 200.000,00 para liberar Clara e devolvê-la à sua residência.

Após o pai de Clara pagar o valor exigido, Clara é liberada e, de imediato, a família comparece à Delegacia para registrar o fato. Depois das investigações, João é identificado e os autos são encaminhados ao Ministério Público com relatório final de investigação, indiciando João. Após 90 (noventa) dias do recebimento do inquérito, os autos permanecem no gabinete do Promotor de Justiça, sem que qualquer medida tenha sido adotada.

Considerando as informações narradas, responda, na condição de advogado(a) da família de Clara, aos itens a seguir.

A) Considerando que o crime é de ação penal pública incondicionada, qual a medida a ser adotada diretamente pela família de Clara e seu advogado em busca da responsabilização criminal de João? Justifique. (Valor: 0,65)

B) Em caso de inicial acusatória, qual infração penal deve ser imputada a João? Justifique. (Valor: 0,60)

GABARITO:

A) Caberia à família de Clara dar início à ação penal privada subsidiária da pública OU oferecer queixa substitutiva da denúncia (0,40), diante da omissão do Ministério Público (0,15), nos termos do art. 29 do CPP OU do art. 5º, inciso LIX, da CRFB/88 (0,10).

B) Extorsão mediante sequestro (0,35), presente a qualificadora pelo fato de a vítima ser menor de 18 anos (0,15), nos termos do art. 159, § 1º, do CP (0,10).

Exame de corpo de delito e *sursis* da pena

(XXIV Exame) No dia 11 de janeiro de 2016, Arnaldo, nascido em 1º de fevereiro de 1943, primário e de bons antecedentes, enquanto estava em um bar, desferiu pauladas na perna e socos na face de Severino, nascido em 30 de março de 1980, por acreditar que este demonstrara interesse amoroso em sua neta de apenas 16 anos. As agressões praticadas por Arnaldo geraram deformidade permanente em Severino, que, revoltado com o ocorrido, foi morar em outro estado.

Denunciado pela prática do crime do art. 129, § 2º, inciso IV, do Código Penal, Arnaldo confessou em juízo, durante o interrogatório, as agressões; contudo, não foram acostados aos autos boletim de atendimento médico e exame de corpo de delito da vítima, que também não foi localizada para ser ouvida. As testemunhas confirmaram ter visto Arnaldo desferir um soco em Severino, mas não viram se da agressão resultou lesão. Em sentença, diante da confissão, Arnaldo foi condenado a pena de 3 anos de reclusão, deixando o magistrado de substituir a pena privativa de liberdade por restritiva de direitos em virtude da violência.

Considerando a situação narrada, na condição de advogado(a) de Arnaldo, responda aos itens a seguir.

A) Em sede de recurso de apelação, qual argumento poderá ser apresentado em busca da absolvição de Arnaldo? Justifique. (Valor: 0,65)

B) Ainda em sede de apelação, existe algum benefício legal a ser requerido pela defesa de Arnaldo para evitar a execução da pena, caso sejam mantidas a condenação e a sanção penal imposta? Justifique. (Valor: 0,60)

GABARITO:

A) O argumento a ser apresentado em favor de Arnaldo é que a infração deixou vestígios e não existe prova de materialidade do crime de lesão corporal OU que não foi realizado exame de corpo de delito na vítima, não o suprindo a confissão do acusado (0,55), nos termos do art. 158 do CPP (0,10).

B) Sim, poderia ser buscada a suspensão condicional da pena (0,35), já que Arnaldo era maior de 70 anos da data dos fatos E a sanção penal aplicada é inferior a 4 anos (0,15), nos termos do art. 77, § 2º, do Código Penal (0,10).

Revisão criminal e atipicidade

(XXIV Exame) No dia 10 de setembro de 2014, Maria conversava na rua com amigas da escola, quando passou pelo local Túlio, jovem de 19 anos, que ficou interessado em conhecer Maria em razão da beleza desta. Um mês após se conhecerem e iniciarem um relacionamento, Túlio e Maria passaram a ter relações sexuais, apesar de Maria ter informado ao namorado que nascera em 09 de julho de 2001. Ao tomar conhecimento dos fatos, o Ministério Público denunciou Túlio pela prática do crime do art. 217-A do Código Penal. Após a instrução e juntada da carteira de identidade de Maria, na qual constava seu nascimento em 09 de julho de 2001, Túlio foi condenado nos termos da denúncia, tendo ocorrido o trânsito em julgado. Dois anos após a sentença condenatória, os pais de Maria procuram os familiares de Túlio e narram que se sentiam mal pelo ocorrido, porque sempre consideraram o condenado um bom namorado para a filha. Afirmaram, ainda, que autorizavam o namoro, porque, na verdade, consideravam sua filha uma jovem, já que ela nasceu em 09 de julho de 2000, mas somente foi registrada no ano seguinte, pois tinham o sonho de sua filha ser profissional do esporte e entenderam que o registro tardio a beneficiaria profissionalmente. Diante de tais informações, em posse de fotografias que comprovam que Maria, de fato, nasceu em 09 de julho de 2000 e da retificação no registro civil, os familiares de Túlio procuram você na condição de advogado(a).

Na condição de advogado(a) de Túlio, considerando apenas as informações narradas, responda aos itens a seguir.

A) Diante do trânsito em julgado da sentença condenatória, existe medida judicial a ser apresentada em favor de Túlio, diferente de *habeas corpus*, em busca da desconstituição da sentença? Justifique e indique, em caso positivo. (Valor: 0,65)

B) Qual argumento de direito material deverá ser apresentado pelo(a) patrono(a) de Túlio em busca da desconstituição da sentença? Justifique. (Valor: 0,60)

GABARITO:

A) A medida judicial cabível é da revisão criminal (0,40), com fundamento no art. 621, inciso II OU III, do Código de Processo Penal (0,10), tendo em vista que a condenação foi baseada em documento comprovadamente falso OU em razão do surgimento de prova nova, após a sentença, apta a demonstrar a inocência do acusado (0,15).

B) O argumento é de que a conduta de Túlio era atípica (0,20), tendo em vista que, objetivamente, Maria era maior de 14 anos na data dos fatos e houve consentimento na prática dos atos sexuais (0,40).

Liberdade provisória e estado de necessidade

(XXIV Exame) Pablo, que possui quatro condenações pela prática de crimes com violência ou grave ameaça à pessoa, estava no quintal de sua residência brincando com seu filho, quando ingressa em seu terreno um cachorro sem coleira. O animal adota um comportamento agressivo e começa a tentar atacar a criança de 5 anos, que brincava no quintal com o pai. Diante disso, Pablo pega um pedaço de pau que estava no chão e desfere forte golpe na cabeça no cachorro, vindo o animal a falecer.

No momento seguinte, chega ao local o dono do cachorro, que, inconformado com a morte deste, chama a polícia, que realiza a prisão em flagrante de Pablo pela prática do crime do art. 32 da Lei n. 9.605/98. Os fatos acima descritos são integralmente confirmados no inquérito pelas testemunhas. Considerando que Pablo é multirreincidente na prática de crimes graves, o Ministério Público se manifesta pela conversão do flagrante em preventiva, afirmando o risco à ordem pública pela reiteração delitiva.

Considerando as informações narradas, na condição de advogado(a) de Pablo, que deverá se manifestar antes da decisão do magistrado quanto ao requerimento do Ministério Público, responda aos itens a seguir.

A) Qual pedido deverá ser formulado pela defesa de Pablo para evitar o acolhimento da manifestação pela conversão da prisão em flagrante em preventiva? Justifique. (Valor: 0,60)

B) Sendo oferecida denúncia, qual argumento de direito material poderá ser apresentado em busca da absolvição de Pablo? Justifique. (Valor: 0,65)

GABARITO:

A) Liberdade provisória (0,35), nos termos do art. 310, parágrafo único, do CPP (0,10), já que o juiz pode verificar, com base nas informações do auto de prisão em flagrante, que Pablo agiu amparado em causa excludente da ilicitude (0,15).

B) A existência de estado de necessidade (0,40), nos termos do art. 24 do CP OU art. 23, inciso I, do CP (0,10), que funciona como causa excludente da ilicitude (0,15).

Assistente de acusação e *non reformatio in pejus*

(IV Exame) Caio é denunciado pelo Ministério Público pela prática do crime de homicídio qualificado por motivo fútil. De acordo com a inicial, em razão de rivalidade futebolística, Caio teria esfaqueado Mévio 43 vezes, causando-lhe o óbito. Pronunciado na forma da denúncia, Caio recorreu com o objetivo de ser impronunciado, vindo o Tribunal de Justiça da localidade a manter a pronúncia, mas excluindo a qualificadora, ao argumento de que Mévio seria arruaceiro e, portanto, a motivação não poderia ser considerada fútil. No julgamento em plenário, ocasião em que Caio confessou a prática do crime, a defesa lê para os jurados a decisão proferida pelo Tribunal de Justiça no que se refere à caracterização de Mévio como arruaceiro. Respondendo aos quesitos, o Conselho de Sentença absolve Caio.

Sabendo-se que o Ministério Público não recorreu da sentença, responda aos itens a seguir, empregando os argumentos jurídicos apropriados e a fundamentação legal pertinente ao caso.

A) A esposa de Mévio poderia buscar a impugnação da decisão proferida pelo Conselho de Sentença? Em caso positivo, de que forma e com base em que fundamento? (Valor: 0,65)

B) Caso o Ministério Público tivesse interposto recurso de apelação com fundamento exclusivo no art. 593, III, *d*, do Código de Processo Penal, poderia o Tribunal de Justiça declarar a nulidade do julgamento por reconhecer a existência de nulidade processual? (Valor: 0,6)

GABARITO:
A) Sim. A esposa da vítima deveria constituir advogado para que ele se habilitasse como assistente de acusação e interpusesse recurso de apelação, com fundamento nos arts. 598 e 593, III, *a* e *d*. Afinal, a defesa violou a proibição expressa contida no art. 478, I, do CPP, ao ler trecho de decisão que julgou admissível a acusação e manteve a pronúncia do réu. Além disso, tendo o réu confessado o homicídio, a absolvição se mostrou manifestamente contrária à prova dos autos.

B) Não, pois a Súmula 160 do STF proíbe que o Tribunal conheça de nulidade não arguida no recurso de acusação. Assim, a violação ao art. 478, I, do CPP, por parte da defesa não poderia ser analisada se a acusação não lhe tivesse feito menção no recurso interposto.

Nulidades

(XIV Exame) Gustavo está sendo regularmente processado, perante o Tribunal do Júri da Comarca de Niterói-RJ, pela prática do crime de homicídio simples, conexo ao delito de sequestro e cárcere privado. Os jurados consideraram-no inocente em relação ao delito de homicídio, mas culpado em relação ao delito de sequestro e cárcere privado. O juiz presidente, então, proferiu a respectiva sentença. Irresignado, o Ministério Público interpôs apelação, sustentando que a decisão dos jurados fora manifestamente contrária à prova dos autos. A defesa, de igual modo, apelou, objetivando também a absolvição em relação ao delito de sequestro e cárcere privado.

O Tribunal de Justiça, no julgamento, negou provimento aos apelos, mas determinou a anulação do processo (desde o ato viciado, inclusive) com base no art. 564, III, *i*, do CPP, porque restou verificado que, para a constituição do Júri, somente estavam presentes 14 jurados.

Nesse sentido, tendo como base apenas as informações contidas no enunciado, responda justificadamente às questões a seguir.

A) A nulidade apresentada pelo Tribunal é absoluta ou relativa? Dê o respectivo fundamento legal. (Valor: 0,40)

B) A decisão do Tribunal de Justiça está correta? (Valor: 0,85)

Utilize os argumentos jurídicos apropriados e a fundamentação legal pertinente ao caso.

GABARITO:

A questão objetiva extrair do(a) examinando(a) conhecimento acerca da teoria geral das nulidades no processo penal.

Nesse sentido, para garantir os pontos relativos à questão, o(a) examinando(a) deve, na alternativa A, indicar que a hipótese é de nulidade absoluta, nos termos do art. 564, III, *i*, c/c o art. 572, ambos do CPP.

Em relação à alternativa B, o examinando deve lastrear sua resposta no sentido de que não foi correta a atitude do Tribunal de Justiça. Isso porque, de acordo com o Verbete 160 da Súmula do STF, o Tribunal de Justiça não pode acolher, contra o réu, nulidade não aventada pela acusação em seu recurso. Assim, agir significaria desrespeito ao princípio da veda a *reformatio in pejus* indireta.

O enunciado da questão foi claro ao informar que o recurso do Ministério Público não alegou nenhuma nulidade.

Destarte, levando em conta que o réu foi absolvido em relação ao delito de homicídio, o reconhecimento de nulidade implicar-lhe-á em prejuízo.

(IV Exame) Na cidade de Arsenal, no Estado Z, residiam os deputados federais Armênio e Justino. Ambos objetivavam matar Frederico, rico empresário que possuía valiosas informações contra eles. Frederico morava na cidade de Tirol, no Estado K, mas seus familiares viviam em Arsenal. Sabendo que Frederico estava visitando a família, Armênio e Justino decidiram colocar em prática o plano de matá-lo. Para tanto, seguiram Frederico quando este saía da casa de seus parentes e, utilizando-se do veículo em que estavam, bloquearam a passagem de Frederico, de modo que a caminhonete deste não mais conseguia transitar. Ato contínuo, Armênio e Justino desceram do automóvel. Armênio imobilizou Frederico e Justino desferiu tiros contra ele, Frederico. Os algozes deixaram rapidamente o local, razão pela qual não puderam perceber que Frederico ainda estava vivo, tendo conseguido salvar-se após socorro prestado por um passante. Tudo foi noticiado à polícia, que instaurou o respectivo inquérito policial. No curso do inquérito, os mandatos de Armênio e Justino chegaram ao fim, e eles não conseguiram se reeleger. O Ministério Público, por sua vez, munido dos elementos de informação colhidos na fase inquisitiva, ofereceu denúncia contra Armênio e Justino, por tentativa de homicídio, ao Tribunal do Júri da Justiça Federal com jurisdição na comarca onde se deram os fatos, já que, à época, os agentes eram deputados federais. Recebida a denúncia, as defesas de Armênio e Justino mostraram-se conflitantes. Já na fase instrutória, Frederico teve seu depoimento requerido. A vítima foi ouvida por meio de carta precatória em Tirol. Na respectiva audiência, os advogados de Armênio e Justino não compareceram, de modo que juízo deprecado nomeou um único advogado para ambos os réus. O juízo deprecante, ao final, emitiu decreto condenatório em face de Armênio e Justino. Armênio, descontente com o patrono que o representava, destituiu-o e nomeou você como novo(a) advogado(a).

Com base no cenário narrado, indique duas nulidades que podem ser arguidas em favor de Armênio. Justifique com base no CPP e na CRFB. (Valor: 1,25)

GABARITO:

Primeiramente, há que ser arguida nulidade por incompetência absoluta (art. 564, I, do CPP), pois no caso não há incidência de nenhuma das hipóteses mencionadas no art. 109 da CF que justifique a atração do processo à competência da Justiça Federal. Ademais, o fato de os agentes serem ex--deputados federais não enseja deslocamento de competência. Nesse sentido, competente é o Tribunal do Júri da Comarca onde se deram os fatos, pois, cessado o foro por prerrogativa de função, voltam a incidir as regras normais de competência para o julgamento da causa, de modo que, dada à natureza da infração (crime doloso contra a vida), a competência é afeta ao Tribunal do Júri de Arsenal.

Além disso, também deverá ser arguida nulidade com base no art. 564, IV, do CPP. A nomeação de somente um advogado para ambos réus, feita pelo juízo deprecado, não respeita o princípio da ampla defesa (art. 5º, LV, da CF), pois, como as defesas eram conflitantes, a nomeação de um só advogado prejudica os réus.

Por fim, com base nos arts. 413 e 414 do CPP, bem como art. 5º, LIII, da CF/88, poderá ser arguida nulidade pela falta de apreciação da causa pelo juiz natural do feito.

Apelação no juizado especial criminal

(V Exame) João e Maria iniciaram uma paquera no Bar X na noite de 17 de janeiro de 2011. No dia 19 de janeiro do corrente ano, o casal teve uma séria discussão, e Maria, nitidamente enciumada, investiu contra o carro de João, que já não se encontrava em bom estado de conservação, com três exercícios de IPVA inadimplentes, a saber: 2008, 2009 e 2010. Além disso, Maria proferiu diversos insultos contra João no dia de sua festa de formatura, perante seu amigo Paulo, afirmando ser ele "covarde", "corno" e "frouxo". A requerimento de João, os fatos foram registrados perante a Delegacia Policial, onde a testemunha foi ouvida. João comparece ao seu escritório e contrata seus serviços profissionais, a fim de serem tomadas as medidas legais cabíveis. Você, como profissional diligente, após verificar não ter passado o prazo decadencial, interpõe queixa-crime ao juízo competente no dia 18 de julho de 2011.

O magistrado ao qual foi distribuída a peça processual profere decisão rejeitando-a, afirmando tratar-se de clara decadência, confundindo-se com relação à contagem do prazo legal. A decisão foi publicada dia 25 de julho de 2011.

Com base somente nas informações narradas, responda:

A) Qual é o recurso cabível contra essa decisão? (0,30)
B) Qual é o prazo para a interposição do recurso? (0,30)
C) A quem deve ser endereçado o recurso? (0,30)
D) Qual é a tese defendida? (0,35)

GABARITO:

A) Como se trata de crime de menor potencial ofensivo, o recurso cabível é apelação, de acordo com o art. 82 da Lei n. 9.099/95.

Vale lembrar que a qualificadora do art. 163, parágrafo único, IV, do CP, relativa ao motivo egoístico do crime de dano, caracteriza-se apenas quando o agente pretende obter satisfação econômica ou moral.

Assim, a conduta de Maria, motivada por ciúme, não se enquadra na hipótese e configura a modalidade simples do delito de dano (art. 163, *caput*). Cabe ainda destacar que não houve prejuízo considerável a João, já que o carro danificado estava em mau estado de conservação, o que afasta definitivamente a qualificadora tipificada no art. 163, parágrafo único, IV, do CP. Assim, o concurso material entre o crime patrimonial e a injúria não ultrapassa o patamar máximo de 2 anos, que define os crimes de menor potencial ofensivo e a competência dos Juizados Especiais Criminais, sendo cabível, portanto, apelação (art. 82 da Lei n. 9.099/95).

B) Dez dias, de acordo com o § 1º do art. 82 da Lei n. 9.099/95.

C) Turma Recursal, consoante art. 82 da Lei n. 9.099/95.

D) O prazo para interposição da queixa-crime é de 6 meses a contar da data do fato, conforme previu o art. 38 do CPP. Trata-se de prazo decadencial, isto é, prazo de natureza material, devendo ser contado de acordo com o disposto no art. 10 do CP – inclui-se o primeiro dia e exclui-se o último.

Apelação por assistente de acusação

(XVII Exame) No interior de uma casa de festas, Paulo estava bebendo whisky com sua namorada Roberta para comemorar 1 ano de namoro. Em determinado momento, chegou Flávio ao local, ex-namorado de Roberta, indo de imediato cumprimentá-la. Insatisfeito, Paulo foi em direção a Flávio e desferiu três socos em sua cabeça, causando lesões corporais gravíssimas. Paulo foi denunciado pela prática do crime do art. 129, § 2º, do Código Penal, sendo absolvido em sentença de primeiro grau, entendendo o magistrado que, apesar de Paulo ter ingerido grande quantidade de bebida alcoólica conscientemente, a embriaguez não foi voluntária, logo, naquele momento, Paulo era inimputável. Flávio procura você na condição de advogado(a), esclarece que não houve habilitação como assistente de acusação e informa que o prazo de recurso do Ministério Público se esgotou no dia anterior, tendo o Promotor se mantido inerte. Considerando a situação hipotética, na condição de advogado(a) de Flávio, responda aos itens a seguir.

A) Qual medida processual deve ser adotada pelo ofendido para superar a decisão do magistrado e em qual prazo? Justifique. (Valor: 0,65)

B) Qual argumento de direito material a ser alegado para combater a decisão de primeiro grau? Justifique. (Valor: 0,60)

GABARITO:

A) O ofendido, por intermédio de um advogado, poderia apresentar recurso de apelação, ainda que não tenha se habilitado, em momento anterior, como assistente de acusação. Prevê o art. 598 do Código de Processo Penal que, se da sentença não for interposta apelação pelo Ministério Público no prazo legal, o ofendido, ainda que não tenha se habilitado como assistente de acusação, poderá interpor apelação. O prazo será de 15 dias a partir do fim do prazo do Ministério Público. No caso, houve omissão do Ministério Público, então caberá o recurso do ofendido, sendo certo que, diante da sentença absolutória, além da legitimidade, existe interesse recursal. Deve ser esclarecido que não basta o examinando afirmar que deveria Flávio habilitar-se como assistente de acusação, caso esta afirmação não venha acompanhada da possibilidade de interposição de recurso de apelação.

B) No mérito, o examinando deveria demonstrar o equívoco da decisão do magistrado. A hipótese narrada indica que a ingestão de bebida alcoólica foi consciente e intencional, ainda que o resultado embriaguez não tenha sido. Contudo, prevê o art. 28, II, do Código Penal que a embriaguez, voluntária ou culposa, não exclui a imputabilidade penal. Assim, somente a embriaguez completa, decorrente de caso fortuito ou força maior, poderia afastar a culpabilidade, levando a uma absolvição.

Prisão e *habeas corpus*

(VI Exame) Caio, Mévio, Tício e José, após se conhecerem em um evento esportivo de sua cidade, resolveram praticar um estelionato em detrimento de um senhor idoso. Logrando êxito em sua empreitada criminosa, os quatro dividiram os lucros e continuaram a vida normal. Ao longo da investigação policial, apurou-se a autoria do delito por meio dos depoimentos de diversas testemunhas que presenciaram a fraude. Em decorrência de tal informação, o promotor de justiça denunciou Caio, Mévio, Tício e José, alegando se tratar de uma quadrilha de estelionatários, tendo requerido a decretação da prisão temporária dos denunciados. Recebida a denúncia, a prisão temporária foi deferida pelo juízo competente.

Com base no relatado, responda aos itens a seguir, empregando os argumentos jurídicos apropriados e a fundamentação legal pertinente ao caso.

A) Qual(is) o(s) meio(s) de se impugnar tal decisão e a quem deverá(ão) ser endereçado(s)? (Valor: 0,6)

B) Quais fundamentos deverão ser alegados? (Valor: 0,65)

GABARITO:

A) Relaxamento de prisão, endereçado ao juiz de direito estadual ou *habeas corpus*, endereçado ao Tribunal de Justiça estadual.

B) Ilegalidade da prisão, pois não há formação de quadrilha quando a reunião se dá para a prática de apenas um delito. Não há que se falar em formação de quadrilha, subsistindo apenas o delito único de estelionato. Nesse sentido, não se poderia decretar a prisão temporária, pois tal crime não está previsto no rol taxativo indicado no art. 1º, III, da Lei n. 7.960/89. Ademais, a prisão temporária é medida exclusiva do inquérito policial, não podendo, em hipótese alguma, ser decretada quando já instaurada a ação penal.

Absolvição sumária e atipicidade do fato

(VIII Exame) Em determinada ação fiscal procedida pela Receita Federal, ficou constatado que Lucile não fez constar quaisquer rendimentos nas declarações apresentadas pela sua empresa nos anos de 2009, 2010 e 2011, omitindo operações em documentos e livros exigidos pela lei fiscal.

Iniciado processo administrativo de lançamento, mas antes de seu término, o Ministério Público entendeu por bem oferecer denúncia contra Lucile pela prática do delito descrito no art. 1º, inciso II da Lei n. 8.137/90, combinado com o art. 71 do Código Penal. A inicial acusatória foi recebida e a defesa intimada a apresentar resposta à acusação.

Atento(a) ao caso apresentado, bem como à orientação dominante do STF sobre o tema, responda, fundamentadamente, o que pode ser alegado em favor de Lucile. (Valor: 1,25)

GABARITO:

O(a) examinando(a) deverá desenvolver raciocínio acerca da atipicidade do fato, eis que, conforme entendimento pacificado no STF, não se tipifica crime material contra a ordem tributária, previsto no art. 1º, I a IV, da Lei n. 8.137/90, antes do lançamento definitivo do tributo (verbete 24 da Súmula Vinculante do STF).

Diante da inexistência de crime, em sede de resposta à acusação, deve-se alegar hipótese de absolvição sumária, conforme o art. 397, III, do CPP.

Por fim, cumpre destacar que em virtude de o enunciado da questão ser expresso ao exigir fundamentação na resposta, a mera transcrição da referida súmula (seja de forma direta, seja de forma indireta, dos termos da frase), bem como a mera indicação do art. 397 do CPP, não autorizam a pontuação integral.

Emendatio libelli e *mutatio libelli*

(VIII Exame) João e José foram denunciados pela prática da conduta descrita no art. 316 do CP (concussão). Durante a instrução, percebeu-se que os fatos narrados na denúncia não corresponderiam àquilo que efetivamente teria ocorrido, razão pela qual, ao cabo da instrução criminal e após a respectiva apresentação de memoriais pelas partes, apurou-se que a conduta típica adequada seria aquela descrita no art. 317 do CP (corrupção passiva). O magistrado, então, fez remessa dos autos ao Ministério Público para fins de aditamento da denúncia, com a nova capitulação dos fatos. Nesse sentido, atento(a) ao caso narrado e considerando apenas as informações contidas no texto, responda fundamentadamente, aos itens a seguir.

A) Estamos diante de hipótese de *mutatio libelli* ou de *emendatio libelli*? Qual dispositivo legal deve ser aplicado? (Valor: 0,50)

B) Por que o próprio juiz, na sentença, não poderia dar a nova capitulação e, com base nela, condenar os réus? (Valor: 0,50)

C) É possível que o Tribunal de Justiça de determinado estado da federação, ao analisar recurso de apelação, proceda à *mutatio libelli*? (Valor: 0,25)

GABARITO:

Para garantir pontuação à questão, o(a) examinando(a) deverá, no item A, responder, nos termos do questionado, que a hipótese tratada é de *mutatio libelli*, instituto descrito no art. 384 do CPP.

Não serão admitidas respostas que tragam *emendatio libelli*, tendo em vista que o enunciado da questão é claro ao dispor que "os fatos narrados na denúncia não corresponderiam àquilo que efetivamente teria ocorrido". Tal expressão, por si só, ainda afastaria a incidência do disposto no art. 383, do CPP, uma vez que aquele dispositivo legal traz explicitamente restrição à sua utilização para hipóteses em que não ocorra modificação na "descrição do fato contida na denúncia ou queixa".

Quanto ao item B, para garantir a pontuação pertinente, o(a) examinando(a) deverá responder que o juiz não poderia, na sentença, dar nova capitulação (e com base nela condenar os réus) porque deve obediência aos princípios da imparcialidade e inércia da jurisdição.

De maneira alternativa e com o fim de privilegiar a demonstração de conhecimento jurídico, será admitida resposta no sentido de que tal conduta, por parte do magistrado, feriria o sistema/princípio acusatório ou, ainda, no sentido de que tal conduta feriria o princípio da correlação/congruência entre acusação e sentença.

Ressalte-se que, no tocante ao item B, a questão solicita análise acerca da conduta do magistrado que, na sentença, daria nova capitulação aos fatos em decorrência de elemento ou circunstância da infração penal não contida na acusação.

Nesse sentido, cabe destacar que, à luz do sistema acusatório adotado pela Constituição da República Federativa do Brasil, o julgador deve ser imparcial e, por isso, suas decisões devem estar balizadas pelo contexto fático descrito na peça acusatória (princípio da correlação entre acusação e sentença).

Assim, caso o magistrado viesse a condenar os réus com fundamento em fatos não narrados na denúncia – tal como descrito no enunciado – não só estaria substituindo-se ao acusador (a quem pertence a atribuição de determinar quais fatos serão imputados aos acusados), mas também estaria violando as garantias do contraditório e ampla defesa dos réus, uma vez que lhes teria subtraído a possibilidade de debater as eventuais provas de tais fatos.

Por fim, para garantir a pontuação relativa ao item C, o(a) examinando(a) deverá responder que NÃO é possível que o Tribunal de Justiça, ao analisar o recurso de apelação, proceda à *mutatio libelli* pois, nos termos do verbete 453 da Súmula do STF, *verbis*: "não se aplicam à segunda instância o art. 384 (...)".

Tal conclusão, no item C, decorre do reconhecimento de que, advindo inovação no contexto fático que envolve a conduta imputada ao réu no curso da instrução, não pode haver julgamento com base nesse novo contexto fático antes que as partes possam exercer o contraditório em sua plenitude.

Nessa esteira, cabe destacar que a sede própria do contraditório acerca dos fatos e das provas é o primeiro grau de jurisdição, sob pena de supressão de instância. Tomadas essas duas premissas, alcança-se a conclusão de que eventual modificação da definição jurídica do fato decorrente de elemento ou circunstância da infração penal não contida na acusação não pode ser realizada diretamente pelo segundo grau de jurisdição.

Recurso em sentido estrito e crime impossível

(IX Exame) Mário está sendo processado por tentativa de homicídio, uma vez que injetou substância venenosa em Luciano, com o objetivo de matá-lo. No curso do processo, uma amostra da referida substância foi recolhida para análise e enviada ao Instituto de Criminalística, ficando comprovado que, pelas condições de armazenamento e acondicionamento, a substância não fora hábil para produzir os efeitos a que estava destinada. Mesmo assim, arguindo que o magistrado não estava adstrito ao laudo, o Ministério Público pugnou pela pronúncia de Mário nos exatos termos da denúncia.

Com base apenas nos fatos apresentados, responda justificadamente.

A) O magistrado deveria pronunciar Mário, impronunciá-lo ou absolvê-lo sumariamente? (Valor: 0,65)

B) Caso Mário fosse pronunciado, qual seria o recurso cabível, o prazo de interposição e a quem deveria ser endereçado? (Valor: 0,60)

GABARITO:

A) Deveria absolvê-lo sumariamente, por força do art. 415, III, do CPP. O caso narrado não constitui crime, sendo hipótese de crime impossível.

B) É cabível recurso em sentido estrito (art. 581, IV, do CPP); deve ser interposto no prazo de 5 dias (art. 586 do CPP); a petição de interposição deve ser endereçada ao juiz *a quo* e as razões deverão ser endereçadas ao Tribunal de Justiça.

Princípios do contraditório, ampla defesa e duplo grau de jurisdição

(IX Exame) Laura, empresária do ramo de festas e eventos, foi denunciada diretamente no Tribunal de Justiça do Estado "X", pela prática do delito descrito no art. 333 do CP (corrupção ativa). Na mesma inicial acusatória, o Procurador Geral de Justiça imputou a Lucas, Promotor de Justiça estadual, a prática da conduta descrita no art. 317 do CP (corrupção passiva).

A defesa de Laura, então, impetrou *habeas corpus* ao argumento de que estariam sendo violados os princípios do juiz natural, do devido processo legal, do contraditório e da ampla defesa; arguiu, ainda, que estaria ocorrendo supressão de instância, o que não se poderia permitir.

Nesse sentido, considerando apenas os dados fornecidos, responda, fundamentadamente, aos itens a seguir.

A) Os argumentos da defesa de Laura procedem? (Valor: 0,75)

B) Laura possui direito ao duplo grau de jurisdição? (Valor: 0,50)

GABARITO:

A) Não procedem os argumentos da defesa de Laura, com base no Verbete 704 da Súmula do STF. O fato de Laura ser julgada diretamente pelo Tribunal de Justiça não lhe tira a possibilidade de manejar outros recursos.

Assim, não há qualquer ferimento ao devido processo legal, nem ao contraditório e muito menos à ampla defesa.

Por fim, também não há que se falar em desrespeito ao princípio do juiz natural, já que a atração por conexão ou continência não configura criação de tribunal de exceção, sendo certo que não se pode confundir "juiz natural" com "juízo de primeiro grau".

B) Laura não possui direito ao duplo grau de jurisdição. O princípio do duplo grau assegura o julgamento da causa em primeira instância e a revisão da sentença por órgão diverso. O recurso que traduz por excelência o princípio do duplo grau é a apelação, a qual devolve ao Tribunal, para nova análise, toda a matéria de fato e de direito. Como Laura será julgada diretamente pelo Tribunal de Justiça, não terá direito ao duplo grau de jurisdição, mas isso não a impede de exercer o contraditório nem a ampla defesa, estando-lhe assegurado, assim, o devido processo legal.

Competência e tráfico de drogas

(X Exame) José, conhecido em seu bairro por vender entorpecentes, resolve viajar para Foz do Iguaçu (PR). Em sua bagagem, José transporta 500g de cocaína e 50 ampolas de cloreto de etila. Em Foz do Iguaçu, José foi preso em flagrante pela Polícia Militar em virtude do transporte das substâncias entorpecentes. Na lavratura do flagrante, José afirma que seu objetivo era transportar a droga até a cidade de Porto Vera Cruz (RS), mencionando inclusive a passagem de avião que já havia comprado.

Você é contratado para efetuar um pedido de liberdade provisória e o que mais entender de Direito em favor de José.

Atento somente ao que foi narrado na hipótese acima, responda aos itens a seguir.

A) O órgão competente para julgamento é a Justiça Estadual ou a Justiça Federal? Justifique. (Valor: 0,75)

B) Se José objetivasse apenas traficar drogas em Foz do Iguaçu, o órgão competente seria o mesmo da situação acima? Justifique. (Valor: 0,50)

Obs.: O(a) examinando(a) deve fundamentar corretamente sua resposta. A simples menção ou transcrição do dispositivo legal não pontua.

GABARITO:

A) O órgão competente é a Justiça Estadual, haja vista que as duas cidades mencionadas ficam no Brasil (Porto Vera Cruz é município do Rio Grande do Sul e Foz do Iguaçu é município do Paraná) e que não há qualquer menção à transposição de fronteira nacional. A competência somente poderia ser atribuída à Justiça Federal se José tivesse cometido o crime de tráfico internacional de entorpecentes (objetivo de traficar para o exterior), na forma do disposto no art. 70, *caput*, da Lei n. 11.343/2006 e do verbete 522 da Súmula do STF.

B) Sim, é competente a Justiça Estadual, pois, conforme já mencionado, não houve dolo de traficar para o exterior.

Prisão preventiva

(XV Exame) Durante inquérito policial que investigava a prática do crime de extorsão mediante sequestro, esgotado o prazo sem o fim das investigações, a autoridade policial encaminhou os autos para o Judiciário, requerendo apenas a renovação do prazo. O magistrado, antes de encaminhar o feito ao Ministério Público, verificando a gravidade em abstrato do crime praticado, decretou a prisão preventiva do investigado. Considerando a narrativa apresentada, responda aos itens a seguir.

A) Poderia o magistrado adotar tal medida? Justifique. (Valor: 0,65)

B) A fundamentação apresentada para a decretação da preventiva foi suficiente? Justifique. (Valor: 0,60)

Obs.: O(a) examinando(a) deve fundamentar suas respostas. A mera citação do dispositivo legal não confere pontuação.

GABARITO:

A) A questão exigia do candidato conhecimento acerca do tema prisão. Durante muito tempo se controverteu sobre a possibilidade de o magistrado decretar a prisão preventiva de ofício, em especial durante as investigações policiais. A Lei n. 12.403 conferiu novo tratamento ao tema. Na hipótese narrada, o juiz, ainda durante a fase de investigação, sem ação penal em curso, decretou a prisão preventiva do indiciado de ofício, o que não é admitido pelo art. 311 do Código de Processo Penal, tendo em vista que violaria o princípio da imparcialidade, o princípio da inércia e até mesmo o sistema acusatório.

B) Ainda que a decretação da prisão preventiva de ofício neste momento fosse admitida, a fundamentação apresentada seria insuficiente, pois a gravidade em abstrato do crime não pode justificar a aplicação de medidas cautelares pessoais. O juiz não fundamentou a prisão preventiva, medida excepcional considerando o princípio da presunção de inocência e o direito à liberdade, com circunstâncias em concreto do caso.

Retroatividade benéfica da lei penal e competência

(XVI Exame) No dia 3 de maio de 2018, Luan foi condenado à pena privativa de liberdade de 12 anos de reclusão pela prática dos crimes previstos nos arts. 213 e 214 do Código Penal, na forma do art. 69 do mesmo diploma legal, pois, no dia 11 de julho de 2007, por volta das 19h, constrangeu Carla, mediante grave ameaça, a com ele praticar conjunção carnal e ato libidinoso diverso. Ainda cumprindo pena em razão dessa sentença condenatória, Luan, conversando com outro preso, veio a saber que ele havia sido condenado por fatos extremamente semelhantes a uma pena de 7 anos de reclusão. Luan, então, pergunta o nome do advogado do colega de cela, que lhe fornece a informação. Luan entra em contato pelo telefone indicado e pergunta se algo pode ser feito para reduzir sua pena, apesar de sua decisão ter transitado em julgado. Diante dessa situação, responda aos itens a seguir.

A) Qual a tese de direito material que poderia ser suscitada pelo novo advogado em favor de Luan? (Valor: 0,65)

B) A pretensão deverá ser manejada perante qual órgão? (Valor: 0,60)

GABARITO:

A) Luan foi condenado pela prática de crimes de estupro e atentado violento ao pudor em concurso material. O entendimento que prevalecia antes da edição da Lei n. 12.015 era a da impossibilidade de aplicação da continuidade delitiva entre essas duas infrações, pois não seriam crimes da mesma espécie. Ocorre que, com a inovação legislativa ocorrida no ano de 2009, a conduta antes prevista no art. 214 do Código Penal passou a ser englobada pela figura típica do art. 213 do CP. Apesar de não ter havido *abolitio criminis*, certo é que a lei é mais benéfica. Sendo assim, poderá retroagir para atingir situações anteriores e caberá a redução de pena de Luan. A jurisprudência amplamente majoritária entende que, de acordo com a nova redação, o art. 213 do CP passou a prever um tipo misto alternativo. Assim, quando praticada conjunção carnal e outro ato libidinoso diverso em um mesmo contexto e contra a mesma vítima, haveria crime único. Outros, minoritariamente, entendem que o artigo traz um tipo misto cumulativo, de modo que ainda seria possível punir o agente que pratica conjunção carnal e outro ato libidinoso diverso por dois crimes. De qualquer forma, mesmo para essa segunda corrente, caberia a redução de pena de Luan, pois agora seria possível a aplicação da continuidade delitiva, já que os crimes são de mesma espécie. O(a) examinando(a) poderá adotar qualquer uma das duas correntes, desde que assegure a aplicação da nova lei mais benéfica para Luan.

B) O órgão competente perante o qual deverá ser formulado o pedido de aplicação da lei mais benigna e, consequentemente, da redução da pena é o juízo da Vara de Execuções Penais, considerando que já ocorreu o trânsito em julgado da sentença condenatória, na forma da Súmula 611 do STF ou do art. 66, I, da LEP.

Liberdade provisória pela ausência dos requisitos da preventiva

(XVI Exame) Wesley, estudante, foi preso em flagrante no dia 3 de março de 2015 porque conduzia um veículo automotor que sabia ser produto de crime pretérito registrado em Delegacia da área em que residia. Na data dos fatos, Wesley tinha 20 anos, era primário, mas existia um processo criminal em curso em seu desfavor, pela suposta prática de um crime de furto qualificado. Diante dessa anotação em sua Folha de Antecedentes Criminais, a autoridade policial representou pela conversão da prisão em flagrante em preventiva, afirmando que existiria risco concreto para a ordem pública, pois o indiciado possuía outros envolvimentos com o aparato judicial. Você, como advogado(a) indicado por Wesley, é comunicado(a) da ocorrência da prisão em flagrante, além de tomar conhecimento da representação formulada pelo Delegado. Da mesma forma, o comunicado de prisão já foi encaminhado para o Ministério Público e para o magistrado, sendo todas as legalidades da prisão em flagrante observadas. Considerando as informações narradas, responda aos itens a seguir.

A) Qual a medida processual, diferente de *habeas corpus*, a ser adotada pela defesa técnica de Wesley? (Valor: 0,50)

B) A representação da autoridade policial foi elaborada de modo adequado? (Valor: 0,75) Responda justificadamente, empregando os argumentos jurídicos apropriados e a fundamentação legal pertinente ao caso.

GABARITO:

A) Considerando que o enunciado narra que foi realizada validamente a prisão em flagrante de Wesley pela prática do crime de receptação simples, a medida processual a ser formulada é o pedido de liberdade provisória, evitando que seja decretada a prisão preventiva do indiciado.

B) A representação da autoridade policial não foi elaborada de maneira adequada em relação à sua fundamentação, pois não estão preenchidos os requisitos do art. 313 do Código de Processo Penal, sendo estes indispensáveis para a conversão da prisão em flagrante em preventiva. O crime praticado pelo indiciado não tem pena privativa de liberdade máxima superior a 4 anos. Ademais, não é o acusado reincidente na prática de crime doloso, devendo ser destacado que a existência de ação em curso não afasta a ausência de configuração do inciso II do art. 313. Os requisitos do inciso III também não estão atendidos, sendo incabível a prisão preventiva, independentemente da fundamentação com os pressupostos do art. 312 do CPP.

Competência da Justiça Federal

(XIV Exame) Daniel, Ana Paula, Leonardo e Mariana, participantes da quadrilha "X", e Carolina, Roberta, Cristiano, Juliana, Flavia e Ralph, participantes da quadrilha "Y", fazem parte de grupos criminosos especializados em assaltar agências bancárias. Após intensos estudos sobre divisão de tarefas, locais, armas, bancos etc., ambos os grupos, sem ciência um do outro, planejaram viajar até a pacata cidade de Arroizinho com o intuito de ali realizarem o roubo. Cumpre ressaltar que, na cidade de Arroizinho, havia apenas duas únicas agências bancárias, a saber: uma agência do Banco do Brasil, sociedade de economia mista, e outra da Caixa Econômica Federal, empresa pública federal. No dia marcado, os integrantes da quadrilha "X" praticaram o crime objetivado contra o Banco do Brasil; os integrantes da quadrilha "Y" o fizeram contra a Caixa Econômica Federal. Cada grupo, com sua conduta, conseguiu auferir a vultosa quantia de R$ 1.000.000,00 (um milhão de reais).

Nesse caso, atento tão somente aos dados contidos no enunciado, responda fundamentadamente de acordo com a Constituição:

A) Qual a justiça competente para o processo e julgamento do crime cometido pela quadrilha "Y"? (Valor: 0,65)

B) Qual a justiça competente para o processo e julgamento do crime cometido pela quadrilha "X"? (Valor: 0,60)

GABARITO:

A Constituição da República, em seu art. 109, IV, estabelece que compete à Justiça Federal o julgamento das infrações penais praticadas em detrimento de bens, serviços ou interesse da União ou de suas entidades autárquicas ou empresas públicas. Trata-se de competência determinada *ratione personae*. Assim, para se estabelecer a competência de julgamento dos crimes mencionados no enunciado, o(a) examinando(a) deverá, em primeiro lugar, levar em consideração a natureza jurídica da pessoa lesada.

Destarte, no caso do item A, a competência para julgamento do crime em que foi lesada a CEF é da Justiça Federal, nos termos do art. 109, IV da CF/88.

Relativamente ao item B, levando-se em conta que o lesado foi o Banco do Brasil, a competência para o julgamento do crime praticado é da Justiça Estadual, pois, como visto anteriormente, referida instituição está fora do alcance da regra insculpida no art. 109, IV, da CF, sendo certo que a competência da Justiça Estadual é residual. Além disso, há também o verbete 42 da Súmula do STJ sobre o tema: "Compete à Justiça Comum Estadual processar e julgar as causas cíveis em que é parte sociedade de economia mista e os crimes praticados em seu detrimento".

Recurso ordinário constitucional

(41º Exame) Adriano foi autuado em flagrante delito pela prática de caça em Unidade de Conservação (art. 29, § 4º, inciso V, da Lei n. 9605/98) e foi condenado pelo Juizado Especial Criminal competente a uma pena de um ano de detenção, em regime aberto, substituída a pena privativa de liberdade por uma pena restritiva de direito. A sentença exasperou a pena-base em seis meses com base na culpabilidade acentuada de Adriano, que se valeu de espingarda para a prática de caça.

O Ministério Público não recorreu da sentença. Adriano, por meio de sua defesa técnica, interpôs recurso de apelação, aduzindo que a valoração da culpabilidade se valeu de argumento genérico e inerente ao tipo penal, devendo ser afastada a exasperação da pena-base. O apelo foi julgado e foi negado provimento, mantendo a pena-base em um ano de detenção. Além disso, a Turma Recursal considerou a existência de *error in judicando* e reformou a sentença, reconhecendo a incidência da causa de aumento (art. 29, § 4º, inciso V, da Lei n. 9.605/98), que deixou de ser aplicada pelo Juízo *a quo* por mero erro material. Assim, fixou a pena final em um ano e seis meses de detenção.

A defesa de Adriano impetrou *habeas corpus* em favor do acusado, perante o Tribunal ao qual está vinculado o Juizado onde correu a ação penal, tendo sido concedida a ordem. O Ministério Público interpôs recurso ordinário constitucional em face dessa decisão.

Na qualidade de advogado(a) de Adriano, responda às questões a seguir:

A) Qual questão preliminar deve ser arguida em contrarrazões recursais? Justifique. (Valor: 0,60)

B) Qual a tese processual cabível a ser defendida, a fim de garantir o afastamento da causa de aumento aplicada a Adriano? Fundamente. (Valor: 0,65)

GABARITO:

A) O descabimento de recurso ordinário constitucional em face de decisão concessiva de *habeas corpus* (0,50), na forma do art. 105, II, *a*, da CRFB/88 ou art. 30 da Lei n. 8.038/90 (0,10).

B) A tese defensiva é a impossibilidade de promover *reformatio in pejus* (0,55), na forma do art. 617 do CPP ou da Súmula 160 do STF (0,10).

(XIV Exame) Cristiano foi denunciado pela prática do delito tipificado no art. 171 do Código Penal. No curso da instrução criminal, o magistrado que presidia o feito decretou a prisão preventiva do réu, com o intuito de garantir a ordem pública, "já que o crime causou grave comoção social, além de tratar-se de um crime grave, que coloca em risco a integridade social, configurando conduta inadequada ao meio social".

O advogado de Cristiano, inconformado com a fundamentação da medida constritiva de liberdade, impetrou *habeas corpus* perante o Tribunal de Justiça, no intuito de relaxar tal prisão, já que a considerava ilegal, tendo em vista que toda decisão judicial deve estar amparada em uma fundamentação idônea.

O Tribunal de Justiça, por unanimidade, não concedeu a ordem, entendendo que a decisão que decretou a prisão preventiva estava corretamente fundamentada.

De acordo com a jurisprudência atualizada dos Tribunais Superiores, responda aos itens a seguir.

A) Qual o recurso que o advogado de Cristiano deve manejar visando à reforma do acórdão? (Valor: 0,65)

B) Qual o prazo e para qual Tribunal deverá ser dirigido? (Valor: 0,60)

PRÁTICA PENAL

GABARITO:

De acordo com a jurisprudência atualizada, tanto do STJ como do STF, bem como com o mandamento descrito no art. 105, II, *a*, da Constituição da República, em *habeas corpus* caberá recurso ordinário. O art. 30 da Lei n. 8.038/90 determina ser de 5 dias o prazo para interposição de recurso ordinário contra decisão denegatória de *habeas corpus* proferida pelos Tribunais dos Estados. No caso narrado no enunciado, o recurso deve ser dirigido ao Superior Tribunal de Justiça, conforme informa o art. 105, II, *a*, da Constituição da República, já que se trata de decisão proferida pelo Tribunal de Justiça.

Recurso especial e a *reformatio in pejus*

(XI Exame) Daniel foi denunciado, processado e condenado pela prática do delito de roubo simples em sua modalidade tentada. A pena fixada pelo magistrado foi de 2 anos de reclusão em regime aberto. Todavia, atento às particularidades do caso concreto, o referido magistrado concedeu-lhe o benefício da suspensão condicional da execução da pena, sendo certo que, na sentença, não fixou nenhuma condição. Somente a defesa interpôs recurso de apelação, pleiteando a absolvição de Daniel com base na tese de negativa de autoria e, subsidiariamente, a substituição do benefício concedido por uma pena restritiva de direitos. O Tribunal de Justiça, por sua vez, no julgamento da apelação, de forma unânime, negou provimento aos dois pedidos da defesa e, no acórdão, fixou as condições do *sursis*, haja vista o fato de que o magistrado *a quo* deixou de fazê-lo na sentença condenatória.

Nesse sentido, atento apenas às informações contidas no texto, responda, fundamentadamente, aos itens a seguir.

A) Qual o recurso cabível contra a decisão do Tribunal de Justiça? (Valor: 0,55)

B) Qual deve ser a principal linha de argumentação no recurso? (Valor: 0,70)

GABARITO:

A) Cabível a interposição de recurso especial, com fulcro no art. 105, III, *a*, da CF/88.

B) Deve ser salientado que não agiu corretamente o Tribunal de Justiça ao fixar as condições do *sursis*, pois tal tarefa cabia ao juiz *a quo* e, como ele não o fez, bem como não houve impugnação por parte do Ministério Público acerca de tal omissão, a atitude do Tribunal configura verdadeira *reformatio in pejus*, vedada pelo art. 617 do CPP.

Incompetência do juízo

(XII Exame) Carolina foi denunciada pela prática do delito de estelionato mediante emissão de cheque sem suficiente provisão de fundos. Narra, a inicial acusatória, que Carolina emitiu o cheque número 000, contra o Banco ABC S/A, quando efetuou compra no estabelecimento "X", que fica na cidade de "Y". Como a conta corrente de Carolina pertencia à agência bancária que ficava na cidade vizinha "Z", a gerência da loja, objetivando maior rapidez no recebimento, resolveu lá apresentar o cheque, ocasião em que o título foi devolvido.

Levando em conta que a compra originária da emissão do cheque sem fundos ocorreu na cidade "Y", o Ministério Público local fez o referido oferecimento da denúncia, a qual foi recebida pelo juízo da 1ª Vara Criminal da comarca. Tal magistrado, após o recebimento da inicial acusatória, ordenou a citação da ré, bem como a intimação para apresentar resposta à acusação.

Nesse sentido, atento(a) apenas às informações contidas no enunciado, responda de maneira fundamentada, e levando em conta o entendimento dos Tribunais Superiores, o que pode ser arguido em favor de Carolina. (Valor: 1,25)

GABARITO:
Deve ser arguida exceção de incompetência com fundamento no art. 108 do CPP ou preliminar de incompetência na resposta à acusação. O estelionato é crime material e se consuma no local onde ocorreu o efetivo prejuízo econômico. No caso em tela, o efetivo prejuízo econômico se deu no lugar onde o título foi recusado, ou seja, na comarca "Z". Assim, aplica-se o disposto no verbete 521 da Súmula do STF e o verbete 244 da Súmula do STJ.

Consequentemente, deve ser feito pedido de remessa do feito à comarca "Z", onde poderão ser ratificados os atos até o momento praticados, prosseguindo-se na instrução.

Flagrante preparado e crime impossível

(XII Exame) Ricardo é delinquente conhecido em sua localidade, famoso por praticar delitos contra o patrimônio sem deixar rastros que pudessem incriminá-lo. Já cansando da impunidade, Wilson, policial e irmão de uma das vítimas de Ricardo, decide que irá empenhar todos os seus esforços na busca de uma maneira para prender, em flagrante, o facínora.

Assim, durante meses, faz-se passar por amigo de Ricardo e, com isso, ganhar a confiança deste. Certo dia, decidido que havia chegada a hora, pergunta se Ricardo poderia ajudá-lo na próxima empreitada. Wilson diz que elaborou um plano perfeito para assaltar uma casa lotérica e que bastaria ao amigo seguir as instruções. O plano era o seguinte: Wilson se faria passar por um cliente da casa lotérica e, percebendo o melhor momento, daria um sinal para que Ricardo entrasse no referido estabelecimento e anunciasse o assalto, ocasião em que o ajudaria a render as pessoas presentes. Confiante nas suas próprias habilidades e empolgado com as ideias dadas por Wilson, Ricardo aceita. No dia marcado por ambos, Ricardo, seguindo o roteiro traçado por Wilson, espera o sinal e, tão logo o recebe, entra na casa lotérica e anuncia o assalto. Todavia, é surpreendido ao constatar que tanto Wilson quanto todos os "clientes" presentes na casa lotérica eram policiais disfarçados. Ricardo acaba sendo preso em flagrante, sob os aplausos da comunidade e dos demais policiais, contentes pelo sucesso do flagrante. Levado à delegacia, o delegado de plantão imputa a Ricardo a prática do delito de roubo na modalidade tentada.

Nesse sentido, atento tão somente às informações contidas no enunciado, responda justificadamente:

A) Qual a espécie de flagrante sofrido por Ricardo? (Valor: 0,80)

B) Qual é a melhor tese defensiva aplicável à situação de Ricardo relativamente à sua responsabilidade jurídico-penal? (Valor: 0,45)

GABARITO:
A situação narrada configura hipótese de flagrante preparado (ou provocado). Tal prisão em flagrante é nula e deve ser imediatamente relaxada, haja vista o fato de ter sido preparada por um agente provocador, que adotou medidas aptas a impedir por completo a consumação do crime.

Inclusive, o Verbete 145 da Súmula do STF disciplina que nas situações como a descrita no enunciado inexiste crime.

Aplica-se, também, o art. 17 do Código Penal: o flagrante preparado constitui hipótese de crime impossível.

Sendo assim, a melhor tese defensiva aplicável a Ricardo é aquela no sentido de excluir a prática de crime com base no Verbete 145 da Súmula do STF e no art. 17 do Código Penal.

Note-se que o enunciado da questão deixa claro que busca a melhor tese defensiva no campo jurídico-penal. Assim, eventuais respostas indicativas de soluções no âmbito processual (tais como: prisão ilegal que deve ser relaxada), ainda que corretas, não serão consideradas para efeito de pontuação, haja vista o fato de não responderem ao questionado.

Relaxamento da prisão e crime impossível

(38º Exame) Rodrigo estava desfilando em um bloco de carnaval fantasiado de "Presidente do Banco Nacional" da fictícia cidade de "Ratzana", trajando fantasia e adornos carnavalescos. Ao ser abordado por um Policial Militar, foi realizada a busca pessoal, tendo sido localizado com Rodrigo notas impressas em papel "A4" onde se lia "dólar de Ratzana", com o símbolo e brasão da fictícia cidade. A Polícia Militar imediatamente realizou a prisão-captura de Rodrigo, e a autoridade policial competente lavrou o auto de prisão em flagrante, enquadrando a conduta de Rodrigo ao art. 289, § 1º, do Código Penal, sem proceder, contudo, à oitiva do custodiado e dos Policiais Militares condutores do flagrante, ou mesmo de qualquer testemunha, sem justificativa. Em seguida, encaminhou a "nota de culpa" acompanhada da lavratura do auto de prisão em flagrante à Justiça competente, na forma da lei processual penal. Considerando as informações do enunciado, como advogado(a) de Rodrigo, responda aos itens a seguir.

A) Qual a tese de Direito Penal a ser deduzida em favor de Rodrigo? Justifique. (Valor: 0,60)

B) Qual tese de Direito Processual deve ser sustentada a fim de garantir a liberdade de Rodrigo? Justifique. (Valor: 0,65)

GABARITO:

O delito de moeda falsa é doloso e exige que a falsificação seja eficiente para abalar a fé pública e que a moeda tenha curso legal no Brasil ou no estrangeiro. Logo, a descrição do enunciado indica que Rodrigo possuía um documento evidentemente inidôneo para tal fim (seja por incapacidade de abalar a fé pública, seja por não ter curso legal em qualquer país ou por ausência de dolo), tratando-se de absoluta impropriedade do objeto, diante a falsificação grosseira. Assim, deve ser alegada a atipicidade da conduta de Rodrigo, ante a impossibilidade de consumação do crime (crime impossível por absoluta impropriedade do objeto), na forma do art. 17 do CP.

Deve ser alegada a nulidade da prisão em flagrante com o consequente relaxamento da prisão, na forma do art. 310, inciso I, do CPP, ou do art. 5º, inciso LXV, da CRFB/88, pois o auto de prisão em flagrante não observou as formalidades exigidas pelo art. 304, *caput*, do CPP, notadamente, a oitiva do custodiado ou do condutor do flagrante ou da testemunha, ou a entrega da nota de culpa ao custodiado.

Provas

(XXI Exame) Mário foi surpreendido por uma pessoa que, mediante ameaça verbal de morte, subtraiu seu celular. No dia seguinte, quando passava pelo mesmo local, avistou Paulo e o reconheceu como sendo a pessoa que o roubara no dia anterior. Levado para a delegacia, Paulo admitiu ter subtraído o celular de Mário mediante grave ameaça, mas alegou que estava em estado de necessidade. O celular não foi recuperado e Paulo foi liberado em razão da ausência da situação de flagrante. Oferecida a denúncia pela prática do delito de roubo, Paulo foi pessoalmente citado e manifestou interesse em ser assistido pela Defensoria Pública. No curso da instrução, a vítima, única testemunha arrolada pelo Ministério Público, não foi localizada, assim como Paulo nunca compareceu em juízo, sendo decretada sua revelia. A pretensão punitiva foi acolhida nos termos do pedido inicial, tendo o juiz fundamentado seu convencimento no que foi dito pelo lesado e pelo acusado na fase extrajudicial, aumentando a pena-base pelo fato de o agente ter ameaçado de morte o ofendido e deixando de reconhecer a atenuante da confissão espontânea porque qualificada. Considerando apenas as informações narradas, responda, na condição de advogado(a) de Paulo, aos itens a seguir.

A) Qual a tese jurídica a ser apresentada nas razões de apelação de modo a buscar a absolvição de Paulo? Justifique. (Valor: 0,65)

B) Quais as teses jurídicas a serem apresentadas em sede de apelação de modo a buscar a redução da pena aplicada, caso mantida a condenação? Justifique. (Valor: 0,60)

GABARITO:

A) A tese jurídica a ser apresentada pela defesa de Paulo para garantir sua absolvição é de insuficiência probatória, já que o magistrado não pode fundamentar sua decisão exclusivamente com base em elementos informativos, nos termos do art. 155 do Código de Processo Penal. Claramente o magistrado considerou apenas os elementos informativos produzidos em sede policial, que não foram submetidos ao princípio do contraditório. O conceito de prova exige o respeito a esse princípio. Os elementos informativos somente podem embasar um decreto condenatório se confirmados por provas produzidas sob o crivo do contraditório. Ademais, não estamos diante de nenhuma das exceções trazidas pelo art. 155, *in fine*, do CPP. Considerando que a decisão do magistrado se baseou exclusivamente nas palavras da vítima em sede policial e na confissão do acusado na delegacia, não havendo provas produzidas em juízo, a condenação foi indevida.

B) Em busca da redução da pena aplicada, deveria o(a) advogado(a) de Paulo defender que o aumento da pena-base em razão da ameaça de morte empregada representa violação ao princípio do *ne bis in idem*, tendo em vista que a grave ameaça constitui elementar do tipo de roubo, e que deveria ser reconhecida a atenuante da confissão, pois, ainda que qualificada, escorou o decreto condenatório do magistrado, nos termos da Enunciado 545 da Súmula de Jurisprudência do Superior Tribunal de Justiça. Ademais, o Superior Tribunal de Justiça vem reconhecendo, de maneira tranquila, que a confissão qualificada, ou seja, aquela que apresenta causa excludente da ilicitude ou da culpabilidade, apesar de o agente confessar os fatos, é suficiente para o reconhecimento da atenuante.

Provas e tráfico de drogas

(XXII Exame) Chegou ao Ministério Público denúncia de pessoa identificada apontando Cássio como traficante de drogas. Com base nessa informação, entendendo haver indícios de autoria e não havendo outra forma de obter prova do crime, a autoridade policial representou pela interceptação da linha telefônica que seria utilizada por Cássio e que fora mencionada na denúncia recebida, tendo o juiz da comarca deferido a medida pelo prazo inicial de 30 dias. Nas conversas ouvidas, ficou certo que Cássio havia adquirido certa quantidade de cocaína, pela primeira vez, para ser consumida por ele, juntamente com seus amigos Pedro e Paulo, na comemoração de seu aniversário, no dia seguinte. Diante dessa prova, policiais militares obtiveram ordem judicial e chegaram à casa de Cássio quando este consumia e oferecia a seus amigos os seis papelotes de cocaína para juntos consumirem. Cássio, portador de maus antecedentes, foi preso em flagrante e autuado pela prática do crime de tráfico, sendo, depois, denunciado como incurso nas penas do art. 33, *caput*, da Lei n. 11.343/2006. Considerando os fatos narrados, responda, na qualidade de advogado(a) de Cássio, aos itens a seguir.

A) Qual a tese de direito processual a ser suscitada para afastar a validade da prova obtida? (Valor: 0,65)

B) Reconhecidos como verdadeiros os fatos narrados, qual a tese de direito material a ser alegada para tornar menos gravosa a tipificação da conduta de Cássio? (Valor: 0,60)

GABARITO:

A questão exige do(a) examinando(a) conhecimento sobre os delitos tipificados na Lei n. 11.343/2006, além dos requisitos para decretação válida de interceptação telefônica.

A) A tese de direito processual a ser suscitada para defesa de Cássio para afastar a prova obtida é a invalidade da decisão que determinou a interceptação telefônica de Cássio, tendo em vista que, de início, foi determinada pelo prazo de 30 dias. Inicialmente, deve ser destacado que a autoridade policial possui legitimidade para representar pela decretação da interceptação de comunicações telefônicas, nos termos do art. 3º, inciso I, da Lei n. 9.296/96. Ademais, o crime investigado é punido com pena de reclusão e consta do enunciado que a prova não poderia ser obtida por outros meios disponíveis. Todavia, prevê o art. 5º do mesmo diploma legal que a decisão que concede a medida deverá ser fundamentada e que não poderá exceder o prazo de 15 dias, renovável por igual período se comprovada a indispensabilidade do meio de prova. Diante disso, ainda que possa o período de 15 dias ser renovado, não pode, de início, a autoridade judicial determinar a interceptação por mais de 15 dias, sob pena de nulidade.

B) A tese de direito material a ser alegada para tornar a conduta de Cássio menos gravosa é que foi praticado o delito previsto no art. 33, § 3º, da Lei n. 11.343/2006, já que o agente oferecia drogas, de maneira eventual, sem objetivo de lucro, para seus amigos para juntos consumirem. Não há, assim, que se falar em prática de tráfico do art. 33 da Lei n. 11.343/2006 e nem mesmo na aplicação do § 4º do mesmo dispositivo, já que o agente era portador de maus antecedentes.

Competência e contravenção penal

(XXII Exame) Na cidade de Porto Alegre, no Rio Grande do Sul, Maurício iniciou a execução de determinada contravenção penal que visava atingir e gerar prejuízo em detrimento de patrimônio de entidade autárquica federal, mas a infração penal não veio a se consumar por circunstâncias alheias à sua vontade. Ao tomar conhecimento dos fatos, o Ministério Público dá início a procedimento criminal perante juízo do Tribunal Regional Federal com competência para atuar no local dos fatos, imputando ao agente a prática da contravenção penal em sua modalidade tentada, oferecendo, desde já, proposta de transação penal. Maurício conversa com sua família e procura um(a) advogado(a) para patrocinar seus interesses, destacando que não tem interesse em aceitar transação penal, suspensão condicional do processo ou qualquer outro benefício despenalizador. Com base apenas nas informações narradas e na condição de advogado(a) de Maurício, responda:

A) Considerando que a contravenção penal causaria prejuízo ao patrimônio de entidade autárquica federal, o órgão perante o qual o procedimento criminal foi iniciado é competente para julgamento da infração penal imputada? Justifique. (Valor: 0,65)

B) Qual argumento de direito material deverá ser apresentado para evitar a punição de Maurício? Justifique. (Valor: 0,60)

GABARITO:

A) Apesar de a contravenção penal causar prejuízo ao patrimônio de autarquia federal, a Justiça Federal não é competente para julgar a infração penal, tendo em vista que o art. 109, inciso IV, da

Constituição da República Federativa do Brasil prevê expressamente que a Justiça Federal terá competência para julgar infrações penais praticadas em detrimento de bens, serviços ou interesses da União e de suas entidades autárquicas e empresas públicas, excluídas as contravenções penais. Diferente da regra geral, as contravenções penais, ainda que nas circunstâncias do dispositivo acima mencionado, devem ser julgadas perante a Justiça Estadual, no caso, Juizado Especial Criminal Estadual.

B) Apesar de Maurício ter iniciado a execução de uma contravenção penal e esta não ter se consumado por circunstâncias alheias à vontade do agente, o que, em tese, configura tentativa, que, pela regra do Código Penal, impõe a punição pelo crime pretendido com redução de pena, na hipótese apresentada, a infração penal que não restou consumada foi uma contravenção. Nos termos do previsto no art. 4º do Decreto-Lei n. 3.688/41, não se pune a tentativa de contravenção penal. Assim, no momento em que Maurício não conseguiu consumar o delito por circunstâncias alheias à sua vontade, sua conduta não é punível.

Prisão em flagrante

(XXII Exame) Diego e Júlio caminham pela rua, por volta das 21h, retornando para suas casas após mais um dia de aula na faculdade, quando são abordados por Marcos, que, mediante grave ameaça de morte e utilizando simulacro de arma de fogo, exige que ambos entreguem as mochilas e os celulares que carregavam. Após os fatos, Diego e Júlio comparecem em sede policial, narram o ocorrido e descrevem as características físicas do autor do crime. Por volta das 5h da manhã do dia seguinte, policiais militares em patrulhamento se deparam com Marcos nas proximidades do local do fato e verificam que ele possuía as mesmas características físicas do roubador. Todavia, não são encontrados com Marcos quaisquer dos bens subtraídos, nem o simulacro de arma de fogo. Ele é encaminhado para a Delegacia e, tendo-se verificado que era triplamente reincidente na prática de crimes patrimoniais, a autoridade policial liga para as residências de Diego e Júlio, que comparecem em sede policial e, em observância de todas as formalidades legais, realizam o reconhecimento de Marcos como responsável pelo assalto. O Delegado, então, lavra auto de prisão em flagrante em desfavor de Marcos, permanecendo este preso, e o indicia pela prática do crime previsto no art. 157, *caput*, do Código Penal, por duas vezes, na forma do art. 69 do Código Penal. Diante disso, Marcos liga para seu advogado para informar sua prisão. Este comparece, imediatamente, em sede policial, para acesso aos autos do procedimento originado do auto de prisão em flagrante. Considerando apenas as informações narradas, na condição de advogado de Marcos, responda, de acordo com a jurisprudência dos Tribunais Superiores, aos itens a seguir.

A) Qual requerimento deverá ser formulado, de imediato, em busca da liberdade de Marcos e sob qual fundamento? Justifique. (Valor: 0,65)

B) Oferecida denúncia na forma do indiciamento, qual argumento de direito material poderá ser apresentado pela defesa para questionar a capitulação delitiva constante da nota de culpa, em busca de uma punição mais branda? Justifique. (Valor: 0,60)

GABARITO:

A) A defesa de Marcos deverá formular requerimento de relaxamento da prisão, tendo em vista que não havia situação de flagrante a justificar a formalização do auto de prisão em flagrante. Narra o enunciado que, de fato, Marcos, mediante grave ameaça, inclusive com emprego de simulacro de arma de fogo, subtraiu coisas alheias móveis de Diego e Julio, logo praticou dois crimes de roubo. As vítimas reconheceram o acusado, de modo que há justa causa para o oferecimento de denúncia. Todavia, não havia situação de flagrante a justificar a prisão do acusado. Isso porque o reconhecimento e a prisão de Marcos ocorreram mais de 7 horas após o fato, sendo certo que não houve perseguição nem com o agente foram encontrados instrumentos ou produtos do crime. Dessa forma, nenhuma das situações previstas no art. 302 do Código de Processo Penal restou configurada. Em sendo a prisão ilegal, o requerimento a ser formulado é de relaxamento da prisão. Insuficiente, no caso, o(a) examinando(a) apresentar requerimento de liberdade provisória. Primeiro porque, em sendo a prisão ilegal, sequer deveriam ser analisados os pressupostos dos arts. 312 e 313 do Código de Processo Penal nesse momento. Além disso, a princípio, não seria caso de reconhecimento de ausência dos motivos da preventiva, já que foi praticado crime com circunstâncias graves e o agente é triplamente reincidente.

B) O equívoco a ser alegado em relação à capitulação delitiva refere-se ao concurso de crimes. Sem dúvidas, confirmados os fatos, houve crime de roubo, já que foram subtraídas coisas alheias móveis e houve emprego de grave ameaça, ainda que apenas através de palavras de ordem e emprego de simulacro de arma de fogo. Da mesma forma, dois foram os crimes patrimoniais praticados. Isso porque dois patrimônios foram atingidos e presente o elemento subjetivo, tendo em vista que Marcos sabia que estava subtraindo pertences de duas pessoas diversas. Todavia, com uma só ação, mediante uma ameaça, foram subtraídos bens de dois patrimônios diferentes. Assim, deverá ser reconhecido o concurso formal de delitos, aplicando-se a regra da exasperação da pena, e não o concurso material, com aplicação do cúmulo material de sanções.

Prova ilícita

(XXIII Exame) José Barbosa, nascido em 11 de março de 1998, caminhava para casa após sair da faculdade, às 11h da manhã, no dia 7 de março de 2016, quando se deparou com Daniel, ex-namorado de sua atual companheira, conversando com esta. Em razão de ciúmes, retirou a faca que trazia na mochila e aplicou numerosas facadas no peito de Daniel, com a intenção de matá-lo. Daniel recebeu pronto atendimento médico, foi encaminhado para um hospital de Niterói, mas faleceu 5 dias após os golpes de faca. Já no dia 8 de março de 2016, policiais militares, informados sobre o fato ocorrido no dia anterior, comparecem à residência de José Barbosa, já que um dos agentes da lei era seu vizinho. Apesar de não ter ninguém em casa, a janela estava aberta, e os policiais puderam ver seu interior, verificando que havia uma faca suja de sangue escondida junto ao sofá. Diante disso, para evitar que José Barbosa desaparecesse com a arma utilizada, ingressaram no imóvel e apreenderam a arma branca, que foi devidamente apresentada pela autoridade policial. Com base na prova produzida a partir da apreensão da faca, o Ministério Público oferece denúncia em face de José Barbosa, imputando-lhe a prática do crime de homicídio consumado. Considerando a situação narrada, na condição de advogado(a) de José Barbosa, responda aos itens a seguir.

A) Qual argumento a ser apresentado pela defesa técnica do denunciado para combater a prova decorrente da apreensão da faca? Justifique. (Valor: 0,65)
B) Existe argumento de direito material a ser apresentado em favor de José Barbosa para evitar o prosseguimento da ação penal? Justifique. (Valor: 0,60)

GABARITO:

A) A defesa deveria alegar que a prova obtida a partir da apreensão da faca é ilícita, não podendo ser valorada no momento da sentença. Estabelece o art. 5º, inciso XI, da CF/88 que a casa é asilo inviolável, não podendo nela ninguém ingressar sem consentimento do morador. A própria Constituição, todavia, traz exceções a esta regra, como na hipótese de flagrante delito ou mediante ordem judicial, durante o dia. Não havia, no caso apresentado, situação de flagrante delito, já que a simples posse de faca não configura crime e, em relação ao crime/ato infracional praticado no dia anterior, não havia situação de flagrância, pois ausentes os requisitos do art. 302 do CPP. Ademais, não houve autorização do morador nem existia ordem judicial de busca e apreensão, já que os policiais decidiram ingressar no imóvel porque viram a arma suja de sangue através da janela aberta.

B) Sim, existe, tendo em vista que José Barbosa não poderia ser denunciado pela prática de crime de homicídio qualificado, já que era inimputável na data dos fatos. O Código Penal, para definir o momento do crime, adota a Teoria da Atividade, prevendo o art. 4º que se considerado praticado o crime no momento da ação ou omissão, ainda que em outro seja produzido o resultado. Dessa forma, o crime foi praticado no dia 7 de março de 2016, quando José Barbosa tinha 17 anos. Estabelece o art. 27 do CP que será inimputável o menor de 18 anos. O fato de a consumação do delito só ter ocorrido após a maioridade penal de José Barbosa é irrelevante para o caso concreto, já que outro foi o momento da ação.

Transação penal e irretroatividade da lei mais severa

(XXIII Exame) No dia 29 de dezembro de 2011, Cláudio, 30 anos, profissional do ramo de informática, invadiu dispositivo informático alheio, mediante violação indevida de mecanismo de segurança, com o fim de obter informações pessoais de famoso ator da televisão brasileira, sem autorização do titular do dispositivo. Após longa investigação e representação da vítima, o fato e a autoria de Cláudio foram identificados no ano de 2014, vindo o autor a ser indiciado e, posteriormente, oferecida pelo Ministério Público proposta de transação penal em razão da prática do crime do art. 154-A do Código Penal, dispositivo este incluído pela Lei n. 12.737/2012. Cláudio aceitou a proposta de transação penal, mas, em julho de 2015, interrompeu o cumprimento das condições impostas. Temeroso em razão de sua conduta, Cláudio procura seu advogado, informando que não justificou o descumprimento e, diante disso, o Ministério Público ofereceu denúncia por aquele delito, tendo o juiz competente recebido a inicial acusatória em agosto de 2015. Considerando apenas as informações narradas, esclareça, na condição de advogado(a) prestando consultoria jurídica para Cláudio, os seguintes questionamentos.

A) De acordo com a jurisprudência do Supremo Tribunal Federal, é possível a revogação do benefício da transação penal pelo descumprimento das condições impostas, com posterior oferecimento de denúncia? Justifique. (Valor: 0,65)

B) Os fatos praticados por Cláudio, de fato, permitem sua responsabilização penal pelo crime do art. 154-A do Código Penal? Justifique. (Valor: 0,60)

GABARITO:

A) Sim, de acordo com a jurisprudência do Supremo Tribunal Federal, é possível a revogação do benefício da transação penal, com posterior oferecimento de denúncia pelo Ministério Público, caso as condições impostas venham a ser descumpridas, nos termos do Enunciado 35 da Súmula Vinculante do STF. Durante muito tempo se controverteu sobre as consequências do descumprimento das condições impostas quando da transação penal, alguns defendendo que apenas seria cabível a execução destas, pois, uma vez homologada, haveria imediata extinção da punibilidade, enquanto outros admitiam a revogação do benefício, que estaria condicionado ao cumprimento das imposições. O STF, diante da controvérsia, pacificou o entendimento, por meio de enunciado vinculante, entendendo que a decisão homologatória de transação penal, nos termos do art. 76 da Lei n. 9.099/95, não faz coisa julgada material, de modo que, descumpridas suas cláusulas, a situação anterior deve ser retomada inclusive possibilitando ao Ministério Público o oferecimento de denúncia.

B) Embora, literalmente, os fatos praticados por Cláudio se adéquem à figura típica descrita no art. 154-A do Código Penal, não é possível a responsabilização penal do autor pelo crime em questão, tendo em vista que os fatos ocorreram antes da entrada em vigor da Lei n. 12.737/2012, de modo que não pode uma lei mais grave ao acusado retroagir para prejudicá-lo. O princípio da legalidade impõe que não é possível a punição de qualquer pessoa por fato que a lei não define como crime no momento de sua ocorrência. Como consequência desse princípio, estabeleceu o art. 5º, inciso XL, da CF/88 que a lei não retroagirá, salvo para favorecer o réu. No mesmo sentido as previsões do art. 1º do Código Penal. Assim, diante da irretroatividade da lei penal desfavorável, considerando que os fatos ocorreram em 29 de dezembro de 2011 e a lei que introduziu o art. 154-A no Código Penal somente foi editada no ano de 2012, incabível a punição de Cláudio pelo delito em questão, ainda que a denúncia seja em momento posterior.

Detração e multa para réu pobre

(**XXV Exame**) Lucas, jovem de 22 anos, primário, foi denunciado pela prática do crime de extorsão simples, tendo o magistrado, em 5 de maio de 2016, recebido a denúncia e decretado a prisão preventiva do acusado. Cumprido o mandado de prisão no dia seguinte, Lucas permaneceu acautelado durante toda a instrução de seu processo, vindo a ser condenado, em 24 de janeiro de 2017, à pena de 4 anos e 3 meses de reclusão, além de 12 dias-multa, sendo certo que o aumento da pena-base foi fundamentado de maneira correta pelo magistrado em razão das circunstâncias do crime. Foi, ainda, aplicado o regime semiaberto para início do cumprimento da sanção, exclusivamente diante do *quantum* de pena aplicada, e o valor do dia-multa foi fixado em 3 vezes o salário mínimo, em razão das circunstâncias do fato. Apesar de não se opor à condenação, nem à pena aplicada, Lucas, ainda preso, pergunta a seu advogado sobre a possibilidade de recurso para aplicação de regime de cumprimento de pena menos gravoso, ainda que mantido o *quantum* de pena. Também informa ao patrono que não tem condições de arcar com a multa aplicada, pois mora em comunidade carente e recebia, antes dos fatos, remuneração de meio salário mínimo pela prestação de serviços informais. Considerando apenas as informações narradas, na condição de advogado de Lucas, responda aos itens a seguir.

A) Qual o argumento a ser formulado em sede de recurso para alteração do regime prisional de início de cumprimento de pena aplicado, mantida a pena final em 4 anos e 3 meses de reclusão? Justifique. (Valor: 0,65)

B) Qual argumento a ser apresentado em sede de recurso em busca da redução do valor do dia-multa aplicado? Justifique. (Valor: 0,60)

GABARITO:

A) O argumento a ser apresentado pela defesa de Lucas é que o período de pena provisória cumprido deverá ser computado para aplicação do regime inicial do cumprimento de pena, nos termos do art. 387, § 2º do Código de Processo Penal, de modo que o regime a ser fixado é o aberto. De início, destaca-se que a questão não apresentava elementos suficientes para justificar um pedido de redução de pena, de modo que a pena final aplicada fosse de até 4 anos e permitisse a aplicação do regime aberto. Ademais, o próprio enunciado da questão requer que o patrono de Lucas apresente argumento para alteração do regime ainda que mantida a pena de 4 anos e 3 meses de reclusão. Em princípio, estabelece o art. 33, § 2º, alínea *b*, do Código Penal, que cabível o regime semiaberto ao condenado não reincidente, quando a pena aplicada for superior a 4 anos ou não exceda a 8, como é a situação de Lucas. Ao mesmo tempo, estabelece o art. 42 do Código Penal que será computado, na pena privativa de liberdade, o tempo de prisão provisória, disciplinando, assim, o instituto conhecido como detração. Outrossim, o art. 387, § 2º, do Código de Processo Penal, acrescentado pela Lei n. 12.736/12, prevê expressamente que o tempo de prisão provisória será computado para fins de determinação do regime inicial de pena privativa de liberdade. No caso, Lucas ficou preso por período superior a 8 meses, período esse que deve ser computado como pena cumprida, na forma da detração, para determinação do regime inicial. Assim, considerando os 8 meses apenas para fins de aplicação do regime inicial, seria possível a aplicação do regime aberto.

B) Na sentença condenatória, entendeu o magistrado que os dias-multa deveriam ser fixados no valor de 3 vezes o salário mínimo em razão das circunstâncias do fato. Ocorre que é pacificado o entendimento jurisprudencial, em especial diante da previsão do art. 60 do Código Penal, que o critério para fixação do VALOR do dia-multa será o da capacidade econômica do réu. Na situação apresentada, Lucas era pessoa humilde, que recebia, antes da prisão, remuneração de meio salário mínimo em razão da prestação de serviços informais, logo não se justifica o fundamento apresentado pelo magistrado para fixação do valor do dia-multa.

Transação penal e erro de tipo

(XXV Exame) Rodrigo, pela primeira vez envolvido com o aparato judicial, foi condenado definitivamente, pela prática do crime de rixa, ao pagamento de pena exclusivamente de multa. Para pensar sobre as consequências de seu ato, vai para local que acredita ser deserto, onde há uma linda lagoa. Ao chegar ao local, após longa caminhada, depara-se com uma criança, sozinha, banhando-se, mas verifica que ela tem dificuldades para deixar a água e, então, começa a se afogar. Apesar de ter conhecimento sobre a situação da criança, Rodrigo nada faz, pois não sabia nadar, logo acreditando que não era possível prestar assistência sem risco pessoal. Ao mesmo tempo, o local era isolado e não havia autoridades públicas nas proximidades, além de Rodrigo estar sem celular ou outro meio de comunicação para avisar sobre a situação. Cerca de 10 minutos depois, chega ao local Marcus, que, ao ver o corpo da criança na lagoa, entra na água e retira a criança já falecida. Nesse momento, Rodrigo verifica que a lagoa não era profunda e que a água bateria na altura de sua cintura, não havendo risco pessoal para a prestação da assistência. Após a perícia constatar a profundidade da lagoa, Rodrigo é denunciado pela prática do crime previsto no art. 135, parágrafo único, do Código Penal. Não houve composição dos danos civis, e o Ministério Público não ofereceu proposta de transação penal, sob o argumento de que havia vedação legal diante da condenação de Rodrigo pela prática do crime de rixa. Considerando apenas as informações narradas, responda, na condição de advogado(a) de Rodrigo, aos itens a seguir.

A) Existe argumento a ser apresentado pela defesa para combater o fundamento utilizado pelo Ministério Público para não oferecer proposta de transação penal? Justifique. (Valor: 0,60)

B) Qual argumento de direito material poderia ser apresentado em busca da absolvição do denunciado? Justifique. (Valor: 0,65)

GABARITO:

A) Sim, existe argumento. Inicialmente, deve ser destacado que o delito imputado a Rodrigo, ainda que considerando a aplicação da pena de maneira triplificada em razão do resultado morte, é de menor potencial ofensivo. Prevê o art. 76 da Lei 9.099/95 que o Ministério Público poderá oferecer proposta de aplicação imediata de pena restritiva de direitos ou multa, caso não haja composição dos danos e não seja hipótese de arquivamento. Todavia, o próprio art. 76, em seu § 2º, traz hipóteses em que a proposta de transação penal não poderá ser realizada. O inciso I do dispositivo mencionado afirma que não caberá a proposta quando o autor da infração já tiver sido condenado, pela prática de crime, por sentença definitiva, à pena privativa de liberdade. Na hipótese apresentada, Rodrigo possuía condenação anterior com trânsito em julgado, mas apenas ao cumprimento de pena de multa e não pena privativa de liberdade. Assim, não há vedação legal, podendo o Ministério Público oferecer proposta de transação penal.

B) Rodrigo deve ser absolvido, pois sua omissão ocorreu em erro de tipo. Para configuração do delito de omissão de socorro, previsto no art. 135 do Código Penal, é preciso que a omissão tenha ocorrido quando era possível ao agente prestar assistência sem risco pessoal. Rodrigo somente não agiu porque acreditava que existia risco para si, já que não sabia nadar e a criança estava se afogando na lagoa. Em que pese a lagoa fosse rasa e não apresentasse risco para Rodrigo, ele não tinha conhecimento de tal situação, logo agiu em erro sobre a elementar "sem risco pessoal". Havendo erro sobre elementar do tipo, a consequência é o afastamento do dolo, somente podendo o agente ser responsabilizado se o erro for evitável e prevista a modalidade culposa do delito, nos termos do art. 20 do Código Penal. No caso, o crime do art. 135 do Código Penal não traz a modalidade culposa, logo o fato é atípico.

Cerceamento de defesa e atipicidade

(XXV Exame) Na cidade de Goiânia funciona a boate Noite Cheia, onde ocorrem shows de música ao vivo toda sexta-feira. Em razão da grande quantidade de frequentadores, os proprietários João e Maria estabeleceram que somente poderia ingressar na boate aquele que colocasse o nome na lista de convidados, até 24 horas antes do evento. Em determinada sexta-feira, Eduardo, morador de São Paulo, comparece ao local com a intenção de assistir ao show, mas foi informado sobre a impossibilidade de ingresso, já que seu nome não constava na lista. Pretendendo ingressar ainda assim, Eduardo ofereceu vantagem indevida, qual seja, R$ 500,00, a Natan, integrante da segurança privada do evento, em troca de este permitir seu ingresso no local sem que os proprietários soubessem. Ocorre que a conduta foi filmada pelas câmeras de segurança e, de imediato, Natan recusou a vantagem, sendo Eduardo encaminhado à Delegacia mais próxima. O Ministério Público ofereceu denúncia em face de Eduardo pela prática do crime de corrupção ativa consumada, previsto no art. 333 do Código Penal. Durante a instrução, foi expedida carta precatória para determinada cidade de Minas Gerais, para oitiva de Natan, única testemunha, tendo em vista a mudança de endereço residencial do antigo segurança do estabelecimento, não sendo a defesa de Eduardo intimada do ato, uma vez que consta expressamente do Código de Processo Penal que a expedição de carta precatória não suspende o feito. Após o interrogatório, a defesa de Eduardo é intimada a apresentar alegações finais.

Considerando as informações narradas, na condição de advogado(a) de Eduardo, responda aos itens a seguir.

A) Para questionar a prova testemunhal produzida durante a instrução, qual o argumento de direito processual a ser apresentado pela defesa? Justifique. (Valor: 0,65)

B) Em busca da absolvição de Eduardo pelo delito imputado, qual o argumento de direito material a ser apresentado? Justifique. (Valor: 0,60)

GABARITO:

O advogado de Eduardo deve alegar que ocorreu cerceamento de defesa, havendo violação aos princípios do contraditório e da ampla defesa, tendo em vista que não houve intimação em relação à expedição da carta precatória, conforme determina o CPP, que prevê expressamente, em seu art. 222, que as partes deverão ser intimadas. De fato, conforme consta do enunciado, a expedição de carta precatória, de acordo com o art. 222, § 1º, do CPP, não gera suspensão do processo. Todavia, essa informação não se confunde com a necessidade de intimação da defesa em relação à expedição. A jurisprudência admite que não ocorra intimação da defesa em relação à data da audiência a ser realizada no juízo deprecado somente no caso de ter ocorrido a devida intimação em relação à expedição da carta precatória, nos termos da Súmula 273 do Superior Tribunal de Justiça, o que não ocorreu na hipótese.

Suspensão condicional do processo e escusa absolutória

(XXV Exame) Vitor, 23 anos, decide emprestar sua motocicleta, que é seu instrumento de trabalho, para seu pai, Francisco, 45 anos, por 1 mês, já que este se encontrava em dificuldade financeira. Após o prazo do empréstimo, Vitor, que não residia com Francisco, solicitou a devolução da motocicleta, mas este se recusou a devolver e passou a atuar como se proprietário do bem fosse, inclusive anunciando sua venda. Diante do registro dos fatos em sede policial, o Ministério Público ofereceu denúncia em face de Francisco, imputando-lhe a prática do crime previsto no art. 168, § 1º, inciso II, do Código Penal. Após a confirmação dos fatos em juízo e a juntada da Folha de Antecedentes Criminais sem qualquer outra anotação, o magistrado julgou parcialmente procedente a pretensão punitiva, afastando a causa de aumento, mas condenando Francisco, pela prática do crime de apropriação indébita simples, à pena mínima prevista para o delito em questão (1 ano), substituindo a pena privativa de liberdade por restritiva de direito.

Considerando as informações narradas, na condição de advogado(a) de Eduardo, responda aos itens a seguir.

A) Para questionar a prova testemunhal produzida durante a instrução, qual o argumento de direito processual a ser apresentado pela defesa? Justifique. (Valor: 0,65)

B) Em busca da absolvição de Eduardo pelo delito imputado, qual o argumento de direito material a ser apresentado? Justifique. (Valor: 0,60)

GABARITO:

A) O argumento de direito processual a ser apresentado seria no sentido de que não poderia o magistrado, de imediato, condenar o réu pela prática do crime de apropriação indébita simples, tendo em vista que, com o afastamento da causa de aumento, a pena mínima prevista para o delito do art. 168, *caput*, do Código Penal admite o oferecimento de proposta de suspensão condicional do processo, de modo que deveria o magistrado ter encaminhado os autos ao Ministério Público para manifestação sobre o previsto no art. 89 da Lei n. 9.099/95. Ressalta-se que todos os demais requisitos previstos no dispositivo estão preenchidos, já que Francisco era primário, de bons antecedentes e as circunstâncias do crime eram favoráveis. Ademais, o Superior Tribunal de Justiça, na Súmula 337, prevê expressamente que é cabível a suspensão condicional do processo na desclassificação do crime ou na procedência parcial do pedido.

B) O argumento de direito material a ser apresentado em busca de evitar a punição de Francisco é da aplicação das previsões do art. 181, inciso II, do Código Penal, que traz o instituto conhecido como escusa absolutória. Em que pese a conduta praticada por Francisco abstratamente se adéque as previsões do art. 168, *caput*, do Código Penal, de acordo com o dispositivo antes mencionado, é isento de pena quem comete crime previsto no título contra descendente, sendo certo que nenhuma das exceções trazidas pelo art. 183 do Código Penal ocorreu. Assim, em sendo o autor do fato pai da vítima e não havendo violência ou grave ameaça à pessoa, é ele isento de pena, não podendo ser criminalmente punido.

Embargos de declaração e gravidade em abstrato do delito

(38º Exame) Alberto, primário e com bons antecedentes, foi condenado pela prática de peculato a uma pena de 2 (dois) anos de reclusão. Na fixação da pena, o Juiz considerou boas as circunstâncias judiciais do art. 59 do CP, fixando a pena-base no mínimo legal e, à míngua de agravantes ou causas de aumento ou diminuição, tornou esta pena definitiva. Ao fixar o regime inicial, de forma contraditória, o magistrado asseverou que "as circunstâncias judiciais são negativas, pois o delito de peculato é de extrema gravidade, diante da lesão ao patrimônio público", razão pela qual fixou o regime inicial semiaberto. Em seguida, substituiu as penas por restritivas de direitos, porque "presentes os pressupostos legais, sendo favoráveis as circunstâncias judiciais, na forma do art. 59 e do art. 44, ambos do CP". Na qualidade de advogado(a) de Alberto, responda às perguntas a seguir.

A) Qual peça processual deverá ser oposta pela defesa de Alberto para sanar a contradição na sentença e em que prazo? Justifique. (Valor: 0,65)

B) Qual o fundamento de direito material a ser defendido em favor de Alberto? Justifique. (Valor: 0,60)

GABARITO:

A) Tendo em vista que o enunciado relata situação de contradição no julgado, e espera peça a ser oposta pela defesa, são cabíveis embargos de declaração, no prazo de 2 dias, na forma do art. 382 do CPP.

B) O fundamento de direito material é que a opinião do julgador sobre a gravidade abstrata do delito não autoriza a fixação de regime inicial mais severo que o permitido pela pena aplicada, consoante enunciados das Súmulas 718 ou 719 do STF ou 440 do STJ ou do art. 33, § 2º, do CP.

ANPP e regime semiaberto para reincidente

(36º Exame) Juntos, Bruno, Leila, Valter e Vinícius cometeram determinado ilícito em 2016. O processo veio a ser desmembrado, de forma que Bruno aceitou a suspensão condicional do processo, em 2017; Leila foi condenada, definitivamente, em 2018, tendo terminado de cumprir a sua condenação em 2020; Valter foi condenado em primeira instância, porém, interpôs recurso, vindo a transitar em julgado o acórdão condenatório em 2022; e Vinícius, por sua vez, não foi encontrado para ser citado, tendo o processo sido suspenso, assim como o prazo prescricional, na forma do art. 366 do CPP.

Em 2021, os amigos se reúnem e praticam novo ilícito penal, sem violência ou grave ameaça à pessoa. Na qualidade de advogado(a) de todos eles, responda às questões a seguir.

A) À vista dos antecedentes criminais mencionados, e considerando preenchidos todos os demais requisitos legais, há algum acusado(s) impedido(s) de se beneficiar, em tese, de oferta de acordo de não persecução penal? justifique. (Valor: 0,60)

B) Caso condenado(s) pelo novo fato, se fixada pena abaixo de 4 anos, qual(is) acusado(s) poderá(ão) se beneficiar do regime aberto? justifique. (Valor: 0,65)

GABARITO:

A) A questão identifica mera existência de condenação anterior, na forma do art. 63, do CP, sendo necessário que o trânsito em julgado da condenação seja anterior ao novo fato.

De resto, o fato anterior, com trânsito em julgado posterior ao novo ilícito pode ensejar o reconhecimento de maus antecedentes, mas não, de reincidência.

A aceitação de suspensão condicional do processo não enseja o reconhecimento de maus antecedentes, assim como a existência de ações penais em curso, nos termos do enunciado n. 444, da Súmula da Jurisprudência do STJ. Entretanto, há óbice normativo expresso à oferta de ANPP a quem, nos 5 anos anteriores, recebeu proposta de suspensão condicional do processo.

Assim, em vista de tais informações, certo é que apenas Valter e Vinícius podem se beneficiar de Acordo de Não Persecução Penal, devendo ser mencionado o art. 28-A, § 2º, incisos II e III, do CPP.

B) Quanto à questão material, apenas Leila é reincidente, incidindo na obrigatoriedade de regime inicial, ao menos, semiaberto, na forma da S. 269, do STJ. Todos os demais podem, em tese, ser beneficiados com o regime aberto, pois são considerados primários.

RESE e *sursis* da pena

(35º Exame) Pedro, nascido em 20 de janeiro de 2000, foi condenado, definitivamente, pela prática do crime furto simples à pena de 1 ano de reclusão em regime inicial aberto, tendo sua pena privativa de liberdade substituída por pena de multa. O crime ocorreu no dia 14 de junho de 2018, e a sentença condenatória transitou em julgado, no dia 20 de abril de 2019, tendo sido feito o pagamento da multa no prazo legal. Ocorre que, no dia 23 de março de 2020, o agente foi preso em flagrante, após empregar ameaça para subtrair o aparelho telefônico de Luiza. Os policiais que efetuaram a prisão conseguiram evitar a consumação delitiva e, posteriormente, Pedro foi denunciado pela prática do crime de roubo, em sua modalidade tentada. Finda a instrução, foi condenado na forma do art. 157, c/c art. 14, inciso II, ambos do Código Penal.

Ao aplicar a pena, o juiz fixou a pena-base no mínimo legal, pois eram favoráveis as circunstâncias judiciais. Na segunda fase, manteve a pena no patamar de 4 anos, apesar de reconhecer a agravante da reincidência. Isso porque observou a menoridade relativa do agente à data do fato. Aplicada a minorante da tentativa em sua fração máxima, alcançou a pena definitiva de 1 ano e 4 meses de reclusão e fixou o regime inicial semiaberto, sendo negada a suspensão condicional da pena em razão da reincidência. A defesa técnica de Pedro interpôs, assim, recurso de apelação, insurgindo-se apenas quanto à negativa do *sursis*. O magistrado, no entanto, não admitiu o recurso, sustentando que a via adequada era a do Recurso em Sentido Estrito, a teor do art. 581, inciso XI, do Código de Processo Penal.

Considerando apenas as informações apresentadas, responda, na qualidade de advogado(a) de Pedro, aos itens a seguir.

A) Aponte o recurso a ser interposto em face da decisão do juiz de primeiro grau que não admitiu a apelação e o fundamento de direito processual penal a ser alegado para que o apelo seja admitido. Justifique. (Valor: 0,65)

B) Existe alguma tese de Direito Penal material que permita a concessão da suspensão condicional da pena no caso concreto? Justifique. (Valor: 0,60)

GABARITO:

A) O recurso cabível é o Recurso em Sentido Estrito (0,25), nos termos do art. 581, inciso XV, do CPP (0,10). O argumento de direito processual é que a apelação deveria ser admitida, pois é o recurso adequado à impugnação das sentenças condenatórias, ainda que se recorra apenas de parte delas (0,30).

B) A condenação anterior à pena de multa não impede a concessão da suspensão condicional da pena (0,50), de acordo com o art. 77, § 1º, do CP (0,10).

V. Execução penal

Falta grave e ROC

(XXXII Exame) O apenado Fabrício cumpria pena pela prática do delito de extorsão simples, tendo requerido, por meio de advogado, a extinção da punibilidade por satisfazer os requisitos, objetivos subjetivos, previstos no Decreto Presidencial de Indulto, publicado no ano de 2018 (requisito objetivo temporal e requisito subjetivo de não possuir falta grave nos últimos 12 meses anteriores ao decreto). Enquanto aguardava o deferimento do benefício requerido, no dia 2 de março de 2019, ocorreu uma rebelião na galeria em que se encontrava. O diretor do presídio, em procedimento disciplinar próprio, no qual foi garantida: ampla defesa e o contraditório, não conseguindo identificar aqueles que efetivamente participaram da rebelião, reconheceu que todos os apenados daquela galeria praticaram falta grave. Ao tomar conhecimento dessa punição disciplinar, o juiz da execução indeferiu o pedido de indulto por ausência do requisito subjetivo. Ultrapassado o prazo recursal por desídia da defesa, novo advogado contratado pela família impetrou *habeas corpus* junto ao Tribunal de Justiça, na busca da extinção da punibilidade. A ordem foi denegada pelo Tribunal. Considerando a situação fática apresentada, na condição de novo(a) advogado(a) contratado(a), ao ser intimado(a) da decisão que denegou a ordem, responda aos itens a seguir.

A) Qual o recurso a ser apresentado pela defesa para combater a decisão do Tribunal de Justiça que denegou a ordem no *habeas corpus* impetrado em favor do apenado Fabrício? Justifique. (Valor: 0,60)

B) Na busca da concessão do indulto e, consequentemente, da extinção da punibilidade, quais argumentos jurídicos poderão ser apresentados? Justifique. (Valor: 0,65)

GABARITO:

A) Considerando a decisão do Tribunal de denegar ordem de *habeas corpus*, o recurso cabível é o recurso ordinário constitucional (0,50), nos termos do art. 105, inciso II, alínea *a*, da CRFB OU art. 30 da Lei n. 8.038/90 (0,10).

B) 1. A defesa deveria alegar a proibição de aplicação de sanções coletivas (0,20), nos termos do art. 45, § 3º, da LEP (0,10). 2) Não pode ser considerado fato posterior como falta grave a afastar o preenchimento do requisito subjetivo OU o decreto mencionava que o apenado não poderia ter praticado falta grave nos 12 meses anteriores ao decreto (0,20), em respeito ao princípio da legalidade OU porque a decisão que reconhece o indulto é meramente declaratória (0,15).

Conversão da pena restritiva e prescrição executória

(XXXI Exame) Carlos, 43 anos, foi flagrado, no dia 10 de março de 2014, transportando arma de fogo de uso permitido. Foi denunciado, processado e condenado à pena de 02 anos de reclusão, a ser cumprida em regime aberto, e multa de 10 dias, à razão unitária mínima, sendo a pena privativa de liberdade substituída por duas penas restritivas de direitos, consistentes em prestação de serviços à comunidade e limitação de final de semana. A decisão transitou em julgado, para ambas as partes, em 25 de novembro de 2015. Após a condenação definitiva, Carlos conseguiu emprego fixo em cidade diferente daquela em que morava e fora condenado, para onde se mudou, deixando de comunicar tal fato ao juízo respectivo, não sendo encontrado no endereço constante nos autos para dar início à execução da pena. Por tal motivo, o juiz, provocado pelo Ministério Público, converteu, de imediato, as penas restritivas de direitos em pena privativa de liberdade, determinando a expedição de mandado de prisão. A ordem de prisão foi cumprida em 20 de dezembro de 2019, quando Carlos foi ao DETRAN/RJ objetivando a renovação de sua habilitação, certo que, após aquele fato, nunca se envolveu em qualquer outro ilícito penal. Desesperada, a família procura você, na condição de advogado(a), para a adoção das medidas cabíveis.

Considerando a situação apresentada, responda, na condição de advogado(a) de Carlos, aos itens a seguir.

A) Para questionar a decisão do magistrado de converter a pena restritiva de direitos em privativa de liberdade e expedir mandado de prisão, qual o argumento de direito processual a ser apresentado? Justifique. (Valor: 0,60)

B) Existe argumento de direito material a ser apresentado para evitar que Carlos cumpra a sanção penal imposta na sentença? Justifique. (Valor: 0,65)

GABARITO:

A) A conversão da pena restritiva de direitos em privativa de liberdade exige que haja descumprimento injustificado das medidas impostas (0,15), de modo que deveria o condenado ter sido intimado para justificar o descumprimento das penas substitutivas OU logo houve violação da ampla defesa/contraditório ao não ser possibilitado a Carlos o direito de manifestação sobre o descumprimento (0,35), nos termos do art. 44, § 4º, do CP (0,10).

B) Sim, o argumento seria de que ocorreu a prescrição da pretensão executória (0,40), com consequente extinção da punibilidade do agente (0,15), conforme o art. 107, inciso IV, do CP, OU o art. 109, inciso V, do CP, OU o art. 110 do CP (0,10).

Súmula Vinculante 56 e remição da pena

(XXVIII Exame) Leal cumpre pena em regime semiaberto após condenação definitiva pela prática de crime de lesão corporal seguida de morte, ocasião em que foi aplicada pena de 6 anos de reclusão. Após permanecer 11 meses da pena aplicada em regime semiaberto e considerando que trabalhou com autorização judicial, fora do estabelecimento penitenciário, em "serviço extramuros", por 120 dias, pretende a obtenção de progressão para o regime aberto. Diante disso, em visita realizada pela defesa técnica, demonstra sua intenção para o advogado, informando que não sofreu qualquer punição administrativa no período, mas demonstrou preocupação com o fato de que soube, por meio de outros detentos, que não haveria vagas disponíveis em estabelecimentos de regime aberto no Estado.

Sob o ponto de vista técnico, de acordo com a jurisprudência pacificada dos Tribunais Superiores, na condição de advogado(a) de Leal, esclareça os itens a seguir.

A) Leal preencheu os requisitos objetivos para a progressão para o regime aberto? Justifique. (Valor: 0,65)

B) A inexistência de vagas no regime pretendido pelo apenado pode ser considerada fundamento idôneo para a não concessão do benefício por ocasião do preenchimento dos requisitos objetivos e subjetivos para progressão? Justifique. (Valor: 0,60)

GABARITO:

A) Sim. tendo em vista que foi cumprido mais de 1/6 da pena aplicada OU mais de 1 ano da pena imposta (0,30), nos termos do art. 112 OU do art. 126, ambos da LEP OU da Súmula 562 do STJ (0,10), considerando como pena cumprida o tempo remido em razão do trabalho extramuros (0,25).

B) Não pode o apenado permanecer em regime mais gravoso em razão da falta de estabelecimento penal adequado, devendo ser colocado em liberdade ou regime mais favorável (0,50), nos termos da Súmula Vinculante 56/STF (0,10).

Livramento condicional e prescrição executória

(XXV Exame – Reaplicação Porto Alegre) Carlos, 50 anos, foi condenado, de maneira definitiva, pela prática de crime de roubo, ao cumprimento de pena de 4 anos de reclusão, em regime inicial semiaberto em razão das peculiaridades do caso, apesar de, naquele momento, ser primário.

Após o cumprimento de 3 anos e 10 dias da pena aplicada, considerando o período de prisão provisória, Carlos veio a praticar falta grave, em 10 de março de 2015, dentro do estabelecimento prisional, sendo que, no mesmo dia, empreendeu fuga. Após processo administrativo disciplinar, inclusive com participação da defesa técnica de Carlos, foi reconhecida a prática de falta grave.

O juiz da execução penal, em procedimento regular, ainda no ano de 2015, confirmou o reconhecimento da prática de falta grave e determinou o reinício do prazo para obtenção do livramento condicional. Por falhas cartorárias, a defesa técnica de Carlos somente foi intimada da decisão em 14 de março de 2018. Com a intimação, Carlos, que nunca mais foi localizado para cumprimento do restante da pena, apesar do mandado de prisão em aberto, procura seu advogado, indaga sobre as medidas cabíveis, esclarecendo que, de fato, houve prática de falta grave, mas assegurando estar ressocializado e que nunca mais se envolveu com a prática de crimes.

Considerando apenas as informações narradas, na condição de advogado(a) de Carlos, responda aos itens a seguir.

A) Em sede de Agravo à Execução, qual argumento deverá ser apresentado para combater o mérito da decisão do magistrado? Justifique. (Valor: 0,60)

B) Por meio de *habeas corpus*, qual argumento de direito material poderá ser apresentado para evitar a execução do restante da pena de Carlos? Justifique. (Valor: 0,65)

GABARITO:
A) O argumento a ser apresentado é o de que a prática de falta grave não gera o reinício da contagem do prazo do livramento condicional (0,50), nos termos da Súmula 441/STJ (0,10).

B) O argumento é o de que ocorreu prescrição da pretensão executória (0,40), nos termos do art. 107, inciso IV, do CP OU do art. 110 do CP (0,10), pois entre a interrupção do cumprimento da pena e a data da manifestação do(a) advogado(a), foi ultrapassado o prazo de 3 anos (0,15).

Prisão cautelar e pena restritiva de direitos

(XX Exame) Fausto, ao completar 18 anos de idade, mesmo sem ser habilitado legalmente, resolveu sair com o carro do seu genitor sem o conhecimento do mesmo. No cruzamento de uma avenida de intenso movimento, não tendo atentado para a sinalização existente, veio a atropelar Lídia e suas 5 filhas adolescentes, que estavam na calçada, causando-lhes diversas lesões que acarretaram a morte das seis. Denunciado pela prática de seis crimes do art. 302, § 1º, incisos I e II, da Lei n. 9.503/97, foi condenado nos termos do pedido inicial, ficando a pena final acomodada em 4 anos e 6 meses de detenção em regime semiaberto, além de ficar impedido de obter habilitação para dirigir veículo pelo prazo de 2 anos. A pena privativa de liberdade não foi substituída por restritivas de direitos sob o fundamento exclusivo de que o seu *quantum* ultrapassava o limite de 4 anos. No momento da sentença, unicamente com o fundamento de que o acusado, devidamente intimado, deixou de comparecer espontaneamente à última audiência designada, que seria exclusivamente para o seu interrogatório, o juiz decretou a prisão cautelar e não permitiu o apelo em liberdade, por força da revelia. Apesar de Fausto estar sendo assistido pela Defensoria Pública, seu genitor o procura, para que você, na condição de advogado(a), preste assistência jurídica. Diante da situação narrada, como advogado(a), responda aos seguintes questionamentos formulados pela família de Fausto:

A) Mantida a pena aplicada, é possível a substituição da pena privativa de liberdade por restritiva de direitos? Justifique. (Valor: 0,65)

B) Em caso de sua contratação para atuar no processo, o que poderá ser alegado para combater, especificamente, o fundamento da decisão que decretou a prisão cautelar? (Valor: 0,60)

GABARITO:

A) Tratando-se de crime culposo, o fato de a pena ter ficado acomodada em mais de 4 anos, por si só, não impede a substituição da pena privativa de liberdade por restritiva de direitos, sendo certo que o encarceramento deve ser deixado para casos especiais, quando se manifestar extremamente necessário. O art. 44, I, do Código Penal, afirma expressamente que caberá substituição, independentemente da pena aplicada, se o crime for culposo. No caso, como o fundamento exclusivo do magistrado foi a pena aplicada, é possível afastá-lo e, consequentemente, buscar a substituição em sede de recurso.

Em síntese, nos termos do art. 44, I, do CP, é possível a substituição da pena privativa de liberdade por restritiva de direitos nos crimes culposos, qualquer que seja a pena aplicada.

B) O fato de o acusado não ter comparecido ao interrogatório, por si só, não justifica o decreto prisional, devendo ser entendida a sua ausência como extensão do direito ao silêncio. Hoje, o interrogatório é tratado pela doutrina e pela jurisprudência não somente como meio de prova, mas também como meio de defesa. Por sua vez, o direito à ampla defesa inclui a defesa técnica e a autodefesa. No exercício da autodefesa, pode o acusado permanecer em silêncio durante seu interrogatório. Da mesma forma, poderá deixar de comparecer ao ato como extensão desse direito, sendo certo que no caso não haveria qualquer prejuízo para a instrução nesta ausência, já que a audiência seria apenas para interrogatório. A prisão, antes do trânsito em julgado da decisão condenatória, reclama fundamentação concreta da necessidade da medida, não podendo ser aplicada como forma de antecipação de pena.

Em que pese o enunciado restringir a resposta ao fundamento da decisão que decretou a prisão cautelar, não seria desarrazoado considerar, ainda, a ausência dos requisitos e das hipóteses que autorizam a prisão preventiva, já que as hipóteses de admissibilidade do art. 313, I e II, do CPP guardam relação com crimes dolosos. Logo, não seria cabível, na espécie, prisão preventiva em crime culposo.

Prisão temporária e receptação

(**XX Exame**) Lúcio, com residência fixa e proprietário de uma oficina de carros, adquiriu de seu vizinho, pela quantia de R$1.000,00 (mil reais) um aparelho celular, que sabia ser produto de crime pretérito, passando a usá-lo como próprio. Tomando conhecimento dos fatos, um inimigo de Lúcio comunicou o ocorrido ao Ministério Público, que requisitou a instauração de inquérito policial. A autoridade policial instaurou o procedimento, indiciou Lúcio pela prática do crime de receptação qualificada (art. 180, § 1º, do Código Penal), já que desenvolvia atividade comercial, e, de imediato, representou pela prisão temporária de Lúcio, existindo parecer favorável do Ministério Público. A família de Lúcio o procura para esclarecimentos. Na condição de advogado(a) de Lúcio, esclareça os itens a seguir.

A) No caso concreto, a autoridade policial poderia ter representado pela prisão temporária de Lúcio? (Valor: 0,60)

B) Confirmados os fatos narrados, o crime praticado por Lúcio efetivamente foi de receptação qualificada (art. 180, § 1º, do CP)? Em caso positivo, justifique. Em caso negativo, indique qual seria o delito praticado e justifique. (Valor: 0,65)

GABARITO:

A) No caso concreto, a autoridade policial não poderia ter representado pela prisão temporária de Lúcio. De início, deve ser destacado que o crime de receptação, ainda que em sua modalidade qualificada, não está previsto no rol de delitos estabelecido pelo art. 1º, inciso III, da Lei n. 7.960/89. Isso, por si só, já afastaria a possibilidade de ser decretada a prisão temporária. Ademais, os outros requisitos trazidos pelos incisos I e II do art. 1º do mesmo diploma legal também não estão preenchidos, uma vez que Lúcio possui residência fixa e a medida não se mostra imprescindível para as investigações do inquérito policial. Ressalta-se que a prisão temporária não se confunde com a preventiva, de modo que a fundamentação com base nos arts. 312 e 313 do CPP será considerada insuficiente.

Em síntese, o art. 1º, inciso III, da Lei n. 7.960/89 prevê um rol taxativo de delitos que admitem prisão temporária, sendo absolutamente ilegal a prisão temporária em relação a crime que não esteja previsto nesse dispositivo. Assim, no caso, não cabe prisão temporária, uma vez que o crime de receptação qualificado não figura no rol do art. 1º, III, da Lei n. 7.960/89.

B) O crime praticado por Lúcio foi o de receptação simples e não em sua modalidade qualificada. Prevê o art. 180, § 1º, do Código Penal, que a pena será de 3 a 8 anos, quando o agente "Adquirir, receber, transportar, conduzir, ocultar, ter em depósito, desmontar, montar, remontar, vender, expor à venda, ou de qualquer forma utilizar, em proveito próprio ou alheio, no exercício de atividade comercial ou industrial, coisa que deve saber ser produto de crime". A ideia do legislador foi punir mais severamente aquele comerciante que se aproveita de sua profissão para ter um acesso facilitado ou maior facilidade na venda de bens produtos de crimes. Assim, para tipificar a modalidade qualificada, é necessária que a receptação tenha sido praticada pelo agente no exercício de atividade comercial ou industrial. Não basta que o autor seja comerciante. No caso concreto, apesar de comerciante, Lúcio não teve acesso ao celular produto de crime em razão de sua atividade comercial, pois o adquiriu de seu vizinho. Além disso, essa mesma atividade comercial não facilitaria eventual revenda do bem, já que sua intenção foi ficar com o celular para si. Dessa forma, configurado, apenas, o crime de receptação simples.

Em síntese, não incide a qualificadora, porque a receptação do celular não guarda relação com a atividade profissional de Lúcio, já que é proprietário de uma oficina de carros.

Sursis processual e desistência voluntária

(XX Exame) Andy, jovem de 25 anos, possui uma condenação definitiva pela prática de contravenção penal. Em momento posterior, resolve praticar um crime de estelionato e, para tanto, decide que irá até o portão da residência de Josefa e, aí, solicitará a entrega de um computador, afirmando que tal requerimento era fruto de um pedido do próprio filho de Josefa, pois tinha conhecimento que este trabalhava no setor de informática de determinada sociedade. Ao chegar ao portão da casa, afirma para Josefa que fora à sua residência buscar o computador da casa a pedido do filho dela, com quem trabalhava. Josefa pede para o marido entregar o computador a Andy, que ficara aguardando no portão. Quando o marido de Josefa aparece com o aparelho, Andy se surpreende, pois ele lembrava seu falecido pai. Em razão disso, apesar de já ter empregado a fraude, vai embora sem levar o bem. O Ministério Público ofereceu denúncia pela prática de tentativa de estelionato, sendo Andy condenado nos termos da denúncia. Como advogado(a) de Andy, com base apenas nas informações narradas, responda aos itens a seguir.

A) Qual tese jurídica de direito material deve ser alegada, em sede de recurso de apelação, para evitar a punição de Andy? Justifique. (Valor: 0,65)

B) Há vedação legal expressa à concessão do benefício da suspensão condicional do processo a Andy? Justifique. (Valor: 0,60)

GABARITO:

A) A tese de direito material a ser alegada pelo advogado de Andy é que, no caso, não poderia ele ter sido punido pela tentativa, tendo em vista que houve desistência voluntária. Prevê o art. 15 do CP que o agente que voluntariamente desiste de prosseguir na execução responde apenas pelos atos já praticados e não pela tentativa do crime inicialmente pretendido. Isso porque o agente opta por não prosseguir quando pode, ao contrário da tentativa, quando o agente não pode prosseguir por razões alheias à sua vontade. No caso, a execução já tinha sido iniciada, quando Andy empregou fraude. O benefício, porém, não foi obtido, sendo certo que o crime não se consumou pela vontade do próprio agente. Assim, sua conduta se torna atípica e deveria ele ser absolvido.

Em síntese, o agente deu início à execução do delito de estelionato, mas, antes de consumá-lo, se abstém de continuar na conduta, ou seja, desiste voluntariamente de seguir adiante na empreitada delituosa, caracterizando o instituto da desistência voluntária, previsto no artigo 15 do Código Penal.

A consequência é a exclusão da modalidade tentada do delito, devendo o agente responder pelos atos até então praticados. No caso, como não resultou nenhuma conduta típica, deve o agente ser absolvido.

B) Não há vedação legal, podendo Andy fazer jus ao benefício da suspensão condicional do processo. O crime de estelionato possui pena mínima de 1 ano, o que está de acordo com as exigências do art. 89 da Lei n. 9.099/95. Ademais, prevê o dispositivo que não caberá suspensão se o agente já houver sido condenado ou se responder a outro processo pela prática de crime. Todavia, no caso, Andy havia sido condenado pela prática de contravenção penal, logo não há vedação à concessão do benefício.

Em outras palavras, não há vedação legal, porque Andy registra contra si sentença condenatória definitiva por contravenção penal, e o art. 89 da Lei n. 9.099/95 veda a concessão se o agente ostentar sentença pela prática de outro crime.

Decadência e injúria racial

(XX Exame) Joana trabalha em uma padaria na cidade de Curitiba. Em um domingo pela manhã, Patrícia, freguesa da padaria, acreditando não estar sendo bem atendida por Joana, após com ela discutir, a chama de "macaca" em razão da cor de sua pele. Inconformados com o ocorrido, outros fregueses acionam policiais que efetuam a prisão em flagrante de Patrícia por crime de racismo (Lei n. 7.716/89 – Lei do Preconceito Racial), apesar de Joana dizer que não queria que fosse tomada qualquer providência em desfavor da pessoa detida. A autoridade policial lavra o flagrante respectivo, independentemente da vontade da ofendida, asseverando que os crimes da Lei n. 7.716/89 são de ação penal pública incondicionada. O Ministério Público opina pela liberdade de Patrícia porque ainda existiam diligências a serem cumpridas em sede policial. Patrícia, 7 meses após o ocorrido, procura seu advogado para obter esclarecimentos, informando que a vítima foi ouvida em sede policial e confirmou o ocorrido, bem como o desinteresse em ver a autora dos fatos responsabilizada criminalmente. Na condição de advogado (a) de Patrícia, esclareça:

A) Agiu corretamente a autoridade policial ao indiciar Patrícia pela prática do crime de racismo? Justifique. (Valor: 0,65)

B) Existe algum argumento defensivo para garantir, de imediato, o arquivamento do inquérito policial? Justifique. (Valor: 0,60)

GABARITO:

A) Não agiu corretamente a autoridade policial ao indiciar Patrícia pela prática do crime de racismo, tendo em vista que o delito praticado foi de injúria racial, previsto no art. 140, § 3º, do Código Penal. Enquanto a injúria racial consiste em ofender a honra de alguém se valendo de elementos referentes à raça, cor, etnia, religião ou origem, o crime de racismo atinge uma coletividade indeterminada de indivíduos, discriminando toda a integralidade de uma raça, ainda que a discriminação tenha sido praticada em determinado momento contra apenas uma pessoa. Ao contrário da injúria racial, o crime de racismo é inafiançável e imprescritível. No caso, não houve discriminação de Joana em razão de sua cor. Não foi, em razão de sua cor, Joana proibida de frequentar determinado local ou adotar determinada conduta. Ocorre, por parte de Patrícia, uma ofensa à honra subjetiva de Joana, para tanto valendo-se de elementos referentes à sua cor, de modo que o delito praticado foi de injúria racial.

Em síntese, considerando que a ofensa atingiu a pessoa determinada, configura-se o crime de injúria racial, previsto no art. 140, § 3º, do Código Penal.

B) O argumento defensivo é que o crime de injúria racial é de ação penal pública condicionada à representação e que, passados mais de 6 meses desde a data do fato e conhecimento da autoria, a vítima não teve interesse em ver a autora criminalizada, de modo que deve ser reconhecida a decadência e, consequentemente, o inquérito ser arquivado.

Assim, considerando que a injúria racial é crime de ação penal pública condicionada à representação, nos termos do art. 145, parágrafo único, do CP. Como a vítima não representou e já se passaram mais de 6 meses, incidiu a decadência do direito de representação, com extinção da punibilidade, nos termos do art. 107, IV, do CP, devendo, portanto, o inquérito ser arquivado.

Livramento condicional e falta grave

(X Exame) O Ministério Público, tomando conhecimento da prática de falta grave no curso de execução penal, pugna pela interrupção da contagem do prazo para efeitos de concessão do benefício do livramento condicional, fundamentando seu pleito em interpretação sistemática do art. 83 do CP e dos arts. 112 e 118, I, ambos da Lei n. 7.210/84.

Levando em conta apenas os dados contidos no enunciado, com base nos princípios do processo penal e no entendimento mais recente dos Tribunais Superiores, responda à seguinte questão:

O Ministério Público está com a razão? (Valor: 1,25)

GABARITO:

A questão objetiva do examinando(a) demonstração de conhecimento acerca de institutos relativos à execução penal, bem como de entendimento jurisprudencialmente consolidado acerca do tema.

Com efeito, existe jurisprudência no sentido de que o cometimento de falta grave interrompe o prazo de concessão do benefício de progressão de regime. Todavia, tal situação (progressão de regime) é diversa daquela narrada na questão, que trata de instituto distinto, qual seja, o livramento condicional.

Nesse sentido, a resposta do(a) examinando(a) deve ser dividida em duas alegações complementares: partindo-se da premissa que o art. 83 do CP não prevê a interrupção do prazo se cometida falta grave, é forçoso reconhecer a total ausência de previsão legal. Aliás, é pacífico o entendimento, tanto na doutrina quanto na jurisprudência, no sentido de que o cometimento de falta grave, por falta de previsão legal, não interrompe o prazo para aquisição do benefício do livramento condicional, o que se subsome, inclusive, pelo teor do Verbete 441 da Súmula do STJ, *in verbis*: "A falta grave não interrompe o prazo para obtenção de livramento condicional".

Por fim, levando-se em conta o comando da questão, o(a) examinando(a) deve concluir seu raciocínio acerca da impossibilidade do pleito Ministerial com base em institutos principiológicos. Nesse sentido, cabe ressaltar que a alegação do Ministério Público configura ofensa ao princípio da legalidade; ofende, outrossim, a vedação de dupla punição (princípio do *ne bis in idem*).

Ressalte-se que, com a finalidade de privilegiar a demonstração de conhecimento jurídico, também poderá ser aceito desenvolvimento no sentido de que o objetivado pelo Parquet permitiria, em última análise, analogia *in malam partem*, o que também é vedado pelo Direito Penal, tendo em vista o já mencionado princípio da legalidade.

Agravo em execução e aplicação da pena

(XI Exame) O Juiz da Vara de Execuções Penais da Comarca "Y" converteu a medida restritiva de direitos (que fora imposta em substituição à pena privativa de liberdade) em cumprimento de pena privativa de liberdade imposta no regime inicial aberto, sem fixar quaisquer outras condições. O Ministério Público, inconformado, interpôs recurso alegando, em síntese, que a decisão do referido Juiz da Vara de Execuções Penais acarretava o abrandamento da pena, estimulando o descumprimento das penas alternativas ao cárcere.

O recurso, devidamente contra-arrazoado, foi submetido a julgamento pela Corte Estadual, a qual, de forma unânime, resolveu lhe dar provimento. A referida Corte fixou como condição especial ao cumprimento de pena no regime aberto, com base no art. 115 da LEP, a prestação de serviços à comunidade, o que deveria perdurar por todo o tempo da pena a ser cumprida no regime menos gravoso.

Atento ao caso narrado e considerando apenas os dados contidos no enunciado, responda fundamentadamente, aos itens a seguir.

A) Qual foi o recurso interposto pelo Ministério Público contra a decisão do Juiz da Vara de Execuções Penais? (Valor: 0,50)

B) Está correta a decisão da Corte Estadual, levando-se em conta entendimento jurisprudencial sumulado? (Valor: 0,75)

GABARITO:

A) Agravo em execução (art. 197 da LEP).

B) Não, pois, de acordo com o Verbete 493 da Súmula do STJ, é inadmissível a fixação de pena substitutiva (art. 44 do CP) como condição especial ao regime aberto.

Ademais, embora ao juiz seja lícito estabelecer condições especiais para a concessão do regime aberto, em complementação daquelas previstas na LEP (art. 115 da LEP), não poderá adotar a esse título nenhum efeito já classificado como pena substitutiva (art. 44 do CP), porque aí ocorreria o indesejável *bis in idem*, importando na aplicação de dúplice sanção. Ademais, o art. 44 do Código Penal é claro ao afirmar a natureza autônoma das penas restritivas de direitos que, por sua vez, visam substituir a sanção corporal imposta àqueles condenados por infrações penais mais leves. Diante do caráter substitutivo das sanções restritivas, vedada está sua cumulatividade com a pena privativa de liberdade, salvo expressa previsão legal, o que não é o caso. Precedente: STJ – *Habeas corpus* 218.352/SP (2011/0218345-1).

Lei penal no tempo e execução penal

(XIV Exame) Mário foi condenado a 24 anos de reclusão no regime inicialmente fechado, com trânsito em julgado no dia 20 de abril de 2005, pela prática de latrocínio (art. 157, § 3º, parte final, do Código Penal). Iniciou a execução da pena no dia seguinte. No dia 22 de abril de 2009, seu advogado, devidamente constituído nos autos da execução penal, ingressou com pedido de progressão de regime, com fulcro no art. 112 da Lei de Execuções Penais. O juiz indeferiu o pedido com base no art. 2º, § 2º, da Lei n. 8.072/90, argumentando que o condenado não preencheu o requisito objetivo para a progressão de regime.

Como advogado(a) de Mário, responda, de forma fundamentada e de acordo com o entendimento sumulado dos Tribunais Superiores, aos itens a seguir:

A) Excetuando-se a possibilidade de *habeas corpus*, qual recurso deve ser interposto pelo advogado de Mário e qual o respectivo fundamento legal? (Valor: 0,40)

B) Qual a principal tese defensiva? (Valor: 0,85)

GABARITO:

A questão objetiva extrair do(a) examinando(a) conhecimento acerca da lei penal no tempo (regramento legal e entendimento jurisprudencial), bem como da execução penal.

Nesse sentido, relativamente à alternativa A, o(a) examinando(a) deve indicar que o recurso a ser interposto é o agravo, previsto no art. 197 da LEP.

Tendo em conta a própria natureza do Exame de Ordem, a mera indicação do dispositivo legal não será pontuada.

No que tange ao item B, por sua vez, a resposta deve ser lastreada no sentido de que, de acordo com os Verbetes 26 da Súmula Vinculante do STF e 471 da Súmula do STJ, Mário, por ter cometido o crime hediondo antes da Lei n. 11.464/2007, não se sujeita ao art. 2º, § 2º, da Lei n. 8.072/90, por se tratar de *novatio legis in pejus*, devendo ocorrer sua progressão de regime com base no art. 112 da Lei de Execuções Penais, observando o *quantum* de 1/6 de cumprimento de pena.

Cabe destacar que tal entendimento surgiu do combate ao art. 2º, § 2º, da Lei n. 8.072/90, que previa o cumprimento de pena no regime integralmente fechado para os crimes hediondos ou equiparados. Após longo debate nos Tribunais Superiores, reconheceu-se a inconstitucionalidade da previsão legal, por violação ao princípio da individualização da pena, culminando na progressão de regime com o *quorum* até então existente, qual seja, 1/6 com base no art. 112 da LEP.

O legislador pátrio, após o panorama jurisprudencial construído, alterou a redação do art. 2º, § 2º, da Lei n. 8.072/90, autorizando a progressão de regime de forma mais gravosa para aqueles que cometeram crimes hediondos, por meio do cumprimento de 2/5 para os réus primários e 3/5 para os reincidentes.

No entanto, a nova redação conferida ao art. 2º, § 2º, da Lei n. 8.072/90, por meio da Lei n. 11.464/2007, externa-se de forma prejudicial àqueles que cometeram crimes hediondos em data anterior a sua publicação, tendo em vista que os Tribunais Superiores autorizavam a sua progressão com o cumprimento de 1/6 da pena.

Diante dessa construção jurisprudencial, os Tribunais Superiores pacificaram o entendimento por meio dos Verbetes 26 da Súmula Vinculante do STF e 471 da Súmula do STJ.

Execução penal

(XV Exame) Miguel foi condenado pela prática do crime previsto no art. 157, § 2º, inciso V, do Código Penal, à pena privativa de liberdade de 5 anos e 4 meses de reclusão e 13 dias-multa. Após cumprir 4 anos da reprimenda penal aplicada, foi publicado, no dia 24 de dezembro de 2013, um Decreto prevendo que caberia indulto para o condenado à pena privativa de liberdade não superior a 8 anos que tivesse cumprido 1/3 da pena, se primário, ou 1/2, se reincidente, além da inexistência de aplicação de sanção pela prática de falta grave nos 12 meses anteriores ao Decreto. Cinco dias após a publicação do Decreto, mas antes de apreciado seu pedido de indulto, Miguel praticou falta grave, razão pela qual teve seu requerimento indeferido pelo Juiz em atuação junto à Vara de Execução Penal. Considerando apenas as informações contidas na presente hipótese, responda aos itens a seguir.

A) Qual medida processual, diferente do *habeas corpus*, deve ser adotada pelo advogado de Miguel e qual seria o seu prazo? (Valor: 0,75)

B) Miguel faz jus ao benefício do indulto? (Valor: 0,50)

GABARITO:

A questão tem como objetivo extrair do(a) examinando(a) conhecimento acerca do tema execução penal. Conforme o enunciado informa, o decreto de indulto previa que apenas impediria o benefício à punição pela prática de falta grave nos 12 meses anteriores à sua publicação. Diante disso, a jurisprudência vem entendendo que a prática de falta grave após a publicação do Decreto, ainda que antes da análise do requerimento do benefício pelo órgão competente, não impede sua concessão, respeitando-se, assim, o princípio da legalidade. Miguel faz jus ao benefício, motivo pelo qual deve o seu advogado interpor agravo de execução da decisão do juiz da VEP, sendo o seu prazo de 5 dias, conforme o art. 197 da Lei n. 7.210 c/c o art. 586 do CPP e Súmula 700 do STF.

Agravo em execução

(XII Exame) Marcos, jovem inimputável conforme o art. 26 do CP, foi denunciado pela prática de determinado crime. Após o regular andamento do feito, o magistrado entendeu por bem aplicar medida de segurança consistente em internação em hospital psiquiátrico por período mínimo de 3 anos. Após o cumprimento do período supramencionado, o advogado de Marcos requer ao juízo de execução que seja realizado o exame de cessação de periculosidade, requerimento que foi deferido. É realizada uma rigorosa perícia, e os *experts* atestam a cura do internado, opinando, consequentemente, por sua desinternação. O magistrado então, baseando-se no exame pericial realizado por médicos psiquiatras, exara sentença determinando a desinternação de Marcos. O Parquet, devidamente intimado da sentença proferida pelo juízo da execução, interpõe o recurso cabível na espécie.

PRÁTICA PENAL

A partir do caso apresentado, responda, fundamentadamente, aos itens a seguir.

A) Qual o recurso cabível da sentença proferida pelo magistrado determinando a desinternação de Marcos? (Valor: 0,75)
B) Qual o prazo para interposição desse recurso? (Valor: 0,25)
C) A interposição desse recurso suspende ou não a eficácia da sentença proferida pelo magistrado? (Valor: 0,25)

GABARITO:

A) Como se trata de decisão proferida pelo juiz da execução penal, o recurso cabível é o agravo, previsto no art. 197 da Lei de Execução Penal (n. 7.210/84).

B) O prazo para a interposição do recurso é de 5 dias, contados da data da publicação da decisão no D.O., conforme dispõem as Súmulas do STF 699 e 700:

Súmula 699. "O prazo para interposição de agravo, em processo penal, é de 5 dias, de acordo com a Lei n. 8.038/1990, não se aplicando o disposto a respeito nas alterações da Lei n. 8.950/94 ao Código de Processo Civil".

Súmula 700. "É de 5 dias o prazo para interposição de agravo contra decisão do juiz da execução penal".

C) Via de regra, o recurso de agravo em execução não tem efeito suspensivo, conforme previsão do art. 197 da LEP. Todavia, a hipótese tratada no enunciado é a única exceção à regra supramencionada, isto é, o agravo possui, na hipótese do enunciado, efeito suspensivo, conforme previsto no art. 179 da LEP. Portanto, a interposição desse recurso suspende a eficácia da sentença.

Competência na execução penal

(XIII Exame) Jeremias foi preso em flagrante, no Aeroporto Internacional de Arroizinhos, quando tentava viajar para Madri, Espanha, transportando três tabletes de cocaína. Quando já havia embarcado na aeronave, foi "convidado" por Agentes da Polícia Federal a se retirar do avião e acompanhá-los até o local onde se encontravam as bagagens. Lá chegando, foi solicitado a Jeremias que reconhecesse e abrisse sua bagagem, na qual foram encontrados, dentro da capa que acondicionava suas pranchas de surf, três tabletes de cocaína. Por essa razão, Jeremias foi processado e, ao final, condenado pela Justiça Federal de Arroizinhos por tráfico internacional de entorpecentes.

Após o trânsito em julgado da sentença condenatória, foi expedido o mandado de prisão e Jeremias foi recolhido ao estabelecimento prisional sujeito à administração estadual, já que em Arroizinhos não há estabelecimento prisional federal. Transcorrido o prazo legal e, tendo em vista que Jeremias preenchia os demais requisitos previstos na legislação, seu advogado deseja requerer a mudança para regime prisional menos severo.

Responda de forma fundamentada, de acordo com a jurisprudência sumulada dos Tribunais Superiores: Qual Justiça é competente para processar e julgar o pedido de Jeremias? (Valor: 1,25)

GABARITO:

Não obstante Jeremias ter sido condenado pela Justiça Federal, a competência para o processamento do pedido é da Justiça Estadual, haja vista que Jeremias cumpre pena em estabelecimento sujeito à jurisdição ordinária; daí a transferência de competência da execução penal para a Justiça Estadual, conforme preceitua a Súmula 192 do Superior Tribunal de Justiça:

"Súmula 192. Compete ao Juízo das Execuções Penais do Estado a execução das penas impostas a sentenciados pela Justiça Federal, Militar ou Eleitoral, quando recolhidos a estabelecimentos sujeitos à administração estadual".

Agravo em execução e regime aberto

(XIX Exame) Carlos foi condenado pela prática de um crime de receptação qualificada à pena de 4 anos e 6 meses de reclusão, sendo fixado o regime semiaberto para início do cumprimento de pena. Após o trânsito em julgado da decisão, houve início do cumprimento da sanção penal imposta. Cumprido mais de 1/6 da pena imposta e preenchidos os demais requisitos, o advogado de Carlos requer, junto ao Juízo de Execuções Penais, a progressão para o regime aberto. O magistrado competente profere decisão concedendo a progressão e fixa como condição especial o cumprimento de prestação de serviços à comunidade, na forma do art. 115 da Lei n. 7.210/84. O advogado de Carlos é intimado dessa decisão.

Considerando apenas as informações apresentadas, responda aos itens a seguir.

A) Qual medida processual deverá ser apresentada pelo advogado de Carlos, diferente do *habeas corpus*, para questionar a decisão do magistrado? (Valor: 0,60)

B) Qual fundamento deverá ser apresentado pelo advogado de Carlos para combater a decisão do magistrado? (Valor: 0,65)

GABARITO:

A) A medida processual a ser apresentada pelo advogado de Carlos é o agravo previsto no art. 197 da Lei n. 8.720/84 (*sic.* – Lei n. 7.210/84), também conhecido como agravo de execução ou agravo em execução. Prevê o mencionado dispositivo que, das decisões proferidas em sede de execução, será cabível o recurso de agravo. No caso, o enunciado deixa claro que houve decisão condenatória com trânsito em julgado e que a decisão a ser combatida foi proferida pelo juízo da execução, analisando progressão de regime.

B) O argumento a ser apresentado pelo advogado de Carlos é o de que a decisão do magistrado foi equivocada, pois não é possível fixar, como condição especial ao regime aberto, o cumprimento de prestação de serviços à comunidade. O art. 115 da LEP prevê expressamente que o magistrado, no momento de fixar o regime aberto, poderá fixar condições especiais, além das obrigatórias e genéricas estabelecidas nos incisos desse dispositivo. Ocorre que a legislação penal não disciplina quais seriam essas condições especiais, de forma que surgiu a controvérsia sobre a possibilidade de serem fixadas penas substitutivas em atenção a esta previsão. O tema, porém, foi pacificado pelo Superior Tribunal de Justiça, que, no Enunciado 493 de sua Súmula de Jurisprudência, estabeleceu a inadmissibilidade de serem fixadas penas substitutivas (art. 44 do Código Penal) como condições especiais ao regime aberto. A ideia que prevaleceu foi a de que, apesar de ser possível o estabelecimento de condições especiais, estas não podem ser penas previstas no Código Penal, sob pena de *bis in idem* ou dupla punição.

Execução penal e livramento condicional

(XXIII Exame) Gabriel, condenado pela prática do crime de porte de arma de fogo de uso restrito, obteve livramento condicional quando restava 1 ano e 6 meses de pena privativa de liberdade a ser cumprida. No curso do livramento condicional, após 6 meses da obtenção do benefício, vem Gabriel a ser novamente condenado, definitivamente, pela prática de crime de roubo, que havia sido praticado antes mesmo do delito de porte de arma de fogo, mas cuja instrução foi prolongada. Diante da nova condenação, o magistrado competente revogou o livramento condicional concedido e determinou que Gabriel deve cumprir aquele 1 ano e 6 meses de pena restante quando da obtenção do livramento em relação ao crime de porte, além da nova sanção imposta em razão do roubo. Considerando a situação narrada, na condição de advogado(a) de Gabriel, responda aos itens a seguir.

A) Qual o recurso cabível da decisão do magistrado que revogou o benefício do livramento condicional e determinou o cumprimento da pena restante quando da obtenção do benefício? É cabível juízo de retratação em tal modalidade recursal? Justifique. (Valor: 0,65)

B) Qual argumento deverá ser apresentado pela defesa de Gabriel para combater a decisão do magistrado? Justifique. (Valor: 0,60)

GABARITO:

A) Narra o enunciado que Gabriel cumpria pena privativa de liberdade pela prática de crime de porte de arma de fogo, quando obteve livramento condicional. No curso do livramento condicional, todavia, vem a ser condenado pela prática de crime de roubo, tendo o magistrado da execução decidido pela revogação do benefício e também por desconsiderar o período de pena cumprido em livramento. Da decisão proferida pelo juízo da execução cabe agravo em execução, na forma do art. 197 da Lei de Execuções Penais, com prazo de interposição de 5 dias. Não há previsão expressa em lei sobre o procedimento a ser adotado no recurso de agravo, de modo que pacificou a doutrina e a jurisprudência que o processamento a ser adotado é semelhante ao do recurso em sentido estrito. Diante disso, cabível o juízo de retratação pelo magistrado competente para execução.

B) O argumento a ser apresentado pela defesa de Gabriel é que não poderiam ter sido desconsiderados os dias de livramento condicional como pena cumprida. De fato, Gabriel foi condenado, definitivamente, pela prática de crime no curso do livramento condicional, logo cabível a revogação do benefício. Trata-se, inclusive, de hipótese de revogação obrigatória. Ocorre que a condenação que justificou a revogação foi em razão da prática de delito anterior à obtenção do benefício, e não de novo crime praticado no curso do livramento. Dessa forma, as condições do livramento condicional vinham sendo regularmente cumpridas pelo apenado, de modo que os dias em que ficou em livramento deverão ser computados como pena cumprida e não desconsiderados. Assim, errou o magistrado ao afirmar que deveria Gabriel cumprir 1 ano e 6 meses de pena, desconsiderando os 6 meses cumpridos de livramento. Nos termos do aqui exposto, estão as previsões dos arts. 86 e 88, ambos do Código Penal.

Falta grave e prescrição executória

(**XXV Exame**) Carlos, 50 anos, foi condenado, de maneira definitiva, pela prática de crime de roubo, ao cumprimento de pena de 4 anos de reclusão, em regime inicial semiaberto em razão das peculiaridades do caso, apesar de, naquele momento, ser primário. Após o cumprimento de 3 anos e 10 dias da pena aplicada, considerando o período de prisão provisória, Carlos veio a praticar falta grave, em 10 de março de 2015, dentro do estabelecimento prisional, sendo que, no mesmo dia, empreendeu fuga. Após processo administrativo disciplinar, inclusive com participação da defesa técnica de Carlos, foi reconhecida a prática de falta grave. O juiz da execução penal, em procedimento regular, ainda no ano de 2015, confirmou o reconhecimento da prática de falta grave e determinou o reinício do prazo para obtenção do livramento condicional. Por falhas cartorárias, a defesa técnica de Carlos somente foi intimada da decisão em 14 de março de 2018. Com a intimação, Carlos, que nunca mais foi localizado para cumprimento do restante da pena, apesar do mandado de prisão em aberto, procura seu advogado, indaga sobre as medidas cabíveis, esclarecendo que, de fato, houve prática de falta grave, mas assegurando estar ressocializado e que nunca mais se envolveu com a prática de crimes. Considerando apenas as informações narradas, na condição de advogado de Carlos, responda aos itens a seguir.

A) Em sede de Agravo à Execução, qual argumento deverá ser apresentado para combater o mérito da decisão do magistrado? Justifique. (Valor: 0,60)

B) Por meio de *habeas corpus*, qual argumento de direito material poderá ser apresentado para evitar a execução do restante da pena de Carlos? Justifique. (Valor: 0,65)

GABARITO:

A) O argumento a ser apresentado pela defesa técnica de Carlos é no sentido de que a prática de falta grave não gera o reinício do prazo de contagem do livramento condicional. Narra o enunciado que Carlos, quando do cumprimento da sua pena, praticou falta grave no interior do estabelecimento penitenciário. De acordo com o art. 118, inciso I, da Lei n. 7.210/84, a prática de falta grave enseja à regressão de regime. Todavia, a Lei de Execução Penal não prevê como consequência da prática de falta grave o reinício do prazo para obtenção do livramento condicional, sendo certo que a execução penal também está sujeita ao princípio da legalidade. Dessa forma, equivocada a decisão do magistrado de determinar a interrupção do prazo para obtenção de livramento condicional, nos termos da Súmula 441 do Superior Tribunal de Justiça.

B) Sem prejuízo, a defesa técnica de Carlos, de imediato, por meio de *Habeas Corpus*, poderia buscar o reconhecimento da prescrição da pretensão executória para evitar a execução do restante da pena privativa de liberdade. Isso porque o prazo da prescrição da pretensão executória, quando há início do cumprimento da pena, inicia-se quando da interrupção deste cumprimento, conforme art. 112, II, CP, que ocorreu em 10 de março de 2015. Ademais, o prazo prescricional deverá ser contado considerando a pena que resta a ser cumprida e não a aplicada, nos termos do art. 113 do CP. No caso, restava menos de 1 ano de pena a ser cumprida, de modo que, na forma do art. 109, inciso VI, do CP, o prazo prescricional da pretensão executória seria de 3 anos. Ultrapassado o período de 3 anos desde a interrupção do cumprimento da pena, não sendo narrada qualquer causa interruptiva do prazo, deveria a defesa buscar o reconhecimento da perda do estado do direito de executar o restante da pena imposta.

Agravo em execução e limite da prestação pecuniária

(37º Exame) Luís, sócio-administrador de *Exatas Contábeis S/A*, foi condenado pela supressão de tributos praticada pela prestação de informações falsas às autoridades fazendárias (Art. 1º, inciso I, da Lei n. 8.137/90), apurado definitivamente em procedimento fiscal, no montante de R$ 1.500.000,00 (um milhão e quinhentos mil reais).

A sentença condenou o acusado a uma pena de 2 anos de reclusão, em regime aberto, substituída por duas penas restritivas de direito a serem fixadas pelo MM Juízo de Execução Penal. Expedida a carta de execução ao Juízo de Execução Penal, este fixou as penas restritivas substitutivas da pena privativa de liberdade em prestação de serviços à comunidade, em jornada semanal de 8 horas, calculada à razão de uma hora por dia de condenação, e prestação pecuniária, esta equivalente ao valor do prejuízo apurado (R$ 1.500.000,00). Insatisfeito com a decisão do Juiz de Execução Penal, Luís solicita que você, como advogado(a), adote as providências necessárias à observância da legalidade estrita na aplicação das penas restritivas de direitos.

Na qualidade de advogado(a) de Luís, responda aos itens a seguir.

A) Qual o recurso cabível contra a decisão mencionada? Fundamente. (Valor: 0,65)

B) Qual o argumento de mérito a ser deduzido em favor de Luís? Fundamente. (Valor: 0,60)

GABARITO:

A) Tendo em vista que foi prolatada decisão pelo Juízo de Execução Penal, a decisão deve ser atacada pela via de agravo em execução, na forma do art. 197 da LEP.

B) O advogado de Luís deve alegar que a pena de prestação pecuniária é limitada ao valor de 360 salários mínimos, conforme art. 45, § 1º, do Código Penal.

Carta testemunhável e remição da pena

(36º Exame) Marcelo, condenado em regime semiaberto, formulou, por meio de sua defesa técnica, pedido de remição de penas em razão de trabalho realizado no curso da execução, o qual é executado mediante supervisão de seu empregador e com autorização do Juiz da Vara de Execuções Penais.

O Juízo, contudo, indeferiu o pedido, sob o argumento de que Marcelo está em prisão domiciliar, ante a ausência de vagas do regime semiaberto do Estado. Assim, por analogia com o regime aberto, Marcelo não pode usufruir da remição por trabalho, indeferindo o pedido.

A defesa interpôs Agravo em Execução no prazo de 5 dias da intimação da decisão, o qual foi inadmitido, sob o fundamento de não estar acompanhado das razões respectivas.

Na qualidade de advogado(a) de Marcelo, responda às perguntas a seguir.

A) Qual o recurso cabível contra a decisão do Juiz que inadmitiu o recurso interposto? Justifique. (Valor: 0,65)

B) Qual o direito material a ser pleiteado por Marcelo? Justifique. (Valor: 0,60)

GABARITO:

A) Nota-se que a decisão que inadmite o Agravo em Execução desafia Carta Testemunhável, na forma do art. 639, inciso I, do CPP. Como argumento de direito processual, há de se mencionar a admissibilidade do oferecimento de razões de Agravo em Execução posteriormente, no prazo de 2 dias.

B) Quanto ao direito material, apenas o regime aberto inadmite a remição de penas por trabalho, sendo inviável, em direito penal, a aplicação de analogia prejudicial ao réu. Assim, conclui-se que há expressa previsão legal de admissibilidade da remissão por trabalho no regime semiaberto, na forma do art. 126, *caput*, da LEP, a qual deve ser admitida.

Tráfico privilegiado e progressão de regime

(40º Exame) Júlia, primária, sem filhos, sem antecedentes criminais e dedicada a atividades lícitas, foi presa em flagrante no aeroporto da cidade de Fortaleza, no Estado do Ceará, quando tentava embarcar em aeronave que a levaria à cidade de São Paulo, no Estado de São Paulo, com um urso de pelúcia que escondia 2 kg de pasta-base de cocaína em seu interior, substância classificada como entorpecente pela autoridade competente. Júlia confessou os fatos em sede policial, tendo contribuído espontaneamente com as investigações.

O Ministério Público prontamente denunciou Júlia como incursa nas penas do delito de tráfico privilegiado com a causa de aumento do tráfico interestadual previsto no art. 33, § 4º, c/c art. 40, inciso V, ambos da Lei n. 11.343/2006.

Diante do quadro narrado, face às causas de aumento e diminuição de pena, levando em consideração que a pena mínima cominada ao crime é de 5 anos e conforme a fração de redução prevista para o tráfico privilegiado, a pena pode ser reduzida de um sexto a dois terços, de modo que o seu teor fique inferior a 4 anos e a pena máxima é superior a 8 anos, como advogado(a) de Júlia, responda às questões a seguir:

A) Qual o pedido de natureza processual penal a ser formulado pela defesa de Júlia, neste momento, a fim de evitar o recebimento da denúncia? Fundamente. (Valor: 0,65)

B) Em caso de condenação definitiva a pena que supere o limite de quatro anos, sendo fixado regime mais gravoso que o aberto, qual deverá ser a fração de progressão de regime aplicável a Júlia? Justifique, identificando a natureza do delito. (Valor: 0,60)

GABARITO:

A) Remessa dos autos ao órgão superior do Ministério Público (0,15), a fim de que seja oferecido o Acordo de Não Persecução Penal (0,40), nos termos do art. 28-A, § 14, do CPP (0,10).

B) Tendo em vista que o delito de tráfico privilegiado não é crime equiparado a hediondo (0,35), aplica-se a progressão pelo percentual de 16% (0,15), nos termos do art. 112, § 5º ou art. 112, I, da LEP (0,10).

Súmulas selecionadas

Acesse o *QR Code* e veja as súmulas que foram selecionadas pelos autores para auxiliar seus estudos:

> *http://uqr.to/1x8uj*

Referências

DEZEM, Guilherme Madeira et al. *Prática jurídica penal*. 14. ed. São Paulo: Saraiva Educação, 2019.

GRECO, Rogério. *Direito penal estruturado*. São Paulo: GEN, 2023.

MARCÃO, Renato. *Curso de execução penal*. 17. ed. São Paulo: Saraiva Educação, 2019.

MARQUES, Gabriela; MARQUES, Ivan. *Prisão*: manual prático. 2. ed. São Paulo: RT, 2023.

MASSON, Cleber. *Direito penal*: parte especial – arts. 213 a 359-H. 8. ed. São Paulo: Forense, 2018.

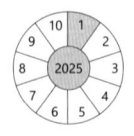